翠微却顾集

中华书局与现代学术文化

徐俊 著

中华书局

图书在版编目(CIP)数据

翠微却顾集:中华书局与现代学术文化/徐俊著. —北京:中华书局,2021.12
ISBN 978-7-101-15463-4

Ⅰ.翠…　Ⅱ.徐…　Ⅲ.中华书局-史料　Ⅳ.G239.22

中国版本图书馆 CIP 数据核字(2021)第 243541 号

书　　名	翠微却顾集——中华书局与现代学术文化
著　　者	徐　俊
责任编辑	张　伟　杨延哲
出版发行	中华书局 (北京市丰台区太平桥西里 38 号　100073) http://www.zhbc.com.cn E-mail:zhbc@zhbc.com.cn
印　　刷	北京市白帆印务有限公司
版　　次	2021 年 12 月北京第 1 版 2021 年 12 月北京第 1 次印刷
规　　格	开本/920×1250 毫米　1/32 印张 15½　插页 5　字数 375 千字
印　　数	1-3000 册
国际书号	ISBN 978-7-101-15463-4
定　　价	88.00 元

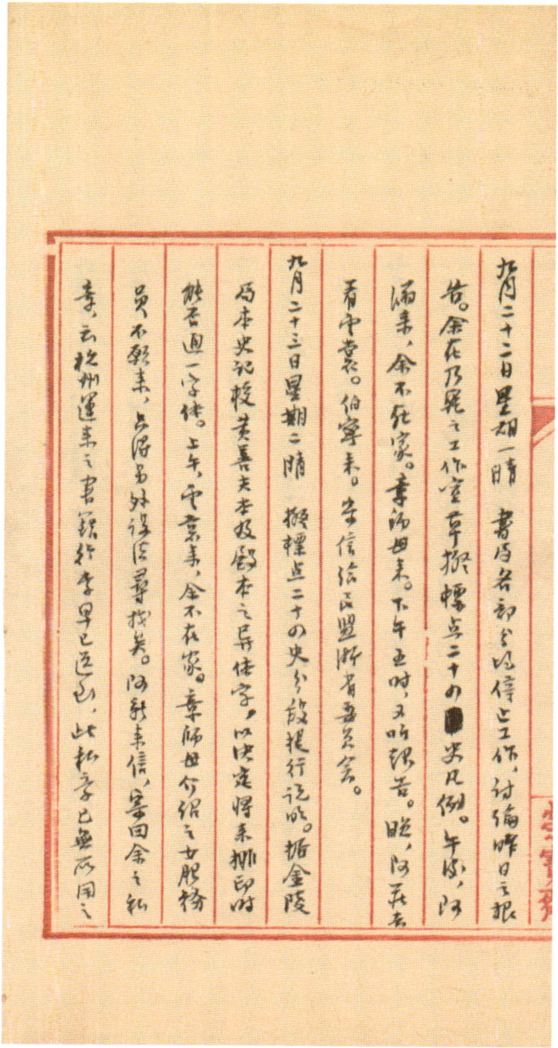
九月二十二日星期一晴　書局各部分停止工作，討論昨日之報告。余在乃乾之工作室草擬標點二十[illegible]史凡例。午後，陳涵來，余不在家。章師母來。下午五時，又听報告。晚，陳乃乾看中裳。伯寧來。寄信給王照浙省委會。

九月二十三日星期二晴　擬標點二十四史分段提行記略。据金陵局本史記校黃善夫本及殿本之异体字，以决定將來排印時能否画一字体。上午，中裳來，余不在家。章師母介紹之女服務員不能來，与保姆另外設法尋找矣。陳新來信，寄回余之私章，云杭州運來之書籍行李早已送出，此私章已無所用之

宋云彬先生日记，记录了“二十四史”点校初期的工作（1958年9月）

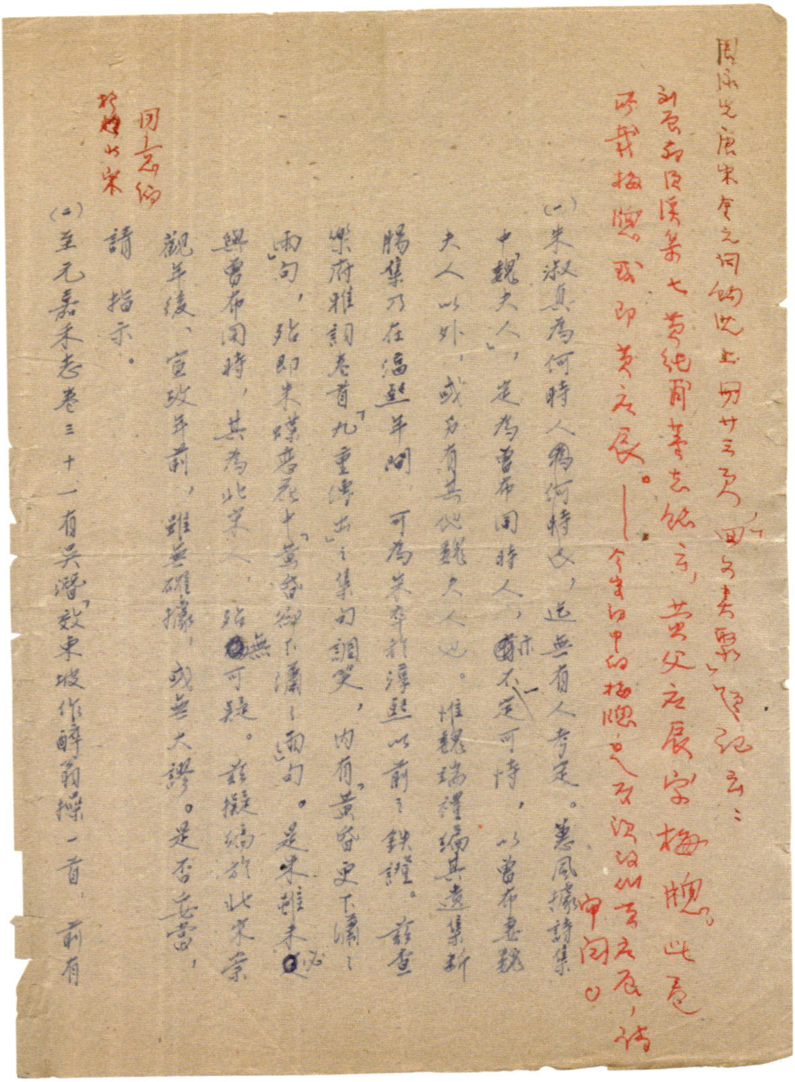
(一)朱淑真為何時人，為何時代，迄無有人考定。蕙風據詩集中「魏夫人」，定為曾布同時人，蓋亦不足可恃，以曾布妻魏夫人以外，或另有其他魏夫人也。惟魏端禮編其遺集斷腸集乃在淳熙年間，可為朱在淳熙以前之鐵證。茲查樂府雅詞卷首「九重傳出」之集句詞，內有「黃昏更下瀟瀟雨」句，殆即朱詞蝶戀花中「黃昏卻下瀟瀟雨」句。是朱雖未必與曾布同時，其為北宋人，殆無可疑。茲擬編於北宋崇觀年後、宣政年前，雖無確據，或無大謬。是否妥當，請指示。

同意編於北宋

(二)至元嘉禾志卷三十一有吳潛「和東坡作醉翁操」一首，前有

王仲闻先生《全宋词》审稿意见（蓝笔）及唐圭璋先生批复（红笔）

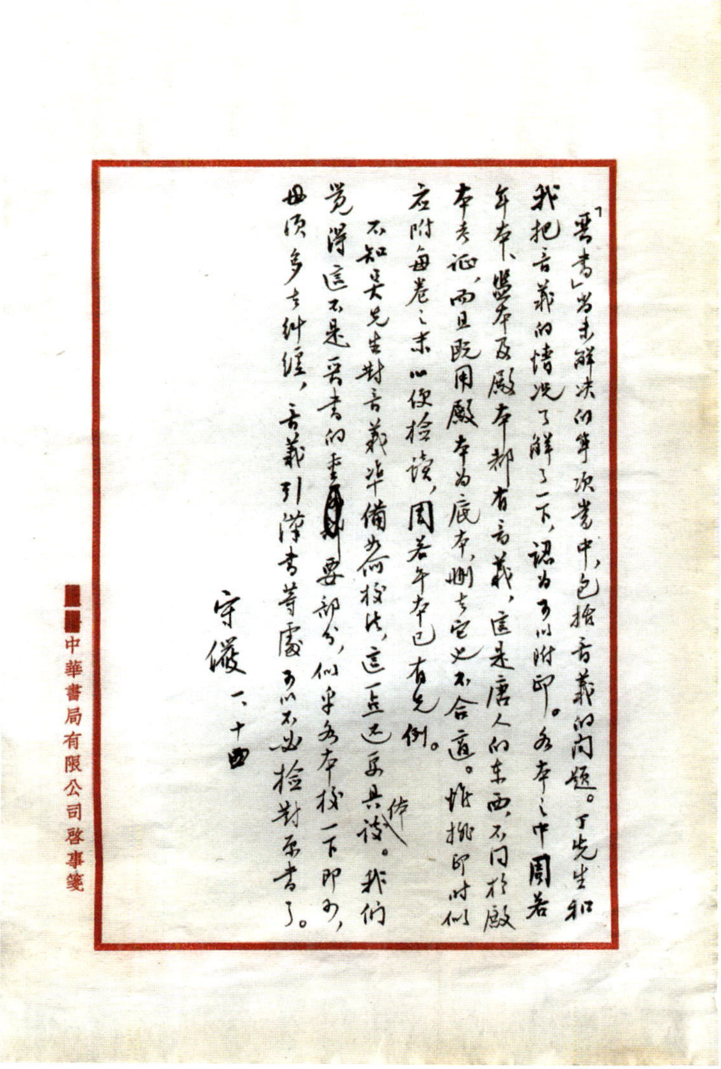

「晋書」尚未解决的事項當中，包括音義的問題。丁先生和我把音義的情况了解了一下，認为可以附印。各本之中，周若年本、監本及殿本都有音義，這是唐人的东西，不同於殿本考证，而且既用殿本为底本，删去它也不合適。排印时似应附每卷之末，以便检讀，周若年本已有先例。

不知吴先生對音義準備如何校比，這一点还要共议。我們覺得這不是晋書的重要部分，似乎各本校一下即可，毋須多去糾纏，音義引漢書等處可以不必檢對原書了。

守儼 一、十四

赵守俨先生《晋书》点校意见（1960 年代）

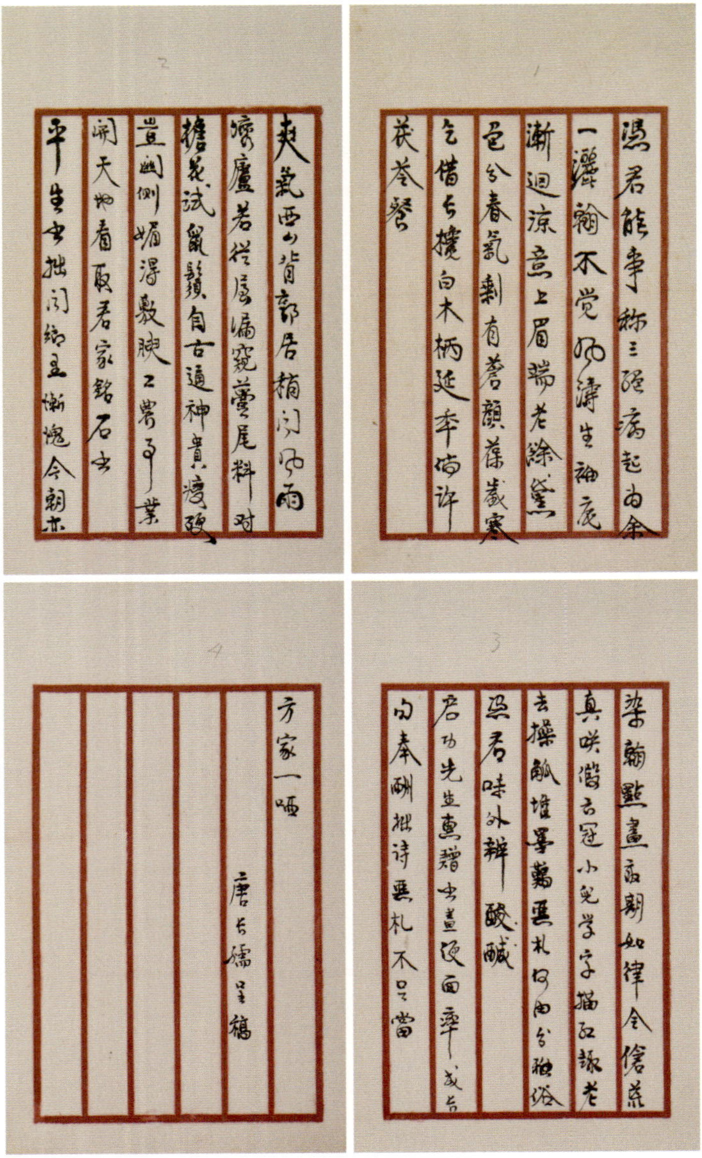
漫君能事称三绝，病起由余一灑翰。不觉风涛生袖底，渐迴凉意上眉端。老余黛色分春气，剩有苍颜葆岁寒。乞借长攙白木柄，延年倘许茯苓餐。

爽气西山背郭居，楠闲风雨忆庐若。从层漏窥蒙尾，料对擔花试鼠须。自古通神贵瘦硬，岂幽侧媚得丰腴。之需乎业，闢天地看取君家铭石书。平生书拙闲缩且惭愧，今朝亦染翰点画同朝如律令，仓颉真哭僧古冠。小儿学字描红认，老去操觚增墨蔼。恶札何由分雅俗，只君味外辨酸鹹。

启功先生惠赠书画，复面牵成长句奉酬。拙诗恶札，不足当方家一哂。

唐长孺呈稿

王府井校史时期唐长孺先生与启功先生唱和诗（2020 年 6 月中国嘉德“浮光掠影——启功先生旧藏师友书札”第二场）

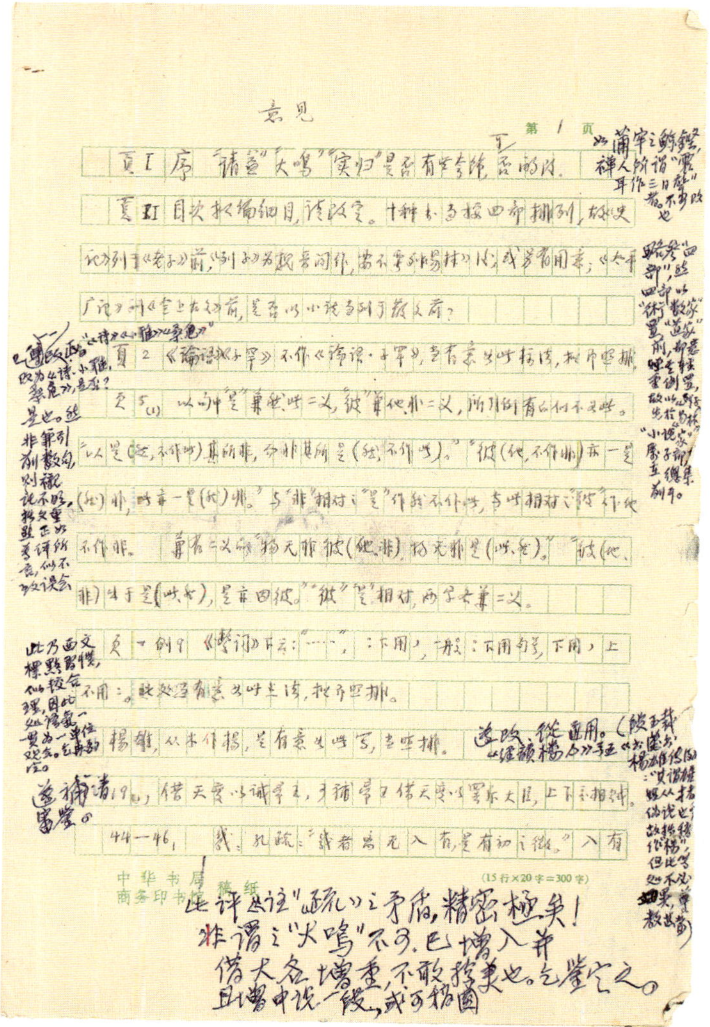

意见

第 1 页

页I 序 "请益""大鸣""实归"是否有出处,可酌改。

页XI 目次拟编细目,请改定。十种书是按四部排列,故《史记》列于《老子》前,《列子》为魏晋间作,当不会列《易林》后,或另有用意;《太平广记》列《全上古文》前,是否以小说当列于散文前?

页2 《论语》《子罕》不作《论语·子罕》,当有意如此标读,拟予照排。

页5(1) 以为"是"兼此、非二义,"彼"兼他、非二义,所引例有可商者。"以是(然,不作此)其所非,而非其所是(然,不作此)。""彼(他,不作非)亦一是(然)非,此亦一是(然)非。"与"非"相对之"是"作然不作此,与此相对之"彼"作他不作非。兼有二义的,"物无非彼(他、非),物无非是(此、是)。""彼(他、非)出于是(此、是),是亦因彼。""彼""是"相对,两字各兼二义。

页7 例9 《楚辞》注:"……",……下用",",一般……下用句号,下用",",上不用"。"此处是有意如此标读,拟予照排。

杨雄,从木作杨,是有意如此写,当照排。

请19(1),借天变以诫皇上,才补曰借天变以警示大臣,上下不相衬。

44—46, 几:孔疏:"几者离无入有,是有初之微。"入有

中华书局
商务印书馆 稿纸

(15行×20字＝300字)

以"蒲牢之鲸铿",禅人所谓"震耳作三日聋"者。不必改也。

遵改。"《诗》《小雅》《桑扈》"改为《诗·小雅·桑扈》,是否?

是也。然非兼引别数句,则语气不明,拟文重照正如尊评所言,似不致误会。

此乃西文标点习惯,似较合理,因此处一贯为一单位观念。

遵改,从通用。

遵补,当鉴。

此评述注"疏"之矛盾,精密极矣!非谓之"大鸣"不可。已增入并借大名增重,不敢掠美也。乞鉴定之。且增申说一段,或可豁阁

周振甫先生《管锥编》审读意见及钱锺书先生批注(首页)

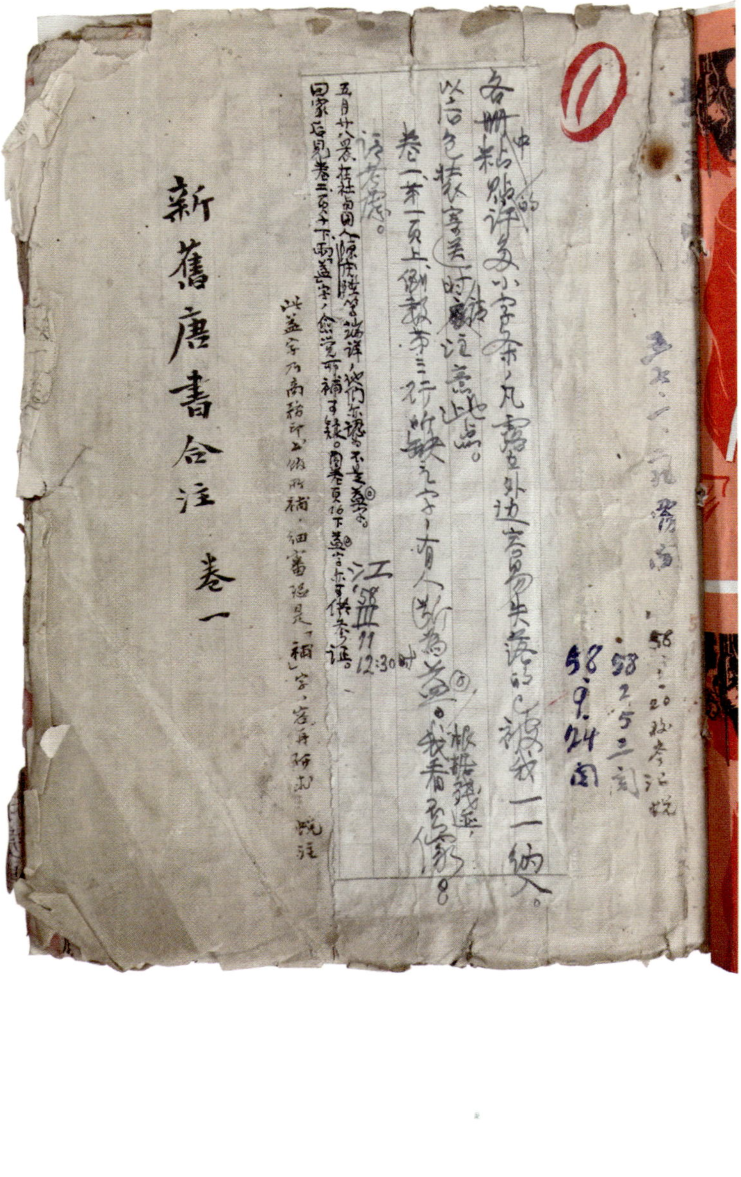

《新旧唐书合注》稿本卷一首页，瞿蜕园先生等注记

序

程毅中

徐俊同志自1983年入职中华书局以来，经历过许多职务，做过各种工作，阅历丰富。1991年为了纪念建局八十周年，他参与了《中华书局收藏现代名人书信手迹》一书的编选，曾仔细查阅了中华书局的旧档。出于对书法的爱好，他精心选录了许多珍贵的名人书信。他是个有心人，我相信这时他对中华书局的局史已有了大概的了解，对这些信的史料价值，比我们许多早入职的同仁了解得更多。例如他把向达先生的九封信全部收入了，二十年以后他又对这九封信作了考证和阐释，为向达先生的学术传记作了重要的补充。

2006年以来，徐俊同志担当了修订点校本"二十四史"及《清史稿》工作的重任，由文学专业出身而已学有专长的老编辑转向了历史学科，在边干边学中积累了许多经验，对史部古籍整理有了新的认识，成为中华书局点校"二十四史"的新一代负责人。在修订工作开始时就组织人员仔细清理旧档，访问前辈，建立了深厚的文献意识。"文"是书写的记载，"献"的古训是贤人。如孔子所说的：杞、宋二国的文献不足，所以就不能征之为夏礼、殷礼的史源（见《论语·八佾》）。文献才是历史记载的根源。

前贤的记忆还是要靠文字记载才成为“文献”，如蔡美彪先生是从点校《资治通鉴》到启动修订点校本“二十四史”及《清史稿》工程唯一的、全面的历史见证人，真是古人所谓的“献”，要不是徐俊和他进行过多次访谈，就不会写成《平实而通达的引路人》一文，使我们详细了解了《资治通鉴》与“二十四史”整理出版的缘起。此前蔡先生自己的著作没有在中华出版，只提出了不少评论和建议，对中华书局的古籍整理出版工作评价很高，他认为新中国学术成绩最突出的是考古发掘、古籍整理、民族调查三个方面，真是高瞻远瞩，独具慧眼。他对中华书局寄予了厚望，真是中华书局的老朋友和引路人。我对此才有了新的认识。

徐俊同志对历史的尊重，对文献的敬畏，对前贤的追慕，驱使他写出了这些充满热情的文章。本书第一篇《王仲闻：一位不该被忘却的学者》，就是产生于重印《全宋词》时查看旧档而产生的感动。他并没有见过王先生，但看到这些审稿笔记，就情不自禁地发愿要把这份笔记公之于世，让《全宋词》的读者都能记起它的责任编辑和参订者。又如他1996年从旧档里看到周振甫先生的《管锥编》选题建议及《管锥编》、《谈艺录》的审读报告，深受感动，就用刚学会的技术亲手把近五万字的周先生审读意见全文逐字录入电脑，认真学习，后来就公之于众，显示了他对前辈业绩的珍重，也给编辑界的同仁提供了典范。这些文字里，都深含着他感情的温度。

点校本“二十四史”修订工程开始之后，徐俊同志更仔细地查阅旧档，请教前贤，访问老作者的亲属及学生，理清当年每一史的点校过程、体例形成过程和各史特点，尽可能地保持点校本已取得的整理成果和学术优势，在出版之后都做了详细的介绍，足见他对史部古籍整理工作有了深切的理解。最近的一篇《“二十四史”点校整理的回顾与现状》，也是修订工程的一个阶段性总结。我相信在修订版“二十四史”及《清史稿》出齐之后，他还会写出更完整更深入的总结。

“二十四史”的整理出版过程，反映了这二十年间中国学术文化发展的一段历史，也折射了二十年政治气候的变化。必须考虑到，1958年点校工作启动的时候，正是推行“大跃进”的时期，所以宋云彬点校《史记》时，上午还要为炼钢铁而劈柴。历史的进程，总是不以人的意志为转移的。规划、计划，赶不上客观条件的变化。因此我们的工作，总会留下一些遗憾，留待后人继续修订。

在主持修订点校本“二十四史”及《清史稿》的工作中，徐俊对史部古籍整理有了不少新的认识。他对已出的点校本，作了全面的调查和评估，并澄清了一些疑问。正如以中华书局编辑部名义写的《修订“二十四史”及〈清史稿〉缘起》所说的，既保持了点校本已取得的整理成果和学术优势，又如实地说明了修订本的重大突破，最后表明：“成为定本”还需要广大读者的考验和后人的不断努力。

我们出版业的工作人员，永远只能向读者表示这样的态度。

整理出版“二十四史”最初是郑振铎先生提出的。毛泽东主席一向号召党政干部要读《资治通鉴》，1953年提出要做标点本，1956年由古籍出版社赶出来了，毛主席很满意，只是批评了精装本太重，拿不动。1958年提出要印“前四史”，以一年为期，经范文澜、吴晗等人请示报告，再扩展到“二十四史”的整理。中央领导只是提出一项任务，本来不会也不必考虑整理出版的具体细节，但进度总是要快。而实际工作的学者，则总是愿意尽自己所能，把工作做得好一些。因而1959年国庆献礼，只有《史记》因为有顾颉刚、贺次君先生的初稿，总算由宋云彬先生赶出来了。点校《三国志》的陈乃乾先生早起还是赶上了晚集，到1959年底才出书。后来前四史到1965年才出齐，主要原因是整理者、出版者都出于自己的责任感、使命感，忠于自己的职业操守，想提高学术质量，尽可能提高校勘的要求，追求体例的完善。据说古籍规划小组组长齐燕铭同志 1960 年还提出了“成为定本”的要求，压力很大。后来唐长孺先生的北朝四史、王仲荦先生的南朝五史，全面执行陈垣先生提出的“校勘四法”，更增加了整理的难度，拖到 1965 年也没能出书。这都是学术工作者的一片好心，但也产生了一定的负面后果。直到 1976 年，毛主席也没有看到“二十四史”出齐，辜负了老人家对古籍整理工作的厚望。

本来吴晗先生等策划的也是先出“普通本”，另出集注本、新注本，这一点恐怕是我们理解不到位，造成了越来越深的深井。吴晗作为明史专家，恐怕也想不到《明史》的标点会遇上那么多难题。1971 年，可能毛主席曾有所关注，张春桥、姚文元企图抢功，2 月 10 日先由上海人民出版社发信给文化部五七干校十六连（原中华书局），说是上级指示，“二十四史”的标点任务今后由上海地区承担了。4 月 2 日才由姚文元写信报周总理，意图改由“四人帮”上海爪牙控制的出版机构接管“二十四史”全部的点校工作。幸而周恩来总理及时作了批示：“都请中华书局负责加以组织，请人标点，由顾颉刚先生总其成。”这才抵制了“四人帮”的阴谋。我体会到“文革”中周总理对“四人帮”的抵制是非常坚决而微妙的，记得 1973 年初中央“文革”小组的联络员迟群曾传达，要出《昭明文选》和《词综》、“五朝诗别裁”等书，先由“出版口”打报告请示，准备印了内部发行。周总理也曾批示：不论是不是内部发行，都要照价付钱（大意）。我领悟到，当时许多内部发行的书，都是出版社无偿送阅的样书，数量不少。周总理体谅到出版社的成本负担，才特加了这样的批示。

我个人对上级交办的任务，也总想取法乎上，力求保证质量，但往往延误了时间。如 1959 年接受了编辑《海瑞集》的任务，当时只知道文化部副部长钱俊瑞曾过问此事，吴晗更积极地写了《海瑞的故事》和剧本《海瑞罢官》等，我估计是有上级领导指示的，所以努力做了校勘、标点、辑佚的整理工作，屡次统版改版，拖延到了 1962 年底才出书，海瑞已经被看作彭德怀的替身了。到“文革”时，出版《海瑞集》更成为总编辑金灿然的一大罪状，我也陷入了说不清的困境。又如 1962 年 3 月，周扬曾指示要出老专家过去的论文集和专著，周一良先生的论文集就是一个例子，也因误了时机，到 1964 年就不敢公开发行了（详见本书《周一良〈魏晋南北朝史论集〉出版轶事》一文）。还是 1961 年，周扬写了一个条子，要出徐文长、汤显祖、郑板桥的集子，交到中华，我又接受了编《徐渭集》的任务。也是一再改版，拖延到 1965 年才打出纸型。那时文化部已经挨批了，就不敢付印，压到 1983 年才印出来。因此我的经验教训是上级交付的任务一定要快赶，但又不能草率从事，忙中出错，这使我非常困惑。1973 年，我又接受了中央交办的重印《昭明文选》的任务，不敢排印，就提出影印宋刻本的方案，居然被批准了。当时乘机多印了一些，内部卖给曹道衡、袁行霈等专家学者，还办了一件好事。但是排印书还是要认真整理，取法乎上，否则就背离了我们的初衷。

1976 年，大概是 5 月份，出版口下达命令，毛主席要看大字本《李太白全集》，中华、商务当时合署办公，社领导动员好几位同仁加急点校，委派周振甫先生和我负责定稿发稿。这次我们不等全书定稿，分卷发排，流水作业，打出一卷清样就送一卷到中央“文革”小组，大约送出了不到十卷。直到 9 月 8 日夜 22 点，我和校对科的好几位同事还在新华印刷厂加班校读清样，不料 9 月 9 日凌晨毛主席就去世了，不知他真看到了没有？这次我是急事急办了，可惜还是没赶上。

我个人的一点经验教训，也愿与同仁们共享。顺便写下来作为文献资料，附在徐俊的骥尾之后，借以纪念中华书局的 110 周年。

本书题名为《翠微却顾集》，化用了李白的诗句，与中华书局上世纪“翠微校史”的佳话相衔接而增加了诗意。“翠微校史”的佳话，最早是1963年王仲荦先生等入住翠微路中华书局宿舍时说起的（王同策先生在《翠微校史的日子里》一文中，记罗继祖先生的话，王仲荦先生曾提议罗先生画一幅《翠微校史图》，可惜没有实现，现存只有一张在陈垣先生家里拍的照片。赵守俨先生哲嗣赵珩兄写有《翠微校史：西北楼里的大师们》一文，已传为佳话）。本书里的文章已成为中华书局局史积累的史源文献，也是中国现代学术文化史史料的一个部分。因此徐俊把这本书加上“中华书局与现代学术文化”的副标题，并不是自我夸张。

本书为现代的多位专家学者补写了外传，但不是“儒林传”，而是艺文志的大序。这些文章，都是中华书局局史长编的资料，也是现代学术文化发展史长编的资料。徐俊在清理档案文献中不断提高了他的史才、史学和史识，而他对前辈业绩的热情爱护，则养成了工作中的一种史德。我感到遗憾的是，中华书局有一时期的部分档案，竟流失在外了。徐俊从网络上搜索到了一些残片，稍稍得以补救，也算是拾遗补缺了。

徐俊同志委派我为本书写一篇序，我对这些书和人还略有所知，为“二十四史”只做过极小极少的一点工作，但义不容辞，勉力写了一点随感，聊以应命。通读本书，深为感动，不禁情发乎中，谨以小诗一首为赞：

书共人长久，绵绵史可征。
中华文与献，千载树长青。

2021年11月11日

目录

王仲闻：一位不应被忘却的学者

予生也晚，王仲闻先生在我现在服务的中华书局文学编辑室上班的时候，我还是个未开蒙的孩童。到了上大学，读中文系，同学少年，于古代作品最钟情于词，“豪放”不论，单说“婉约”，无过于南唐后主李煜和易安居士李清照了。但那个时候读书只知寻章摘句，手捧《南唐二主词》与《李清照集》，哪里懂得它校订的精审、注解的翔实，更不理会两书的整理者王仲闻为何许人了。

到中华书局工作后，先知道周振甫、杨伯峻先生这些熟悉的名字竟都是中华的同事，慢慢地又知道了一些故去的人，其中就有“文革”前担任文学组组长的徐调孚先生和在文学组工作过的王仲闻先生。同事中的前辈经常地说起他们，比如关于王先生，中华版《全唐诗》点校本卷首的点校说明，写于 1959 年 4 月，署名“王全”，前辈们告诉我们，“王全”者，王仲闻、傅璇琮二位先生也（浙江话“璇”、“全”音近，徐调孚先生代拟的署名）。中华版《全唐诗》是清编《全唐诗》的第一个整理本，王仲闻先生负责全稿的审订，做了大量的工作。现在一些不法出版者将中华版改换标点版式，却声称所据为扬州诗局本，实不知二者之间的区别在在皆是也。中华版文学类图书中，不少部帙和难度都很大的书都经过王仲闻先生的加工，甚至由他直接承担整理，如《元诗选》、《古典文学研究资料汇编》各卷，特别是王先生倾注了两年时间全部精力参与修订的《全宋词》。

“文革”伊始，1966年9月25日，王仲闻先生在当面交代完所承担工作后的第三天，又给文学组写了下面这封信：

文学组：

前日依照电话来局并照你们提出的办法，将经办东西交代。觉得当时手续过于简单。如文化大革命运动结束后，万一其中有一种仍可考虑出版，则新接手之人不明经过，工作不免要麻烦一些。我想将各种稿件情况说明一下，请不要嫌我罗嗦：

（1）夷坚志：断句已全部复核改正。未办完者，为补遗。补遗仅就《永乐大典》补了若干则。宋人书中还有，能忆及者有《方舆胜览》、《景定建康志》、《咸淳临安志》等等，此外还有《异闻杂录》、《清波杂志》。以上仅仅是我平时读书所知道的，不能完备。

（2）元诗选：大约已复核了初、二两集。有些有疑问（文字），未曾查各家集子；有些墨钉可以补，也没有查。

（3）陆游集：原拟考虑作注，尚未决定，也没有动手。

（4）李杜资料：杜甫仅剩清代没有编。李白则全部未编（唐宋编了一部分）。

（5）唐五代词：原来在编引用书目，没有完成。目录也没有确定。内容取舍，我想从严，把一些伪作以及后人依托之神仙词，或虽是词而不能算作文学作品者，一律不收。今年学习紧张，没有能够提出来在组内讨论。原稿还需要加工（主要是复核作品之出处，原稿有错误），最好以《唐音统签》参考，出自《全唐诗》者可以改为《唐音统签》。原来我私人编了一张《唐五代词人年表》,记得放在稿内供词人小传参考(生年卒年登第年大都可凭此表,不必另行搜罗),前日没有见到。我手边并没有。小传还没有全部注明来源。

我还有一些自己的废稿,一部分是《兵要望江南》里的词,没有抄过。因为想整个不收。现在也寄给你们。如其没有什么用处,将来退还我好了。

致

敬礼

王仲闻　66.9.25

在信封的背面,王先生工整地抄录了毛主席语录四行:"凡是敌人反对的,我们就要拥护;凡是敌人拥护的,我们就要反对。"现在读这封信的感觉不免有些悲凉,"文革"没有像王先生期望的那样很快结束,而王先生却在1969年离开了这个世界。

现在王先生信中提到的书稿有的已经出版,除了《唐五代词》稿于"文革"后期遗失。但在中华书局的出版物上,没有王仲闻的名字。他生前出版的《南唐二主词校订》和校注《蕙风词话·人间词话》(署名王幼安,与徐调孚合作),出版者都是人民文学出版社;《李清照集校注》,1964年已经打好纸型,到1979年才由人文社正式出版(署名王学初)。王仲闻的名字已渐渐不为人所知。最近,中华书局出版了《全宋词》的增订简体本,在该书的作者栏里郑重地补上了"王仲闻参订"的署名。

即使是专门研究词学的人,对《全宋词》四十年代的初印本和六十年代的修订本之间的差异,也不会关注了。但要说及本世纪词学文献的整理和研究,《全宋词》的修订出版实为绕不开的大事,其本身的价值和对此后词学研究的意义，同类书中有哪一本可以相比呢！

前后两版的《全宋词》可以说判若二书，当然其中唐圭璋先生作为编者贡献最大，这也是唐先生词学生涯中最重要的成果。另外从中华书局的书稿档案中我们也不难看到王仲闻先生在修订过程中所起的巨大作用，可以毫不夸张地说，没有王先生的参与，《全宋词》难臻如此完美之境。这里从王、唐二先生往返商榷的原始记录中随手摘出两则，以见一斑。以下是王先生的话：

> 《至元嘉禾志》卷三十一有吴潜《效东坡作醉翁操》一首，前有序云："予甥法真禅师以子瞻内相所作《醉翁操》见寄，予以为未工也，倚其声作之，写呈法师（引者按：据《至元嘉禾志》，"法师"当作"法真"），知可意否。谢山醉吟先生书。"此谢山醉吟先生，不知何人，不似吴潜自号。按陆放翁《入蜀记》卷一言本觉寺（为抵秀州上一日午后泊本觉寺，殆在嘉禾境内）有小碑，乃郭功甫元祐中所作《醉翁操》，后自跋云："见子瞻所作未工，故赋之。"元祐中人称东坡为内相，南宋人无以此称东坡者。（内相乃翰林学士之别称，与内翰同，始于唐。）疑此词乃郭功甫所作，非吴潜作。故彊村曾据《至元嘉禾志》录履斋佚词，而不及此首。谢山醉吟先生之称，不见于《自号录》，疑是功甫自号。

最后王先生问："如先生同意此说，当补作郭功甫词。"唐先生答云："同意补作郭功甫词。原来我看序与标题不合，曾怀疑过，但不能知何人之误。"这是王先生在辑补佚词、鉴别作者方面所做工作的例子。再看一则关于宋代另一位女词人朱淑真的时代编次的例子：

> 朱淑真不知为何时人。《全宋词》原编在卷151，在李石之后、刘学箕之前，似有问题。朱之时代至少在淳熙以前（其时朱早

已死，此据魏端礼《断肠诗集序》)，而刘学箕则为庆元间人(有己未年所作词，即庆元五年所作)。

唐先生答云："知在淳熙以前，当据此提前。"关于朱淑真的时代，后来王先生续有所得，在另一则记录中王先生说：

朱淑真为何时人，迄无有人考定。蕙风据诗集中"魏夫人"，定为曾布同时人，也不一定可恃，以曾布妻魏夫人以外，或另有其他魏夫人也。惟魏端礼编其遗集《断肠集》乃在淳熙年间，可为朱卒于淳熙以前之铁证。兹查《乐府雅词》卷首"九重传出"之《集句调笑》，内有"黄昏更下潇潇雨"句，殆即朱《蝶恋花》中"黄昏却下潇潇雨"句。是朱虽未必与曾布同时，其为北宋人，殆无可疑。兹据编于北宋崇观年后、宣政年前，虽无确据，或无大谬。

近几年学术界对朱淑真的研究成果多了起来，其诗词集也已有多种整理出版。关于她生活时代的考证虽有所深入，但南宋说、北宋说，仍然未成定说。我曾粗略地看过各家的举证，竟没有提到《乐府雅词》《集句调笑》的，而这恰恰是《全宋词》编次的依据。

像上面这样的加工记录，保存下来的约在千条左右，近十万言。王先生将审读加工中发现的问题逐一条列，寄请唐先生阅复，大凡全书体例、编次、词人小传、词集版本、存佚互见、辑佚补缺等等，有关《全宋词》的方方面面，无不涉及。征引浩博翔实，态度谦虚审慎，让我们这些后来者叹服之外，唯有愧汗。在我们的作者之中，已很少见到如此精熟文献的人；在我们的同行和同事中，又哪里还有这样为一本书的审读投入如此多的学识、智慧和精力的人呢！《全宋词》修订出版前，中华书局与唐圭璋先生以及当时的南京师院党委商定，采用"唐圭璋编，王仲闻订补"的署名方式，唐先生欣然同意(后来看到了"文革"

前的《全宋词》出版合同，唐先生亲笔在自己的名字后，写了“王仲闻订补”五字)。但时不多久，“文武之道”弛而复张，文化部下达了某项条例，规定若干种人的名字不得见诸社会主义的出版物中。这样，一位学者一生的积累和两年的辛勤劳动，就如此这般地被一笔抹净。在至今已经重印七次六万余册的《全宋词》中，一直没有“王仲闻”三字的踪影。这次简体本的署名，可以说是还了历史一个真实。

在前面这些传之口耳、录自档案的文字之后，往下似应将一般个人履历中不该遗漏的姓名字号生卒年里作点归纳，好为现代学人“录鬼簿”提供点素材。

王仲闻(1901—1969)，名高明，以字行。笔名王学初、王幼安，据说都是为不得已避用真名而所取之号；台湾曾大量翻印其书，改其名为王次聪。浙江海宁人，王国维次子。长相酷似静安先生，已故沈玉成先生首次见到他时，曾取《观堂集林》中那张相片来印证，非常传神地说“子之于父，如明翻宋本，唐临晋帖”。令人感慨的是，时不过三十年，我们现在却只能从静安先生的遗像来缅想幼安先生的模样了。王先生幼承家学，但中学毕业即入邮局工作。解放初期供职于北京地安门邮局。1957年因参与创办同人刊物《艺文志》而成为右派，遭开除。后经由徐调孚先生推荐，被爱才若渴的中华书局金灿然总经理请到中华，成为一位不在编的临时编辑，一直工作到写下前面那封给文学组信的那个时候。王先生精熟唐宋文献，以“宋人”自许。尤长于词学，其著述除前已述及的三书外，还有《渚山堂词话·词品》点校(署名王幼安)、《诗人玉屑》点校。他用力最勤、真正代表他学术水平的还有两部书稿：一是《唐五代词》，“文革”中遗失，其前言后记幸存于档案中，经程毅中先生整理，已经发表。二是《读词识小》，约20万言。钱锺书先生曾受中华书局之请看过全稿，称“这是一部奇书，一定要快出版”。

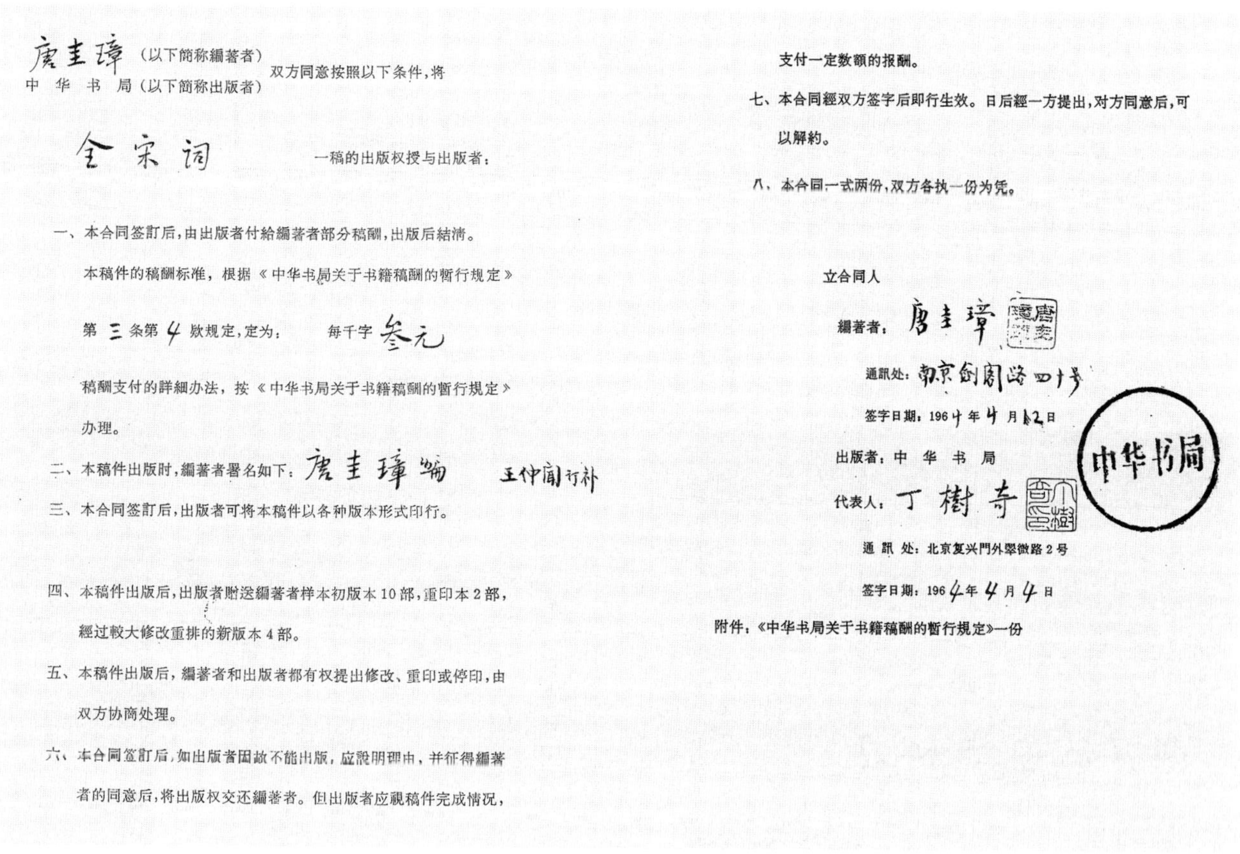

唐圭璋（以下簡称編著者）
中华书局（以下簡称出版者） 双方同意按照以下条件，将

全宋词 一稿的出版权授与出版者：

一、本合同签訂后，由出版者付給編著者部分稿酬，出版后結清。

本稿件的稿酬标准，根据《中华书局关于书籍稿酬的暫行規定》

第三条第4款規定，定为： 每千字叁元

稿酬支付的詳細办法，按《中华书局关于书籍稿酬的暫行規定》

办理。

二、本稿件出版时，編著者署名如下：唐圭璋编 王仲闻订补

三、本合同签訂后，出版者可将本稿件以各种版本形式印行。

四、本稿件出版后，出版者贈送編著者样本初版本10部，重印本2部，

經过較大修改重排的新版本4部。

五、本稿件出版后，編著者和出版者都有权提出修改、重印或停印，由

双方协商处理。

六、本合同签訂后，如出版者因故不能出版，应說明理由，并征得編著

者的同意后，将出版权交还編著者。但出版者应視稿件完成情况，

支付一定数額的报酬。

七、本合同經双方签字后即行生效。日后經一方提出，对方同意后，可

以解約。

八、本合同一式两份，双方各执一份为凭。

立合同人

編著者：唐圭璋

通訊处：南京釣鱼台路四十号

签字日期：1964年4月12日

出版者：中华书局

代表人：丁樹奇

通訊处：北京复兴門外翠微路2号

签字日期：1964年4月4日

附件：《中华书局关于书籍稿酬的暫行規定》一份

唐圭璋先生在《全宋词》出版合同编著者署名之后，亲笔补写了“王仲闻订补”五字

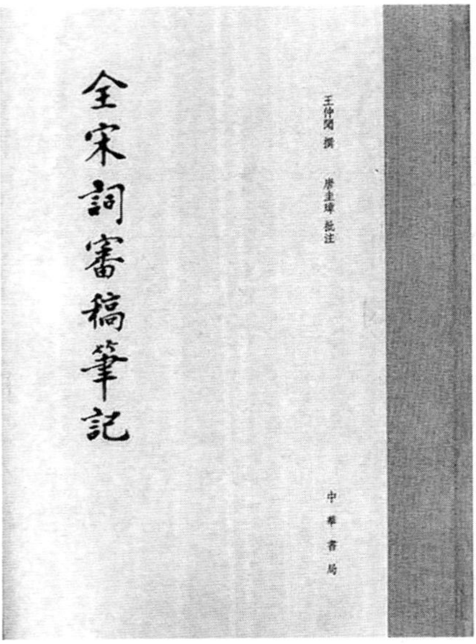

《全宋词审稿笔记》
（中华书局 2009 年 9 月）

但就在中华决定出版并已完成了审读加工的时候，因为与《全宋词》署名同样的原因而暂停付印。“文革”中遗失。现在我们从《全宋词》的审读加工记录中，可以约略看到《读词识小》的影子。

最后我想借此机会许一个私愿，以作本文的结束。但愿这份凝聚了王仲闻先生学识和劳动的珍贵的审读加工记录有机会整理出版，一方面，《全宋词》中不少的结论，其所以然者，均保留其中，对词学研究自有其本身的价值；另一方面，像王仲闻先生这样的学者、这样的编辑，大而言之对学术的贡献、小而言之对中华书局的遗泽，实在是值得后人缅怀和追慕的。

1999.3.2. 六里桥

（原载《书品》1999 年第 2 辑）

补　记：

关于王仲闻先生承担的《全宋词》修订工作的情况，另见二两位当事人的记述，补录于后。

唐圭璋先生《我学词的经历》：

> 《全宋词》的编纂起自1931年，……至1939年出版二十册线装书，计辑两宋词人约一千多家，词二万余首。由于当时条件限制，书中还存在不少缺点。二十年后的1959年，我准备重新修订，但由于当时我患风湿关节炎，不能进行这项工作，由我推荐王仲闻先生为我修订。1965年重印出版。计增补词人二百四十余家，词一千六百余首。(《文史知识》1985年第2期)

曹济平先生《怀念圭璋师》：

> 于是俞明同志(引者按：时任南京师范学院党委书记)就把院党委转来的公函给我看，嘱我转告唐先生并向他了解王仲闻先生的政治面貌，以便早日复函。俞明同志的谈话虽然非常婉转，但我还是能够领悟其中的深层含意。因为1957年反右斗争以来，有几类人的名字是不能见诸报端的，倘有不慎，日后会招来很大的麻烦。由于事关紧要，第二天上午，我就匆匆赶到唐先生寓所，告诉他中华书局给院党委来函的意图。唐先生仔细听完后，不假思索地说："我同意这种署名方式。"(引者按：即新版《全宋词》采用"唐圭璋编，王仲闻订补"的方式)稍停，他又接着说："你告诉俞书记，我将另行函告中华书局。"当时我问及王仲闻先生有关政治历史情况时，唐先生一点也说不清楚。(《词学的辉煌——文学文献学家唐圭璋》，南京大学出版社，2001年)

《尚书校释译论》引出的尘封旧事

一

刘起釪先生的《尚书校释译论》，这一部学术界翘首以待多年的巨著终于出版了。刘起釪先生在《尚书校释译论》序言中说：

> 这两部书的写成（另一部书是《尚书学史》，中华书局，1989），完全是源于吾师顾颉刚先生一生研究《尚书》，提出他的“《尚书》十种”计划中所欲力求完成的数种。于1962年冬由中宣部把我从中国科学院南京史料处调来北京，协助顾先生完成他这一科学地整理《尚书》的宏愿，就是在他的指导下，秉其整理《尚书》的意图与规划，来承乏整理《尚书》全书之责。我日夜竭尽绵薄，备经困厄，而后始获先后写成的。

刘起釪先生又说：

> 在“文革”后期曾听国家出版局徐光霄局长在一次报告中说，毛主席曾指示：“要把《尚书》整理翻译出来，否则读不懂，不好利用。”这句话顾先生在当时是不知道的，不像前此请顾先生

负《资治通鉴》"总校"之责，是明白奉毛主席之命；后来负点校"二十四史""总其成"之责，是明白奉周总理之命。此事则只是顾先生1962年在广东从化修养地，遇周扬同志也在，相与谈到《尚书》工作，顾先生以自己体力已衰，推荐在大学时曾从他治《尚书》的我来协助他，周扬同志把我的名字带回中宣部，在一次会议上决定调我来京了。当时把我安排在中华书局任《尚书》研究专职，据顾先生告诉我，当时他和历史所领导的关系搞不好，而中华书局领导金灿然同志热情支持此工作，故做此安排。我……大学毕业后，阴错阳差搞了十几年现代史料工作，到这时我已四十五岁，正精力旺盛，以为好不容易回到我素所嗜好的古典学术途径上来，获得展布其所学的机会，这是多年梦寐以求的事，又得中华书局给以良好的环境与条件，因此惬心适意地全力投入工作。

刘起釪先生的这篇序言写于1999年10月，他在序言中还说："此书的写成，从1962年调我进京开始，可说花了三十八年功夫。这三十八年中，我的思想里就只有《尚书》两个字，无论在工作中，或者生活中，念兹在兹，关心的总是《尚书》资料，即使十年动荡中，只要有机会接触到文献，我所萦心的仍是《尚书》。"这是一个漫长的过程，上面引述的两段文字只是刘起釪先生对这项工作起始阶段的记述，字里行间我们可以看到刘起釪先生对他学术生涯中的这次转变是非常庆幸和珍视的。其实，这次转变的意义远不限于刘起釪先生个人的学术历程，也不仅限于刘起釪先生孜孜以求的实现了师门宏愿，从这次转变和合作带来的《尚书》学的丰硕成果看，视之为现代中国学术的一大幸事，也是一点都不为过的。

一个多月前，意外地从刚清理出来的"文革"前中华书局人事组档案中，看到商调刘起釪先生进京协助顾颉刚先生从事《尚书》整理的旧档。旧档中除存有顾颉刚先生、刘起釪先生的书信外，更多的是中华书局及金灿然先生向周扬、齐燕铭等领导人以及中宣部、文化部、中国科学院近代史所南京史料整理处等部门请调、商调的往返文书。今天看来，这些文书不仅是顾、刘二位先生协作进行《尚书》研究的一段珍贵的原始纪录，还是足以真实反映二十世纪六十年代初中国学术环境的一个有着典型意义的事件，具有学术史价值。

二

顾颉刚先生的《尚书》研究，始于上个世纪二十年代。从顾颉刚先生后来陆续发表的《尚书》研究成果看，大概在五十年代末期，以校、释、译、论相结合的撰著方式就已经确定。1959 年 6 月 19 日，中华书局编辑部致函顾颉刚先生，希望他及早完成《尚书今译》，顾先生接信后于 6 月 25 日给金灿然写了一封长信，信中说：

> 翻译《尚书》为现代语，这是五四运动后我所发的大愿，四十年来我没有一天忘掉，只是为了生活的动荡始终没有正式进行。……现在这件事已定为我在科学院的工作，我欣幸这个愿望会逐渐接近实现。但这是一件非常细致和复杂的工作，不能像你局希望的赶得太快。

顾先生接着分五点谈了此项工作的困难情形和解决办法，列举了事先必须重点阅读的 58 种典籍，提出"每译成一篇，即由你局油印分发给各专家评定"，并开列了拟征求意见的 46 位专家名单，称这是《尚书今译》的"群众路线，非走不可"。

《尚书今译》是顾颉刚先生多年未间断的研究项目，在《资治通鉴》、《史记》的标点工作结束之后，《尚书》整理被列为他在科学院的主要任务。如果中华书局的积极组约和协助确有毛主席“要把《尚书》整理翻译出来”的指示的背景，那么此项工作的推进，还多少带有一些自上而下的政治色彩。现存档案虽然不足以佐证这一点，但从中可以看出确有来自中央高层的关注，尤其是刘起釪先生进京一事，如果没有高层领导的支持，那是非常困难的。

根据顾先生1959年6月25日给金灿然信，还可以知道，在此前半年，金灿然就表示愿意为顾先生配备助手。这年夏天，顾先生到青岛度假，巧遇刘起釪先生，据1960年2月8日顾先生给刘起釪信，他回京后即向近代史所和中华书局商谈调刘起釪进京，信中说：“《尚书》工作，去年到京即与刘大年副所长及中华书局总经理金灿然同志商谈，请其调兄至京，共同将事。当时两公均已允可，刚方自幸，以为兄来助我，行见计日程功，可作一九六〇年之献礼矣。不意刘公（引者按：指刘大年）见告，南京方面已定跃进计划，不能抽调人员，只得作罢。闻此意沮。”顾先生信中下面这段话，很能说明他当时的心境：

> 在青（岛）修养两月，即返京参加国庆。嗣后在大跃进及反右倾中日夕不遑，迄今又将半年。自维年龄渐老精力顿衰，对所任工作实已不能胜任，而社会责望乃增于此者数倍，如何得了，甚欲奋发从事，然一度紧张即引起一度疾病，乃知老境实为可悲，老人实为无用也。

大约到1961年上半年，在金灿然与中国科学院近代史研究所南京史料整理处王可风主任面谈之后，中华书局开始与南京史料整理处正式商调刘起釪先生，同年12月1日中华书局致函文化部干部司：

> 前几年，康生同志多次指示我局组织顾颉刚整理《尚书》（顾

是我国有数的研究《尚书》的专家)。几年来,顾虽作了一些工作,但因年老体弱,没有得力助手,工作进展甚为缓慢,至今没有完成。几年来,顾曾一再提出,希望我局配备适当的人作他的助手,但一直没有适当人选。半年以前,他又提出现在中国科学院近代史研究所南京史料整理处工作的刘起釪,要求调给他作助手。最近,经我们向南京方面了解并调阅了刘的档案,获悉刘在1945年至1947年间曾经作过顾的助手,对古籍整理和史料考订有实际经验和能力。经过协商,刘所在单位的领导也表示可以考虑将刘调出。为了《尚书》整理工作能及时完成,我们拟调刘到我局工作。

函附"请调干部登记表"一份,登记表中"拟调至何单位任何职务"一栏所填为:"中华书局作社外编辑顾颉刚先生的助手。"据顾颉刚先生《读〈尚书〉笔记》,从他1959年"奉整理《尚书》之命",到此时刚完成《尚书·大诰》的校勘、注释、章句、今译四部分初稿,与组织上的进度要求显然有很大距离。当时顾颉刚先生已年近古稀,在《读〈尚书〉笔记(一)》的前记中,他感叹道:"顾予衰矣,百骸都亏,欲予如少年人之力作,势已有所不可……因书其力不从心之苦于此。"可见顾先生要配备助手的迫切心情。

1962年1月,文化部干部司同意调刘起釪调京,但批示中说:"按徐部长批示,今后应积极处理精简人员,一般不再从部外调进人员,更不能从外地调进人。请你局严格掌握。"因为对进京人员指标的严格控制及其它原因,几经周折,到11月下旬刘起釪先生才来京报到。

刘起釪先生于5月12日正式接到组织通知,获准调京。当天,他在给顾颉刚先生的信中说:

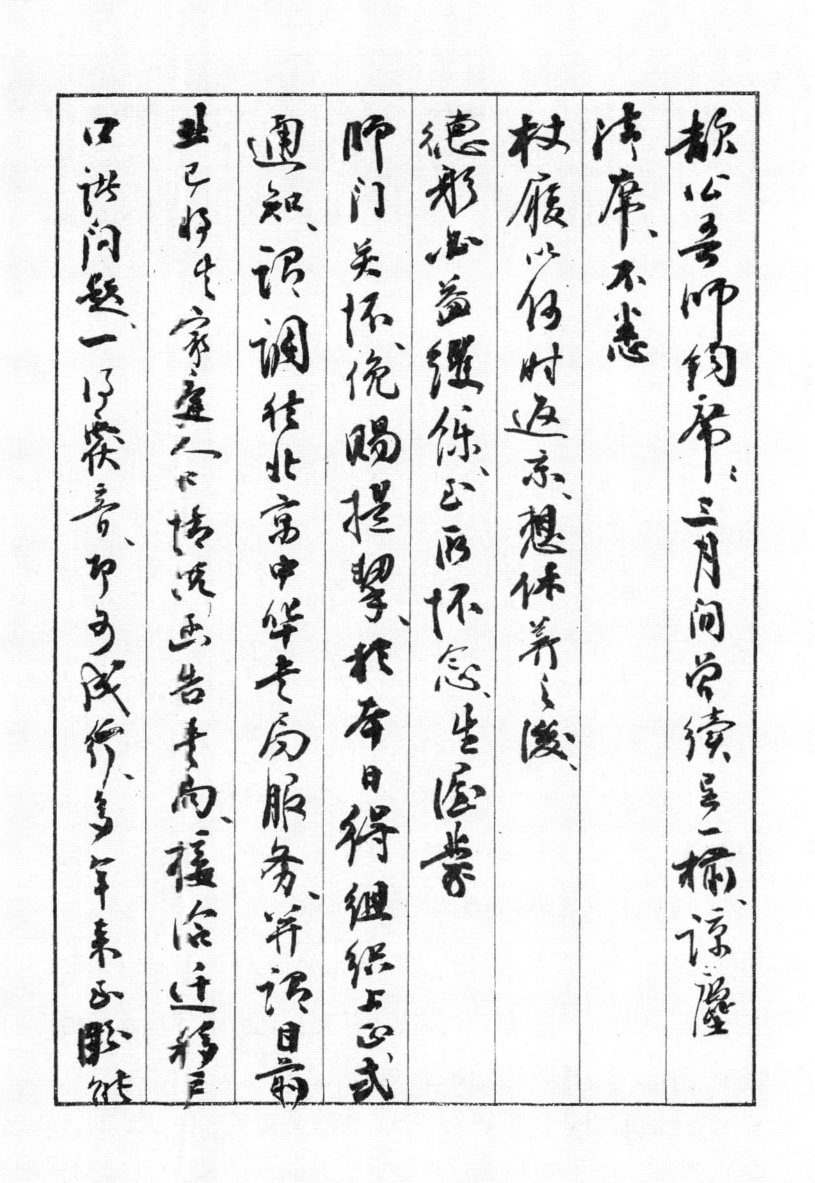
颉刚吾师钧席：三月间曾续呈一稿，谅邀
清鉴。未悉
杖履以何时返京，想休养之后，
德躬必益矍铄，正深怀念。生屡蒙
师门关怀，俛赐提挈，于本日得组织上正式
通知，调往北京中华书局服务，并谓目前
并已将生家庭人口情况函告青岛，接洽迁移户
口诸问题，一俟获音，即可成行。多年来承眷顾

刘起釪先生致顾颉刚先生信（首页，1962年5月12日）

生渥蒙师门关怀，俛赐提挈，于本日得组织上正式通知，谓调往北京中华书局服务，并谓目前业已将生家庭人口情况函告书局，接洽迁移户口诸问题。一得覆音，即可成行。多年来至盼能随侍师门，问学请业，一旦获尝其愿，快幸何似。一俟组织通知成行日期，当即襆被入都，以亲教诲。但在临行以前，生至盼能明了有关具体情况，是否生入京后即随吾师从事《尚书》整理工作，而非在书局担任一般编辑工作？是否生即随侍左右而不必随局中同仁进退？生私愿固在长侍帐侧以整理古籍终其身，无他宏愿矣。

5 月 27 日，刘起釪先生接到顾颉刚先生回复，又立即复函询问是否携带书籍进京，信中说：

拜奉教言，知生来京后当可侍帐侧，佐《尚书》整理之役，快幸之至。一俟师门将其具体问题与领导方面商妥后，生当即耑行入京。立雪匪遥，至感欢忭。……生所不知者，是否所有本人需用行李书籍均需随带？生置有图书七八架，是否目前即需携之备用？中华藏书固当不少，是否取用方便？敢请便中赐告。现不论情况如何，生已决心入京，待命即行，以能服弟子之劳，得问学之益，分师门宵旰之勤，为至大乐幸也。

用刘起釪先生自己的话说，这时他正“阴错阳差”地从事着现代史料的整理工作，好不容易获得重返师门的机会，回到他素所嗜好的古典学术途径上来，其激动之情，跃然纸上。

6 月 6 日，顾颉刚先生带着这两封信，来到西郊翠微路面呈金灿然。顾先生在 6 月 10 日给刘起釪的信中这样描述当时的情景：“渠等知兄将至，欣忭莫名，盖自始调迄今解决已历四年，波折至多，今竟顺利完成，为局中增一台柱，宜其喜形于色也。”6月11日，金灿然致函文化部齐燕铭、徐光霄二位副部长：

> 关于为顾颉刚配备助手的问题，几年来我们一直在积极进行，但苦于没有适当人选，此事至今没有得到解决。去年经顾本人提出，我们通过组织了解结果，曾请求干部司批准调中国科学院近代史研究所南京史料整理处刘起釪同志来京担任这一工作。……最近顾颉刚又对我们提到此事，并将刘最近给他的信交给我们，我们才知道刘调京事在他工作单位内部已正式宣布。我们考虑到顾著述丰富，为他物色助手，颇不容易，且他近几年来体弱多病，确实十分迫切需要助手帮助他工作。又考虑到顾在国内外有相当影响，他的助手问题似仍不能不加考虑。因此重申前请，请考虑在目前可否将刘调来。

原函有徐光霄批示：“目前自外地调人有困难。”可见在当时中央精兵简政、压缩城市人口的政策下，刘起釪先生能够获准调京，并非一件简单易行的事情。原函又有10月5日中华书局副总编辑丁树奇的批注：“此事国庆节前已解决，不必送灿然同志了。”

在组织上积极协调解决的同时，顾颉刚先生本人也为配备助手一事多方物色，档案中有1962年6月12日他给周扬同志的亲笔信，除了请调刘起釪、黄永年、王煦华三位外，还谈到《尚书》译证以及其他积稿的整理计划。

> 周扬部长：
>
> 今年二月在广州奉晤，承您的厚意，要为我配置助手，推进研究工作的进行，铭感五内。嘱开名单，所以迟迟未能送上，因由我的忙迫，亦以此类专家都有固定的工作岗位，就使我开出也很难

如愿。

我再三考虑，觉得北京为高级知识分子所荟萃，我要请教的人都可以在北京找到。所最感痛苦的，就是我没有时间去找他们（尤其是北大路远），他们也不会有时间到我这儿来，所以虽是极熟的人也不容易见面。现在所急需的，就是有几位学问根柢坚实的壮年学者，可以和我商榷问题，可以为我到各图书馆搜罗资料，也可以代我到各专家处征询答案或请提意见。

这类的人，就我过去的学生里想，有三个人是合适的。

其一，是刘起釪同志，籍湖南安化，年40余，前中央大学历史系毕业，现在科学院南京分院历史研究所档案整理室工作。他的中文写作和历史常识都好。三四年前，我即向中华书局提起，承金灿然同志一再和科学院接洽，荏苒至今，方得宁方许可。可是正在他整装待发的时候，适逢北京市严格疏散人口，不能报进，因此中华的党支书张北辰同志感到踌躇。不知可否由您通知文化部，转商市人委，特许迁入？这事如谓可行，请即办理！

其二，是黄永年，籍江苏武进，年约35，复旦大学历史系毕业。他毕业时周谷城主任要留他作助教，但华东教育部不允，被派到交通大学，任近代史教师。交大一部分迁西安，他随着前往。不幸于57年整风运动中，该校近代史教研组六人全划为右派，他亦在内。嗣后即少通讯，不知现在已脱帽否。他天分甚好，早岁即从吕思勉先生受学，研究历史已入门，甚能解决问题。倘得一适当环境，容其进修，将来一定会有较高的成就的。

其三，是王煦华同志，籍江苏南通（引者按：实为江阴），年约33，诚明文学院中文系毕业，现任上海图书馆编目员，参加“丛书综录”的编辑。他人极踏实，精力充足，搜罗材料不厌不倦，对马克思主义亦有较深的修养，是极好的助手。

以上三人，前一人的来京已到了成熟的阶段，只要市府一批准就可来；后二人则仅由我提出意见，请您考虑，如果认为可行，我当和中华书局正式接洽。

至于我自己的工作，除论文、笔记，已由中华书局嘱我陆续整理付印外，“尚书译证”是我的岗位工作，自当集中力量进行，不负党的期望。其它积稿，在100万字以上的有下列各种：

1，“古代地名汇考”：已由中华介绍刘钧仁同志和我合作，将来拟分代出版。

2，“史记校证”：一部分稿件已由科学出版社转致中华。许多在国外的古本，必须尽力搜罗。如王煦华同志能来，则担当此事最为相宜。

3，“战国秦汉文类编”：此书宗旨在于综结当时各家思想及其学术上之成就，分类排列，兼加注释，必须有讨论之功。如黄永年能来，则可望其作秩然之整理，彻底弄清楚这一时期百家争鸣的状况及其留与后人的症结。

4，“三百年来著述考”：已由中华介绍科学院图书馆武作成、刘世凯两同志来接洽，现尚未着手整理。

专此布达，敬祈得暇见复。我的住址是东城区干面胡同31号，电话5.2654。如须面谈，请示知，当即走谒。

敬祝　健康！

顾颉刚　1962，6，12

6月20日、25日，刘起釪、顾颉刚分别致函金灿然，催办调京事宜，顾颉刚信中说：“昨又接南京刘起釪同志来信，谓彼处组织上必须你局再度出函，始允成行。彼意，如京中户口一时困难，个人可先行入京，以临时户口进行工作；眷属北行，将来再办。特此奉闻，请即致函南京科学院商洽为荷！”金灿然接到顾先生信以及周扬办公室转来的长信，于7月8日致信齐燕铭同志，转述了周扬同志的意见："周扬同志意见，顾的助手无论如何要解决，调不来，可以借。"7月18日，顾先生赴中宣部开会，以7月12日刘起釪来信面呈康生。康办7月20日转交齐燕铭，齐燕铭8月1日在康办函件上批示："此事已解决，各信送中华存。"

8月9日，金灿然致函南京史料整理处王可风，正式通知"上级已批准刘起釪同志来我局帮助顾颉刚先生工作"。8月17日，中华书局致函文化部干部司，要求解决刘起釪进京户口问题，并附呈代文化部草拟的致中宣部和国务院文教办公室的呈文。代拟的呈文，除简介商调刘起釪进京协助顾颉刚先生工作的大致过程外，又一次明确说到中华书局约请顾颉刚先生整理《尚书》的起因：

> 去年十二月间，我部直属单位中华书局申请调中国科学院近代史研究所南京史料整理处刘起釪来京作顾颉刚的助手。中华书局在报告中说，顾颉刚正在为该局整理《尚书》，这一工作，康生同志早在几年前即已提出，指示他们积极组织顾颉刚进行整理。但几年来工作进展甚为缓慢，主要原因是顾本人年老体弱，没有得力的助手。去年上半年，顾向中华书局要求调刘起釪来京，给他当助手，这样才能顺利进行《尚书》整理工作。我部考虑到中华书局的实际情况，于本年一月批复，同意将刘起釪调京，但目前不宜全家迁京，要中华书局作好具体安排。经中华书局通过正式手续向南京史料整理处请调，但因迁户口等问题不能解决，此事

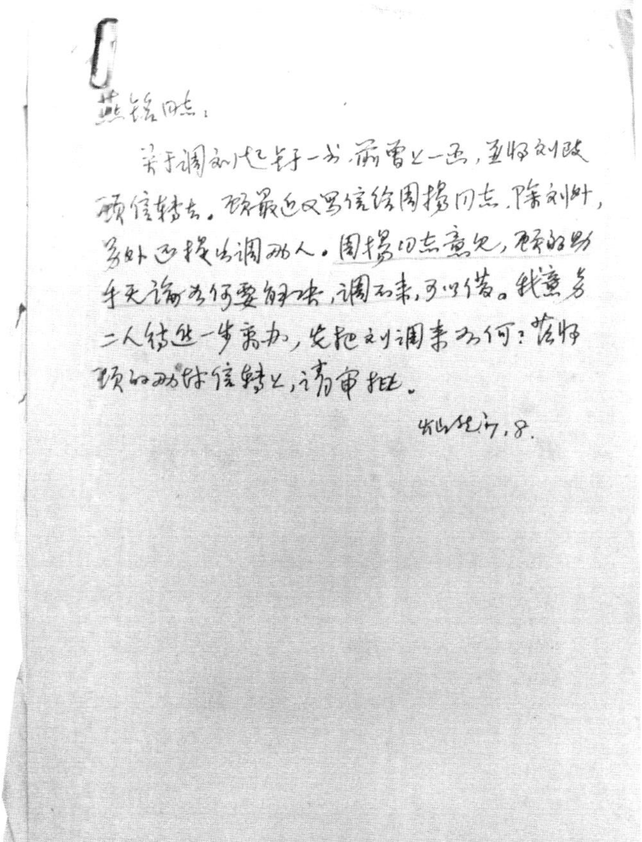
燕铭同志：

关于调刘起釪一事，前曾上一函，并将刘致顾信转去。顾最近又写信给周扬同志，除刘外，另外还提出调两人。周扬同志意见，顾的助手无论如何要解决，调不来，可以借。我意另二人待进一步商办，先把刘调来如何？兹将顾的两封信转上，请审批。

灿然 7.8.

金灿然致齐燕铭信（1962 年 7 月 8 日）

遂尔搁置。最近半年来，顾颉刚又曾一再向周扬同志和该局金灿然同志口头和写信提出这一件事，请求迅速解决。现在南京史料整理处已正式同意将刘起釪调出，刘本人也准备先来京报到。其家属仍留在南京，过三二年再说。我们认为顾颉刚在国内外有相当影响，如果能早日促成他将《尚书》整理出来，对团结高级知识分子和推进史学研究工作，均属有利。为此，拟请同意将刘调京并转知北京市有关部门准予报入正式户口。

此后，金灿然又两次给南京史料整理处发出催促函；延至10月，复经商请南京史料整理处的上级单位近代史研究所及刘大年所长的同意，刘起釪先生调京才差不多告成。档案里有一份10月20日发出的电报底稿："调刘起釪信近代史所已发出，行期决定，盼先电告，以便派人去车站迎候。金灿然。"在南京史料整理处11月10日给金灿然的回函上，有王春同志11月15日的两条批示，其一：

届时请赵守俨同志去车站迎接。宿舍已经安排在西北楼一号楼口一单元的4号。

其二是写给当时中华的党支部书记张北辰的：

请你指派一位同志届时代为向食堂换取内部粮油票和代金，或者现在预向食堂借也可。

以礼相待，以诚相待，是中华书局历来的传统，前辈们的风范从这些细微末节的琐事中可见一斑。"文革"前后，国内众多学者两次集中到中华整理"二十四史"，类似的事情很多，给大家留下了难忘的温暖回忆。

顾颉刚先生在1962年10月12日给刘起釪的信中，曾描述过中华书局为《尚书》整理专门设置的办公室："办公的屋子，已定书局308室。这间屋朝南又朝西，终日有太阳光。我为了家中客多事烦，趁未寒时也常到那里办公，以后也可常在那里见面。"11月22日，刘起釪先生到京报到，此后，在被顾颉刚先生赞为"颇有长林丰草，可资盘桓"的京西翠微路中华书局大院，"惬心适意地全力投入"《尚书》的整理工作，一直到"文革"开始。

三

五十年代进中华工作的谢方先生，曾将"全力支持顾颉刚先生彻底整理《尚书》"与"《文史》的创办"、"'二十四史'整理班子的建立并集中北京工作"并列，称为六十年代中华书局最有历史意义的三件大事。档案文书也可见当时中华书局对顾先生的研究工作所给予的高度重视，尤其是金灿然先生，1958年起他以中华书局总经理兼总编辑的身份兼任古籍整理出版规划小组办公室主任，北大魏建功先生戏称他为古籍整理的"总司令"，他为中华书局及古籍整理事业，真可谓殚精竭虑，令人感佩。

档案中有1962年8月20日金灿然拟就后未发的给康生、周扬的信，说到为顾颉刚先生配备助手的情况：

> 顾所提出的刘起釪，文化部已同意调京，正在办理调动手续。另外，一年以前，我们曾为他配备一位孟默闻先生，帮助他整理《尚书》和他的读史笔记；今年，我们又为他配备一位刘钧仁先生，帮助他整理"中国古代地名汇考"。刘起釪来了之后，帮助他工作的将有三个人。

孟默闻是中华编辑部的一位老先生，1963年中华书局出版的顾颉刚《史林杂识初编》，就是在孟默闻先生的协助下定稿的(《史林杂识初编》小引)。刘钧仁先生二十世纪三十年代就曾出版《中国历史地名大辞典》，是协助整理“中国古代地名汇考”的合适人选。另外前引顾颉刚先生致周扬信中还提到由中华介绍科学院图书馆武作成、刘世凯两同志来协助整理“三百年来著述考”，武作成先生五十年代撰有《清史稿艺文志补编》，也应该是合适人选。另外，在刘起釪先生调京已经基本办妥的情况下，1962 年 10 月 22 日，中华书局还是遵照顾颉刚先生的意见，向黄永年先生所在的西安交通大学人事处发去了商调函：

> 据科学院顾颉刚先生介绍，你校近代史教研室黄永年对历史有所研究，希望能协助其工作，故特函询黄永年政治历史情况、现任工作职务，及你们对其工作的意见。请函复。

黄永年先生和后面提到的张舜徽、任二北、任铭善、方龄贵先生等，都因为各种原因未能成行。

档案中还保存有顾先生要求中华书局商调南开大学先秦史专业毕业研究生李民参与《尚书》整理的亲笔信，全文如下：

> 灿然、项平同志：
>
> 多日未见，至念起居。我一个月来，几于无日不开会，学术工作只得停顿。今虽会毕，而瞬届春节，不免亲朋酬酢。有劳悬盼，无任歉仄。
>
> 李民同志，前毕业于郑州大学，今又毕业于南开大学研究院，其毕业论文为“尚书盘庚篇研究”，我翻览一过，觉得见解新颖，又能结合马列主义，洵为青年中不易得之人才。
>
> 郑大校长嵇文甫同志暨南开历史系主任郑天挺同志均愿其助我钻研“尚书”，前已奉告。兹闻嵇校长决定其从游期为五年，

期内工资由郑大给发。其母本住北京，故住屋亦无问题。惟报进户口，是否可由你局办理，请予酌夺示知为荷！

我自你局给予整理“尚书”之任务，日夕在心，惟兹事体大，问题万千，实非一人之力所可担当，我又多病多事，势不能全力以赴。承你为调刘起釪同志来京，已给我不少助力，惟亦年近五十，未能以锐气责之。李民同志年富力强，可望其发生火车头的作用。如你局能给一名誉职务，则三人合作，必可按日程功，如期集事。兹特嘱其持毕业论文就正，敬乞赐洽，不胜感祷！

专此，敬颂春祺！

顾颉刚　1963,1,22

在此前后的一周时间内，金灿然与郑天挺、嵇文甫先生书信往返，终以李民先生完成任务后仍回郑州大学为前提，达成借调，李民先生遂与刘起釪先生同在一间办公室，协助顾先生进行《尚书》整理工作。

金灿然执掌中华书局的五十年代末、六十年代初，是形成现在中华书局学术品格和独特个性的最重要时期。半个世纪以来，当年在中华工作过的同仁和学界前辈，留下了很多深情的回忆。其中金灿然不拘一格招纳人才的佳话最为大家所乐道，从这一批刘起釪调京档案中金灿然亲笔草拟的数十封公私信函，我们也会有同样深切的感受。

1962 年 9 月 7 日金灿然致函齐燕铭，除谈到刘起釪先生的进京户口外，还涉及此前已经调入中华的马宗霍先生和商调中的张舜徽先生，信中说：

商调张舜徽事，已同杨东老（引者按：即杨东莼）谈过，他答应给想办法。同时他又提出马宗霍的房子问题，此事实在伤脑筋。

刘起釪来京户口问题，干部司仍未上报，大概碰到一些困难。

三十人的编制问题，迄今也仍未落实。目前的情况已与两三个月前不同，高级知识分子的牌价又高了，各地大专学校经常有人在北京接洽精简人员，成仿吾捞走了四十多位。曲阜师范捞走了二十多位。使用干部的问题都比以前想得开了。

信后另纸又提出商调任二北、任铭善、方龄贵三位先生：

以下三人，请考虑可否向在京开会的书记提出商调：

一、任二北：四川大学，没有开课，主要在从事戏曲古籍的整理和研究。

二、任铭善：搞小学的。已摘了右派帽子。杭州大学，大概也没有开课，前些时被上海借去编辞海。

三、方龄贵：昆明师院文史系主任，研究元史的，日文颇好。开史学系基础课，他自己不愿教，想到北京来。

五十年代中期，金灿然曾亲往上海邀请版本学家陈乃乾先生进京加盟古籍出版社（后并入中华书局），成就了陈乃乾先生举家迁京的佳话。五十年代末、六十年代初，金灿然冒着政治风险，先后延请宋云彬、孙人和、马宗霍、杨伯峻、马非百、傅振伦、王仲闻等先生来局工作，任二北、任铭善二位先生当时还是在册的“极右”分子，尽管未能成行，但足以见出金灿然的卓越胆识和运筹谋略。在此之后，才有陈垣、郑天挺、邓广铭、翁独健、冯家昇、傅乐焕、唐长孺、王仲荦、刘节、罗继祖、王永兴等全国各地的文史学者会聚中华标点整理“二十四史”的空前盛事。

2005年5月21日写毕

2010年10月31日小补

（原载《书品》2005年第4辑）

汪篯与中华版《唐六典》点校本

唐长孺先生在为《汪篯隋唐史论稿》(中国社会科学出版社,1981年1月)写的序言中,提到汪篯于1960年代曾经着手《唐六典》的校勘,唐先生说:

> 大致在1960年,他着手校勘《唐六典》,他给我看了几条校记,其中有好几条是关于祥瑞的,本来似乎无关重要,不妨放过,可是他蝇头细楷,写上夹签,校正了旧本的讹夺。

最近看到网络上有关汪篯审校陈仲夫点校本《唐六典》的旧档,我怀疑唐先生所说与汪篯审校陈仲夫点校本或许是同一件事,也就是说,汪篯于1960年代曾经着手校勘《唐六典》的说法,是唐先生的一个小误会。

现在通行的中华版《唐六典》整理本,是由汪篯的同事、北京大学历史系的陈仲夫点校的。从1962年约稿,到1992年出版,历时30年。其中的故事,尤其是汪篯历时三年的审校,是他生命最后几年所做的一件重要工作,也是值得人们去追忆和回味的难得的佳话。

陈仲夫整理《唐六典》，缘自他老师邓之诚的一番话。1940年代，陈仲夫师从邓之诚先生。一次课后，邓先生留下他，并拿出一部巾箱本《唐六典》，是日本人近卫家熙1724年的整理本，颇为激动地说："此本有不少问题，近卫本成为《六典》的权威本，实是国人的耻辱。"正是受老师这番话的触动，1960年，陈先生决定着手重新整理《唐六典》。1962年12月，中华书局与陈仲夫签订点校《唐六典》约稿合同，约定分批交稿："自1963年1月起，每月交5—7卷，五月底交完。"在确定约稿前，按惯例要约请专家进行样稿审查，《唐六典》的外审就是由汪篯承担的。

汪篯对《唐六典》第二卷的审读意见，文末署12月12日，应该是1962年，即上述约稿合同签署之际。审读意见全文如下：

> 《唐六典》校点本，第二卷，审查意见如下：
>
> （1）质量是较高的。可用。点句未见有甚错误（没有逐句看）。其中驳近卫、玉井之说有些条是很好的。如"识官"条、"糊名"条、"六尺床"条是。
>
> （2）校勘不繁琐。玉井是博之校，我未见到。以与近卫校本相较，凡近卫校本迹近繁琐者，已多删去。
>
> （3）校者主张用双行夹注，是可以同意的。这首先是因为校注不繁琐，不致使读者望而生厌。其二是某些地方，校者的意见似乎主张存疑而不下断语，如用正本定断，下加附注，则不易表达。我觉得作者所持理由可以尊重。
>
> （4）校稿中还存在着一些问题，足以说明它也还是瑕瑜互见的。
>
> 甲．个别条目不足以驳倒日人校语，且似校者所说有误。如吏部郎中下"七司"条。

乙．校语中引文仍有脱漏字。如“识官”条、“糊名”条。此问题易解决。

丙．校文有很多与近卫校意同，均未指出。这些逐一指出是繁琐的。我的意见是在总叙例中作一说明。或者作者原有此意，则更好。

丁．有的仍沿袭近卫的误校，如“吏部主事”条。有的近卫校可商，不宜置之不顾，如“九嫔”条。

（5）校稿中还有一些技术问题，可以商量。

甲．校语注意简洁，这是很好的，而且是难能可贵的。但某些必须稍加数语才能说明问题的，似乎还可以稍加几句。

乙．校语中所用“其下”字样，宜改作“此下”字样。

丙．有些地方，可作多字连校，不要断续说明。这样更方便于使用这书的人。

丁．引文中有些大部头的书，需要说明卷数或条目，以便于使用的人检校。

（6）在原稿中，我逐条贴了意见，其中有一些并非原稿有误，而是供校者和审者再加思考的，请勿揭去。

（7）此卷粗略校阅一过，已费去十小时左右时间。估计出版以前，尚须重新详阅，则每卷平均当须花二三日劳动日。原书三十卷，所费时间，当须费六十个劳动日即整整二个月的工夫。如果集中校阅，恐不可能。希望与标点者直接说明，分卷交付我审校。零打碎敲，比较合适。

（8）此书在出版以时（前），必须详加校阅。因日人甚为注意此书。个别失误在所难免，但如失误较多，则易给予日人以口实，某些日本的□□学者可能用来破坏我国学术上的威信。这就需要我们首先站得住脚。如果他们来,我们就得顶住。因此我主张中华书局对此书的出版,重视一些。请考虑是否在我之外,再请武汉大学唐长孺同志看一看,特别是兵部一部分。他对"兵制"方面的研究,比我要多。如考虑到太费时间,我的意思是至少兵部一部分、将军一部分,寄给唐先生审一下。

最后,还须说明,校者对此书确是花了很多劳动的,宜致鼓励。关于此书交我审校,可与校者说明,校者和我,一般说,不致发生什么大的矛盾的。

汪篯　12.12.

此后,陈仲夫按计划陆续交稿。1963 年 3 月 11 日,中华书局古代史组综合汪篯的意见致函点校者陈仲夫,表示汪篯和唐长孺二人对此书都比较关心,拟请他们协助审稿。

汪篯于 1963 年底接到《唐六典》点校稿,旧档中有他于 1964 年 1 月 2 日给中华书局古代史组的信,全文如下:

中华书局古代史组同志并请转灿然同志:

《唐六典》已于 1963 年 12 月 30 日接到,当日即开始进行审查。此稿系校订古籍,因而必须勘对,与审阅他类稿件不同。我是用陈稿与近卫本、玉井校记对核的,由于核对以外,一般还要查检校记所引原书,且发现问题时,又须补出若干未作校记之处,因而,工作的进行是很慢的。根据四天以来审查的结果,大约每天全部花在这项工作上,用 8 小时或以上的时间,只能审阅 5 千字上下。《唐六典》全书约 30 万字,依此推算,须用 60 个整工作日,才能审毕。我以病情较重关系,每日 8 小时还不能保证,且常有

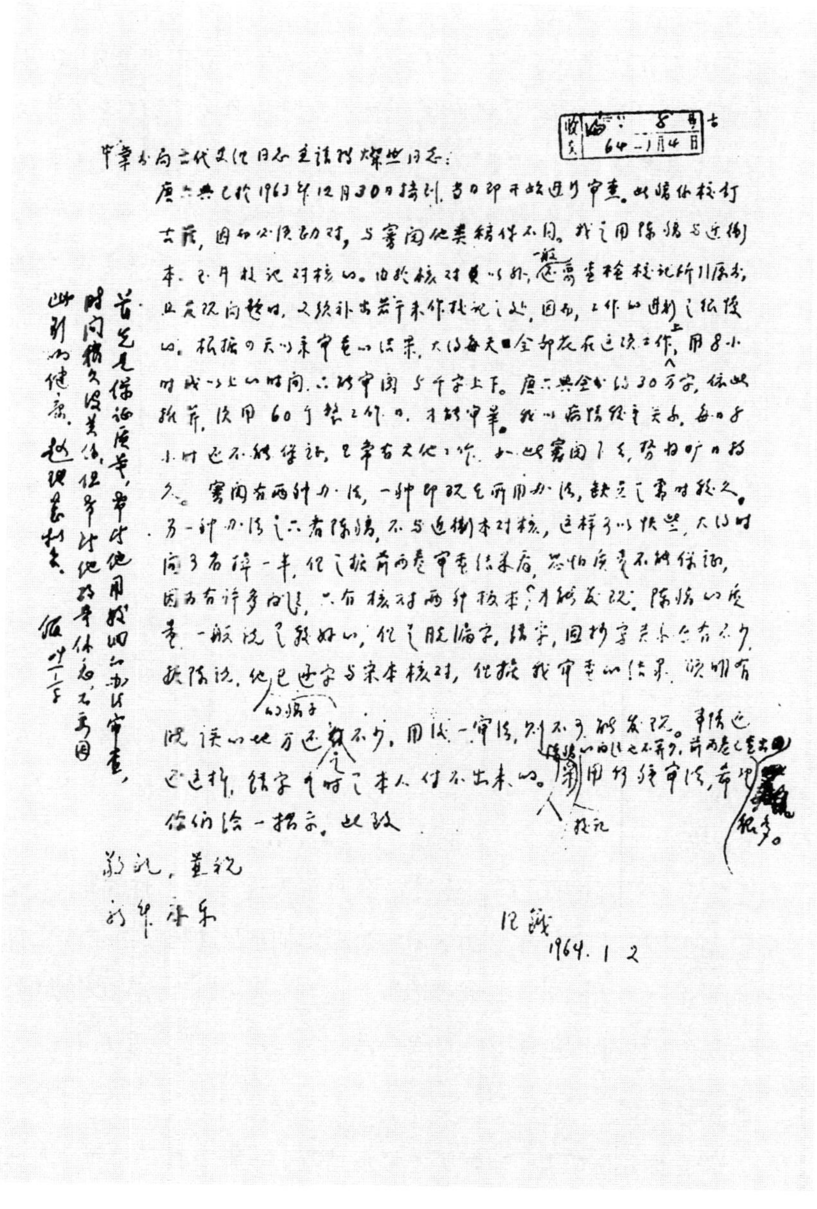

汪钱先生致中华书局古代史组信（1964年1月2日，网络图片）

其他工作，如此审阅下去，势将旷日持久。审阅有两种办法，一种即现在所用办法，缺点是需时较久。另一种办法是只看陈稿，不与近卫本对核，这样可以快些，大约时间可省掉一半，但是据前两卷审查结果看，恐怕质量不能保证，因为有许多问题，只有核对两种版本，才能发现。陈稿的质量，一般说是较好的，但是脱漏字，错字，因抄写关系还有不少。据陈说，他的稿子已逐字与宋本核对，但据我审查的结果，显明有脱误的地方还是不少，用后一审法，则不可能发现。事情□还这样，错字有时是本人对不出来的。陈稿校记的问题也不算少，前两卷已查出很多。采用何种审法，希望你们给一指示。此致

敬礼，并祝

新年快乐

汪篯

1964.1.2.

信笺的边上有赵守俨先生1月8日手批的意见："首先是保证质量，希望他用较细的办法审查，时间稍久没关系。但希望他酌量休息，不要因此影响健康。赵琪同志拟复。俨64/1/8。"

汪篯带着严重的肠胃病，经过一个月每天连续十小时的审读，完成了第一遍审校。1964年2月8日，汪篯给刚刚做过脑瘤手术的金灿然写信，谈到了《唐六典》的审读情况。这封信写得非常郑重和动情，对老友的关切和自己完成托付的欣慰，溢于言表。信的全文如下：

灿然同志：

自你住院以后，时向朋友探问情况，一月三十一日和二月三日，我到北京医院检查，诊治肠胃病，均曾探望，但那时还在谢绝

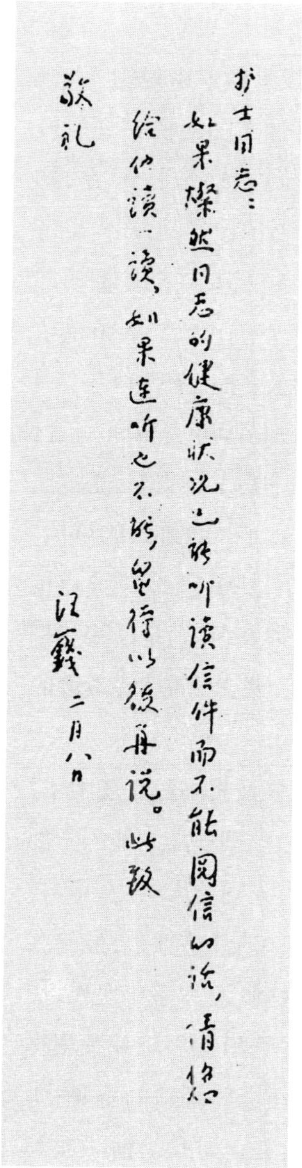
护士同志：
如果燦然同志的健康状况已能听读信件而不能阅信的话，请您给他读一读，如果连听也不能，留待以后再说。此致
敬礼
汪籛 二月八日

汪籛先生给护士的留言条
（1964年2月8日，网络图片）

探视期间，都未能见到。最近知道你开刀以后，经过良好，视力已恢复正常，极为高兴。祝你日益健康，短期内即恢复体力，更希望您能静心休息，不要多想事情。这样一定能很快痊愈。我的病现已查清，是十二指肠扩张，其他脏腑一切正常，肺部已开始钙化。这个病没有生命危险，如果内科医治无效，可以用外科手术根治。知关垂注，敬以奉闻。《唐六典》用了一个整月，每日约用十小时的时间，审校了第一遍，大概再有二十天，可以审完第二遍。这部书的标点工作做得很不错，校勘的问题比较多，总共提出了约有一千个问题，并且对校记作了修改。作出以后，照我看，一定能比近卫本大大提高一步。也请放心。因为怕你需要多休息，详情留待你完全复原时再谈。好在这本书的出版已经有保证了，放心吧！敬祝
痊安

汪籛　二月八日

在另外一张纸条上，还有他给护士的留言：

护士同志：如果灿然同志的健康状况已能听读信件而不能阅信的话，请您给他

读一读。如果连听也不能，留待以后再说。

汪篯的审校工作一直到 9 月尚在进行中，没有他信中说的“大概还有二十天”那么快。9 月 9 日，古代史组给陈仲夫的信说：“您所校点的《唐六典》，我们已送请汪篯同志校阅，经我们与汪篯同志联系，知道他正在进行是项工作。”据陈仲夫后来回忆，“有一段时间，汪先生每晚到陈先生家商讨书稿中的问题，有时为了一条校记，甚至是据哪部书而争得面红耳赤不欢而散。第二天，汪先生仍然前往，二人争论依旧”（柳宪《好事多磨——〈唐六典〉编后絮语》，《书品》1993 年第 4 辑）。中华编辑部《唐六典》书稿档案中，存有一份陈仲夫 1990 年 11 月亲笔撰写的《后记》，不知何故当时未附印在书后。《后记》说：“汪先生于百忙之中抽空对它从头至尾逐字逐句进行了认真细致的审核，提出了许多宝贵的意见，历时近三年，方才毕功。”并说《唐六典》点校“虽然是由我独立完成的，实际上却包含着众多师友，特别是汪篯和柳宪（本书责任编辑）两位先生的心血”，可见老一辈学人信义、谦逊的气度。

汪篯的审校工作到 1966 年才基本结束，尚未及将书稿交还中华，“文革”爆发。不数日，汪篯含冤离世，《唐六典》整理稿随同他的全部藏书一并上缴，从此不知下落。直到 1978 年，有人在北大历史系资料室发现了其中的三卷，经辨认笔迹，判断为《唐六典》整理稿，最终找到了仅缺一卷的全稿。面对劫后存稿，陈仲夫感慨说：“盛年之作，历尽沧桑，几至泯灭，垂老复得，欣喜莫名。”（《后记》）此后陈仲夫根据中华古代史组赵守俨、王文锦、柳宪等先后数任责任编辑的意见，于 1983 年和 1988 年，先后两易其稿，并亲自两次誊正定稿。前一次写定，主要就是“适当采纳了汪篯先生正确的审稿意见”（《后记》），但有所取舍，据书稿档案记录陈先生的谈话，实际采纳了仅约十分之一的意见。

唐长孺先生在前引《汪篯隋唐史论稿》序言中，曾经举例说明汪篯对待所审稿件的严肃认真，他说："大致也在1960年左右，一位青年同志请他评阅论文，他认真阅读了本文，慎重考虑了优点和缺点，写了长达数千言的评语，从理论到资料，作出了有关治学方法的指导。"唐先生所举的例子，据我推测，当事人应是历史所的张泽咸先生，张先生在《我与汉唐史研究》中回忆说："1962年秋，历史所突然通知我参加《中国史稿》隋唐卷写作，我只好从零开始，努力阅读隋唐史籍，忙于编写史稿。其间，我写了一篇唐史论文，投寄《历史研究》编辑部，附信请他们转北大汪篯先生审稿。我并不认识汪先生，曾听唐先生说是位唐史专家，故特此提及。汪先生审稿后，写了三四千字的意见，对拙作进行了全面评估，编辑部将审稿意见打印，分发历史所和近代史所，作为培养青年的指导性文件。"（《学林春秋·二编》，朝华出版社，1999年）可见汪篯对待委托审阅的书稿，是一贯认真并不惜做具体查核校阅工作的。在中华旧档中，我曾经看到汪篯为瞿蜕园整理王先谦《新旧唐书合注》所写的二十余页八开稿纸的审读意见，也可印证唐先生所说。

点校本《唐六典》于1992年出版，距离汪篯审校已经过去二十七八年，书中没有对点校本成书过程包括汪篯的参与有所交待，去年《唐六典》再次重印，仍付阙如，是一个遗憾。四十余年后，有幸获睹汪篯遗札，匠不惮其繁，缕述成文，以存故实，兼怀先人风范。

2008.10.6 稿

2009.1.2 改

（原载《书品》2009年第1辑）

关于“不得”的后话

关于“不得”的后话，要从邓广铭先生的一封信札说起。邓先生的信是1959年6月写给中华书局编辑部的，前年第一次看到，就对信中邓先生批评岑仲勉的话留有特别深的印象。因为对邓先生不了解，不知道他平常是不是就这样严厉，又不知道岑先生的对音研究到底哪些靠谱哪些不靠谱，只是觉得邓先生说得够狠够厉害。

邓先生信是对《史记》点校后记征求意见稿的回复，档案保存的点校后记原稿，举例中有《秦始皇本纪》“禁不得祠明星出西方”一条，原文如下：

> 有人认为明星就是灵星，《封禅书》说汉高祖令郡国县立灵星祠，可见以前也有过祀灵星的灵星祠而给秦始皇禁废了的。这样说，应该以“禁不得祠明星”为句，可是下面“出西方”三字就落空了，于是有人说“出”上脱一“星”字，星指彗星。近人岑仲勉认为应该以“禁不得祠”为句，“明星出西方”为句，明星就是彗星，“禁不得祠”同“明星出西方”是两回事。他有许多理由（详见岑著《两周文史论丛》），我们认为正确，所以标点作“禁不得祠。

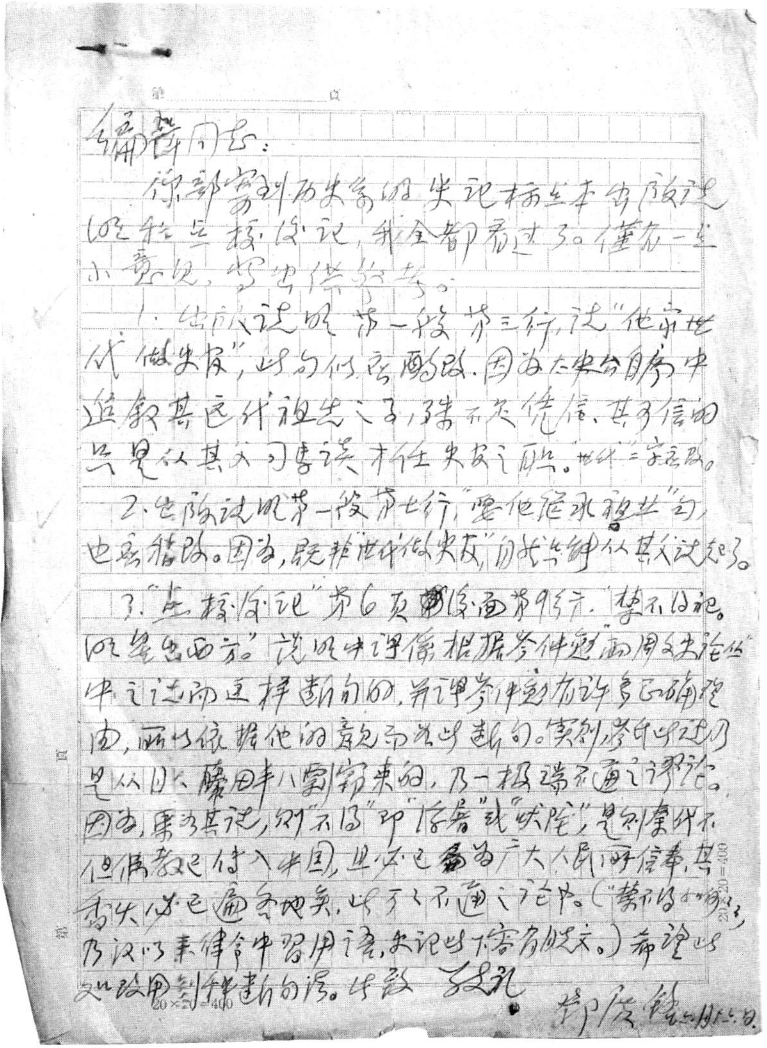
编辑同志：

你部寄到历史学家的史记标点本出版说明和点校后记，我全部看过了。仅有一些小意见，写出供参考。

1．出版说明第一段第三行说"他家世代做史官"，此句似应删改。因为太史公自序中追叙其远代祖先之事，殊不足凭信，其可信的只是从其父司马谈才任史官之职。"世代"二字应改。

2．出版说明第一段第七行"要他继承祖业"句，也应稍改。因为，既非"世代做史官"，则"祖业"[illegible]从其父说起了。

3．"点校后记"第6页后面第9行"禁不得祠。明星出西方"，说明中谓係根据岑仲勉先生论丛中之说而这样断句的，并谓岑仲勉有许多已确证的理由，所以依据他的意见而作此断句。实则岑氏此说乃是从日人藤田丰八窃来的，乃一极端不通之谬论。因为，果如其说，则"不得"即"浮屠"或"佛陀"，是则秦代不但佛教已传入中国，且必已为广大人民所信奉，甚至必已遍及各地矣，此万万不通之论也。（"禁不得祠"乃汉以来律令中习用之语，史记此下当有脱文。）希望此处改用[illegible]断句法。此致

敬礼

邓广铭 6月12日

邓广铭先生致中华书局编辑部信（1959年6月）

明星出西方”。

邓先生信中第 3 条意见针对此段说：

> “禁不得祀。明星出西方。”说明中讲系根据岑仲勉《两周文史论丛》中之说而这样断句的，并讲岑仲勉有许多正确理由，所以依据他的意见而如此断句。实则，岑氏此说乃是从日人藤田丰八剽窃来的，乃一极端不通之谬论。因为，果如其说，则“不得”即“浮屠”或“吠陀”，是则秦代不但佛教已传入中国，且必已为广大人民所信奉，其香火必已遍各地矣，此万万不通之论也。（“禁不得”如何，乃汉以来律令中习用语，《史记》此下容有脱文。）希望此处改用别种断句法。

周一良先生对征求意见稿也有回复，写在一张明信片上。关于“禁不得祠”只有很短的一句话的意见：

> “禁不得祠”句岑氏解说不确，日本人早已讲过，已有人加以辩驳。

《史记》点校本正式出版时，采用了二位先生的意见，删去了后记中的这条举例，但正文标点仍维持了“禁不得祠。明星出西方”的断句（点校本 253 页）。

不久前跟一位朋友说到邓先生，我曾把邓先生信传给他看，目的是想多知道一些关于邓先生信中措辞的背景。后来一天在办公室没事，拿出书柜里的岑仲勉《两周文史论丛》，找到那篇名为《春秋战国时期关西的拜火教》的文章，才知道岑先生是明确引述到了藤田丰八的，也引述到马元材书，并对“禁不得”、“禁勿得”有较详细的辨析。当时我觉得邓先生说“剽窃”有点重了，周先生更宽容。

这件事留给我的疑问，到此已经基本没了，没想到又一天乱翻书，看到了季羡林先生的《扫傅斯年先生墓》，若果真如季先生所说，岑仲勉则竟然是因为“不得”而不得不离开史语所的。季先生说：

> 孟真先生的轶事很多，我只能根据传说讲上几件。他在南京时，开始任中央研究院历史语言研究所所长。他待人宽厚，而要求极严。当时有一位广东籍的研究员，此人脾气古怪，双耳重听，形单影只，不大与人往来，但读书颇多，著述极丰。每天到所，用铅笔在稿纸上写上两千字，便以为完成了任务，可以交卷了，于是悄然离所，打道回府。他所爱极广，隋唐史和黄河史，都有著述，洋洋数十万言。对历史地理特感兴趣，尤嗜对音。他不但不通梵文，看样子连印度天城体字母都不认识。在他手中，字母仿佛成了积木，可以任意挪动。放在前面，与对音不合，就改放在后面。这样产生出来的对音，有时极为荒诞离奇，那就在所难免了。但是，这位老先生自我感觉极为良好，别人也无可奈何。有一次，他在所里做了一个学术报告，说《史记》中的“禁不得祠明星出西方”，“不得”二字是Buddha（佛陀）的对音，佛教在秦代已输入中国了。实际上，“禁不得”这样的字眼儿在汉代是通用的。老先生不知怎样一时糊涂，提出了这样的意见。在他以前，一位颇负盛名的日本汉学家藤田丰八已有此说。老先生不一定看到过。孤明独发，闹出了笑话。不意此时远在美国的孟真先生，听到了这个信息，大为震怒，打电话给所里，要这位老先生检讨，否则就炒鱿鱼。老先生不肯，于是便卷铺盖离开了史语所，老死不明真相。

以前看陈达超先生的《岑仲勉先生传略》，说岑先生“与该所主持人发生矛盾，藉口所谓研究课题范围超越合同约束，备受打击排挤。……愤然离开历史语言研究所”（《岑仲勉史学论文集》，中华书局，1990年7月），没想到就是“不得”与“浮屠”这件事。

关于“不得”与“浮屠”的话题，是日本学者藤田丰八于1927年挑起的，藤田的论文刚发表，在日本就有铃木券太郎写了《藤田博士之不得祠》一文反驳他。中国学术界最早提出不同意见的是向达先生，他在1930年完成的《中外交通小史》中说：“至于日本人以《史记》所载始皇‘不得祠’的话，以为‘不得祠’即‘浮屠祠’，……这种种说头，不是根据薄弱，便是神经过敏，难以据为典要”（第四章《印度文化之东来》，商务印书馆1933年，28页）。此后汤用彤、魏建功等先生也都著文参与了讨论。1937年，岑仲勉撰《汉书西夜传校释》，论述“塞种”即“释迦”，特别举出《史记》之秦始皇“不得祠”一段，认为“由是以推，佛教东传，固有其机……要未能一概抹煞，且犹多研究之余地也”（《辅仁学志》第六卷第一、第二合期，1937年）。后来，岑仲勉曾明确表示，他这段话是针对向达说的。

国内最先响应藤田丰八之说的，是马元材所著《秦时佛教已流行中国考》，马元材就是著名秦汉史家马非百。马先生因为“丁酉之劫”后来也成了中华书局的编辑，直到终老。马元材此书是1943年4月设在安徽临泉的鲁苏豫皖边区临时政治学院石印的一本小册，岑仲勉从友人处借读一过，于同年10月写了《秦代已流行佛教之讨论》一文，文章开篇说：“觉得此问题，表面史料固非常贫乏，但其内涵又颇为广泛，且是先秦西北交通一重要表示，国内外学人着手者尚鲜，爰提出管见若干。初非达到研究地步，不过藉供将来进一层探讨者之备考或引线而已。”这篇文章发表在1944年初重庆出版的《真理杂志》（方豪主编）第一卷第一期，文末有作者附记云：

右作是最近在中央研究院历史语言所演讲之底稿，时间有限，语焉不详，文外亦余意未尽。倘承时贤继马氏之后，共同商讨，尚当再提供若干管见也。十一月三日再识。

这里所谓在中央研究院历史语言所的演讲，与季先生说的“所里的一个学术报告”应该是一件事。如果这个推测不错的话，那就得怀疑季先生所记传说的真实性了。报告在1943年，而岑仲勉到1948年才离开史语所。单从时间上看，远在美国的傅斯年“听到了这个信息，大为震怒，打电话给所里，要这位老先生检讨，否则就炒鱿鱼。老先生不肯，于是便卷铺盖离开了史语所”，就有点近于小说家言了。

1947年，岑先生在《春秋战国时期关西的拜火教》一文中曾回顾自己对“不得”的认识过程，“1946年秋，在李庄史语所学术讨论会上，才确定‘不得’并非佛教而应为伊兰之火教”，改变了原有的主张，认为是伊朗的火教在秦朝传入了中国，而不是印度的佛教。也就是说，岑仲勉“卷铺盖离开史语所”的时候，已经不持秦朝佛教传入中国说了。

岑先生对“不得”的探究可谓执着，1943年的学术报告引起了所长傅斯年的“震怒”，报告会后他还是写成了《秦代已流行佛教之讨论》发表（当然是发表在《史语所集刊》之外的刊物），甚至导致了1948年卷铺盖走人。改变旧说后，1947年6月岑先生又写成论文《春秋战国时期关西的拜火教》，收入1958年的《两周文史论丛》出版，最后让宋云彬引用于《史记》点校本后记，又挨邓先生一顿骂。岑先生“老死不明”的“真相”也许还不止这些。

某日因别的事情查阅《新学术之路》，突然想起岑仲勉，发现这本史语所七十周年纪念文集竟没有一篇关于岑先生的文章。据书的序言，本书文稿86篇，涉及传主77人，并非全都是史语所的正式成员，其中不少只是与史语所有关系的人。岑仲勉于1937年由陈垣先生举荐入所,在史语所工作十一年,按理说不该没有他。不知道是岑仲勉不够“新学术”,还是“不得”的后遗症?如果是后者,那也太长了,1948—1998,整半个世纪了。

史语所傅斯年档案已经完成整理,一些传说纷纭的事情应该不难查实。岑仲勉在史语所工作期间,他自己说是“做学问最努力的时期”,单在《历史语言研究所集刊》上刊载的论文就达七八十篇,发表论著之多、涉及范围之广,用空前绝后来形容恐不为过。从傅、岑二位1945年的往还书信看,分歧主要在是否遵循约定的研究范围。傅斯年1945年2月22日致岑仲勉函云:

> 大著有调查□释名一文,此不在先生研究范围之内,已代为删去,乞谅之。又《元和姓纂》及注、《突厥集史》两大书,可否集中精力,先成其一,未知以为何如?

3月26日又致函云:

> 我辈既在第一组(史学),其所治学范围自应以第一组为限,先生所示今年工作,有突厥古文一事,如先生之工作范围能以史学为限,而不涉及语言,则弟公私均感幸。冒昧陈之,希亮察。

岑仲勉3月28日回复傅斯年函云:

> 现拟计划只求突厥人地名之还原,古突厥文之事,信口道之,令尊处有所误会耳。至问学方法,为国家计,巩固西北自应混成一家,敢布腹心,惟希亮察。

傅斯年3月31日复岑仲勉函云:

> 函达。大雅风度,感佩无似!先生治学之精,尤为感佩,高怀隆谊,何日忘之,此意当终身佩之耳。

往还之间,有要求,有理解。抗战胜利,傅斯年代长北大,9月10日岑仲勉致函祝贺,并附《元和姓纂四校记》目录云:

> 得讯代长北大,至深忭贺,贵体近状如何?念念。自本年起《姓纂校记》即赶编,附呈目录乙纸。

1948年7月5日傅斯年致岑仲勉函云:

> 函达。先生治学之精勤,佩服无间,所示抄写各费,均当遵命。大驾行前理应致送若干月薪水,已托作铭兄转请萨先生核定。以后敬乞时赐教言。

此信写于岑仲勉离所之际,传说中的傅岑矛盾和离所风波,与傅、岑通信中的谦怀与温文,真不啻河汉云泥!

牟润孙先生在《傅孟真先生逝世二十周年感言》中也写到这件事,近于事实,合乎事理。他说:

> 至于聘用人员,他是非常严格,没有过丝毫的徇情。岑仲勉他从来不认识,陈援庵先生看见岑的文章以为极难得,推荐给傅先生,傅先生也觉得好,便聘为研究员。岑到史语所果然作出了不少成绩,后来因为岑先生兴趣过泛,研究的方面太广,有时难免犯了错误。傅先生劝他少写,岑不肯听,终于胜利后不久离去。从这一用一去之中,就可以看出傅先生的认真。(《海遗丛稿》二编,187页。中华书局,2009年)

凑巧的是,在岑仲勉离所后,1948年12月2日,陈槃先生撰写了题为《"禁不得祠明星出西方"之诸问题》的论文,发表在《历史语言研究所集刊》第二十一本第一分(1949年12月),文末所附《岑仲勉先生说摘附》有"最近,陈君槃庵复检数例见告"云云,是岑仲勉对陈槃所举示例证的回应。这件事或许可以作为傅斯年“认真”的注脚，也可以作为岑仲勉同样“认真”的佐证。

2008/7/1 初稿

2009/4/18 改写

2010/5/25 补改

（原载《书品》2010 年第 3 辑）

补　记：

关于“禁不得祠明星”的断句问题，请参见：辛德勇《秦始皇禁祠明星事解》，《文史》2012 年第 2 辑；胡文辉《〈史记〉“禁不得祠明星出西方”问题再议》，《中国文化》2014 年第 2 期。关于岑仲勉先生离开历史语言研究所问题，请参看孟彦弘《岑仲勉先生的学术生涯——兼谈其历史文献学研究的贡献》，《南方周末》2016 年 12 月 25 日。

周一良《魏晋南北朝史论集》出版轶事

一

周一良先生在《毕竟是书生》中回忆说："到1962年来了所谓右倾回潮，……回潮期间，中华书局为我出了一本《魏晋南北朝史论集》，所收都是解放以前论文，我戏称它为《我的前半生》。"[1]

1962年的所谓"右倾回潮"，标志性事件是2月底3月初召开的"全国科学工作会议"、"全国剧作座谈会"，即所谓"广州会议"。周恩来、陈毅亲自参加了"广州会议"，并向与会科学家、文艺家发表了重要讲话，批评几年来对待知识分子的"左"倾错误，肯定知识分子的绝大多数已经是劳动人民的知识分子，而不是资产阶级的知识分子。陈毅在会上明确宣布，要为知识分子"脱帽加冕"。"回潮"带来了文化战线的短暂繁荣，出版界也不例外。1962年1月8日，时任中宣部副部长、

[1]《毕竟是书生》六《回国与解放》，49页。北京十月文艺出版社，1998年。

文化部党组书记的周扬在与广东社联等单位的座谈中指出：

梁启超的著作，解放后我们还未出版过，应该挑选出版。近代人物的著作，全国都要研究，需要注解、标点、说明。康有为、梁启超、朱执信的著作，应该出版，要作整理。对活着的人的著作也应该出版，如陈寅恪、陈垣的著作，只要有学术价值的，政治上不反动，不管观点如何，可以出，印数可以少一点。书出版了，就可以研究批判。[1]

作为文化部直属的出版社，中华书局也明显加大了学术著作的组约和出版力度。有关档案材料显示，也是缘自周扬的直接部署。1962年3月7日、30日，周扬两次与中华书局总经理、总编辑金灿然等谈话，金灿然事后追记的3月30日《周扬同志谈话纪要》（手写稿、打印稿）记录周扬说：

出版学术著作，标准要宽一些。凡是下功夫收集了资料而又有自己的看法的，只要不涉及现实问题（如外交），就可以出版。我们是搞政治的，自己写不出学术著作，对人家的学术著作又卡得很紧，结果就只剩了政治理论书籍和教科书了。这对我们是不利的。学术有个继承问题，继承就要让人家的出来。有问题的，可以批判。你们印了不少笔记，有用，但有的笔记中就骂农民起义。今人的学术著作，骂农民起义的怕很少吧。那么，为什么不给他出版呢？都要求用马克思主义的观点来写，太高了，那就几

〔1〕《周扬与广东社联座谈记录稿》，转引自陆键东《陈寅恪的最后20年》，283页。生活·读书·新知三联书店，1995年12月。

乎出不了什么东西了。王国维的、陈垣的、陈寅恪的，都要出。

同年9月11日，中华书局为文化部办公厅《文化动态》整理的《周扬同志谈古籍整理出版工作》（档案原稿、打印稿）综合了周扬两次谈话的内容，其中第3点为：

近人和今人的著作，也要整理出版。有的人出选集，有的人出全集或文集。比如章太炎、梁启超、王国维、陈垣、陈寅恪等人的，甚至胡适、陈独秀的，将来也要选择出版。凡是历史上起过作用、有过贡献的，都要考虑。

1962年6月12日，中华书局编辑部致函中山大学历史系主任杨荣国先生，催询陈寅恪先生论文集编订计划：

最近上级又指示我局组织出版学术论文集的事，我们亟须规划，烦您便中再向陈先生一询他的编订计划和完成日期，并见告。

档案所存拟稿的第一句原文作“最近周扬同志要我局组织出版学术论文集”。与此事相关，中华书局的大型学术集刊《文史》，也在1962年由周扬、齐燕铭提议酝酿创办。

1962年9月11日同时上报文化部办公厅《文化动态》的，还有一篇题为《中华书局组织编订学术论文集》的综述，分为“已故专家的论文集”、“今人的学术论文集”、“专题学术论文集、讨论集”三类介绍了组约稿及出版情况，在“今人的学术论文集”下有一个详细的名单：

业经征得作者同意编订的有：陈垣、陈寅恪、顾颉刚、马叙伦、竺可桢、梁思成、刘节、裴文中、于省吾、唐兰、容庚、胡厚宣、邓广铭、谭其骧、梁方仲、侯仁之、韩儒林、周一良、杨宽、冯家昇、游国恩、王力、周祖谟、刘大杰、夏承焘、王季思、冯沅君、陆侃如、余冠英、孙楷第、高亨等30余人。

据中华书局总编室编印的《业务情况》1963年第8号所载《我局组织学者编订学术论文集近况》，到1963年6月，已经出版和即将出版的论文集，有顾颉刚《史林杂识》初编、汤用彤《往日杂稿》、嵇文甫《王船山学术论丛》、赵纪彬《困知录》、孙楷第《沧州集》、高亨《文史述林》；正在排版的有王力《龙虫并雕斋文集》、王季思《磨剑集》、夏承焘《月轮楼词论集》和周祖谟《问学集》等。在即将出版的论文集中，还有一本就是本文所要说的周一良先生《魏晋南北朝史论集》。

二

1962年3月20日，给周一良先生的约稿函，由中华书局古代史组陈振起草，组长赵守俨、副总编辑张北辰核稿，金灿然签发，挂号寄往"西郊北京大学燕东园24号"，全文如下：

一良同志：

为了进一步推动百家争鸣，繁荣学术，我们计划陆续编印几位专家的学术论文集。

您数十年来致力于历史研究，写下了不少有价值的学术论文。由于散见于各种报刊，学习参考者均感寻检为难。因此，我们诚恳地希望您自己或由您指定的同志编定一个您的集子（中国古代史、魏晋南北朝史、近代史和中外关系史方面的论文，均可收入），交给我们出版。

这个集子所收的论文不拘时间，解放前后的都可以；不拘题材，举凡考据、论述均所欢迎；不拘文体，文言白话都可编入；不拘字数，如果字数较多，可以分卷出版。论文中某些论点现在您已有所改变或发展，可以修改，也可以不作修改。解放前的文章，在今天看来，容或有不妥或不足之处，如果您认为必要，可以在序言中作适当的交代。如果有尚未发表过的论文，也不妨收入。

我们希望您能同意这个要求。在编订过程中，如果有搜集材料或其他困难，我们当尽可能地帮您解决。

此致

敬礼！

编辑部

约稿函从第三段“这个集子……”以下，档案存件（所据为网络图片，下同）是油印稿，说明当时确曾有过较大规模的约稿计划，只是最终出版的并不多。约稿函中的四个“不拘”和“可改可不改”的编订原则，在前引《中华书局组织编订学术论文集》中也作了类似的归纳：“我们在组织编订个人的学术论文集的时候，向作者说明，只要具有较高的学术价值，可以不拘文体，不拘性质，不论考据、义理、札记，均可收入。对收入的文章，作者如愿意修改，可以；不作修改，也可以。”《我局组织学者编订学术论文集近况》并补充说：“不论撰写于解放前或解放后，已刊或未刊，均可收入。有的专著，解放前已经印过单行本，如果今天看来仍有较高参考价值者，仍可以全部或选择其中一部分收入新编的论文集。”所表现出的开放和容纳的姿态，非常难得。

前引《中华书局组织编订学术论文集》说：

多数专家对我们组织他们编订文集，表示很兴奋，认为这是党对他们很大的鼓舞。但是也有个别专家，如向达，因为过去曾被作“白旗”批判过，深恐他的文集会被当作新的批判资料，因此持观望态度，不怎么积极。[1]

周一良先生在收到中华书局编辑部的约稿函后，于1962年4月9日作了回复：

编辑同志：

前接来信，关于编一本论文集事我已考虑，拟将解放前一些材料考订性的文章收集起来。共约二十余篇，可分两大类：（一）关于魏晋南北朝历史的考证文字，（二）关于六朝隋唐佛教文献和佛教史方面的文章。其中有几篇是尚未发表的。

这些文章重印前须审阅一下，并略作修改删订，估计到六月间可以抽空搞完。大部分我尚有底子，其中有"谈佛典翻译文学"一篇，载《申报·文史副刊》第三、四、五期，时间约在一九四七或四八年，已无存底，希望能设法给我抄一份，以便重读编进去。

即致

敬礼！

周一良　六二.四.九

周一良先生1989年在美国期间，回忆《魏晋南北朝史论集》所收论文的有关掌故，写成《我的〈我的前半生〉》，其中《新史讳举例》一节

〔1〕向达先生1962年7月22日的回函（据网络图片）印证了上述内容："中华书局古代史组负责同志：（62）编字第1860号函收到，先付稿费二千元汇单亦同时寄到，谨此谢谢。关于《唐代长安与西域文明》论文集一事，如三联版尊处认为有再版必要，个人可以同意。其中有几处要订正若干字，稍迟即将更正表寄上。订正之处不多，并力求挖版时不动行，不加字。至于裒集馀文，另出续编或扩大旧版，诸承尊处盛意，屡加敦促，甚为感激。反覆考虑，还是敬谢。旧版已经灾梨祸枣，馀文更是覆瓿之作，没有重印的必要了。再一次谢谢尊处厚意，并请赐谅！此致敬礼！向达 七月廿三日。"

曾涉及信中所说的“修改删订”情况：

> 我的《论宇文周种族》一文，系在史语所时撰写，曾就此问题与所长傅孟真先生交换意见。文章在《集刊》发表时，“随例”附带提到傅所长。60年代中华书局印论文集时，我当然又“随例”删去他的名字，政治避讳也。《〈牟子理惑论〉时代考》完稿于北京解放之前，曾就正于胡适之先生，他以长信答覆讨论。此文交《燕京学报》发表已在1950年。我认为应把胡先生及周祖谟先生讨论函和论文一同发表，但对胡函有点犹疑。学报主编齐思和先生断然表示：“这是学术讨论，与政治无关，可以一起登。”而1963年中华书局出论文集时，我当然又“随例”避讳删除，只保存了周祖谟先生一封信。[1]

档案存件的信上有两处批示：“守俨同志阅。北辰 4.11”；“可去信给上海报刊图书馆（？）代查代抄，我们出钱。金 18/4”。从金灿然的批示，可以看到当时出版者与作者的关系，出版社把对作者的支持和付出，完全当作分内之事。4月11日，赵守俨先生草拟复函：

> 一良同志：
>
> 4月9日惠函收悉。承示同意编辑解放前的文集，可在六月间完成交下，甚感。《申报·文史副刊》所载“谈佛典翻译文学”一篇，当设法代抄送奉。复致
>
> 敬礼！
>
> 古代史组

〔1〕《毕竟是书生》，126页。

据档案所存底稿，函末有附记一行："5.28 抄文已交励□□寄出。"

1963 年 2 月，书稿进入三校阶段，2 月 16 日编辑部与周一良先生商签出版合同，信函由赵守俨拟稿，萧项平、丁树奇签发，陈振带交：

一良同志：

大著"魏晋南北朝史论集"的校样已由我处陈振同志于本月 15 日送上，希望早日校毕退还。此书迄未订约，我们拟按照每千字 12 元的稿酬标准和您订立出版合同，特征求您的意见。附上合同一式二份，如承同意，即请签章后寄回一份。订约后，拟先付一千元，其余部分待该书出版再为结算。尊意如何，即希示复为感。此致

敬礼！

古代史组

本书的责任编辑陈振先生（现为南京师范大学教授，宋史专家），1959 年北大历史系毕业到中华书局古代史组工作。在 1963 年 12 月调往河南省社科院历史所之前，他一直负责《魏晋南北朝史论集》编辑工作和与周一良先生的联络。

1963 年 3 月 13 日，周一良先生致陈振函，涉及编辑加工中的一些情况：

陈振同志：

婚姻表核对了，只有汝南周氏与河东裴氏间，箭头应指向周氏，周氏与东海徐氏间，箭头应指向徐氏，稍改一下即可，其他无问题。

这张表本来很乱，经你改制后非常清楚醒目，确实花了不少功夫，理应表示感谢。请你替我在书前引言最后加上一段（文见

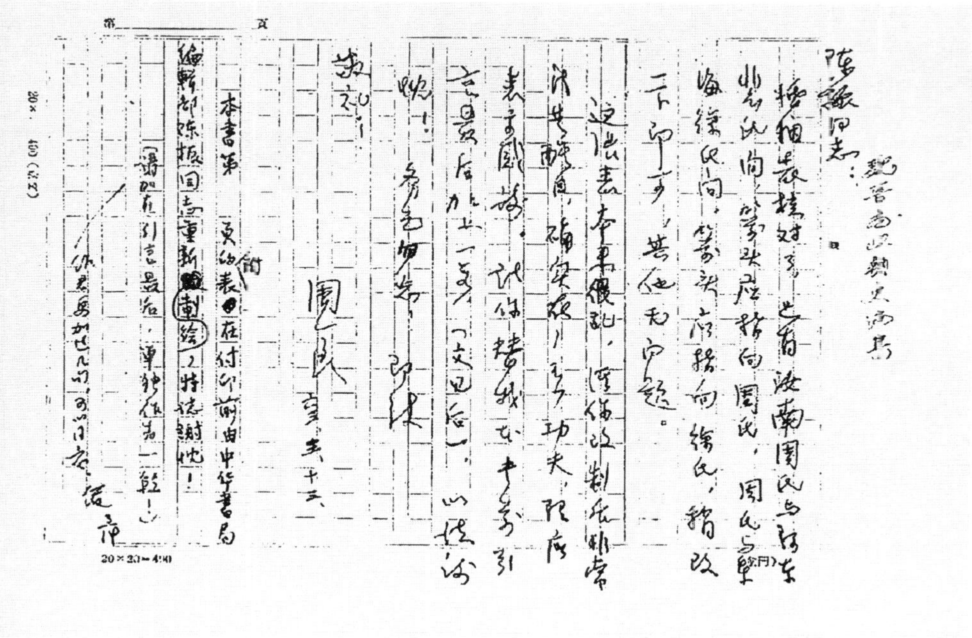
本书第　页的表在付印前由中华书局编辑部陈振同志重新制绘，特志谢忱！

周一良

周一良先生致陈振信（1963年3月13日，网络图片）

后），以志谢忱！务乞勿忘！即致

敬礼！

周一良　六三．三．十三．

本书第　页所附表在付印前由中华书局编辑部陈振同志重新绘制，特志谢忱！

（请加在引言最后，单独作为一段！）

"婚姻表"是《南朝境内之各种人及政府对待之政策》一文的附表（《魏晋南北朝史论集》，78页）。存件信末有赵守俨先生批示："作者要加这几句，可以同意。俨 3/14。"

根据《魏晋南北朝史论集》的版权页记录，1963年6月付型，12月第1版第1次印刷。但是，到1964年3月7日，周一良先生还来信催询《魏晋南北朝史论集》出版时间，其中的缘由，又与当时的政治气候变化大有关系。

三

1964年3月7日，周一良先生致函中华书局编辑部，催询《魏晋南北朝史论集》的出版情况：

编辑同志：

近得内蒙古大学历史研究所林幹同志来函，拟将我关于宇文周种族一文收入所编匈奴史论集中，我已同意。但修订的稿子在你局，如林同志来函联系，请即将该文校样交他编排为感！

你局六二年曾约我编印旧稿，去年亦已看过清样，不知何时可出书？我手边原存的修订稿有时尚需翻阅，既已付印，可否请于便中将原稿全份掷回，以便需要时参考。多谢！即致

敬礼！

周一良　六四．三．七．

赵守俨先生3月9日批示："①已悉，记在《匈奴史论文集》卡片上，并通知傅振伦同志。②请老□将原稿寄回。俨 64/3/9。"傅振伦先生当时也在古代史组任职，大概是《匈奴史论文选集》的责任编辑。关于林幹编《匈奴史论文选集》所收《论宇文周种族》一文，对周先生来说，也有一段难以释怀的"后话"，他在前引《新史讳举例》中说：

> 我自己呢，恶有恶报，受到"以其人之道还治其人之身"的公平待遇。由于被调到"四人帮"操纵的"两校大批判组"（笔名梁效）工作，"四人帮"打倒后，受了几年政治审查。所以，有人辑印有关匈奴的论文，辑录了我《论宇文周种族》一文，而采取"姑隐其名"的办法，以不著一字的无名氏姿态，与其他作者的署名并列。[1]

《匈奴史论文选集》于1966年前已经编成，在1983年由中华书局正式出版前，曾于1977年由"内蒙古自治区革命委员会蒙古语言文学历史研究所"内部印行，那时候周一良先生作为"梁效"成员正接受政治审查，不予署名的事当指1977年的内部印行本。

回到《魏晋南北朝史论集》暂缓发行的事情上来。旧档中有1964年1月15日赵守俨先生关于此书发行事给书局领导的请示报告：

> 周一良"魏晋南北朝史论集"所收都是旧文章，其中有几篇是未经发表的。这些文章，从学术的角度来看，内容尚充实，比他最近发表的东西，似乎并不逊色。比顾颉刚"史林杂识"显得还

〔1〕《毕竟是书生》，126—127页。

扎实些，谨严些。作者在引言中说“现在重印出来，只是希望在马克思主义历史科学的建设中，这些资料考订的一孔之见能作为几样零件，起个小小螺丝钉的作用”，大致符合实际情况，想不致引起什么误会。至于从人的角度来考虑，周一良的集子，似乎可以出版。

本组已出版的论文集有下列几种：

徐光启纪念论文集

中外史地考证(岑仲勉)

余嘉锡论学杂著

史林杂识初编

魏晋南北朝史论集

在排的尚有聂崇岐《宋史丛考》、马衡《凡将斋金石丛稿》。徐光启集，都是新写的文章，不成问题。旧文章的结集仅有四种，从学术质量及人的方面来说，似不算滥，数量亦不多。在这种情况下，周一良的书是否可以发行，请斟酌。

树奇、项平同志

俨　64/1/15

这四种暂缓发行的“旧文章的结集”，作者分别为顾颉刚、余嘉锡、岑仲勉和周一良。1月16日，丁树奇有一段批示，道出了上列诸书暂缓发行的缘由：

问题在于：在发表了周扬同志在哲学社会科学部委员会扩大会议的报告和听了他关于文艺工作方向问题的报告录音以后，还继续出这些非马克思主义的东西，是否适宜？徐光启集我没有看过，不知观点如何，如观点不对，由于是新写的文章，更成问题。

周一良的集子，暂时放一放，看看情况再说。丁 1.16.

周扬1963年10月26日在中国科学院哲学社会科学部委员会第四次扩大会议上的讲话第三、四部分，经过毛泽东主席亲笔修改后，于1963年12月27日以《哲学社会科学工作者的战斗任务》为题，由《人民日报》公开发表。讲话内容涉及对待历史遗产的态度和研究方法等方向性问题：

如何对待历史遗产的问题，实际上涉及意识形态领域内无产阶级思想同资产阶级思想、封建主义思想的斗争的问题，历史唯物主义同历史唯心主义两种不同历史观的斗争的问题，历史科学领域内要不要树立马克思列宁主义批判旗帜的问题。

我们尊重前代学者在整理历史资料方面所取得的丰硕成果，重视他们对于历史事件和历史人物所作出的某些具有真知灼见的判断。但是我们的历史观却是根本不同于前人的，是一种完全新的科学的历史观。我们的历史研究是为今天人民的需要服务的。我们研究死人，不是为了让死人支配活人，而是为了使活人摆脱死人的传统力量的束缚。

讲话还明确指出："我们应该尊重历史，尊重前人，更应该鼓励那些敢于跳出前人的窠臼，用马克思列宁主义观点去重新评价历史，研究历史经验，提出新命题、新观点的人，鼓励他们的批判精神和理论勇气。"

《魏晋南北朝史论集》付印之际，正好是周扬讲话发表之时。1964年3月20日，编辑部才对周一良先生3月7日的来信作出回复。回函由古代史组秘书马绪传起草，后经赵守俨先生删削重拟。从涂抹过的马绪传拟稿中，可以看到"因审慎起见，暂缓发行"的表述。经赵守俨先生改拟的复函如下：

一良同志：

三月七日来信收到，因我局近日在搞五反运动，迟复为歉。大著《魏晋南北朝史论集》已印出，因该集所收皆是您的旧作，此次出版并未作过多的修改，在目前的情况下，关于发行问题，拟与性质类似的古籍通盘研究后，再作具体决定。现已通知我局财务部门结算稿费，并请出版部门将奉赠的样书送上，供您参考。至于草稿，按照出版社的习惯，拟待该书发行一年之后再为送还，尚祈鉴谅是幸。

"匈奴史论文集"所收大作，当据尊集修订稿付排。这个集子尚未交来，将来如有需要商量之处，再和您专函联系。此致

敬礼！

古代史组

到编辑部回函时的1964年3月底，《魏晋南北朝史论集》暂缓发行的决定尚未有松动。从3月间周先生与编辑部往还信函看，周一良先生也是在此书正式印行三个月之后，才收到公开发行前送出的样书。

1960年代初，中华书局大规模组织学者编订学术论文集，因周扬的指示而开展，也因周扬的讲话而偃息。《魏晋南北朝史论集》从1962年约稿，到1963年出版，1964年发行，其过程正是这段历史反复的一个侧影。

附　记：

在周启锐整理的《周一良读书题记》（打印稿）中，《魏晋南北朝史论集》有两册，一册题"一良存览，日本学者书评载东洋史研究廿七卷三号"，另一册题"一良，六四年二月收到"，后者封面盖有"重版修订

样书”图章。据前所述，1964年2月，周一良先生还不知道此书已经印出，盖有“重版修订样书”图章的书，应该是中华编辑部保存以备修订重印的样书，大概是后来（1980年代）准备重印时提供给周一良先生的，“六四年二月收到”或为后来补记笔误。

2010年5月2—3日草就

6月24日改于怀柔

8月28日，9月3日再改

（原载《书品》2010年第5辑）

一个未能实现的出版计划

——1960年代中华书局与陈寅恪先生的交往

关于陈寅恪著作出版的往事，继陆键东《陈寅恪的最后20年》之后，高克勤整理了中华书局上海编辑所（以下简称上编所）与陈寅恪先生的往还书信[1]，使上编所组约陈寅恪著作的全过程得以清晰呈现。关于北京中华书局与陈寅恪先生的交往，傅璇琮先生数年前曾有专文述及[2]，近年又有徐庆全利用中华档案撰写的长文发表[3]。但傅文限于所见，未能展开；徐文所见复印档案不完整，其重点论述"盖棺有期出版无日"所指为《论再生缘》，颇有误解之处。卞僧慧先生新著《陈寅恪先生年谱长编（初稿）》[4]，有关北京中华与陈寅恪交往之史料，悉数引自徐文，未能核查原档，难免传讹。本文重新梳理有关档案资料，还原1960年代陈寅恪著作出版的旧事，尤其是北京中华与陈寅恪先生

〔1〕高克勤《陈寅恪文集出版述略》，《文汇报》2007年6月3日；高克勤《陈寅恪先生致中华书局上海编辑所书信辑注》，《中华文史论丛》2008年第2期。

〔2〕傅璇琮《陈寅恪史事新证》，《濡沫集》，5—11页，湖南人民出版社，1997年12月。

〔3〕徐庆全《陈寅恪〈论再生缘〉出版风波》，《南方周末》2008年8月28日。

〔4〕卞僧慧《陈寅恪先生年谱长编（初稿）》，中华书局，2010年4月。

之间的一段交往。

1949年以后新出版的第一部陈寅恪著作是《元白诗笺证稿》,1950年12月由他所在的岭南大学以"岭南学报丛书第一种"的名义出版,此后连续三次重版:1955年9月北京文学古籍刊行社版,1958年上海古典文学出版社增补本,1959年中华书局上海编辑所新一版。正是以《元白诗笺证稿》的重版为契机,上编所约请陈寅恪先生将有关古典文学的论著编集出版,得到了陈先生的同意。从1950年代末组约《金明馆丛稿初编》开始,到1980年代"陈寅恪文集"7种由上海古籍完成出版,堪称新中国学术出版的亮点。对比上编所和北京中华在组约陈寅恪著作同一件事上的处置方式,上编所前辈的胆识与果敢足以让我们在半个世纪后仍深怀钦敬,此外,还可以看出当时京沪两地出版环境的差异。

汤一介先生最早向北京中华提出编集出版陈寅恪论文集的建议。1959年8月12日,汤一介为汤用彤《印度哲学史略》书稿事,写信给中华书局哲学组。信的前一段是关于《印度哲学史略》整理及小序、后记等,后一段谈搜集整理汤用彤"散见在各报纸杂志的旧文"的情况,并附有"不完全的目录"。因为搜集汤用彤散见旧文的缘故,汤一介在信末提出了将陈寅恪散见论文编辑成书的建议:

> 另,我个人有个意见,是否可把陈寅恪先生散见各报纸杂志上的论文编辑成书出版?

8月20日,哲学组负责人严健羽将此信附在报告后面,呈交给金灿然和历史一组,报告第三条说:"把陈寅恪先生的论文编成书事,请历史一组考虑。"在汤信空白处有严健羽"请历史一组阅"的签注,和历史一组负责人姚绍华"已阅洽"的签注。金灿然对汤信非常重视,亲笔修改并添加了“汤一介关于重印汤用彤《印度哲学史略》和整理汤的学术论文的来信”的标题，要求刊登于《业务情况》。对于出版陈寅恪论文集的建议，金灿然批示：“请问问姚（绍华），‘已阅洽’的内容如何？”估计姚绍华所谓阅洽，只是征询汤一介的意见，并非与陈寅恪本人接洽，所以在 8 月 25 日金灿然向齐燕铭汇报汤用彤著作出版意向的信中，完全没有涉及出版陈寅恪论文集的事。

一年以后的 1960 年 8 月 4 日，古籍整理出版规划小组（中华书局为其办事机构）召集国内高校古代文史专业学者近 20 人[1]，在北京召开座谈会，与会的中山大学历史系主任杨荣国在发言中说：

> 又陈寅恪的有些东西可以出版，前一些时候他写了一本《论再生缘》，在国内只有油印本，后来流传到香港后，被人别有用心的印出来了，希望中华和他联系，请他拿出来。有一些论文印成一个集子也还有一些参考价值。[2]

就是从这次会议开始，陈寅恪论文集与《论再生缘》成为这个时段中华与陈寅恪交往的主线。

8 月 22 日，金灿然致函齐燕铭，就论文集与《论再生缘》约稿事作了专门请示：

> 燕铭同志：
>
> 杨荣国同志这次在京时曾谈到关于陈寅恪的两件事情，兹写上供您参考。

---

〔1〕参加会议的有许钦文、王季思、陈中凡、赵景深、岳劼恒、傅庚生、刘绶松、杨荣国、陈志宪、林莺、李广田、徐嘉瑞、冯沅君、钱天起、赵伯愚、孙望、严薇青、郭绍虞等（以发言记录为序）。

〔2〕1960 年 8 月 4 日座谈会纪要打印稿。

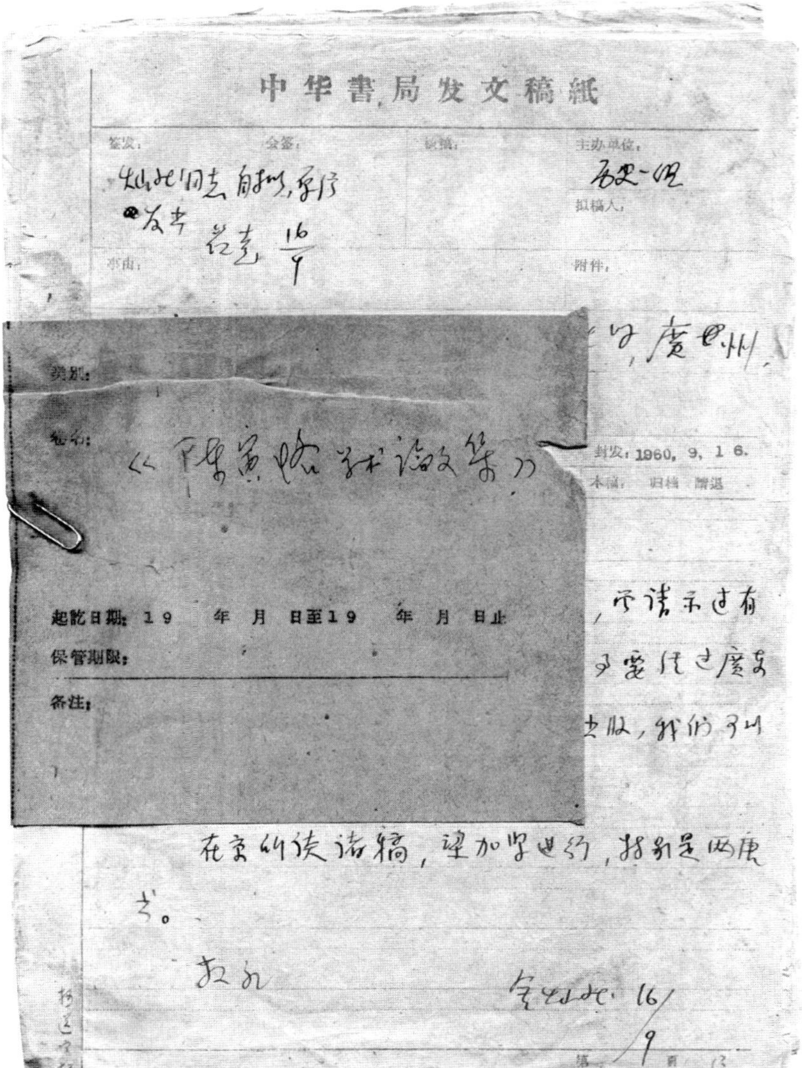
中华書局发文稿紙

签发：

会签：

核稿：

主办单位：

拟稿人：

事由：

附件：

类别：

卷名：

《陈寅恪学术论文集》

封发：1960. 9. 16.

起讫日期：19　年　月　日至19　年　月　日止

保管期限：

备注：

在京所读诸稿，望加紧进行，特别是两唐书。

此致

敬礼

《陈寅恪学术论文集》书稿档案（1960年代）

（一）杨建议我们考虑印陈寅恪的文集（包括解放前后的论文）。杨说陈先生在被批判以后，表示不再教课。如印他的文集，一要不改，二要印快，三要稿酬高。

（二）陈研究《再生缘》后写成一部稿子，以书中主角自况。这部稿子曾经在广东油印，印数少，售价定得很高。后来香港有人把这部稿子拿去出版，书前加了一篇序，说像这样的书稿，在大陆上是不能出版的，等等。陈知道此事后心情很沉重。

陈的这部书我们已向香港方面去要了，要来后再给您送去。

敬礼！

金灿然　22/8

同一天，齐燕铭在金灿然信上批示：

陈文集要否印，应请广东省委文教部门考虑。齐燕铭　22/8

在"一要不改，二要印快，三要稿酬高"语下，齐燕铭划线后批示："看内容再说。"

9月16日，金灿然亲笔致函杨荣国，通报上级领导关于文集约稿的要求：

荣国同志：

关于出版陈寅恪文集问题，曾请示过有关领导同志，领导同志指示，此事要经过广东省委请示一下，如省委认为有必要出版，我们可以考虑接受。

在京所谈诸稿，望加紧进行，特别是两《唐书》。[1]

---

〔1〕此处两《唐书》，指中大历史系刘节、董家遵先生承担的新旧《唐书》点校工作。

敬礼！

金灿然　16/9

到12月初，金灿然已经得到香港方面送来的《论再生缘》，并转给了郭沫若[1]，但是论文集约稿的事，中大方面还没有进展。12月12日，金灿然再次致函杨荣国：

荣国同志：

出版陈寅恪文集问题，广东省委的意见如何？最近我曾口头请示过周扬同志，周扬同志表示可以出，也曾问过郭沫若同志，郭老也认为可以出。如果广东省委同意出，请把你们对出版的要求和做法告诉我，以便正式向中宣部请示。又，陈寅恪先生最近的政治、思想情况如何？在香港出版了“论再生缘”以后他有什么反映？请写一书面材料，直接送给中宣部许立群同志或送给我转交都可以。

敬礼！

金灿然　12/12

到这个时候，关于出版陈寅恪论文集的事，因为同时牵涉到港版《论再生缘》，已经引起中宣部、文化部许立群、周扬、齐燕铭三位副部长以及郭沫若的关注，而根据事件的后续情况推测，杨荣国并没有就此事向广东省委请示，也并不很清楚上编所与陈寅恪商谈的出版计划。12月21日，杨荣国致函金灿然：

金灿然同志：

---

〔1〕郭沫若《序再生缘前十七卷校订本》：“1960年12月初旬，金灿然同志把《论再生缘》一文给我看了。”《光明日报》1961年8月7日。

两函均奉悉，关于陈的材料，写好后即直寄许立群同志处，请释念！至于著作出版问题，中央同意，则由贵局和陈进行商酌如何？（关于渠之论文在整理中。）专此即复，并致

敬礼！

杨荣国　21/12，1960

据陈寅恪与上编所往返函件，陈寅恪1958年9月接受上编所约稿，决定编集论文集《金明馆丛稿初编》，但"贱躯自去年至今疾病缠绵，以致整理旧稿工作完全停顿"（1959年6月7日函）。在此期间，陈寅恪主要精力在撰写《钱柳因缘诗释证稿》，"寅恪现正草《钱柳因缘诗释证》，尚未完稿，拟一气呵成，再整理《金明馆丛稿初编》"（1961年9月2日函）；"又现正写《钱柳因缘诗释证稿》，已至最后一章，但因材料困难问题复杂，非一气呵成然后再整理旧稿（即《金明馆丛稿初编》）不可，否则必将功亏一篑也"（1962年3月30日函）。可见杨荣国来函括注所说"关于渠之论文在整理中"，与当时的实际情况颇有差距。

金灿然接信后批示：

一、从"史学论文索引"中把陈的著作查出，开一目录（大体排列一下）给我。着史一组办，希望新年前能办完。

二、在上级未正式决定前，出版陈的论文集问题，不要在群众中宣谈。

1961年1月6日金灿然将杨荣国信及陈寅恪论文草目呈交齐燕铭，请示"可否正式向陈约稿"：

燕铭同志：

关于出版陈寅恪论文集一事，我曾口头请示过周扬同志，他

表示可以；也曾问过郭老，郭老赞成。最近接杨荣国同志信，附上。为慎重起见，我们就手边的材料查了一下陈到底发表过那些文章，草目（不全）附上。请考虑可否正式向陈约稿。从争鸣上讲，似可以约，但据说他的稿子是不能动的，约了可能有些麻烦。

陈关于隋唐史的两本专著和一本《元白诗笺证稿》，解放后均已出版。目录中关于元白诗的文章，均已收入后一本书中。

敬礼！

金灿然　6/1

通常情况下，齐燕铭在接到金灿然的请示函后，总是及时批示发还。但不知何故，这封信一直到3月底齐燕铭才批示。据1962年7月3日中华书局致上编所陈向平函所述，1961年3、4月间杨荣国再次来京开会，谈及此事。或是经中华再次催问，齐燕铭于3月29日在金灿然信后作出了如下批示：

可由"中华"提出向陈约稿，只告他文中如有涉及兄弟国家和东南亚国家的（因中国古代史常有把这些国家做为藩属和文中带有污辱话的情形，今天发表容易引起对方不快），请其慎重注意，以免引起不必要的麻烦。此外问题随其任何论点均不必干涉。（对少数民族似关系不大，因国内问题总好讲清楚也，当然也要看讲话的分寸。）又约稿可否通过杨荣国与之面谈，比写信好。　齐　29/3

得到齐燕铭的指示后，中华开始按要求着手进行。据宋云彬日记，他可能参与了约稿函的起草，并曾携稿征询叶圣陶的意见。宋云彬1961年4月12日日记：

为中华写陈寅恪函，持草稿赴东四八条请圣陶斧正，圣陶不在，留交阿满。……晚饭后再去看圣陶，谈至十时始回。[1]

4月13日日记又云："上午以致陈寅恪函稿交张北辰。"但档案所存编辑部致陈寅恪约稿函并非宋云彬起草，而是由王季康于12日草拟，金灿然13日签批，并有15日所写"打好交我与中山大学来开会的同志商办"的批示。约稿函全文如下：

寅恪先生：

为推动科学研究，繁荣学术文化（此句被删去），我们打算出版一些老一辈的学者的论著。过去几十年间，您发表过不少有价值的学术论文（"有价值的"被删去）。只因这些论文都散见于各种报刊上，有些现在已不容易找到，研究者深感不便，我们很希望您能把这些学术论文汇编出版。未悉尊意如何？请拨冗惠复为荷。

敬礼！

编辑部

旁注："另抄一份寄给杨荣国同志，在信上不要写出抄送字样。"同时以金灿然的名义致函杨荣国：

荣国同志：

关于出版陈寅恪论文集事，最近齐燕铭同志指示：让我们向陈先生提出约稿，只告他文中如有涉及兄弟国家和东南亚国家的地方，请他慎重注意，以免引起不必要的麻烦。因为中国古代史常有把这些国家作为藩属和文中带有污辱的话的情形，今天发

---

〔1〕宋云彬《红尘冷眼》，560页。山西人民出版社，2002年3月。下同。

表，容易引起对方不快。至于其他方面的问题，随其任何论点均不必干涉。今将给陈的约稿信抄附，请阅洽。关于要请其注意的问题，在信中没有提起，想请您当面用商量口气与陈先生一谈。

敬礼！

金〇〇

其中“用商量口气”为金灿然亲笔补加。

在约稿信发出半个月后，金灿然去天津、上海、广州等地参加《中国通史》讨论会。陆键东据广东省档案馆藏 1961 年《陈寅恪近况》说，这一年的“五月上旬，中华书局总经理金灿然南下广州参加中南地区讨论《中国通史》一稿，在穗期间金灿然曾专程拜访了陈寅恪，提出请陈寅恪将《论再生缘》一稿修改后交中华书局出版刊行。‘陈也有此意，但目前尚未着手修改’。”[1]1961 年中华书局《工作简报》第 3、5 两号中有金灿然这次外出的记录，第 3 号（4 月 21 日至 5 月 4 日）：“金灿然同志去天津、上海、广州等地参加中国通史讨论会，同时了解学术界的情况，并组织一些书稿。”第 5 号（5 月 20 日至 6 月 4 日）所记较详：

金灿然同志于 5 月 22 日回到北京，在局务会议上报告了天津、上海、广州等地中国历史讨论会的情况和各地学术界的一些情况。主要印象是：（1）这次讨论推动了百家争鸣；（2）史学界的队伍在迅速成长，40 岁以下的青年教学研究人员很活跃。

按理说，出版陈寅恪论文集已经得到上级许可，并在金灿然行前正式以公函形式向陈寅恪约稿，如果金灿然拜访陈寅恪，不会不谈到出版

〔1〕《陈寅恪的最后 20 年》，320 页。

论文集的事。以《工作简报》1961年第2号（4月1至20日）记载“遵照领导同志指示，函约陈寅恪编学术论文集”推论，如果金灿然访问陈寅恪并提出约稿，《工作简报》应不会失载。可奇怪的是，金灿然访问陈寅恪并组稿的事，在中华档案中却无迹可寻。1962年约稿事终结，在编辑部发给陈、杨二人的信中，回顾组约稿过程，也只字未提金灿然访问面请的事。

据同年《工作简报》第4号（5月5日至19日），“郭老校点的《再生缘》（陈端生著）送来我局，正在整理加工，拟与陈寅恪《论再生缘》一书同时出版”[1]。拟将二书同时出版，或许是与金灿然访陈相关的信息。除了《论再生缘》，金灿然对《钱柳因缘诗释证稿》的关注，也可能与这次访问有关。1961年7月9日金灿然将《牧斋遗事》和吴晗的旧作《社会贤达钱牧斋》送呈齐燕铭[2]，并附亲笔信如下：

> 燕铭同志：
>
> 送上《牧斋遗事》、《社会贤达钱牧斋》两文，请阅退。从前一文中，可以大体看出钱柳姻缘的情况；从后一文中，可以大体看出钱牧斋的为人。又，陈寅恪近况另纸抄奉。
>
> 我估计，陈写钱柳姻缘可能有所寄托，发些牢骚。
>
> 敬礼！
>
> 金灿然　七月九日

7月15日齐燕铭阅退金灿然，原函今尚存。信中所云另纸抄奉的“陈

〔1〕关于郭沫若《再生缘》整理本，可参见程毅中《郭沫若校订本〈再生缘〉再生始末》，《世纪》2009年第1期。

〔2〕《牧斋遗事》，清佚名撰，丁祖荫辑，1917年《虞阳说苑甲编》本。吴晗《社会贤达钱牧斋》，刊于《中国建设》6卷5期，1948年8月。

寅恪近况”今不存,“陈寅恪近况”或许就是陆键东所引的1961年《陈寅恪近况》,因为涉及金灿然访陈之事,金灿然特地抄呈齐燕铭。

1961年11月30日,齐燕铭召集北京部分学者在人民大会堂新疆厅“座谈1962年古籍整理出版计划等问题”[1],会议讨论的内容包括《中华书局1962年编辑发稿计划(初稿)》,在发稿计划说明的第一条“科学研究工作和教学工作者的参考书”下,两处涉及陈寅恪的书稿:

> 个人研究成果方面,有汤用彤著《佛学论丛》,陈国符著《道藏源流考》……,此外还有朱希祖、余嘉锡、陈寅恪、顾颉刚等的学术论文集。章士钊著《柳文指要》、陈寅恪著《论再生缘》和吴世昌著《红楼梦探源》,也计划在1962年内发稿。

但在这份说明的底稿上,“陈寅恪著《论再生缘》”被用红笔划去[2]。

《工作简报》第8号(7月6日至20日)记载,“陈寅恪正在撰写《钱柳因缘诗释证稿》,最近去信商量希望完成后能交我局出版”。此次去信商约《钱柳因缘诗释证稿》,可能也是通过杨荣国。1962年1月6日杨荣国函复中华书局编辑部:

> 前函奉悉,嘱事已问陈寅老,据云:“钱柳姻缘”一稿,约今年暑假可完成,并交上海中华出版;至于文集,则须待明年春季,一俟完成,可交你局。专复即致

〔1〕参加会议的有佟冬、孙蜀丞、马宗霍、张政烺、陈乃乾、宋云彬、魏建功、傅彬然、金灿然、吴晗、翦伯赞、陆宗达(依档案所存邀请名单顺序)。

〔2〕一说因转由人民文学出版社承担而删去,参见前引徐庆全文;另参谢保成《郭沫若校订〈再生缘〉的故事》,《中华读书报》2002年11月6日。此说恐不确,详见后文所引1962年7月3日金灿然致杨荣国函拟稿删去的一段文字。

敬礼！

杨荣国　6/1,1962

此间有同志需要《册府元龟》壹部，希望能代为购到。

在北京中华通过杨荣国组约陈寅恪论文集的过程中，此信明确说“已问陈寅老”，并第一次明确说到“一俟完成，可交你局”。1月15日中华书局编辑部致杨荣国函：

荣国同志：

一月六日来函奉悉。承告陈寅恪先生的论文集将在1963年春完成后交我局出版，至感。以后有关此书的出版问题，仍烦您促成，为感。

你处有同志托购《册府元龟》壹部，另由我局服务组寄上。

专复，并致

敬礼！

中华书局编辑部

在此前后，周扬在多个场合指示“出版学术著作，标准要宽一些”，“王国维的、陈垣的、陈寅恪的，都要出”[1]，而上编所在1962年5月副总编辑戚铭渠赴穗访问陈寅恪之后，开始落实《金明馆丛稿初编》和《钱柳因缘诗释证稿》的出版合同。或许是上编所对北京中华组约陈寅恪论文集及《钱柳因缘诗释证稿》有所耳闻，5月7日，金性尧代上编所草拟了一封致北京中华的信[2]：

〔1〕1962年3月30日《周扬同志谈话纪要》，金灿然追记（打印稿）。参见拙作《周一良〈魏晋南北朝史论文集〉出版轶事》，《书品》，2010年第5辑。

〔2〕金性尧《〈金明馆丛稿初编〉复审报告》附录，《东方早报》2008年8月28日。

总公司编辑部：

本年三月二十九日曾致1097号函一件，函中说明刘大杰先生的学术论文集，已列入我所本年度发稿计划中。目前大杰先生正在修订其《中国文学发展史》下册（上册已于三月间发排），俟该册修订完毕，即可整理论文集。故希望你处同意此一选题由我所出版。至今已逾一月，未荷惠复，想已蒙同意。其次，我所戚铨渠同志最近因公前往广州，特乘机专诚拜访陈寅恪先生，除向其问候外，并重将其《钱柳因缘诗释》、《金明馆丛稿》加以明确，要求俱由我所出版。尝蒙寅恪先生亲自允诺，并说此二稿早已定约，将来完稿后自当先后寄给我所出版。此外，我所为了积极贯彻党的二百方针，并拟有系统地印行全国有高质量的学术研究论集，上述刘、陈诸先生著作，则早已列入计划之中。现因刘著论文集及陈著《诗释》、《丛稿》，都已落实，为了加强彼此业务上的声气，特此专函布闻，并希察洽为荷。此致

敬礼！

1962年5月7日

此函是否发往北京中华，因为档案缺载，已不得而知。或许在收到上编所此信之后，北京中华才知道陈寅恪著作已经花落上海。5月26日，由俞筱尧拟稿，6月8日金灿然签发，中华书局编辑部致函杨荣国：

荣国同志：

陈寅恪先生文集《金明馆丛稿》，据您过去来信说，将于1963年秋编竣交我局出版，但陈先生本人迄无来信见示，不知何故？此事经您大力促成，历时已久，考虑到陈先生具体情况，我处始终没有为此事直接写信给他（去年写过一次，是经您转致的）。最近

上级又指示我局组织出版学术论文集的事，我们亟须规划，烦您便中再向陈先生一询他的编订计划和完成日期，并见告。

如他在编订文集时有需要我处协助之处，请随时见告，当尽力办理。

专此奉达，并致

敬礼！

中华书局编辑部

附致我们给陈寅恪先生信，请代为转致。

档案所存拟稿，其中“最近上级又指示我局组织出版学术论文集的事”的“上级”二字原作“周扬同志”。中华书局编辑部致陈寅恪函全文如下：

寅恪先生：

去年四月十三日，为约请先生编订文集的事曾有专函奉达。嗣后杨荣国同志来京开会，我们又拜托他回穗后代为接洽此事，后得他两次复信，知已蒙先生同意编订，并计划于1963年春完稿后即可交我处出版。并云先生将有复信给我们。但事隔近年，迄未见先生来信，未知详情如何，至以为念。因特专函奉询，敬请拨冗惠复，为荷。

郭老《再生缘》标点本清样不久即可寄奉，恐念顺闻。

另邮挂号寄上毛边纸稿纸500张，请检收。在编订文集时如尚有需要我处协助之处，请随时见示，当就力之所及，尽力配合。

专此奉达，伫候嘉音。

致

敬礼！

中华书局编辑部

这一次北京中华接到了陈寅恪先生的复信，不过也为两年来辗转组约陈寅恪论文集的事划上了一个句号。1962 年 6 月 20 日陈寅恪致中华书局编辑部函（据网络图片）：

负责同志：

一九六二年六月十一日（62）编 1529 号来函敬悉。简单答复如下：

（一）编订文集事数年前早已允交上海中华书局印行。去年四月十三日尊处来函并未亲自收到。杨荣国先生亦未与鄙人接洽，更无从同意。至于一九六三年春完稿之说，不知何所依据。寅恪现正写新论文尚未完毕，整理旧稿并未着手，且旧稿如将来整理完成，亦应践前此诺言交与上海中华书局出版，与尊处无关也。

（二）学校已代购得稿纸。尊处寄来之稿纸既少且不合用，特此挂号璧还，请查收。寅恪旧稿既不交尊处付印，此稿纸尤不应接受也。

（三）《再生缘》校点本清样，请寄交广州中山大学东南区一号二楼，以免延悮。至要至感。此致

敬礼！

陈寅恪（钤陈寅恪朱文印）

一九六二年六月廿日

此函 6 月 25 日寄达，30 日金灿然批示："函上编，陈来信文集交上海出版。" 据陈寅恪先生复函，中华书局 1961 年 4 月 13 日约稿函他并未"亲自收到"，杨荣国也未与陈寅恪先生接洽过论文集出版之事，而 1962 年 1 月 6 日杨荣国函明确说"嘱事已问陈寅老"，各执一词，原因

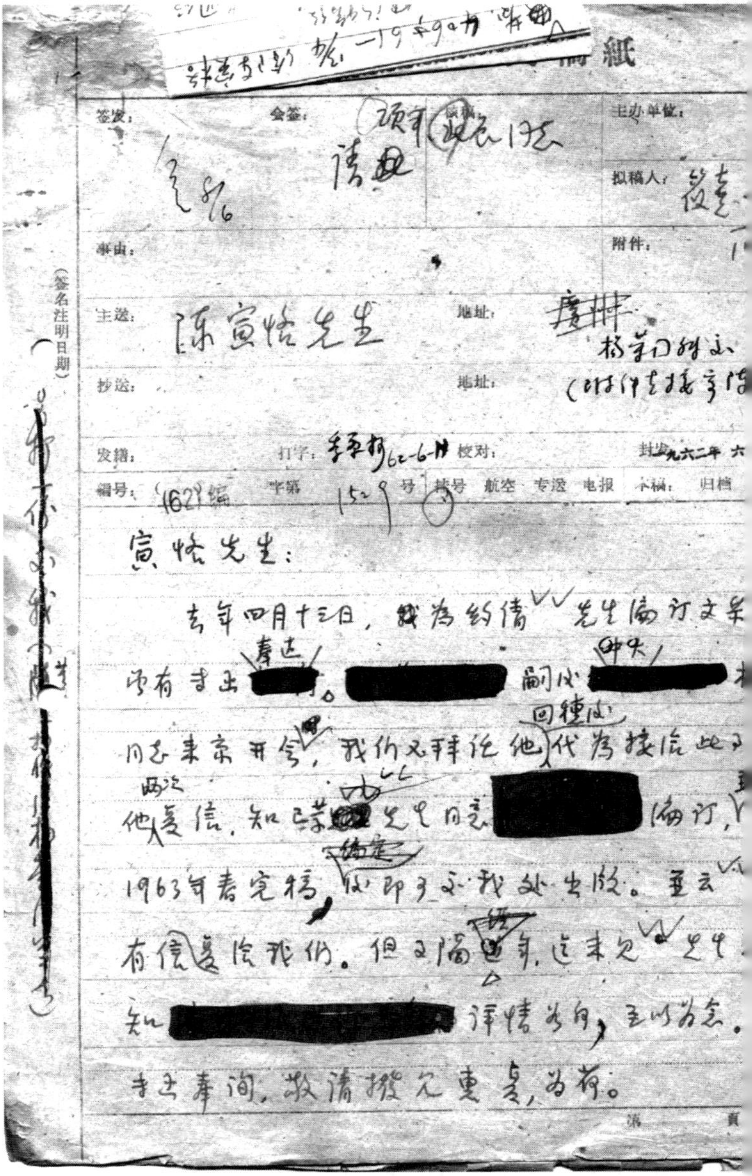

稿紙

签发：

会签：

主办单位：

拟稿人：

事由：

附件：

主送：陈寅恪先生

地址：

抄送：

地址：

发缮：

打字：62-6-

校对：

封发：一九六二年六

编号：（62）编 字第 1529 号

特号 航空 专送 电报

存稿：

归档

宣恪先生：

去年四月十三日，我为约请先生编订文集

专有专函奉达[redacted]。[redacted]副[redacted]

同志来京开会，我们又拜托他（回穗时）代为接洽此事。

他函复信，知已先生同意[redacted]编订，

1963年春完稿，编定即可交我处出版。至今

有信复给我们。但不知近来先生

知[redacted]详情为何，至以为念。

专此奉询，敬请拨冗惠复，为荷。

第 页

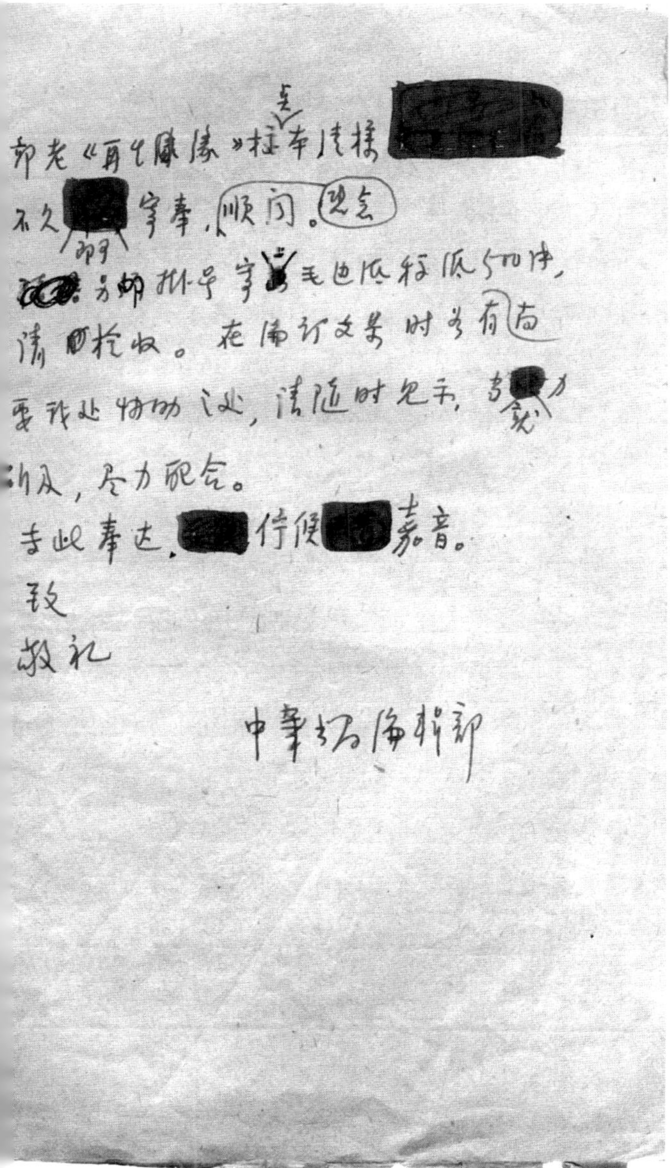
郭老《再生缘》校本已付排[redacted]
不久[redacted]寄奉，顺问。
[redacted]另外拟寄上[redacted]毛边纸稿纸5000张，
请查收。在编订文集时如有需
要我处协助之处，请随时见示，当[redacted]
尽力配合。
专此奉达，[redacted]并候[redacted]嘉音。
致
敬礼
中华书局编辑部

中华书局编辑部致陈寅恪先生信发文稿（1962 年 6 月 12 日）

何在？

杨荣国于1953年院系调整时，从湖南大学调任中山大学，1956年任中山大学历史系主任，但到1960年中大哲学系复办，杨荣国又调任哲学系主任。也就是说，在1960年4月，杨荣国建议出版陈寅恪文集的时候，他已经（或将要）离开中大历史系主任的岗位，与陈寅恪先生没有了领导与被领导的关系。更为深层的原因或许来自杨荣国的政治身份，杨荣国是1930年代入党的秘密党员，到中大后公开了党员身份，担任中大党委常委。而在学术界，杨荣国也是著名的马列主义史学家。另外，在湖南大学期间，杨树达对杨荣国的评价以及由此引起的纷争[1]，以陈寅恪与杨树达的关系，不会不引起关注而有所知。杨荣国与陈寅恪本没有多少私谊和交往，所以在北京中华紧锣密鼓请示汇报做约稿准备的时候，杨荣国实际上按兵未动，既没有按照齐燕铭、金灿然的要求请示广东省委，也没有正式转达北京中华的约稿意向，甚至并不了解陈寅恪撰述和出版的计划。

当然，这只是半个世纪后的推测，杨荣国没有来信说明其间的“蹊跷”，7月3日，金灿然致函杨荣国，向他通报了有关情况：

荣国同志：

为请陈寅恪先生编订学术论文集的事，从1960年以来，由于你的促成，我们经向领导请示后，曾先后给你写过几次信，一再麻烦你。最近，在1962年6月12日，我们又曾给你写了挂号信并

〔1〕杨树达《积微翁回忆录》1951年7月1日：“本校文学院长杨荣国发布文字于《新建设》杂志，引金文、甲文错误百出。……又引《左传》班固注，不知此注从何而来，因草一文质问之。”（上海古籍出版社，1986年11月。324页）并上书毛泽东（345页）。因为与杨荣国等一起被评为六级教授，认为是“一种侮辱”（352页）。

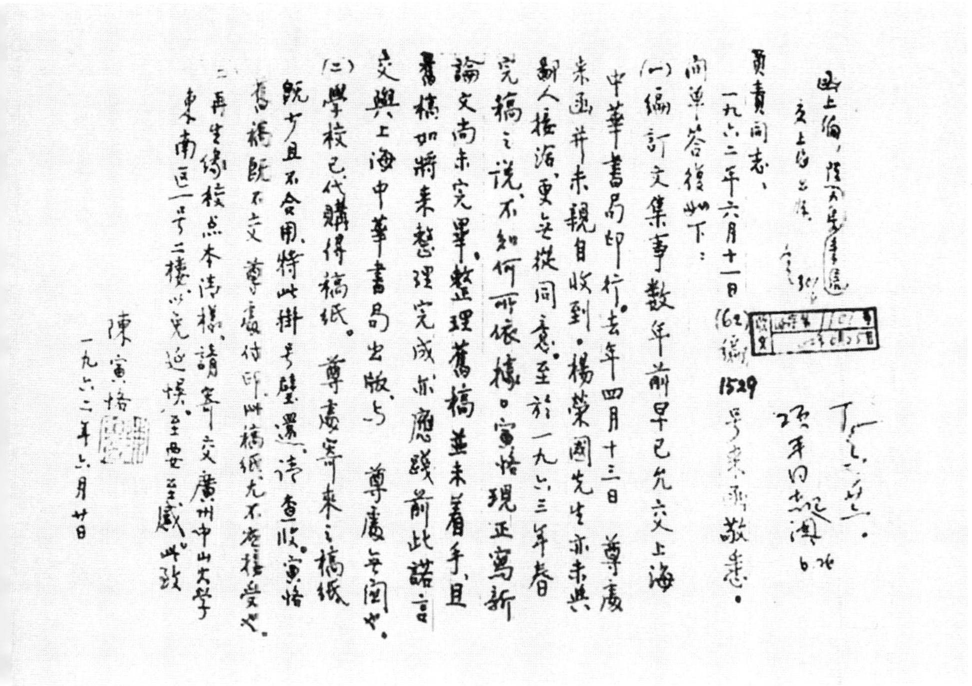

負責同志：
一九六二年六月十一日(62)編1529號來函敬悉。
簡單答復如下：
(一)編訂文集事數年前早已允交上海中華書局印行。去年四月十三日尊處來函并未親自收到。楊榮國先生亦未與鄙人接洽，更無從同意。至於一九六三年春完稿之說，不知何所依據。寅恪現正寫新論文，尚未完畢，整理舊稿并未着手，且舊稿加將來整理完成，亦應踐前此諾言，交與上海中華書局出版，與尊處無關也。
(二)學校已代購得稿紙。尊處寄來之稿紙既少且不合用，特此掛號璧還，請查收。寅恪舊稿既不交尊處付印，此稿紙尤不應接受也。
(三)再生緣校點本清樣，請寄交廣州中山大學東南區一號二樓，以免延誤。至要至感。此致
陳寅恪
一九六二年六月廿日

陈寅恪先生致中华书局编辑部信（1962 年 6 月 20 日，网络图片）

附去给陈寅恪先生信，催询此事。差不多同时，在6月15日，我们给中山大学科学研究处的复信中也提到这件事情（此信曾有抄件给你）。日前我们收到陈的复信，并将我们送给他的稿纸退回。为了便于你了解此事处理结果和陈的思想状况，兹将陈的来信抄奉。陈信中所提到的我局上海编辑所曾与他联系编订论文集问题，上海有关同志最近才告诉我。陈既然愿意将论文集交给上海出版，我们当然欢迎。我已写信将此间经过您和陈联系的情况告诉上海，以便那边继续接洽。

此致

敬礼！

金灿然

拟稿中原有“关于陈写的《论再生缘》一稿，因涉及兄弟国家朝鲜的关系，恐不适宜出版。故我们6月间给他的信中未曾提及”一段，金灿然签批时将“恐不适宜出版”改为“是否出版，如何出版，尚待请示领导决定”，复又将此整段删去。

与致函杨荣国同一天，北京中华致上编所副总编辑陈向平函（据网络图片，俞筱尧7月3日拟稿，金灿然签发）：

向平同志：

我们在北京时谈到过的有几部书稿的事情，因情况有些变化，拟作如下处理。

高步瀛的《古文辞类纂》，因高遗稿未全部清理，家属和整理者方面都有纠纷，一时难于解决，且该稿又系未定稿，故决定不再转移。

陈寅恪的《金明馆丛稿》，最近我们和他本人联系过，他表示将来编订完成后，愿意交由上海出版，故陈先生处今后我们不再联系。为了将来便于处理他的文集出版问题，我们将1960年以来几封主要的信件抄录如下，供你们工作上参考。

一、1960年9月间，广东方面向我们提出编订陈文集事，金灿然曾于9月16日给杨荣国同志以（60）编字第1436号信。全文如下（略）。

二、1961年3、4月间，杨荣国同志来京开会，提到此事，我们请示领导后于4月12日就编订文集应注意的问题，以（61）编字第409号复信，全文如下（略）。

三、1961年4月我们给陈的约稿信，略。

专此奉达

敬礼！

俊民、铭渠同志问好。

中华书局编辑部

中华档案中现存一份与陈寅恪（包括杨荣国）往返函件统计，时间是1962年7月27日，出自当时在历史组任职的陈振之手：

中大东南区1号2楼

陈寅恪　广东中山大学历史系

（包括杨荣国的信）

发1436，60-16/9 给杨荣国代问陈稿信。

发406，61-13/4 给陈寅恪约稿信。

发409，61-13/4 给杨荣国信，请代向陈寅恪约稿。

发1528，杨荣国，据杨来信说陈《金明馆丛稿》于63年秋完成，请杨询陈，示完成日期等。

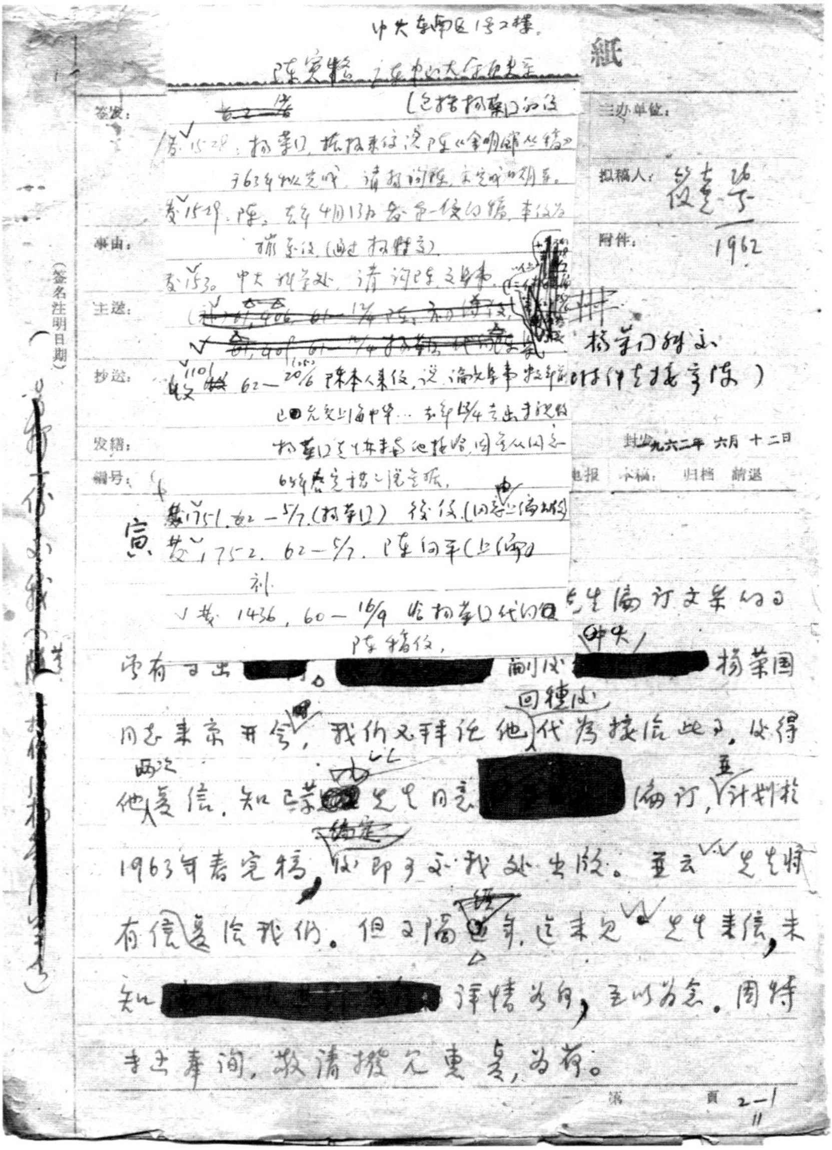

中大东南区1号2楼。

陈寅恪 广东中山大学历史系

纸

签发：　　主办单位：

事由：　　拟稿人：

主送：　　附件： 1962

抄送：

发籍：　　封发一九六二年 六月 十二日

编号：　　电报 平稿 归档 请退

……先生编订文集的日……

曾有函告 [redacted]。[redacted] 副所长 [redacted] 杨荣国同志来京开会，我们又拜托他代为接洽此事。以后得他两次复信，知陈寅恪先生同意 [redacted] 编订，计划于1963年春完稿，以即寄交我处出版。至去年先生特有信复给我们。但又隔半年，近来见先生来信，未知 [redacted] 详情为何，至以为念。因特专函奉询，敬请拨冗惠复，为荷。

第　页 2—1

与陈寅恪先生往返函件统计（1962 年 7 月 27 日）

发1529，陈，去年4月13日发第一信约稿，本信为催复信（通过杨转交）。

发1530，中大科研处，请询陈文集事。

收1101，62—20/6 陈本人来信，说论文集事数年前已允交上海中华……去年13/4去函未亲收，杨荣国先生也未与他接洽，因无从同意，63年春完稿之说无据。

发1751，62—5/7 杨荣国，复信（同意由上编出版）。

发1752，62—5/7 陈向平（上编）。

以上发文捌件，收文壹件，共计玖件。[1]

陈振 62.7.27

档案的归结，也表示这长达两年的组约稿事件就此结束。

《金明馆丛稿初编》于1963年3月寄交上编所，因为其中涉及的敏感问题，"文革"前未能出版。在1966年3月1日中华书局总编辑室编印的《情况反映》第3期中，有一篇题为《陈寅恪〈金明馆丛稿〉的政治问题》的文章，文章可能主要依据上编所审读意见写成，其中一段说：

我局上海编辑所前在63年组到中山大学教授陈寅恪的学术著作《金明馆丛稿·初编》，其中收辑论文计20篇，约十五万字。

……

上编所经多次审读后，对该稿能否接受出版，感到困难，现已向上海市出版局提出初步处理意见，即：对一般属于学术性质的

[1] 以上九件中，致中大科研处函未见，1962年6月20日陈寅恪来函、7月5日致上编所陈向平函，仅见网络图片。

问题可不予删改。凡作者以自己的叙述文句论及有关涉外、诬蔑农民起义、大汉族主义和大国主义、崇外思想等处，酌加删改，或用引号以资识别；对作者所引史料，除特别严重的如征东条等须处理外，一般不予改动，但需在《出版说明》中作适当说明。如作者同意（通过中大杨荣国与之联系）进行必要的删改，则可考虑接受出版（用内部发行或在学术界征订印数后控制发行，印数要少，供学术界批判、讨论之用）。

令人颇为不解的是，关于作者是否同意删改，这篇文章再次特别提出"通过中大杨荣国与之联系"，而不采用金性尧复审报告中所说，"拟先往复旦大学陈守实、蒋天枢先生处联系，希望他们写信给作者考虑"的意见。殊不知，正是所托非蒋天枢先生这样的陈门"托命之人"，北京中华前后两年的约稿才劳而无功，最终成了一个没有实现的出版计划。

2010-10-20 修改

（原载《书品》2010 年第 6 辑）

宋云彬：点校本“二十四史”责任编辑第一人

1958 年，毛泽东主席指示吴晗、范文澜组织点校“前四史”。9 月 13 日，吴晗、范文澜召集科学院历史所尹达、侯外庐，中华书局金灿然和地图出版社张思俊，研究落实点校“前四史”及改绘杨守敬历史地图的具体方案，会议形成了《标点“前四史”及改绘杨守敬地图工作会议记录》，“二十四史”点校的序幕徐徐拉开。

兴许只是机缘巧合，就在 9 月 13 日这一天，“十年悔作杭州住，赢得头衔右派来”（1958 年 3 月诗）的宋云彬，从杭州奉调北上，来到中华书局，开始了他晚年的校史生涯。

一

1957 年，花甲之年的宋云彬以他一贯的“骨鲠”秉性，一头跌进了“右派”陷阱，因此而改变了他晚年的生活重心。从他 1958 年的日记看，突遭厄运的宋云彬，委屈懊丧之中，除了以酒浇愁，真正成为他寄托的是太史公的《史记》。着手《史记选译》，草拟《史记集注》的庞大计划，借阅、购置与《史记》相关的书籍，日记中在在皆是。这年 3 月，

宋云彬先生

宋云彬将《史记集注》计划油印并分别寄送浙江和北京、上海的友人，其中北京有叶圣陶、王伯祥、郑振铎、齐燕铭、傅彬然、金灿然、章锡琛、徐调孚、陈乃乾、邵荃麟、俞平伯、赵万里、陈叔通等数十人，并请叶圣陶转交古籍整理出版规划小组历史分组及翦伯赞、胡绳。正是这份《史记集注》计划，直接促成了宋云彬的进京。

9月16日，宋云彬开始到位于东总布胡同10号的中华书局编辑部上班，日记连续记录了"二十四史"点校初期阶段的种种情形，非常珍贵。当时的首要任务就是要统一"前四史"体例，按照新确定的点校全部"二十四史"的目标，来重新拟定标点凡例，并着手对顾颉刚《史记》标点本进行体例上的改造。这项工作就由宋云彬来承担。宋云彬日记：

> 9月22日：余在（陈）乃乾之工作室草拟标点"二十四史"凡例。
>
> 9月23日：拟标点"二十四史"分段提行说明。据金陵局本

《史记》校黄善夫本及殿本之异体字，以决定将来排印时能否统一字体。

9月25日：聂崇岐交回审阅的《史记》标点稿第一批。晚饭后，赴东四八条三十五号看叶圣陶，谈标点《史记》问题，回来已十一时矣。

9月26日：上午与金灿然谈《史记》标点问题，将顾颉刚所标点的和我所标点的式样各印样张一份，先寄聂崇岐等，然后定期开会讨论。《史记》原定年内出版，作为一九五九年新年献礼，但顾颉刚之标点问题甚多，改正需要甚长之时间，年内出版绝对不可能矣。

9月27日：写好标点样张交金灿然。

经过此番准备，9月30日下午，由金灿然召集在中华书局开会讨论标点《史记》问题，出席者有：张北辰、顾颉刚、聂崇岐、齐思和、傅彬然、陈乃乾、章雪村、姚绍华和宋云彬。宋云彬在这一天的日记中详细记录了与会者名单，并记云："余发言甚多。"另一个主角顾颉刚，上午刚刚随政协考察团从武汉回京，接到通知下午即到中华与会，顾先生的日记记录了会议的主要内容：

到中华书局，参加《史记》标点讨论会，自二时至六时。与次君、筱珊同出。

标点《史记》，予极用心，自谓可告无罪。今日归来，接中华书局来函，谓点号应简化，小标题可取消，颇觉诧异。及往开会乃知毛主席令在两年内将廿四史点讫，如照予所作，则其事太繁，无以完成任务也。此事若在从前，予必想不通。今从集体出发，亦释然矣。

10月16日，宋云彬完成七千字的《关于标点〈史记〉及其三家注的一些问题》长文，并作致金灿然信，交姚绍华转呈。当时中华书局的"十月人民公社"刚刚成立，大炼钢铁运动如火如荼，宋云彬23、24两天的日记生动记录了当时炼钢和标点《史记》交替进行的场面：

下午将下班时，忽得通知，有紧急会议，必须参加。六时，会议开始，主席报告本单位自二十六日起，每天须出钢二吨。人民公社全部社员除年老病废者外，皆编入炼钢部队。余被编入后勤第八组，组长凌珊如。会散后，匆匆回家吃饭。饭后即赴局参加劈木柴。十时半回家。

晨八时始到局办公。十一时，忽得通知，第八组全部组员参加劈柴。下午，第八组全体组员继续劈木柴，余以标点《史记》工作紧张，未参加，仅于下班前半小时参加十数分钟而已。

11月6日下午，金灿然再次召集开会，宋云彬日记："中华邀请顾颉刚、聂崇岐、贺次君、叶圣陶、王伯祥等座谈标点《史记》及其三家注问题。余提问题甚多，大部分得到解决。"会议决定另选一个金陵书局本，由宋云彬参照顾颉刚标点本重新标点，以便按新的体例改造。

聂崇岐是标点《史记》的另一个重要参与者，他在点校本《史记》自存本第一册扉页前留下了一段题识，详细记载了他参与《史记》审校以及出版的过程（据陈晓唯先生提供的题识图片）：

此书标校原出自贺次君之手，顾颉刚先生审校后交中华书局，时一九五七年也。去年，因毛主席指示整理"前四史"，《史记》其中第一部也。中华书局因即以贺标顾校之本充数，恐仍有不妥处，又委余覆校，时已九月中旬，而拟年内出版，俾作一九五九年元旦献礼。余接受任务后，昕夕从事，至十月二十

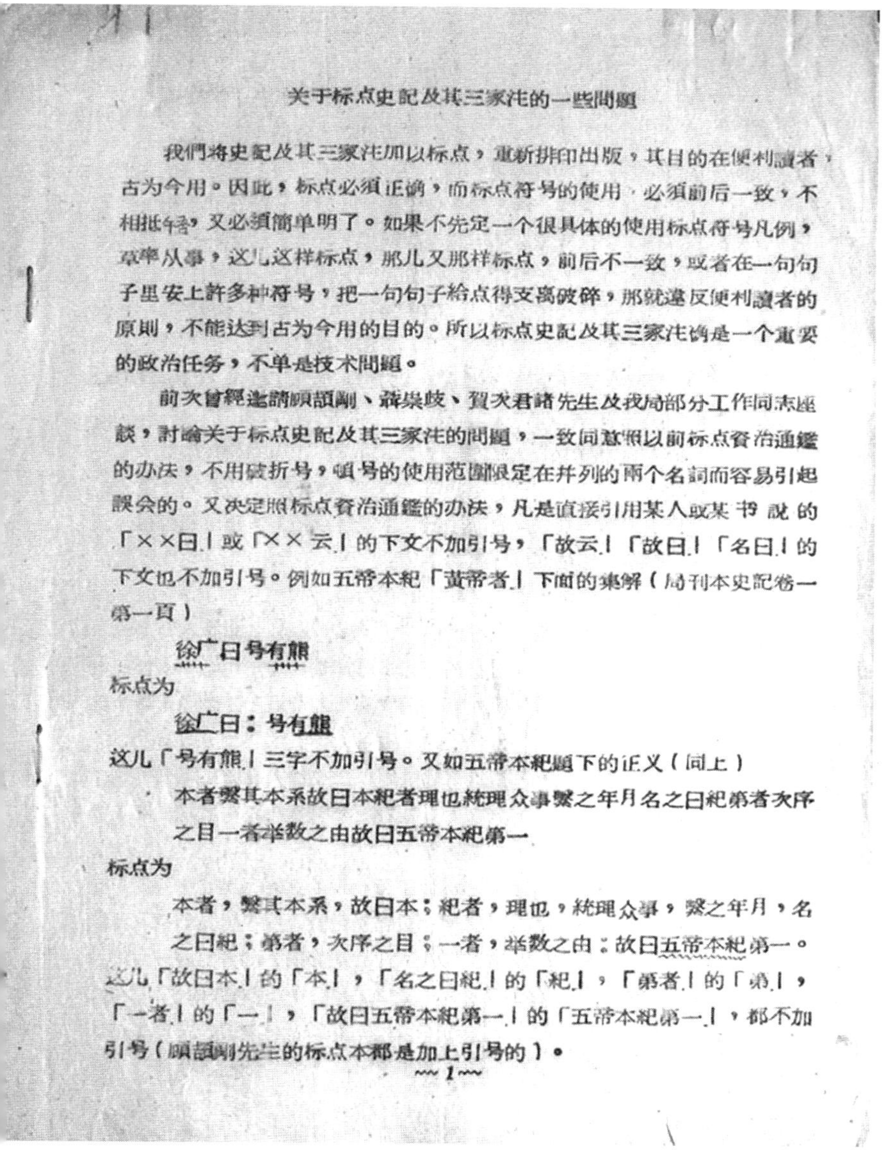

关于标点史記及其三家注的一些問題

我們將史記及其三家注加以标点，重新排印出版，其目的在便利讀者，古为今用。因此，标点必須正确，而标点符号的使用，必須前后一致，不相抵牾，又必須簡单明了。如果不先定一个很具体的使用标点符号凡例，草率从事，这儿这样标点，那儿又那样标点，前后不一致，或者在一句句子里安上許多种符号，把一句句子給点得支离破碎，那就違反便利讀者的原則，不能达到古为今用的目的。所以标点史記及其三家注倘是一个重要的政治任务，不单是技术問題。

前次曾經邀請顧頡剛、聶崇岐、賀次君諸先生及我局部分工作同志座談，討論关于标点史記及其三家注的問題，一致同意照以前标点資治通鑑的办法，不用破折号，頓号的使用范圍限定在并列的兩个名詞而容易引起誤会的。又决定照标点資治通鑑的办法，凡是直接引用某人或某书說的「××曰」或「××云」的下文不加引号，「故云」「故曰」「名曰」的下文也不加引号。例如五帝本紀「黃帝者」下面的集解（局刊本史記卷一第一頁）

徐广曰号有熊

标点为

徐广曰：号有熊

这儿「号有熊」三字不加引号。又如五帝本紀題下的正义（同上）

本者繫其本系故曰本紀者理也統理众事繫之年月名之曰紀第者次序之目一者举数之由故曰五帝本紀第一

标点为

本者，繫其本系，故曰本；紀者，理也，統理众事，繫之年月，名之曰紀；第者，次序之目；一者，举数之由：故曰五帝本紀第一。

这儿「故曰本」的「本」，「名之曰紀」的「紀」，「第者」的「第」，「一者」的「一」，「故曰五帝本紀第一」的「五帝本紀第一」，都不加引号（顧頡剛先生的标点本都是加上引号的）。

～～1～～

宋云彬先生《关于标点〈史记〉及其三家注的一些问题》（首页）

日校完八十卷。十一月初，中华书局召集小会，讨论改订标点体例，以作其他诸史标点时之准绳。又以此书尚有二十余卷顾先生并未看完，元旦绝难印完，因延期出版。在讨论后，顾校者多应更改之处，于是交宋云彬负责。宋氏以就顾校原本更动，殊所不便，因另取一部，就顾校本随录随改，作完后仍由余覆校。宋氏过录时既有脱误，而所改者亦间有不妥处，致余不得不又从第一卷校起。全部校完在五月初。至十月一日始行出版，作为国庆十周年献礼。较原定计划整晚十个月，但余收到此书已十一月四日矣。　　篠珊　一九五九年十一月四日

可见《史记》点校本成稿过程非常复杂，由贺次君初点，顾颉刚复点，宋云彬过录重点，聂崇岐外审，凝聚了四位先生的辛勤劳作和智慧学识。

二

这段时间，宋云彬一直夜以继日地超负荷赶工。1959 年 4 月 16 日，《史记》全书点校完毕，他在次日记道：

> 日记中断了两个多月，其原因为标点《史记》工作紧张，每夜工作到十点钟左右，精疲力竭，无兴趣写日记了。

24 日的日记：

> 下午一时半赵守俨来，将《史记》目录及附录交他，如此，全部《史记》校点工作已毕，只点校说明未写。

宋云彬 5 月 12 日开始起草《史记》点校说明，到 17 日完稿，“万六千言，甚惬意”。金灿然看后“建议改为两篇，一为出版说明，一

为点校说明”。宋云彬又用五天时间改写，“较前所写者有条理得多，自视甚满意”，金灿然也甚满意。又送给叶圣陶看并做修改，“圣陶谓予所写《史记》出版说明及点校说明皆佳，且有必要”（7月10日日记）。这两份蝇头小楷誊录的手稿保存至今，纸墨粲然。7月以后，点校本《史记》到了最后读校阶段，宋云彬13日日记：“《史记》校样积压甚多，今日校出百余页。”14日：“《史记》校样积压千余面，今日校出百余面。”23日、24日：“看《史记》清样百余页，又发现标点欠妥处不少，甚矣古书之难读也！”“改正《货殖列传》断句错误者一处，发现标题各篇排样前后不一致，请赵守俨去函上海排版所更正。”从日记记载和档案所存宋云彬、叶圣陶往返书信看，标点断句的修正几乎一直做到付印之前。

《史记》点校定稿过程中，与宋云彬切磋最多的是叶圣陶和王伯祥。王伯祥是《史记》专家，参与商讨最多；在终校发现疑问时，叶圣陶则是主要请教对象。宋云彬与叶圣陶的往还信札至今仍保存在“二十四史”点校档案中，其中一则讨论《史记·汲黯传》中“黯褊心不能无少望”一句的标点，宋云彬问：

> 我一向认为当以“黯褊”为读，“心”字属下为句，谓汲黯性子褊急，心里不免有点儿怨望。然而我讲不来文法，不能说出所以然。同时《辞源》、《辞海》都有“褊心”条，《辞源》仅引《诗》“维是褊心，是以为刺”，《辞海》索性连《史记·汲黯传》的“黯褊心”也引来作例子。伯翁《史记选》也以“褊心”连读，且加注释。顷读杨遇夫先生《马氏文通刊误·自序》，说到马氏误读古书，举出许多例子，其中一个就是《汲黯传》的“黯褊心不能无少望”，说“应以‘黯褊’为读，而马氏乃以‘褊心’连读”。杨氏之言，实获我心。弟意如果史公原意亦“褊心”连读，则当作“黯心褊，不能

无少望"，庶合古文文法。但我对于文法实在懂得太少，所以往往知其然而不能道其所以然。不知您的看法怎样？

叶圣陶回信说："今晨接惠书，灯下敬答所问，书于别纸。这类问题很有趣，我乐于想一想。"接着回答说：

"黯褊心……"一句，照我想，还是要让"褊心"连在一块儿。"褊心"二字是个形容词性质的词组，与"小器""大度"之类相似。"黯褊心"等于说"黯褊急"。"黯不能无少望"，很完整。现在插入一个形容性词组，说明"不能无少望"的原故。如果作"黯褊"，不知汉和汉以前有单用"褊"字的例子否。我猜想恐怕没有。我又猜想太史公这儿的"褊心"就是从《诗经》来的。

从点校本《史记·汲黯传》"黯褊心，不能无少望"句（3109页）的断句看，宋云彬最终采用了叶圣陶的意见。

三

伴随着点校本《史记》繁重的编辑工作，"右派分子"思想改造一直是压在宋云彬心头最重的一块石头。1959年1月5日，宋云彬在《一个月来学习工作思想情况》的汇报中说：

我来北京三个多月，心情一直是愉快的，工作劲头也相当大。在工作方面（主要是标点《史记》）也感觉到尚能胜任。我一定要努力学习，努力工作，来加速自己的改造。希望党和群众严厉地监督我，鞭策我。

6月1日日记：

《史记》校样源源而来，大有难于应付之势，而《天官书》一篇问题最多，原来没有标点得好，更难应付。有几个问题想同王伯翁商量，他又不在家。……晚上，中华书局党支部召集所谓“右派分子”开会，说要做总结，从明天开始到二十号为止。先要大家写大字报向党交心，然后每人起草书面总结，在会上当众宣读，再经群众批判。据说，经过这次总结，对明确愿意悔改并且表现得好的可以减轻其处分，甚而可以摘掉帽子云。

在11月23日订的改造规划中他说：思想方面要“坚决抛弃过去那种个人主义的‘名山事业’思想，把整理古籍看作社会主义建设事业的一部分，明确认识做整理古籍工作就是参加社会主义建设事业，就是为了贯彻党的社会主义建设总路线和文化工作的方针政策，而绝不是什么个人的‘名山事业’”；工作方面要“认真细致并按期完成领导上交给我的工作，不拖拉，不积压，不向困难低头，保证不出政治性的错误，尽量减少并进而消灭校对工作上的错误”。

1960年1月宋云彬参加书局1959年度“跃进奖”评选，获得三等奖。他亲笔填写的“自报评奖条件”说，“领导上交给我的任务，能如期或者提前完成。去年一年的主要工作是重新标点《史记》和张文虎的《札记》。《史记》于建国十周年国庆纪念节前出版；《札记》早已发排，并且见到过排样。……自问对工作有热情，干劲也相当足”。

但是，《史记》出版后被指出存在标点失误，因此他说：“《史记》点校的质量是不够高的，已经发现了一些错误，而且有几处错得十分严重。本来这些错误，只要工作能够细致一点，是可以避免的。我检查所以没有能够避免这些错误的主要原因，由于我自高自大，不虚心的缘故。我将在总结中作详细的检讨。但就这一点来说，我在改造思想方面进步的很慢。”几个月后，宋云彬还为此做了书面检讨。《关于〈史记〉标点错误的检讨》写于1960年4月26日：

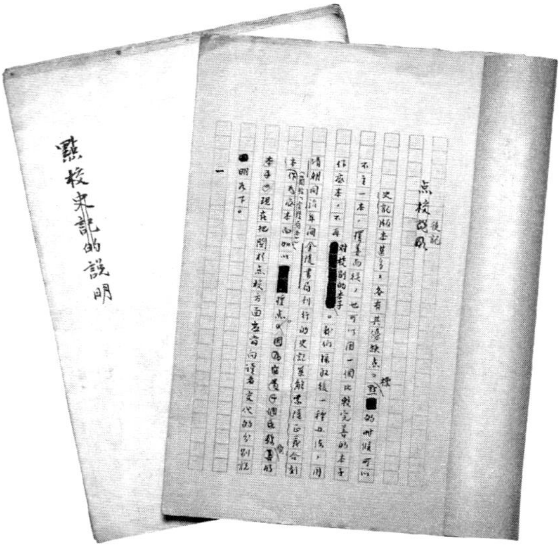

宋云彬先生《史记》
点校说明及后记手稿

> 去年我在参观密云水库的时候，见到顾颉刚先生，他告诉我，有位苏联专家正在翻译《史记》，用中华书局新出版的《史记》作底本，发见好多处标点错误，而且错得很不应该。我问他哪几处有错，他说记不清了，只记得“鲁天子之命”的“鲁”字不应当标。我当时听了还有点不大相信，第二天一早到局里来，取原稿一看，果然是我在“鲁”字旁加上了标号，而顾先生（贺次君先生）是不加标号的。我心里很难过，怪自己为什么会闹出这样的笑话来。

古语云“校书如扫落叶”，旋扫旋生，古籍整理实难毕其功于一役。客观地说，如此一部大书，初版有一些标点错误是可以理解的。但这些本属于点校和编辑业务范围的问题，对当时的宋云彬来说，却不是那么简单。“起初我还只归咎于自己太粗心大意，还想到当时要赶国庆献礼，时间迫促，所以工作就粗糙了。后来又发见了上面所举的另外两处的错误，我才作进一步检讨”，“那时候，我骄气十足，只看到人家的缺点，自以为对《史记》素有研究，标点分段不会出大岔子，而况还请聂先生复看过，还有什么问题呢？同时因为相信自己，看不起人家，所以口头上说是在顾先生（贺先生）标点本的基础上重新加工，实际却没有拿顾先生（贺先生）的标点本来细细对照，只在发生疙瘩的时候拿来看一下”。最后不惜对自己上纲上线，“我所犯的错误应该提到原则上来检讨，完全是思想和立场的问题”。

关于《史记》标点错误的检讨，另外还两见于他的日记，4 月 26 日：“写关于《史记》标点错误之检讨书一份，交张北辰。”又前十天，4 月 16 日：“下午，组务会议。《史记》标点有错误，余作检讨。萧项平出言不逊，余报之以微笑。”从检讨书对自己的苛责唯恐不深，日记里“报之以微笑”的隐忍，到“离群孤立已三秋，丧气垂头一楚囚”（1959 年除夕诗）的感伤，半个世纪后，我们仍不难体会当事人所受的政治压力和内心的屈辱痛苦，不忍卒读。

1959 年 9 月《史记》点校本出版后，宋云彬继续为《史记》再版做准备。1961 年春夏间，对《史记》进行了重校，改正初版错字，最终形成了附在 1962 年 6 月第二次印本中的《史记》勘误表。1963 年 3 月，《史记》又将重印，再复看一遍。1965 年 6 月，准备印线装本《史记》，因尚有多处标点错误，“赵守俨把应改正处一一用铅笔画出，送来覆核”。可以说，点校本《史记》，从标点到编辑出版，连同历次重印及线装本，宋云彬是自始至终的主事者。此后，宋云彬独立承担了《后汉书》点校，参与了《晋书》和齐梁陈三书的责编工作，直到“文革”开始，“二十四史”点校工作停顿。

宋云彬，是当之无愧的点校本“二十四史”责任编辑第一人。

（原载《中华读书报》2012 年 2 月 22 日）

附

宋云彬旧藏书画展暨捐拍仪式致辞

首先，我要代表主办单位之一中华书局对各位嘉宾、领导、同仁参加今天的仪式，表示诚挚的感谢，感谢大家的关心和支持，谢谢大家！

昨天下午在会场浏览布展中的书画作品，晚上又用两个小时的时间认真翻阅了《宋云彬旧藏书画图录》，除了艺术之美的感染之外，我内心一直在想这些作品的主人宋云彬先生，与这些作品背后有怎样的交集，对宋先生一生起到了怎样的支撑？宋先生的精神世界是多么的丰富！其中有师友之谊，有乡邦之情，寄托了自己的情志、意愿和审美。我想象宋先生晴窗展读的欣喜愉悦，也想到当年暮的宋先生，看到这些心爱的字画遭到践踏时伤痛的心情。因此，翻完图录，我想这些书画所承载的时代命运、历史沧桑，是宋云彬先生丰富人生的非常重要的部分。

我们称宋先生是一位坚定的爱国民主人士、文史学家、编辑家、文教战线的领导者，这都是就他一生的工作经历而言的，那不是宋先生丰富完整的人生，宋先生还是一位有着传统士大夫理想、修养和文人情怀的文人。我特别赞同宋京其先生文章里引述的一位先生所说：宋云彬先生历经磨难而保持乐观，最根本的还在于他是文化人，他有“书生报国唯肝胆”的情结，有“士为知己者死”的情怀，有“语不惊人死不休”的执着。正是这些文人品格，才有他留给大家的刚正直言的《骨鲠集》，襟怀坦荡的“昨非庵”、“无媿室”，“时还读我书”的“深柳读书堂”。

宋云彬先生1958年调入中华书局，就在9月13日“前四史点校及重绘杨守敬地图会议”召开的同一天，宋云彬从杭州举家抵京，以花甲之年开始漫长的“二十四史”整理工作，直到1966年“文革”爆发。从发凡起例到责编《史记》，点校《后汉书》，责编《晋书》及齐、梁、陈三书。因为“二十四史”修订的缘故，我们从档案资料中，顾颉刚先生、王伯祥先生、宋云彬先生的日记和书信中，去了解、理解他们所做的工作，宋云彬先生以右派分子的“戴罪之身”每个月都要写思想汇报，检查自己、改造自己，上午劈柴炼钢，下午晚上标点《史记》，一年的时间完成了《史记》的编辑和出版，其思想压力和工作强度可想而知。因此，在百年局庆时我写有一篇关于宋云彬先生的文章，称之为“二十四史”点校责任编辑第一人，当之无愧。

中华书局成立100年，1958年的调整出版分工，形成了现在的出版品牌格局，金灿然、陈乃乾、徐调孚、宋云彬等一批老出版家，在塑造中华书局古籍整理出版品牌上具有开创之功，他们规划、编辑、出版的图书至今仍让学术界受益、中华书局受惠，这也是这些先生的照片，为什么会张贴在书局会议室荣誉墙的原因。

以上归集起来，就是我今天要表达的第一点，对我们的前辈、中华书局的老编辑宋云彬先生的深深的敬意。

其次，我要表达的是对宋云彬先生的后人，今天到会的宋京毅女士、宋京其先生、李平先生以及全体家属，致以敬意和谢意，感谢宋家后人对中华书局的信任。我与京其先生认识到现在不到10个月，去年 12 月 9 日，我接到宋京其先生的短信，短信说："我叫宋京其，宋云彬是我祖父，您的文章《点校本"二十四史"责任编辑第一人》，用史料告知世人，祖父在'二十四史'点校中起的作用，让我们后人颇为感动。目前祖父的文集正在中华出版过程中，我想要你邮箱以便有事可以和你沟通。"一个月后，今年的元月 11 日，我收到了宋京其先生的邮件，邮件很长，我念其中一段，宋京其先生说："祖父宋云彬生前收藏了一些字画，经过'文革'期间抄家时的毁坏还留有一些，我一直精心保存着。作为后人，我们希望这些物品能够发挥它的最好作用，我们有一个设想，将这批字画拍卖后，拿出一千万人民币交给中华书局，成立以祖父命名的基金，来表彰出版界在古籍整理方面有突出成绩的人员。我们的目的是：一来有利于我国的古籍整理工作，二来也是使出版界古籍整理的后人能够记住祖父。""我这一生绝不会拿这些字画换钱来奢侈，然而我以后的情况是我不能掌控的，所以在我这辈一定把这批字画的事情办妥，才无愧宋家后人。"

后来我们相约去家里看字画，我临时有事儿没有去成，直到他们几位于今年 4 月 2 日来书局，与我们和嘉德做书画的交接，才见到宋京其等三位。那天在 507 会议室，谈到宋先生"文革"中的遭遇，也包括这批字画的遭遇，京其先生泣不成声，我们在座各位都深受感动。京其先生那天代表家属表达的意愿特别的朴素简单，他说：祖父因为点校《史记》，放弃了自己的《史记集注》计划，我们希望用这笔钱支持大家来完成祖父的心愿。古籍整理非常清苦，基金就是要重奖整理者和编辑，祖父就是一个编辑。宋家后人都是普普通通的知识分子，这样的决定不是所有人都能轻易做到的，其中有他们对祖父的挚爱，对祖父所从事的事业的理解，对古籍整理事业意义的认同。

其间，我们又就基金的设置、章程、宗旨、范围、评奖办法，及理事会、评委会等进行了多次沟通，达成了共识。宋云彬古籍整理出版基金的宗旨是：继承和发扬宋云彬先生致力古籍整理出版事业的高尚精神，鼓励人们从事中华优秀传统文化典籍的整理和出版。主要任务包括：（一）弘扬中华优秀传统文化，推动古籍整理学科、古籍整理行业的发展；（二）鼓励原创优质古籍整理作品出版；（三）团结古籍整理人才，聚合人力和智力资源；（四）奖励优秀古籍整理人才和优秀古籍整理成果；（五）组织相关古籍整理业务交流活动。基金目前为私募留本基金，每两年评选奖励一次，范围为全国古籍整理行业，奖励对象为优秀古籍整理者、古籍整理作品和古籍整理编辑。

我们希望通过宋云彬古籍整理出版基金的设立和运行，使古籍整理事业更向前推进，整理出版更多的精品力作。在拍卖工作完成后，我们会及时组织成立基金理事会、评委会，公布基金章程、评选办法，并开始第一届评选工作。基金将坚持公开、公正、公益的原则，不辜负宋云彬先生的名号，不辜负宋家后人的重托，让这项义举和善款发挥实际作用，推动古籍整理出版。

以上是我讲的第二点，对宋家后人的义举和信任，表示深深的敬意。

第三，要向中国嘉德国际拍卖有限公司总裁胡妍妍女士表示由衷敬意和感谢。嘉德接受宋云彬先生后人的委托，举行专场义拍，给予了最大的支持。中国嘉德是国内首家以中国文物艺术品为主的大型拍卖公司，享誉海内外。义拍的筹办和举行，体现了嘉德的文化品格和企业的社会责任。我们相信在大家共同努力下，一定会拍出善价，拍出好的成效。也将借此拍卖，让宋云彬古籍整理出版基金的影响力更加扩大。

另外，我还想借此机会，对中华同仁，尤其是我们的编辑同仁讲几句。百年局庆时我讲过一段话，后来每年新员工培训我也讲，我说：在一个悠久、优秀的传统中工作、生活，是幸运的、幸福的，我们是这个传统的一部分，我们承续传统，又为传统增添新的价值、新的色彩，因而也放大和延长了我们自身。我想，宋云彬先生就是我们优秀传统的一部分，今天又以另一种方式，将他毕生收集热爱的书画作品注入我们的传统当中，去激励新一代的中华人，出版更多更好的古籍精品，激励更多的古籍整理新人的成长。基金虽然是面向全国的，但希望每一届都有我们中华人能够获得大奖，获得更多的奖项，让宋云彬先生的精神在中华书局延续和光大。

最后，要感谢出版局、集团领导的支持，感谢各位专家、学者的响应，感谢各位古籍社同行的参与，在接下来的理事会、评委会组织以及评审、评选过程中，还需要大家大力的支持、配合，让宋云彬古籍整理出版基金，这个国内第一个民间筹资的古籍出版基金及时启动，并越办越好。

2015年9月29日

"十三经清人注疏"缘起

就对中国古代社会和文化的影响而言,"十三经"可以说超过任何一部典籍,顾颉刚先生称之为"吾国文化之核心","中国二千余年来之文化,莫不以此为中心而加以推扬"[1],所以在整理和传刻方面,历来倍受重视。尤其是清代经学大盛,注疏之作,远迈前贤。自章太炎、梁启超起,即有重订经疏之议。1933 年陶湘等创议汇刻"十三经义疏",1941 年顾颉刚受国民政府教育部委托,主持印行"十三经新疏",但限于条件,拟目既定,未遑措手。中华书局自 1920 年代《四部备要》遴选清人"十三经"注疏首次整理排印之后,于 1960 年代提出"清经解辑要"出版计划,广纳众议,历经周折,最终形成了"十三经清人注疏"丛书,于 1980 年代开始陆续整理出版。

新中国成立后,古代典籍的整理和出版一直受到国家主要领导人和政府主管部门的高度重视,最具代表性的例子就是《资治通鉴》和点校本"二十四史"的整理出版。1954 年到 1956 年,在毛主席的指示

---

〔1〕顾颉刚《拟印行十三经新疏缘起》,抄本。

下，由顾颉刚、聂崇岐、王崇武等 12 人组成标点小组，完成了《资治通鉴》的整理。1956 年，时任文化部副部长的郑振铎提出整理出版“面貌全新、校勘精良的中华人民共和国版的‘二十四史’、‘十三经’”的建议[1]，后来由毛主席直接部署，经吴晗、范文澜、金灿然等筹划安排，于 1958 年正式启动，次年第一种《史记》出版。

相对于历史典籍，被划属哲学范畴的经部典籍的整理，受关注和重视的程度明显不够，或者说，能否出、如何出，在当时颇成为问题。1958 年，国务院科学规划委员会成立古籍整理出版规划小组，中华书局改组为整理出版古籍和文史哲研究著作的专业出版社。当时，中华书局编辑部分为历史一组、历史二组、文学组、哲学组，据陈金生先生回忆，当时哲学组的中心任务是整理出版一套“中国历代哲学名著基本丛书”，但是具体出版物并不列丛书名，包括后来列入“新编诸子集成”的王孝鱼点校《庄子集释》、吴则虞点校《晏子春秋集释》，列入“道教典籍选刊”的王明《太平经合校》，以及列入“理学丛书”的《叶适集》、《何心隐集》等，都在这个系列计划中。另外还与中科院历史所思想史组合作，编辑出版《中国唯物主义哲学选集》和《中国思想史料丛刊》，着手编辑《王夫之全集》等[2]。哲学组的组长由副总编辑傅彬然兼任，这一时期中华书局经部和子部典籍的规划出版，大多与他有关。

1957 年，中华书局用《四部备要》旧纸型重印了《十三经注疏（附校勘记）》全 40 册。“十三经”新本的整理工作，随着《三至八年（1960—1967）整理和出版古籍的重点规划（草案）》的制订和颁发逐

[1]《谈印书》，《人民日报》1956 年 11 月 25 日。

[2] 陈金生《二十八年为书忙——述哲学编辑室的工作历程》，《回忆中华书局》下册，85 页。中华书局，1987 年。

渐展开。1960年3月24日，顾颉刚先生给傅彬然信[1]：

彬然先生：

昨接电话，敬悉一切。

二十年前，客居成都，主持齐鲁大学国学研究所，其时国民党政府的教育部设立史地教育委员会，邀我参加，嘱我定出整理"十三经"工作的计画，我就写了《拟印行十三经新疏缘起》及《整理十三经注疏工作计划书》两篇寄出。但后来此事交给国立编译馆办理，我即未与闻。胜利后，编译馆复员回南京，不幸舟覆江中，此项稿件损失甚多。惟焦循《孟子正义》一种交我审查标点，留在我处，幸而获免。现在把旧作二篇、焦书一部送上，敬祈检览。焦书系李炳墪同志所点，他现任合肥安徽师范学院教授，如可出版，请径与接洽。

敬礼！

顾颉刚上　1960.3.24.

信后附顾先生1941年所写《拟印行十三经新疏缘起》及《整理十三经注疏工作计划书》的抄件。傅彬然于次日收到此信，有如下批注："顾所拟与我们设想基本相同"，"请童老（引者按：即童第德，哲学组编辑）提意见。彬然25/3。"这里所谓"与我们设想基本相同"，是指"十三经新疏"，"新疏"即清人经解著作。顾颉刚《为编十三经新疏致专家函》说："逊清一代，经学昌明，学者奋其精思，不辞劳瘁，往往以一人之力综合前修百世之功，纵有未密，亦已十得七八。爰拟先取此类巨著，汇刊一编，名之曰'十三经新疏'。"所列书目，为每经选清人注疏一种，

〔1〕此信《顾颉刚书信集》失收，所据为网络图片。

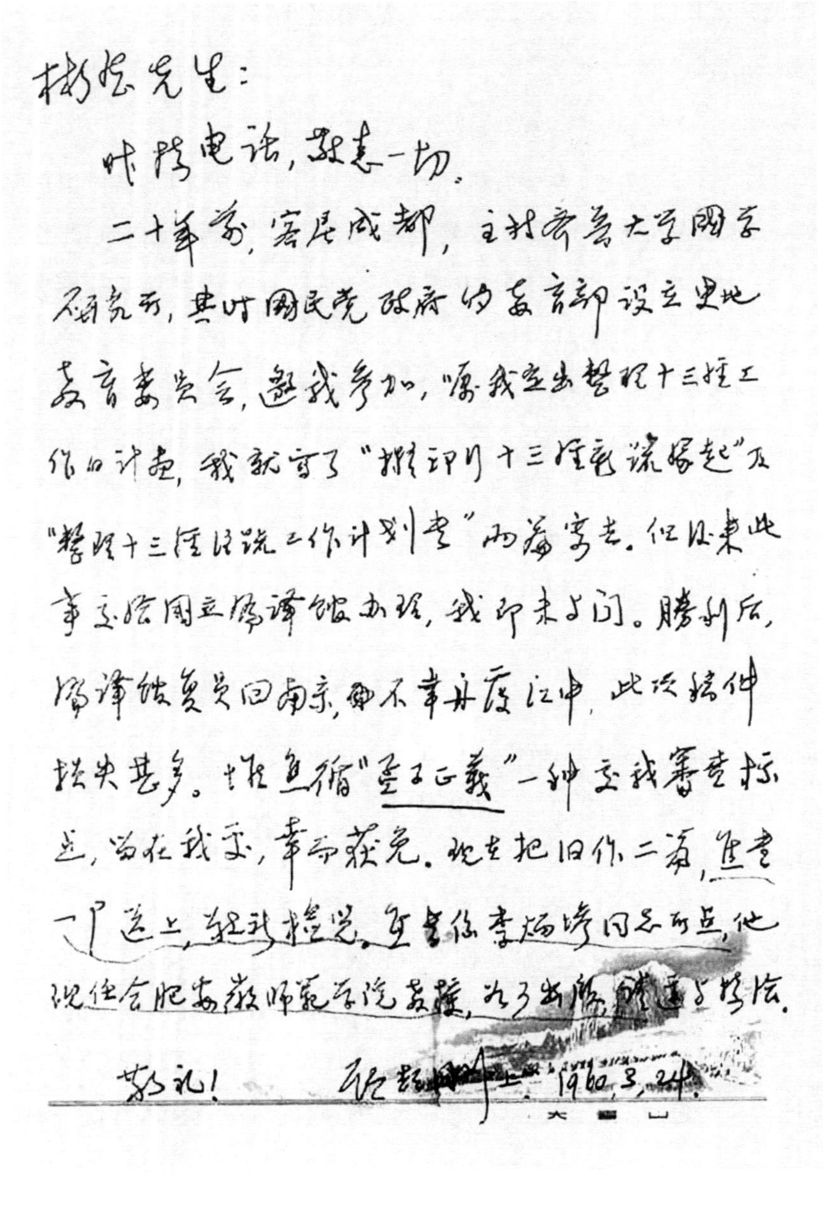

彬然先生：

昨得电话，敬悉一切。

二十年前，寄居成都，主持齐鲁大学国学研究所，其时国民党政府的教育部设立史地教育委员会，邀我参加，嘱我定出整理十三经工作的计画，我就写了“排印十三经注疏缘起”及“整理十三经注疏工作计划书”两篇寄去。但后来此事交给国立编译馆办理，我即未与闻。胜利后，编译馆负责员回南京，而不幸舟覆江中，此项稿件损失甚多。惟焦循“孟子正义”一种交我审查标点，留在我处，幸而获免。现在把旧作二篇，连书一册送上，请赐检览。焦书係李焰同志所点，他现任合肥安徽师范学院教授，为了出版，请直与接洽。

敬礼！ 顾颉刚上 1960.3.24.

顾颉刚先生致傅彬然信（1960 年 3 月 24 日）

另附录四种。

1962年初，中华书局编辑部形成了“《清人经解辑要》整理出版计划（草案）”，并印发征询有关方面的意见（62编字第299号）：

为了满足研究工作者的需要，我局拟对清人经解的主要著作进行整理，现附上计划和书目一份，希就以下几点，提示意见：

（1）这一套书只包括清代汉学家著作，宋学家解经著作拟另行整理。这种做法是否合适？您认为书目有哪些需要增删的？

（2）各书采用什么版本作底本合适？校勘工作作到什么程度？

（3）请推荐各书的您认为最合适的整理者。

您还有什么其他意见，也请一并见示。您的意见盼于三月底以前掷下。不胜感荷。

此致

敬礼！

中华书局编辑部　1962年2月22日

所附“《清人经解辑要》整理出版计划（草案）”除第五条为选目外，前四条如下：

一、经书是我国的重要古籍。清代汉学家解经，成就超越前世。但清人解经著作的刊本现在大多不易购得，为便利研究工作者参考起见，兹将清人解经的主要成果，编为《清人经解辑要》，整理出版。

二、这里所谓经书是广义的，除“十三经”以外，还包括《大戴礼记》、《逸周书》、《国语》和《说文解字》。

三、整理工作的体例将另行拟定。

四、这一套书以丛书形式出版，但暂不列丛书名称。

中华书局编辑部于3月15日收到四川师范学院中文系汇总寄回的书面意见，依次为屈守元、魏炯若、雷履平、张白珩、刘念和、徐仁甫、汤炳正、刘君惠八人，均为各自亲笔，写于3月9日。其中屈守元、汤炳正二位先生所提意见最为周密。

屈守元先生提了六条意见：

一、既名《清人经解辑要》，即非"十三经新疏"之类，因而用不着对每一部经书平均照顾，选入一些第二流（如洪亮吉《春秋左传诂》等）、第三流（如朱彬《礼记训纂》等）著作。

二、清人经解的权威著作如《经义述闻》、《广雅疏证》决不能遗漏。

三、易类只印惠、焦之书已足。书类孙疏不如王鸣盛、江声二家，王氏《参证》更无可取。《逸周书》有朱可以去陈。诗类陈、马、胡三家同印甚好，王氏《集疏》反不如陈乔枞《三家诗遗说考》精当通用。《礼记》清人所作不能超过孔疏，可以不用朱书勉强备数。春秋类可以增加苏舆《春秋繁露义证》。《说文段注》应附冯桂芬《考正》。

四、皮锡瑞《孝经郑注疏》误为《孝经郑疏补》。

五、是否可以先印正续两《经解》（用缩印的办法，如印《册府元龟》、《宋会要辑稿》那样），全部供应，也可择最要者单行。然后组织力量编选《清经解三编》（用影印的办法，择原刻本或精刻、精校本缩印，开本大小与两《经解》一致）。若能如是，对学术界的贡献，比这个辑印的计划大得多。

六、如果这一套书要整理的话，请特别注意断句的工作。科学出版社出版的《左传旧注疏证》句读错误的地方太多。

汤炳正先生提了三条意见[1]：

1. 在体例方面，如果依照旧例，小学附入经学，则《说文》、《尔雅》之外，应当增加《广雅疏证》、《方言笺疏》等书，同意刘念和的意见。如果将来还要整理出版清儒有关小学的著述，则这一套书内可以不收《说文》。至于《尔雅》为解经之作，当作别论。

2. 选目方面，今古文家兼顾，比较精当。王先谦在《尚书》方面无成就，《尚书孔传参证》是否可以换为王鸣盛的《尚书后案》为恰当。

3. 如果将《说文》收入本编，则在段氏《说文解字注》之后，是否可以援《大戴礼》之例，把钮树玉的《说文段注订》、徐承庆的《说文段注匡谬》附在后面。

另外几位先生的意见中，魏炯若推荐罗孔昭，徐仁甫说罗孔昭可以整理王先谦《诗三家义集疏》，或《大戴礼记补注》、《大戴礼记解诂》；雷履平建议扩大范围，将《经籍篡诂》、《经义述闻》也收进去，并建议编《皇清经解》正续编的索引；张白珩建议加上徐乾学《读礼通考》；刘念和说既已选《说文》，《方言疏证》、《方言笺疏》和《广雅疏证》也应收入；徐仁甫建议不选焦循《易通释》，增收王引之《经义述闻》《经传释词》、王念孙《广雅疏证》、俞樾《古书疑义举例》；刘君惠认为名物考订也是读经的重要手段，如程瑶田《通艺录》一类的书，可以选入一两部。

中国科学院历史所杨向奎先生也对选目提出了增删意见，并做了

---

〔1〕《汤炳正书信集》收录，8 页。大象出版社，2010 年。

如下说明：

陈逢衡《逸周书补注》 作得不好，没有什么用处。关于《逸周书》还是孙诒让的《周书斠补》（有家刻本）好。刘师培的《周书补正》等也有可采。朱右曾《逸周书集训校释》改字太多，殊嫌武断。此书可重作。

朱彬《礼记训纂》 简陋，没有什么用处。《大学》、《中庸》两篇沿元人陋习缺而不注。《礼记》还是郑玄注、孔颖达疏好，后人都赶不上它。卫湜《礼记集说》、杭世骏《续礼记集说》也有用处。清末以来有些人想刻十三经新疏，《礼记》最无办法。为了成龙配套，便看上了孙希旦的《礼记集解》和朱彬的这部书。孙希旦是宋学，朱彬就更走运些。如果为了成龙配套，目前只可印此书（此后也不会有人作《礼记》新疏，低手作不了，高手不肯作。《礼记》内容太乱，事实上也没法作），否则便不当印（此书流通尚多，有家刻本，清末以来石印本，四部备要本等，好买），不如印卫湜《礼记集说》、杭世骏《续礼记集说》还有些用处（各家佚说多赖此以存）。

王聘珍《大戴礼记解诂》 偶有比孔广森详细的地方，从大体看印不印没有多大关系。建议印几种难觅的《夏小正》，如宋书升《夏小正释义》（叶景葵有抄本现在上海图书馆）、雷学淇《夏小正经传考》、《夏小正本义》（有家刻本）等。

秦蕙田《五礼通考》 清代有些作官的人对此书评价极高，几乎皆备此书，因为礼是国之大事，读此可以为当时政治服务。今日看来没有什么用处，因为考三代的礼有专门的书很多，秦汉以下的礼皆是沿袭虚文，又不必讲。建议印王绍兰的《礼堂集义》（原稿在上海文管会或图书馆，有自序见《许郑学庐存稿》），这是一部大书，汇集几百家之说，对研究三礼会有一些用处。

洪亮吉《春秋左传诂》 此书无用。建议印王树枏的《左传疏》，闻原稿在北京图书馆。

锺文烝《穀梁补注》 此书不好亦无用。建议印柯劭忞《穀梁传注》（有北京大学排印本）。

除对上列诸书的意见外，杨先生也建议增补王念孙《广雅疏证》并附校补札记等。

对照《十三经新疏》和《清人经解辑要》两份目录，主要的差异之处有两项：一是后者取广义的经书概念，除“十三经”以外，包括了《大戴礼记》、《逸周书》、《国语》和《说文解字》；二是各经没有严格限定入选著作的种数。也因此学者们所提意见，范围更加扩大。在这份计划草案发出之前，负责哲学组工作的傅彬然也意识到了这一点，并将自己的想法向金灿然作了书面汇报：

灿然同志：

昨天傍晚，收到关于整理印行清人注疏本的各项文件。今天向严（健羽）同志问清经过情况后，又重新看了一遍。认为计划定得太大，还是照您指出的第一点“就顾的方案，吸收童、章的意见”，另拟方案好。这套书的名称，也待研究，最好还是用上“十三经”字样，与“二十四史”、“四书五经”等名称相对。内容仍以原“十三经”为限，《孝经》仍然保留（让大家见识见识《孝经》也好，我没有读过《孝经》，也从没有翻过《孝经》，到前年拿来翻了一下，才知道是怎么样的书）。《尔雅》是字书，与他书比，思想性较少，但既然原来列入了，还是让它保留。每经以一种为原则，必要时可另加一种，如《孝经》、《尔雅》就不必加了。总数限定在二十种以下，每种书重复不超过一种。硬性规定，比较好办。照现在的拟目发出去，让这么多人提意见，将会搞得聚讼纷纭，莫衷一是，旷日持久，反而妨碍工作。今天先向您提出这个原则，如认为可以考虑，再来定名称、拟目，定做法，然后去请教别人。如果确定这样做，就由我来负责，一个星期之内向童、章等商量，提出初稿。匆匆不尽，余容以后详陈。此致

敬礼！

傅彬然　2,16 下午

此函中两次提到的“童、章”，是当时哲学组老编辑童第德、章锡琛先生。在原信末行有傅彬然亲笔：“原信字迹写得太草率了，怕看不清，烦季康同志重写。”另有纸条补充说明如下：

刚才写奉一信，再补充几句，关于印行清人经解，我现在的想法，和过去有所不同。原因一则从传统“十三经”这一名称着眼；二则新增加《国语》、《逸周书》等，道理并不顶充分，前二者是史书，后者(引者按：指《说文解字》)是字书。再致

灿然同志

傅彬然　二、一五下午　五时半

傅彬然的意见当时应该是没有被接受，所以才有前面已经述及的印发计划草案征求各方意见的事。

《清人经解辑要》的计划在陆续收到各方面意见之后，还在不断商讨之中。在我从网络购回的档案中，有傅彬然《重印十三经的一些想法》两纸(另有他手抄的“中华书局四部备要本清十三经目录”一纸)，其上另有给金灿然的纸条：“关于重印‘十三经’的一些想法，请灿然同志核定。傅彬然 4/10。”金灿然批示：“第一件事同意，请即办。第

二件事待第一件有眉目后再办[1]。金5/10。”[2]

傅彬然《重印十三经的一些想法》共四条：

> 一、选清人注“十三经”一套，名《清人十三经注疏》，选目拟以尹炎武写缘起的为主，请童第德、顾颉刚、陈乃乾等同志一商。所以不称“清经解”，因为这名称看起来范围太广。《皇清经解》、《续经解》不附原经全文，将来可考虑选印。——清经解可印者似不能限每经一种，这一套出版以后，仍然可以续出单种。
>
> 二、杨、张拟目第二辑中各书，不必一定称“经解”；关于解经部分，多收入“经解”；其中多数可作读书笔记出，陈乃乾同志有此计划。
>
> 三、《清人十三经注疏》的印行方法：选择善本，断句印行（经文依黄侃断句）。开本大小、装订，仿“二十四史”。这套书的目的，供新专家阅读，能全用新式标点重排更好。
>
> 四、“十三经”白文，作工具书用，照黄侃校本印行，与此配合，另编索引。

原件附抄了尹炎武执笔的《汇刻十三经义疏总目录及缘起》5页，末署“民国廿二年十月丹徒尹炎武石公记于旧京后泥洼之缁经室”。汇刻“十三经义疏”由陶湘创意，杨锺羲、张尔田、傅增湘、陈垣、董康、孟森、丁福保、闵尔昌、高步瀛、胡蕴玉、吴承仕、邵瑞彭、余嘉锡等二十余人参与商定，《缘起》云“日夕商榷，书问十返，各屏异执，成兹总目”，共

---

〔1〕傅彬然所说第二件事为：“又，拟印《二十二子》。一天，与顾颉刚同志闲谈，他提出影印浙江书局版《二十二子》，我以为颇可考虑，主要作工具书用。《诸子集成》式的将来还是要作。”

〔2〕原件没有明确的纪年，根据内容推测，应是1962年10月5日。

五百卷(附录在内)。但“雕造须时,糜金十万(全书都一千二百数十万字,需款十万以上),一人一地,必难独任”,最终未能印成,仅有朱印样本一册留世。

从傅彬然所提四条,可知当时有分辑出版,并另印“十三经”白文的计划(杨、张拟目未见),另外值得注意的是,傅彬然在此第一次采用了“清人十三经注疏”的丛书名,后来一直沿用的整理和出版形式也已基本确定,并且得到了金灿然的同意。

事情要再往前回溯一下,中华书局编辑部1962年2月22日具文发出征求意见的《清人经解辑要》计划草案,同时也呈报文化部党组书记、古籍小组组长齐燕铭,征求他的意见。齐燕铭于同年10月1日作了如下批示:

> 灿然同志:我认为这步工作暂时可以不作。因为:这些书大多数为近刻,易得。经学还没提到研究日程,如何研究也还值得考虑。其次,如此计划所列的书,体例不一;如一般涉猎,并不便于初学;如为专门研究,又感不足。如何办,可以迟一些时候看看学者需要再来考虑。齐燕铭 1/X

齐燕铭是章门弟子吴承仕的学生,于经学当是内行,所以才有这一番关于“初学”与“专门研究”的评估。其实,更要紧的可能还是“经学还没提到研究日程,如何研究也还值得考虑”这句话。自汉至清,经学在各门学术中都占据统治的地位,但与当下“古为今用”,为社会主义建设服务的宗旨,却不甚相符,时机尚不成熟,这也许才是“这步工作暂时可以不作”的真正原因。金灿然看到这个批示,应该不无意外,因为他刚刚在傅彬然《重印十三经的一些想法》上写了“请即办”的批示,现在又在齐燕铭的批示后面写下:“照齐批办。”这一天是1962年

10 月 5 日,“清人十三经注疏”的计划被叫停。

十年之后,1971 年,“二十四史”点校工作在周恩来总理的关心下,重新启动,由顾颉刚总其成。周总理派吴庆彤同志到他家看望,并转达总理对“二十四史”标点工作的重要指示。在另一次会议上,总理提出:不但“二十四史”要标点,十三经也要标点。又过了十年,1982 年,中华书局重新启动“十三经清人注疏”丛书,在这年 5 月起草的《十三经清人注疏出版说明》后,附录了列入丛书的 24 种书的目录。我们可以看出,这个选目综合了《四部备要》本清人十三经书目和尹炎武等“十三经义疏”、顾颉刚“十三经新疏”的拟目,尤其是承续了在“清经解辑要”拟目及各方意见基础上傅彬然提出的“清人十三经注疏”方案,可以说“十三经清人注疏”丛书计划,是中华书局编辑部和过去几代学人编纂设想的汇集。

附录:十三经清人注疏选目对照表

四部备要清十三经(1921 年,13 种)	尹炎武十三经义疏(1933 年,13+4 种)	顾颉刚十三经新疏(1941 年,13+4 种)	清经解辑要(1962 年,36 种)	十三经清人注疏(1982 年,24 种)
		李道平:周易集解纂疏	李道平:周易集解纂疏	李道平:周易集解纂疏
	张惠言:周易虞氏义(附消息、易吉、易礼、易事、易候)			
惠栋:周易述(附江藩、李林松述补)			惠栋:周易述(附江藩、李林松述补)	
			孙星衍:周易集解	

续表

四部备要清十三经（1921年，13种）	尹炎武十三经义疏（1933年，13+1种）	顾颉刚十三经新疏（1941年，13+4种）	清经解辑要（1962年，36种）	十三经清人注疏（1982年，24种）
			焦循：易章句	
			焦循：易通释	
孙星衍：尚书今古文注疏	孙星衍：尚书今古文注疏	孙星衍：尚书今古文注疏附皮锡瑞：今文尚书考证	孙星衍：尚书今古文注疏	孙星衍：尚书今古文注疏
			皮锡瑞：今文尚书考证	皮锡瑞：今文尚书考证
			王先谦：尚书孔传参证	王先谦：尚书孔传参证
			陈逢衡：逸周书补注	
			朱右曾：逸周书集训校释	
	陈奂：诗毛氏传疏		陈奂：诗毛氏传疏	陈奂：诗毛氏传疏
			胡承珙：毛诗后笺	
马瑞辰：毛诗传笺通释			马瑞辰：毛诗传笺通释	马瑞辰：毛诗传笺通释
		王先谦：诗三家义集疏	王先谦：诗三家义集疏	王先谦：诗三家义集疏
孙诒让：周礼正义	孙诒让：周礼正义	孙诒让：周礼正义	孙诒让：周礼正义	孙诒让：周礼正义
胡培翚：仪礼正义	胡培翚：仪礼正义	胡培翚：仪礼正义	胡培翚：仪礼正义	胡培翚：仪礼正义
	郑元庆：礼记集说			

四部备要清十三经（1921年，13种）	尹炎武十三经义疏（1933年，13+1种）	顾颉刚十三经新疏（1941年，13+4种）	清经解辑要（1962年，36种）	十三经清人注疏（1982年，24种）
朱彬：礼记训纂		朱彬：礼记训纂 附黄以周：礼书通故	朱彬：礼记训纂	朱彬：礼记训纂
			黄以周：礼书通故	黄以周：礼书通故
				孙希旦：礼记集解
			孔广森：大戴礼记补注（附孙诒让斠补、王树枏补正）	孔广森：大戴礼记补注（附王树枏校正、孙诒让斠补）
			王聘珍：大戴礼记解诂	王聘珍：大戴礼记解诂
			秦蕙田：五礼通考	
		刘文淇：左传旧注疏证 附洪亮吉：春秋左传诂	刘文淇：春秋左氏传旧注疏证	刘文淇等：左传旧注疏证
洪亮吉：春秋左传诂	洪亮吉：春秋左传诂		洪亮吉：春秋左传诂	洪亮吉：春秋左传诂
陈立：公羊义疏	陈立：公羊义疏	陈立：公羊义疏	陈立：公羊义疏	陈立：公羊义疏
钟文烝：穀梁补注	钟文烝：穀梁补注 廖平：穀梁义疏	廖平：穀梁古义疏 附钟文烝：穀梁补注	廖平：穀梁古义疏	廖平：穀梁古义疏
			钟文烝：穀梁补注	钟文烝：穀梁补注
			董增龄：国语正义	
刘宝楠：论语正义	刘宝楠：论语正义	刘宝楠：论语正义	刘宝楠：论语正义	刘宝楠：论语正义
皮锡瑞：孝经郑注疏		皮锡瑞：孝经郑注疏	皮锡瑞：孝经郑注疏（原稿误作“孝经郑疏补”）	皮锡瑞：孝经郑注疏

续表

四部备要清十三经(1921年,13种)	尹炎武十三经义疏(1933年,13+1种)	顾颉刚十三经新疏(1941年,13+4种)	清经解辑要(1962年,36种)	十三经清人注疏(1982年,24种)
	阮福:孝经义疏补		阮福:孝经义疏补	
焦循:孟子正义	焦循:孟子正义	焦循:孟子正义	焦循:孟子正义	焦循:孟子正义
郝懿行:尔雅义疏	郝懿行:尔雅义疏附王念孙札记	郝懿行:尔雅义疏	郝懿行:尔雅义疏	郝懿行:尔雅义疏
			邵晋涵:尔雅正义	邵晋涵:尔雅正义
			段玉裁:说文解字注	
			桂馥:说文义证	
			朱骏声:说文通训定声	

2012年4月4日,清明

2012年4月17日晚改

(原载《书品》2012年第3辑)

春雨润物细无声

——周振甫先生琐忆

我们这一代人知道周振甫先生，大多是从一本薄薄的小书《诗词例话》开始的。《诗词例话》于1979年修订再版，那一年我刚进大学，是我们这一代人能够读到的最好的古典诗词入门书。幸运的是，1983年我分配到中华工作，1985年进入文学编辑室，竟然有机会与周先生成为同事。在知道分配到中华的时候，我曾不止一次地想象中华的工作场景和那些令人敬重的编辑形象，周先生是与我所想象的老编辑形象最为贴近的人，朴素、亲和，透着一股文雅之气。

我到文学室的时候，周先生已不每天到局上班，而是一周两次，仍承担编辑任务，叶瑛遗稿《文史通义校注》的整理和编辑出版，就是周先生这段时间完成的。周先生的办公桌在隔壁的副总经理室，不跟文学室同事一起办公。但是周先生的信箱，一个旧书柜的中间抽屉，就在我的身后，周先生有很多的信，所以每次来局，他必先到我们办公室来。起初，我是编辑部新来的年轻人，常被安排协助周先生做一些事情；后来我逐步承担起编辑室的领导工作，自然与周先生有了更多的接触，周先生主编的《文心雕龙辞典》和《文心雕龙今译》重排本，以及

周振甫先生在家中书房

他生前最后一部著作《诗经译注》等，都是1989年周先生正式退休后，由文学编辑室承担出版的。

周先生80岁以后还经常独自坐公交车来局，每次在大家的一再劝说之下，他才肯让书局派车送他回家。一次周先生患带状疱疹，俗称“缠腰龙”，编辑室派我陪周先生去公安医院，到医院后，周先生借故把我和司机支应回局，让我们中午再去医院接，但他看完病却直接乘公交车回家，到家才电话告诉我们不必再接。除了他不时来局，我们也经常去幸福一村看望他。周先生的住所很简陋，南窗下一张老式书桌，前后都是满柜的书，周先生一直在那里工作到生命的最后岁月。记得2000年2月，周先生90岁生日，那一天我们和沈锡麟先生等先到亮马河畔的花卉市场，订制了一个插满99朵红玫瑰的花篮，又与傅璇琮、熊国祯先生和文学室、汉学室及人事处的同事一起去为周先生祝寿，拥挤的房间里充满了喜庆。

1980年代的中华，充溢着一种求知向学的风气。书局在礼堂开设古汉语班，由盛冬铃、陈抗、柴剑虹三位先生每周讲授王力《古代汉语》，参加者不仅有新进局的编辑、校对，还有在其他岗位包括读者服务部的年轻人。当时的团支部办了一张油印小报，记得周先生就曾将文章交油印小报发表。周先生是一个典型的谦谦君子，不善言辞，但和蔼可亲。每次有新著出版，他必签名送给编辑室每一位同事一册。我获得的第一本赠书是光明版的《文论漫笔》，后来是上古版《李商隐选集》、上教版《文章风格例话》，等等。周先生每次签名格式基本相同：某某同志　指正　振甫。娟秀的小字，一如他的为人。周先生是学者型编辑的代表，那时候，中华的老辈编辑如杨伯峻、王文锦、赵守俨先生，都有专精绝学。先后主管我们文学室的程毅中、傅璇琮先生，他们的著作，在当时的学术界都有重大的影响。书局提倡结合工作进

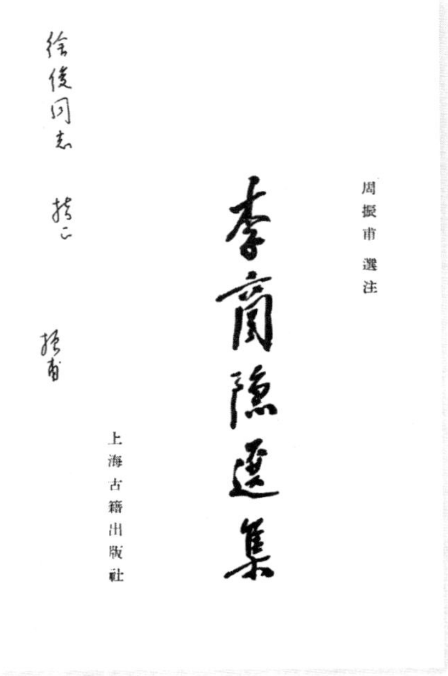

周振甫先生签赠本《李商隐选集》

行古籍整理和学术研究，室里的同事们都经常有作品发表。现在回想起来，身处其中的压力和动力，仍宛然在身。前辈的指引，同事的砥砺，自己的努力，也使我们每一个人都有所获益。

1987 年夏，景桐和一兵兄分别从东北师大、吉大毕业入局，几位同事都爱好书法，每天中午文学室大屋就成了书法课堂，大家一起临帖习字。大多数时候是用旧报纸，偶尔也买来宣纸，仿古宣、瓦当联，语言室的刘宗汉兄有时也来助兴，大家轮番上阵，一笔落下，喝彩声起。有两次周先生来，正遇到我们聚众写字，在我们的请求下，也为我们现场挥毫。周先生平常写字用钢笔，字迹小而内敛，毛笔书法我只见过他为《诗林广记》、《竹坡诗话》等那一套诗话系列的题签。周先生现场用毛笔书写，直立悬腕，运转自如，一连数幅，一气呵成，绝无八秩老人的羸弱。前几年我在王湜华先生的《音谷谈往录》中，看到周先生1947年的一幅设色山水“云山无尽”，才知道周先生早年也曾耽于翰墨，功力非浅。周先生每次都是默写旧作诗词，我得到的两幅，一幅为《寄叶丈圣陶先生乐山》，另一幅为《题钱默存先生管锥编》：

高文何绮数谁能，谈艺今居最上层。
已探骊珠游八极，更添神智耀千灯。
九州论学应难继，异域怜才倘有朋。
试听箫韶奏鸣凤，起看华夏正中兴。

下一次再来局，周先生带了他的印章，是他的平湖同乡、海上篆刻大家陈巨来所刻，我们一一钤盖在周先生的墨宝上。

围绕着《谈艺录》和《管锥编》这两部学术巨著，周先生与钱锺书先生数十年交谊的种种佳话，已广为人知。钱先生《管锥编》序说：

命笔之时，数请益于周君振甫，小叩辄发大鸣，实归不负虚往，良朋嘉惠，并志简端。

1975年，受钱先生之请，周振甫先生成为《管锥编》的第一个读者。1977年，《管锥编》正式交付中华，周先生又一次进行了全面的审读加工，与《谈艺录》一样，周先生为《管锥编》逐一拟订了小标题，留下了数万字的审稿记录。审稿意见的第一条就是针对钱先生序中的表彰之辞，请他酌改：“‘请益’、‘大鸣’、‘实归’是否有些夸饰，可否酌改？”钱先生在行侧批注说：“如蒲牢之鲸铿，禅人所谓‘震耳作三日聋’者，不可改也。”我第一次看到这份书稿档案，就为之动容，由此体会到“为人作嫁”的深意。

1998年12月19日，钱锺书先生逝世，我特别从书稿档案中选取了两篇关于《管锥编》的选题、审读报告，整理发表于《书品》杂志(1999年第1辑)。这两份报告均出自周振甫先生之手，是有关《管锥编》出版过程的最早档案记录。第一份《建议接受出版钱锺书先生的〈管锥编〉》，即出版《管锥编》的选题报告，写于1977年10月24日，编辑部于次日即做出决定，同意立即联系接受出版，并要求“从审稿、发稿直到排印出书都作为重点书予以优先考虑”。第二份《〈管锥编〉(第一部分)审读报告》，写于1977年12月1日，是周先生在审读完《管锥编》第一批原稿即《周易正义》、《毛诗正义》、《左传正义》三个部分后，所写的总体意见。作为《管锥编》的最早读者，周先生对此书的价值做出了敏锐而准确的评价，同样具有很高的学术价值。

2000年5月15日，周振甫先生逝世，我又将陆续整理的《〈管锥编〉(第一部分)审读报告》后面所附38页具体意见，交《书品》连载发表(2000年第4、5、6辑，2001年第1、2、3辑)。这一份记录，除了少量有关编辑技术处理的内容外，绝大多数是具体问题的学术性探讨。

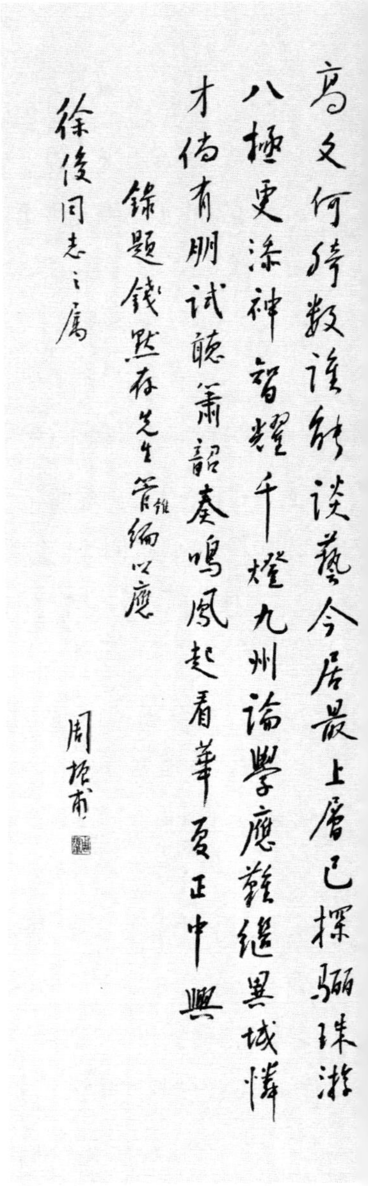

周振甫先生手书自作诗

更为可贵的是，对于周先生提出的每一条意见，钱先生都有认真的批注，短者数字，长则百言。阅读这些文字，好像是在聆听两位智者的对谈，娓娓之中，周先生的周详入微，钱先生的渊博风趣，如在眼前。后来，应复旦中文系傅杰兄之约，这份整理稿的全本，刊登于上海三联版的《钱锺书研究集刊》第三辑（2002 年），广为人知。另外书稿档案所存周先生 1983 年所写《谈艺录》（补订本）审读意见（附钱锺书先生批注），也经我整理发表于《中国诗学》第 7 辑（人民文学出版社，2002 年）。近年，德国明斯特大学汉学系于宏先生等集数年之力，对这些笔谈记录进行了深入的专题研究，其成果即将以专书形式出版，成为世界学术界所珍视的一份学术遗产，令人欣慰。

除了《谈艺录》、《管锥编》，周先生晚年花功夫做的另一部书是钱基博先生的《中国文学史》（全三册）。钱基博先生是周先生在无锡国专的老师，《中国文学史》是作者在蓝田国立师范学院的授课讲义，其中明代部分用商务旧刊本《明代文学》代替，清代部分"文革"中被毁，故附录两篇论文《清代文学纲要》和《读清人集别录》以弥补缺憾。此书由石声淮、钱锺霞夫妇和彭祖年、吴忠匡先生搜集整理，周先生负责联系出版及编辑工作。此书责任编辑仍由周先生担任，但由我协助周先生发稿和读校，周先生对原稿进行了细密的文字加工，对原稿论述欠周之处多有补苴罅漏。为此周先生曾亲携修改后的原稿，送呈钱锺书先生，钱先生通看了全部修改稿，表示认可。1993 年 3 月，《中国文学史》即将付印，涉及合约及稿费处置，钱先生致函表示由周先生全权处理，原函如下（杨绛先生代笔）：

先君钱基博先生《中国文学史》之编辑整理工作，全出周振甫先生之力，我适大病，未效丝毫。特授权周振甫先生为此书订

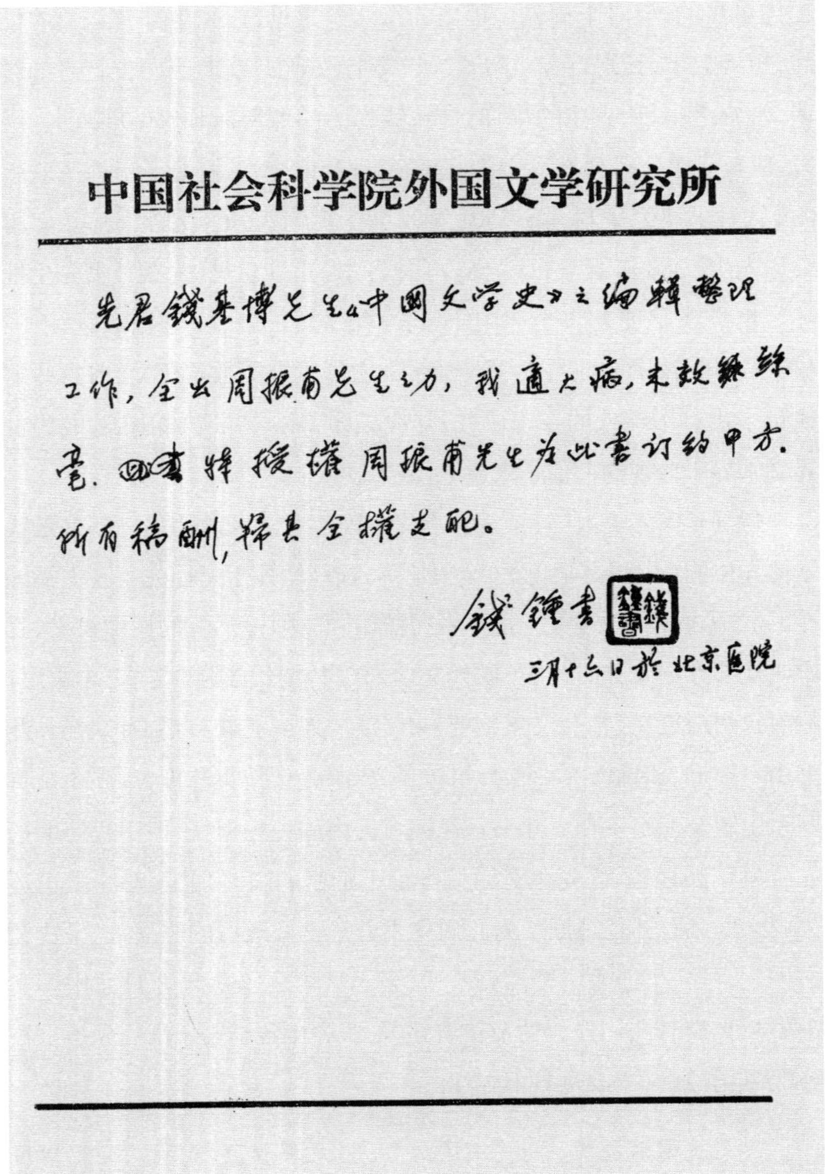

中国社会科学院外国文学研究所

先君錢基博先生《中國文學史》之編輯整理工作，全出周振甫先生之力，我適大病，未效絲毫。特授權周振甫先生爲此書訂約甲方。所有稿酬，歸其全權支配。

錢鍾書 [錢鍾書印]

三月十六日於北京醫院

钱锺书先生给周振甫先生的授权书（1993 年 3 月 16 日）

约甲方。所有稿酬,归其全权支配。

钱锺书(朱文印)

三月十六日于北京医院

签约及出版前后,周先生又为稿酬分配、样书寄送等琐事,屡屡与我们函商,一一交待。下面是周先生6月3日给我的信,迻录如下,以见一斑。

徐俊同志:

《中国文学史》的稿费事,请您注意一下。钱先生不受稿费,他在授权书上,要我处理。稿费请寄与钱锺霞同志的子女,即汇给武昌华中村14号石声淮,邮编430061,石是锺霞同志的丈夫,说明由他分给四个子女。

又《中国文学史》末了,有三篇后记,这三篇《后记》的稿费,倘已包括在版税内,是否从版税中支付,请您与中华商量一下。三篇《后记》的作者可否赠书,或在作者赠书中支付,请决定。作者之一吴忠三,通讯处为哈尔滨师大家属宿舍和兴路7号3楼1室,邮编150080。

又《中国文学史》原稿,由彭祖年寄来。彭说,原稿在锺霞府上的,被红卫兵烧了。原稿在彭和同学手上的,在文革中毁了。彭和同学多方寻访,访到严学窘家有一部,是他爱人用心保藏的。因此彭要送一部书给严,还要给他和两位寻访的朋友,一共四部书,寄武昌华中村62号彭祖年,邮编430061。又《中国文学史》清代的《读清人文集叙录》,是托济南山东大学古籍研究所王绍曾从图书馆中借《光华半月刊》来复制的,也想送一部给他。邮编250100。一共赠书五部。不知本书赠作者继承人几部,倘系十部，似可送钱先生五部，余五部即作为赠书。

多多费神，即请

大安！

周振甫上　6/3

付印前，我曾就封面题签事与周先生商量，周先生表示他和钱先生都不便题签，最后才由我集王羲之字，交王增寅先生设计装帧。

回忆与周先生交往的点滴琐事，有一个镜头始终萦绕眼前，1997年8月周先生作为“东方之子”，回答中央电视台主持人的提问，主持人问：“因为工作的原因，您最终没有成为一个职业的学者，您觉得遗憾吗？”周先生用浓重的乡音，淡淡地回答：“中华书局给我编审，就可以了。”对这个回答，人们甚至会以为答非所问，但当我们去了解周先生从开明书店到中国青年出版社、中华书局，这五六十年的编辑人生，再看那些经过他编辑出版的著作经久不衰的学术影响，再看他留下来的一份份精细的审读报告和编辑记录，也许就不难体会这句话的含义和分量了。令我深有所感的是，很多老一辈编辑，像周先生一样，一生作嫁，却安之若素，甘之如饴。他们的言传身教，如春风化雨，润物无声，这正是一种内在的职业品格的传递，而这种职业品格，对中华书局这样的百年文化企业来说，无论她走多远，都是不可或缺的。

2011年7月19日，雨夜。

（原载《中华读书报》2011年8月10日）

中华书局的良师益友

——怀念何兹全先生

何兹全先生与中华书局的关系既深且久：上个世纪五六十年代，何先生参加《资治通鉴》标点，参加吴晗主编的《中国历史小丛书》担任编委，参加翦伯赞、郑天挺主编的《中国通史参考资料》担任第一、二册主编，“文革”中借调中华书局参加点校“二十四史”，一直到2006年六卷本《何兹全文集》由中华书局整体出版，跨越半个多世纪，是中华书局最重要的作者之一。近年我局启动点校本“二十四史”及《清史稿》的修订，何兹全先生担任修订工程学术顾问。2009年，中华百年局庆系列活动揭开序幕，何兹全先生与季羡林、任继愈等先生一起接受邀请，担任中华书局学术顾问。何先生多次戏称与我们是“中华同事”，我们中华人更视何先生为良师益友。

标点本《资治通鉴》是新中国组织出版的第一部大型史籍整理本，何先生是12位标点者中最后辞世的一位。1954年9月，毛泽东布置吴晗、范文澜标点《资治通鉴》，要求在一两年内出版。同年11月，“标点《资治通鉴》及改绘杨守敬地图工作委员会”成立，召开标点《资治通鉴》第一次讨论会，组建“标点《资治通鉴》小组”。《通鉴》标点小组共 12 位学者：顾颉刚、王崇武、聂崇岐、郑天挺、齐思和、张政烺、周一良、邓广铭、贺昌群、容肇祖、何兹全、章锡琛。顾颉刚任总校对，王崇武为召集人。王崇武与何先生是北大史学系的先后同学，也是史语所的同事。《通鉴》全书 294 卷，12 位学者分工合作，用了不到两年的时间，高质量地完成了任务，于 1956 年 6 月出版。何先生承担了《通鉴》卷六三汉建安四年至卷七〇魏太和元年、卷八七晋永嘉三年至卷九五晋咸康三年，共 17 卷的标点，正是何先生长期着力的魏晋史部分。何先生还参与了书中其他部分卷次的覆校，是《通鉴》的主要标点者之一。标点本《通鉴》是现代古籍整理范式的开创性成果，对古代文献整理和古籍出版事业，都具有深远的影响。遗憾的是关于《通鉴》标点，十余位当事人都没有留下有关的记述，在何先生的回忆录《爱国一书生》中也只字未提。台湾联经版《顾颉刚日记》出版后，我曾将其中有关《通鉴》标点的内容复印出来，分别送给何兹全先生和蔡美彪先生，希望能引发他们的回忆，给学术界提供一些关于《通鉴》标点的往事。蔡先生参与了当时的组织工作，撰写了《资治通鉴标点工作回顾》（《书品》2008 年第 3 辑），何先生因年事已高，未能成文。

每次见到何先生，他都会说起在西郊翠微路大院参加“二十四史”点校的往事。在上个世纪持续 20 年的“二十四史”点校过程中，参与点校的各地高校学者，曾先后于 1963 年、1967 年、1971 年，三次奉调进京集中办公。何先生被借调到中华，就是在 1967 年。当时集中在中华工作的还有北大、武大、山大等高校的邓广铭、邵循正、许大龄、张政烺、陈乐素、唐长孺、姚薇元、陈仲安、高亨等先生。何先生到中华之前，一直在“劳训队”劳动改造，何先生回忆说：“在中华书局，如在桃花源中避乱。”中华为本地参加标点的先生也配备了铺位，但因为城里有家，何先生每天早晨吃过早点就往中华奔，下午下班回家。当时中华的革命群众对来中华的人也有看法，认为是牛鬼蛇神来找避风港。为此孙达人还找过戚本禹，在局里正式宣布，凡调到中华参加“二十四史”点校工作的都不是“牛鬼蛇神”，都是革命群众，何先生说：“在中华，我们这堆人都是勤勤恳恳地工作。”当时何先生主要参与唐长孺先生主持的《魏书》点校。何先生在《爱国一书生》中有一章专门介绍那段时间的情况，除了工作，学者们也参加书局的大批判，批判齐燕铭、金灿然，何先生说自己曾用“战地黄花”的笔名写过大字报。但何先生对金灿然评价很高，多次跟我们谈他印象中的金灿然，谈脑病后的金灿然，很为他的遭遇惋惜，认为他对文化建设有很大的贡献。

何先生在中华工作虽短，但对中华和点校本“二十四史”很有感情。他经常说，我比你们中华还大一岁呢（中华成立于1912年元旦）。2005年，我们开始着手点校本的修订准备，去征求他的意见。何先生表示支持，并与季羡林、任继愈等先生一起联名上书温家宝总理，希望中央政府予以关注和支持。2006年4月，修订工程专家论证会在香山饭店召开，95岁高龄的何先生在会上说：“对中华的修订工作，我很高兴、很赞成，愿意做一个小卒，摇旗呐喊。”

何先生是旧中研院历史语言研究所在世的最后一位学者，2009年夏，中华影印出版《中研院历史语言研究所集刊论文类编》，何先生听说后特别欣慰，跟我们讲了很多史语所的人和事，讲在李庄艰苦条件下的研究和生活。老先生很为当时发表在《六同别录》上的三篇论文而得意。何先生一生以史学研究和教学为主，除了参与《通鉴》和“二十四史”点校，对古籍整理很少有专门的涉及，但是他对古籍整理的见解精辟，令我印象深刻。在修订工程专家论证会上，何先生拿老商务、老中华在古籍出版上的不同作比较，说：“当年，商务有一种‘往前’的精神，出版了《四部丛刊》、《百衲本二十四史》等原样影印的东西；中华则有一种‘往后’的精神，出版了不少标点本、排印本，像《四部备要》。点校本‘二十四史’有标点有分段，方便现代人使用。用发展的眼光看，出版的精神是要向近代化方向走。”何先生概括的两家老社在古籍出版上的差异，不只是表面形式上的，确实体现了不同的理念和对时代需求的认知。走进新时代的中华一直坚持对古籍文献的深度整理，坚持为学术界提供古籍基本书的出版方向，坚持优秀传统文化为现代读者所用的理念，正是何先生所说的“往后”的精神。

2006 年 6 月由中华出版的六卷本《何兹全文集》，是何先生七十多年学术研究的结晶。在书稿编辑之初，何先生已经年过九十，仍亲自编排文稿，校阅排样。到书稿接近排定的 2005 年，何先生还经常与郭老师一道打车到地处偏僻的中华送稿。关于《文集》，特别让人感念的是何先生辞谢稿酬的佳话。《文集》进入编辑环节之前，中华就与何先生签订了出版合同，按例向何先生支付稿酬。2006 年初，何先生主动给责任编辑打电话，要求我们重签出版合同，不要一分稿酬。我们知道后，再次表示我们的心愿，并试图做通何先生的工作，但何先生知道当时中华经济困难，坚决要求放弃稿酬。《文集》付印前，何先生与中华签订了一份补充协议，那是一个世纪老人仁厚宽宏和古道热肠的见证。《文集》出版正逢何先生的 96 岁生日，我们奉上用绸带包裹的 99 套《文集》样书，表达中华人一份真诚的祝愿，并与北师大历史学院联合召开了《文集》出版发布会。后来《文集》获得北京市第十届哲学社会科学优秀成果奖特等奖，我们去小红楼看望何先生的时候，奖牌就放在轮椅对面的书桌上，在一旁的护工岳嫂说：爷爷可高兴了，无论自己到哪里，都要看到这个奖牌。去年，《文集》又荣获教育部颁发的第五届中国高校人文社会科学研究优秀成果奖一等奖，这是目前我国人文社科学界的最高荣誉。《何兹全文集》的出版，实现了何先生晚年的心愿，也为中华书局的学术著作出版增添了一份带着浓浓情感的厚重。

2011年2月20日

（原载《中华读书报》2011年2月23日）

望之俨然，即之也温

——怀念田余庆先生

在没见过田先生之前，对田先生的了解主要来自几位朋友讲故事般的叙述，有所谓“酷吏”之称，留给我的印象似乎是严肃得可怕。照片中的田先生通常紧收眉头瞪大眼睛，更增加了一般人少有的威严。后来有机会在不同场合见到田先生，得到的印象完全不同，“望之俨然，即之也温”，也许是人到晚年的缘故吧。

印象最深的两次，一次是朗润园祝总斌先生论文集出版及八十寿庆，一次是中关新园田先生九十寿庆。九十寿庆座谈会上，田先生逐句解读自己十年前的八十自寿诗《举杯歌》：感恩，回眸，虚中，共进。当时给我的感觉，无论是风度还是情志，当世罕有可比，起码在我接触的老辈学人里着实少有。

近年常听到田先生住院或生病的消息，但每次去家里看田先生，却完全没有九十岁人的老态。田先生说自己脑力不够，注意力集中不会超过二十分钟，但言谈间仍反应敏捷，目光逼人。有时候他还会问，“你没有急事吧，我们多聊一会儿！”一次，田先生收到一套多卷本的北朝史著作，聊天时特别打断前面的话题，问我你们出版界怎么看这

最后一次拜访田余庆先生（2014 年 1 月 27 日，右一顾青）

样的大部头书。最后一次见田先生是 2014 年春节前，围坐在沙发边，田先生对着一幅院系调整前老北大历史系教师合影，邓广铭、向达、张政烺……，一一讲述其中的人和事。田先生最初在湘雅学医，知道我女儿也学医，大多数时候我已经忘了这之间的关联，但田先生每次都会提起这个话题。告别的时候，田先生必定会喊里屋的师母，出来打招呼送客，这样老派的礼数，让人觉得温暖难忘。

了解田先生，是因为"二十四史"修订的机缘。田先生应书局邀请，担任审定委员。按照最初的计划，每一史的审定，都要有一位断代史权威学者领衔，两汉魏晋南北朝史，田先生当然是不二之选。起始阶段最关键的工作，是各史修订方案的制定，除了原点校本的共性问题外，最要紧的是如何处理和把握各史的特殊性，包括修订底本选择、入校范围、校勘取舍和今人成果等。田先生参与并亲自主持了两《汉书》、《晋书》和南北朝诸史的方案评审。当时，对于《汉书》修订底本的选择有较大争议，主要是我们对宋元以来《汉书》版本缺乏系统试校，对不同版本中宋人校语的多寡差异及形成过程没有准确认识。在田先生的主持下，经过充分讨论，给后来的版本选择，留下了切实可行的调整余地。

2006 年 4 月，在“二十四史”修订专家论证会上，田先生用“有誉无毁”评价点校本，并且说“无毁”不是没有缺点，只要是认真读这部书的人，在研究过程中，都会发现一些问题。田先生还说，关于“二十四史”及点校本的校订，除了见诸专书和专文外，还有很多隐含在学者论著论文之中，要修订者留意，还举了例子，包括他自己读书所得。关于人选，田先生特别强调了既要发挥老学者的作用，也要注意吸收年轻学者参与。他说，“修订工作要给年轻人一些机会，要努力发现那些对这个工作有兴趣、有成绩的人”，打消了我们在人选资历方面的很大顾虑。

第二年 5 月，第一次修纂工作会议在香山饭店召开，会前经过调研，近一半的史书已经有承担人选，还有大部分没落实。大会结束后，我去大堂送别与会的先生，田先生特地把我叫到一边坐下，说要跟我说一件事。田先生说，“二十四史”点校的时候，我们北大历史系没有参与，当时周一良先生等主要忙于教材编写，南北朝“二史八书”，都由武大、山大承担，对北大来说是个遗憾。点校没参加，希望不要错过修订。当时我正苦于修订主持人的遴选，田先生的一席话，让我既意外又感动。后来，除了《晋书》确定由历史系罗新担任主持人外，田先生还曾就《隋书》的修订，与祝先生和阎步克、叶炜等商量，希望能够由历史系承担。最终因为其他原因，没有达成，田先生为此还特地给我电话做了解释。田先生的态度，给了我很大的信心和启发，一部重要史书的整理，其意义不只在其书本身，还在于优势学科的建设和长期的影响，这也是“二十四史”修订获得学术界积极响应的原因。最终北大历史系承担了《汉书》、《晋书》、《辽史》、《元史》四史修订，给了我们最大的学术支持。

田先生很少参加学术会议，随着年事渐高，参加的更少。2011年6月，《唐长孺文集》出版，书局与武汉大学在京联合召开出版座谈会，我去请田先生参加，田先生说，别的会可以不参加，这个会一定要去。会上田先生即席发言，围绕历史研究，讲了武大与北大的关系，讲了他与周一良先生共同商量的唐先生挽联，讲了1984年到成都参加魏晋南北朝史学会成立大会，回程特意到武汉拜见唐先生，“朝了峨眉，再朝珞珈”。田先生高度评价唐先生的成就，称他接续陈寅恪，竖立了一个新路标。我们把会议发言整理成文，我又做了一些删改，以使文字更加整饬，才请田先生过目。当我拿到田先生改好退回的稿子时，我当时的心情，用“惊叹”二字绝不为过。田先生先用铅笔改过一遍，又用水笔再确认改定，密密匝匝，满纸粲然。田先生的认真我早有所知，但对一篇座谈稿如此用心，给我很大的震动。后来有机会看到田先生《拓跋史探》的修订手稿，可知求精臻善的精神，是始终贯穿在他的学术之中的。

田先生的史学成就，非我所能评述。田先生对学术的态度，值得我们铭记和发扬。我以为，田先生1991年在《秦汉魏晋史探微》前言中最早说到的八个字，最能体现他的学术品格：“学有所守”，“宁恨毋悔”。正如他所说，读来浓郁沁心，极堪回味。

2015年元旦急就

（原载《文汇报 / 文汇学人》2015年1月9日）

中华版图书他题签最多

——记忆中的启功先生

转眼间启功先生逝世十周年了，十年前听到启先生逝世的消息，我正因腰病在广安门医院住院，没能为启先生送别。我对启先生所知甚浅，一直也没有把这些零碎的记忆形诸文字。

因为启先生与中华书局的特殊关系，很多同事都与启先生熟悉，甚至很难说谁跟启先生更熟。启先生自 1971 年起借调中华，参与点校“二十四史”及《清史稿》，在王府井大街 36 号与大家朝夕相处多年。八十年代，尽管启先生已经回师大，但编辑室内总有同事不断带回关于启先生的各种消息，启先生也对书局的老熟人的各种事情乐于知道，乐于谈说。

第一次去师大小红楼见启先生，是跟同编辑室的柴剑虹老师一起去的，当时的情景已经全无印象，只记得第一次见就得到了启先生的赠书，是刚出版的人美版《启功书法选》（1985），书角有启先生事先写好的小字签名“启功求教”，钤有一方白文小印。后来又获得启先生签赠北师大版《启功书法作品选》（1986），还有在香港举行的义卖作品图册，所收皆自作诗词，作品形制一致，印制精美，我一直视为

启功先生签赠本《启功书法作品选》（1986年6月22日）

箧中珍藏。

作为编辑室的小字辈，每次去看启先生，都是叨陪末座，默听静观。起初几年，几乎每次都能看到启先生写字。因为爱好书法，在大学读书时，见过几位省上名家写字，有的下笔迅疾，动作夸张。看启先生写字，运笔极其缓慢，包括略带飞白的出锋竖笔，当时很令我诧异。另外是补笔，通常我们只知道写字不能描，但启先生写字，无论大小，书写过程中，都会随时补笔。甚至重复已写的笔道，无论粗细，每补都精准到位，真令人叹服。那时候写字没现在这样讲究风雅，启先生案头文房非常简单，经常看他用的图章，是一方水晶双面印，启先生说为的是携带方便。更没见过启先生用印规，但印都盖得迅捷精准，甚至随手加盖第二遍，位置毫不移易。盖完印，用一支颓笔在痱子粉罐中一蘸，刷到盖印处，为了不让印泥粘连。那时候启先生精力好，我们求题书签，一般都是当时写就，往往还横竖简繁多写几张备用。偶尔时间凑巧，启先生会在教工食堂请饭，有一次记得最真切，是食堂里的一个包间，虽然简陋，但墙上挂着启先生的行书条幅，写的是邵康节那首著名的数字诗，“一去二三里，烟村四五家”。

启先生是为中华版图书题签最多的人，甚至可以说，启先生的题签，是中华版图书装帧风格的标志之一。但跟后来流行的名人题签不同，这些题签基本都不是作者所托，而多是编辑室领导或者责编、美编所求，书上也大多不署题签者，没有借重之意。当年文学室新出的“中国古典文学基本丛书”、“古小说选刊”，以及《宋诗钞》、《元诗选》、《晚

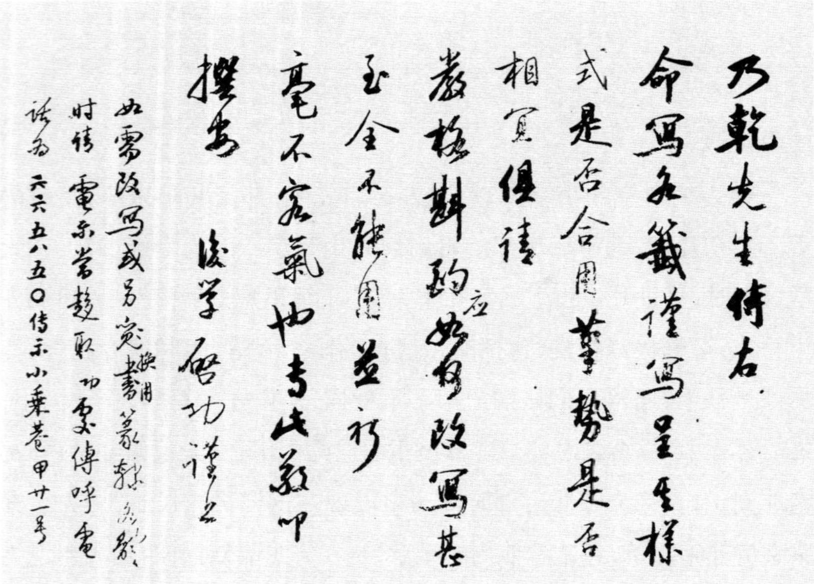
乃乾先生侍右
命写书签谨写呈样
式是否合用 笔势是否
相宜 但请
严格斟酌 应如有改写 甚
至全不能用 并祈
毫不客气也 专此敬叩
撰安 后学 启功 谨上
如需改写或另觅书篆隶为签
时请 电示当趋取 功寓传呼电
话为 六六五八五〇传示小乘巷甲廿一号

据启功先生致陈乃乾先生札（网络图片），知早在“文革”前启功先生就曾为中华版图书题写过书名，所题何书不详。目前所见最早的启先生题签中华版图书为 1962 年 12 月出版的《辛亥革命五十周年纪念论文集》

晴簃诗汇》、《词话丛编》，无一不是启先生所题。我责编的《金文最》、《全唐诗补编》、《全唐文补编》、《中国文学家大辞典》等，也都是特地请启先生所题。记得我负责编选的80周年局庆纪念出版物《中华书局收藏现代名人书信手迹》，题签是启先生当面写的，当时书还在编选过程中，启先生问清楚编选内容，就确定了这个书名。有时候甚至只是选题设想，临时请启先生题写，他也不拒绝。我们文学室策划的“中华文学通览”，是书局比较早的一套系列普及读物，起初丛书名还没确定，正好赶上启先生为其他书题签，当时临时起意，在我们要求下，启先生题了“中华文学长廊”，后来没有用，现在也不知道在架上的哪本书里“雪藏”着了。有时候启先生会品评带去的新书题签，有一次印象很深，启先生大夸赵守俨先生的题签写得好，并说起题签的秘诀，在于第一个字不能轻，最后一个字不能小，足为金针。

我特别留意过启先生历年为中华版图书的题签，最早一批在七十年代初，如繁体竖排版蔡东藩《民国通俗演义》（1973），李贽著作系列的《初潭集》、《史纲评要》（1974），高亨《商君书注译》平装本及大字本（1974），以及后来列入“中国古典文学基本丛书”的《李太白全集》（1977）、《杜诗详注》（1979）等等，较之晚年的修美瘦硬，更显风姿渊雅。因身体原因，启先生晚年所写题签不多，有些已经笔意全失，仅存其形，看了真令人感伤。来新夏先生曾经提议编印《启功先生题签集》，我想即使不能全面搜集，仅中华版也足以成编，确实是一份厚重的艺术遗产，也是对启先生的一种有意义的纪念。

那时候的中华员工有启先生墨宝的不在少数，与启先生共过事的老编辑自不待言。我曾在老同事手上见过当年民航班机礼品折扇上启先生写的蝇头小楷。偶尔到同事家串门，也会在客厅书房卧室兼用的居所，看到壁上启先生的条幅或对联，晚生如我的蜗居也常年挂着

启功先生题签集（中华书局，2018 年 1 月）

启先生题《阳春集》诗“新月平林鹊踏枝”。大约是 1993 年，书局举办“春天书画展”，我受命参与召集，有人提议找启先生征集作品参展。记得还是我跟柴老师一起去的小红楼，启先生非常乐意，拿出一件裱好的作品，让我们带回局里，跟大家的习作一起挂在二楼会议室，全程参加了展览。那天我还斗胆将自己准备参展的习作带去请启先生指教，回想起来真是惭愧，写的是《世说新语·言语篇》里的“顾长康从会稽还，人问山川之美”一条，启先生委婉指出了“问”字的草法错误。也许是看着字形近似，启先生回里屋取出一册拓本《壮陶阁帖》，让我带回去练习。只可惜我完全不能领会启先生的深意，几乎没有临习，搁在办公室里，半年后还给了启先生。

九十年代初，有朋友送给我一份张伯英《阅帖杂咏》原稿复印件，不记得在什么场合，跟启先生提起过，启先生早年与张伯英有交往，他特地找出自己手抄的《阅帖杂咏》，由刘石兄带回局里。记得当时曾经

启功先生来到中华书局六里桥新厦(1999年初,左李岩,右熊国祯)

复印一份,但一直也没有将启先生过录本与手头的复印稿本对读过。此前曾看过启先生交给《学林漫录》的《坚净居题跋》原稿,是启先生早年用红格纸本誊清的手稿,一笔规整的馆阁小楷,几乎看不到后来健拔的影子,《阅帖杂咏》也是用同样的红格纸本过录,这是老辈学人的基本功。

启先生常说中华书局是他的"第二个家",1997年底,中华从王府井大街36号迁到丰台区六里桥新址,启先生得知后,一直想到这个"新家"看看,大约在1999年新年前后,启先生特地来六里桥看望大家,年近九十的启先生在508会议室,大家纷纷前去拜望谈天,合影留念。在那个书局举步维艰的年份,给大家留下了绵长的温情和眷念。

启先生晚年,大家见到他的机会减少。除了参加启先生学术研讨会,记得还有两次,一次是启先生参加了在人民大会堂召开的中华书局90周年庆典,一次是我们多位同事都参加的北师大举办的启先生

90 寿庆，我代表书局发言致贺。最后一次见到启先生，是 2003 年以后，我和李岩一起到小红楼拜访，启先生身体欠安，正卧床休息，我们只在床边问候后即告辞。

关于启先生对中华书局的关心，与中华人的交往，种种佳话，流传甚广。启先生自己的日记和口述，也多有记录，无庸辞费。启先生说过，写字是读书人的本分。世人以书法家、大师看待启先生，但我十几年所接触的启先生，就是一个普通而睿智的老者，一个修养深厚的学人，一个对中华书局饱含关切的前辈。

2015 年 6 月 30 日晚

（原载《中华读书报》2015 年 7 月 8 日）

细微处见精神

——追忆刘浦江与点校本《辽史》修订

得知浦江生病的消息，太过意外，当时的感觉就像是自己一下子站到了断崖边。几次想去看他，都被婉拒。后来的一段时间，因为《辽史》修订、《契丹小字词汇索引》编辑出版，以及《史记》、两《五代史》修订本审稿等事务，浦江仍与我们保持着联系。我内心一直往乐观处想，浦江一定能够挺过这一关。

浦江与中华书局的交往主要是在这几年，我正好是当事人。浦江和我同龄同届，自相识就没有距离感。和浦江比较多的接触，是从商讨《辽史》修订开始的。在着手“二十四史”修订之初，我拜访蔡美彪先生，谈到辽金史修订，蔡先生就首先推荐了浦江。因此，在2006年我们做第一轮调研的时候，《辽史》修订就已经基本确定由浦江来承担。在此期间我们有过比较多的交流，开始我们非常希望由浦江和张帆一起承担辽、金二史，后来因为张帆与陈高华先生共同主持《元史》修订，这个计划才作罢。在《金史》确定由吉林大学承担以后，对《金史》修订方案和修订样稿，浦江贡献了很多意见。一次我在中古史中心参加其他活动，会间在浦江的研究室，针对吉大的学术特点，他还就

刘浦江先生在《辽史》修订总结会上(2013 年 6 月 15 日)

《金史》的修订跟我做了深入的交流,意见和建议都非常中肯。

2007 年 5 月,点校本“二十四史”及《清史稿》修订工程第一次修纂工作会议召开,确定北大历史系为《辽史》修订承担单位,浦江主持并担任修订工程修纂委员。同年 10 月 19 日,召开《辽史》、《元史》修订方案评审会,蔡美彪先生任评审组组长,刘凤翥、周清澍、王曾瑜、许逸民等先生参与评审,讨论通过了两史修订方案、凡例。按照修订工作程序要求,2008 年 5 月,《辽史》修订组提交了修订样稿五卷,样稿由我们分送蔡美彪、陈高华、崔文印、许逸民等先生进行书面评审。6 月 26 日,《辽史》修订样稿评审会在中华书局召开,蔡美彪、刘凤翥、崔文印、张帆、许逸民等先生参加评审,浦江和修订组康鹏等与会。9 月,《辽史》修订样稿印制完成,寄送相关专家学者进一步征求意见。

《辽史》修订前期规定动作和必备程序,极其顺利,各史无出其右。其中有史书差异、原点校本差异、修订组准备等各种因素,但主持人的学术积累和修订力量组织起了关键作用，而浦江在这两个方面的优长都非常突出。

就整个“二十四史”修订来说，相对于其他各史和各史主持人，我们与《辽史》修订组的工作交流机会是相对少的。修订工作顺利，反复讨论就少；修订工作周折，相互探讨甚至开会就多。《辽史》从开始阶段的修订方案、修订样稿，到中间阶段的二次样稿，没有任何磕绊，意见一致，省去了很多功夫。而且《辽史》修订组一些行之有效的做法，在各史初期摸索阶段，还起到了样板示范的作用。

简单举个小例子。如何吸收前人成果，包括断代史研究成果、与本书密切相关的文献研究成果、针对点校本的校勘成果，等等，是修订最基本的准备工作。修订工作总则对此提出了明确的普查和吸收的要求，但怎么做并不清楚。《辽史》修订组的做法非常有启发性。在2007年10月讨论修订方案时，浦江已组织人力对前人有关《辽史》的校勘、勘误论文进行了全面搜集，整理装订成《辽史勘误》一册（250页），收入1942—2007年间散见于报刊、文集的论文、札记，共62篇。做到这一点，似乎很平常，关键是下一步，他们把每一篇文章里面涉及到的校勘点，都在文章的相应位置标出，然后再将各篇文章所涉及的《辽史》卷次，统编为《辽史各卷勘误索引》。这样《辽史》某卷有哪几篇文章、在什么位置，涉及到某个校勘问题，一目了然。每个参与修订的人，都可以由此几无遗漏地掌握前人对某一校勘点的意见。另外，针对原点校本对新出考古材料和石刻资料用得较少，《辽史》修订组还编制了《辽代石刻新编》，以供修订采用。如何统一把握参与修订的人在资料获取上的均衡一致，一直是我们关注的问题，所以，当我听浦江介绍这个做法，并把已经完成的《辽史各卷勘误索引》交给我们的时候，我是由衷地叹服浦江的工作成效。我们后来在各史都推广这个做法。这看起来只是一个具体改进，却是减少重复劳动而又消弭遗漏的非常有效的办法。

再如修订长编，按照修订要求，每史修订在校勘记撰写之前都要撰写修订长编，记录所有校勘点的文本差异、文献依据和考辨过程。当我第一次看到《辽史》修订长编的时候，也为长编的深入和细致深为叹服，长编不但对每一条校勘的文献引用、考证过程有清晰记录，引述今人论文，都一一注明篇名和页码，真正实现了我们提出的一切都可回溯的目标。

最近看参与修订的邱靖嘉、苗润博等几位同学的记叙，回顾《辽史》整个修订过程，前后六年的不懈坚持，对于工作要求和标准，可以说一以贯之。因为工作需要，为推进度，我曾一再与各个修订组交流，包括浦江也经常交流，我觉得浦江的工作特点，一是细腻，一是冷静，二者又都建立在周密计划的基础之上。浦江一开始就设计好了读书班的方式，自始至终按照规程来做，实践证明，工作推进行之有效。

《辽史》在 2013 年完成修订初稿，并且在浦江病后化疗过程中开始做统稿定稿工作。2014 年 7 月 22 日，浦江交来《辽史》全部 116 卷修订稿（每卷有校勘记和长编两个文件），11 月 18 日交来前言、凡例及参考文献三个文件。可以说，浦江用最后的生命冲刺般地完成了《辽史》修订，没有留下任何棘手的难题。浦江在病中还最后嘱咐：修订组成员中，邱靖嘉从始至终参与修订，对情况最了解，今后有关《辽史》后续事宜，由邱负责。《辽史》修订稿交来后，我们陆续约请了蔡美彪、刘凤翥、王曾瑜、陈智超、宋德金、张帆、吴丽娱、王素等先生外审，其中蔡美彪、刘凤翥二位先生的审稿意见于 10 月返回，并已转浦江和修订组参酌。浦江在前言、凡例及最后一批稿子交来以后，曾经与我们的责任编辑通电话，特别关心外审专家的后续意见。他最后的电话就是问《辽史》修订的反馈意见，而且希望在春节前要开一次修订组内部会议，安排春节过后化疗平稳期间的最后修改定稿工作。

1月6日浦江去世，我看到同学们的帖子，2013年6月，浦江在《辽史》第一遍修订稿完成后，写给同学们的信，充满热情的讲道：‘这是收获丰厚的青春，这是无怨无悔的青春！”让我非常感动，在浦江离世的痛惜中，分享到他和同学们收获的快乐，让我对浦江在病中艰难而冷静的完成定稿，有了更深的理解。

最近一年《辽史》编辑审读加工和修订组完善修改工作，总体顺利。在结束统稿工作之后，浦江把后面的审稿和定稿工作都作了安排，修订组不负嘱托，通力合作，保证了最终的修订质量。按计划我们将在2016年初，也就是浦江离世一周年纪念的时候，完成《辽史》修订本的编辑出版。关于《辽史》修订本所取得的成果，需要学术界来检验和评价，不是我一个外行所能评说，但我觉得修订本《辽史》作为辽史研究和辽史文献整理的一个标杆，是不用置疑的。

作为“二十四史”修订工程修纂委员，浦江还参与了《金史》、《元史》以及率先出版的《史记》、两《五代史》修订稿的专家审查。这里从2014年3月浦江返回的两《五代史》修订稿外审意见中摘录一条校勘意见，以见一斑。

《旧五代史》卷137校勘记〔一〕：

> 习尔之，原作“萨勒札”，注云：“旧作习尔之，今改正。”按此系辑录《旧五代史》时据《辽史索伦国语解》所改，今恢复原文。（点校本第1837页）

浦江意见：

> 按：“此系辑录《旧五代史》时据《辽史索伦国语解》所改”

> 的说法不妥。其一，索伦语与契丹语无关，《钦定辽史语解》也并非据索伦语改译而成。因高宗认为索伦为契丹苗裔，故编纂《三史国语解》时声称“以索伦语正《辽史》”，辑本《旧五代史》卷首《编定凡例》亦谓“凡纪传中所载辽代人名、官名，今悉从《辽史索伦语解》改正”云云。今检《钦定辽史语解》共计1639条，其中据索伦语改译的词汇仅有38条，仅占总数的2.3%；而根据满洲语和蒙古语改译的词汇倒有1306条，占到总数的80%以上。故知“以索伦语正《辽史》”之说只是一个幌子而已。其二，当时三史国语解收入四库时称《钦定辽金元三史国语解》，后来单刻时分别称《钦定辽史语解》、《钦定金史语解》、《钦定元史语解》，所谓《辽史索伦语解》、《辽史索伦国语解》等等都是指《钦定辽史语解》，是四库馆臣的一种不规范的说法。其三，辑本《旧五代史》完成于乾隆四十年，契丹语名的改译工作当时也已基本完成，而《三史国语解》成书进呈已在乾隆四十七年，今天我们看到的本子则是乾隆五十二年以后的修订本。也就是说，各书改译在前，辑录编纂为《三史国语解》在后（虽然有《三史国语解》成书后再回头挖改诸书的情况，但像《旧五代史》这样大量出现契丹语词者不属于这种情况）。此处宜改作“此系辑本旧五代史所改”，以下三条同此。

可见浦江的专业积累和认真细致，没有些许浮泛之论。

浦江去世后，我们“二十四史”修订办公室梳理出了《辽史》修订大事记，我也把最近一年多时间浦江给我的邮件看了一遍。浦江最后给我的四封信，都是推荐学生的文章。浦江推荐书稿论文，都是直接寄给编辑部，同时告知我予以关注。其中就包括刚印出来的《辽史百官志校正》，可惜浦江已经看不到了。浦江的推荐信，邮件正文会讲清楚这篇文章的主要学术贡献，在附件里必定有两个文件，一是文章本身，一是作者的学术简历，非常规整。在此我将 2014 年 6 月 18 日浦江给我的邮件与大家分享：

徐俊兄：

我的学生苗润博新近在湖南图书馆发现了《续资治通鉴长编》的四库底本，目前通行的《长编》五百二十卷本皆出自四库阁本系统，民族语译名及违碍文字已遭清人大量删改，而湖南图书馆收藏的这个四库底本，其中译名皆未经改译，违碍文字亦多仍原本之旧，据他判断，此本系自《永乐大典》辑出后的二次修改稿本。此本抄成于乾隆四十三年，修改工作持续至乾隆五十二年，较为完整地反映了《长编》辑佚、整理的过程，是最接近《永乐大典》所收《长编》原貌的版本。

附件即为苗润博有关这一四库底本的研究成果，他已将此文寄给《文史》。相信这一发现将会在宋史学界引起不小轰动，毕竟《长编》是研究宋史最重要的一部史料。另外我还有两个建议：第一，中华书局应设法将此本影印出版，以取代上海古籍出版社影印的浙江书局本；第二，书局应利用此本对点校本《长编》加以全面修订，或以此本为底本，对《长编》进行重新整理，以期最大限度地恢复该书的原貌。

祝好！

浦江　2014 年 6 月 18 日

写这封邮件的时候，浦江刚刚查出癌症两个月，经历了第一期治疗。我注意到同学们的回忆，其中谈到，三天后的 6 月 21 日，浦江开始做《辽史》统稿，在他给同学的信中留下了当时的身体状态和所思所想，浦江说:“这一周来,晚上睡觉不能平躺,否则通宵咳个不停,完全不能入睡。我坐着睡,下半夜还能睡一小会。白天也没法睡觉,只要躺下就一直咳,只能坐着,所以只要不发烧,脑子清楚,就可以坚持看看东西,也不觉得困,反而觉得不怎么咳了,今天已经在做《辽史》统稿工作。”“告诉你们我为什么不畏惧死亡?……一个人文学者,有一流的作品可以传世,能够培育出一流学者来继承他的事业,还有什么可畏惧的呢?顶多有一点遗憾而已。”在这样的病情状况下,学术事业和学生的学业,是他最欣慰也是最关切的事。

接到浦江邮件后,我们联系了上海师大古籍所戴建国先生,因为《长编》是上海师大古籍所整理的,希望对《长编》进行修订。同时我们也联系了湖南省图书馆,现在已经完成这部书的版本复制,会很快影印出版。浦江在这样痛苦的时刻,除了学生论文,还关心这部书应该怎么做,给我们详细的建议,带给我们的感动,无需用更多的话来表达。

追思浦江,是一次心灵的净化,也是一种激励,更重要的是要转化成我们的一份责任,以出版好浦江遗著作为对他最好的纪念。

2015 年 1 月 21 日刘浦江教授追思会发言

2015 年 11 月 18 日夜补充整理

(原载《大节落落　高文炳炳——刘浦江教授纪念文集》,中华书局 2016 年)

傅璇琮先生逝世前后及我对他的两点认识

感谢大会的安排，借唐代文学学会年会开幕举行傅先生追思会，并让我有机会谈谈对傅先生的认识。关于傅先生的学术贡献、为人为学，大家所知所论很多，我不过多涉及，主要从我的日常接触，谈一些感性的认识。

首先介绍一下傅先生生病及去世前后的情况。

傅先生的身体一直都不是很好，书局不少老先生都这样，我见过的杨伯峻、周振甫先生都不健硕，比较柔弱，但都享高寿——说明编辑工作的清苦，编辑而具学术追求，编辑加学者，更加劳力劳心。但是，他们的学术追求，他们的编辑实绩，成就了中华的事业，也成就了他们自身。成果丰硕，生命丰盈，也得享高寿，为世人所尊敬。

2015年春节前，我们走访老领导到傅先生家，当时傅先生精神如常，但坐在门厅，已不能起身和行走。傅先生的腿病已久，但我们觉得腿病还不至于瘫痪，极力动员他节后去医院治疗。书局的老人常年住院的不在少数，傅先生除了临终一年断续住院，基本没有住过院，不是那种爱惜身体、“惜命”的人。

与傅璇琮先生在房山十渡（1991 年秋，左起刘石、许逸民，右起顾青、徐俊）

2015 年春节后上班，书局第一次局务会就傅先生的身体状况和治疗进行了专门讨论，一致认为必须送傅先生住院治疗，并指定人员负责联络医院。但是傅先生为了手上未完的工作，拒绝住院，几天后给我们写了便条，书面致谢并婉拒，说 4 月份之后再考虑。

4 月份以后，傅先生的身体状况骤坏，4 月 17 日被送到北医三院急诊留观。经过一周的治疗明显好转，转至书局附近的电力医院。时好时不好，几次进出医院，稍好即要求出院，要回家做事。我们每次去看他，他关心的都是别的人和别人的事，关心熟人的动向，关心学界动态。屡屡说近期要把主编的一套大书送书局图书馆。每次我们站不到几分钟，傅先生就会重复一句老话："好了，没事儿了，你们忙，你们走吧！"这几年，傅先生在报上看到与书局有关的消息，与我个人有关的消息，都会自己打电话或者让徐老师打电话，给予鼓励。

秋天之后，傅先生的身体越来越差。有一天我们几个老同事一起去看他，回来路上，我说：傅先生这身体就像东流水一样不可挽回了！

大家都很伤感。12月14日，我陪尚君兄去看傅先生，思维言谈尚可，但仅能躺着说话，要把书凑到他面前才能看。当时傅先生早年著作《唐代科举与文学》刚刚通过评审，获得了“思勉原创奖”。在12月20日颁奖典礼上，傅先生提交了书面获奖感言，尚君等作了精彩点评。尚君兄给我看后，并征得主办方的同意，由我推荐给中华读书报王洪波先生，当即安排发表。傅先生的感言，回顾八十年代写作《唐代科举与文学》的学术思考，对未来的研究寄予厚望，读后让人动容。

1月23日傅先生去世，是个周末。上午书局负责联系的同事按例去医院看过，振华兄也去医院看过，都觉得情况不好。我和张宇兄下午一点赶到医院，已是弥留状态。徐老师在病房门外坐着，医生一次次询问是否采取什么措施施救，徐老师一次次表示不放弃。我们侍立在傅先生身边，一直到傅先生平静离世，这个时候是下午15:14，我第一时间向尚君兄作了报告。

傅先生去世后，近一周的治丧工作，规格、规模、反响，在书局前所未有。连续五天书局网站发布了国内外各地发来的唁电唁函、挽诗挽联，言真意切，让人感动。

我们通过三个渠道向上报告傅先生去世的消息，中宣部出版局、国家新闻出版广电总局、中央文史馆。李克强、俞正声、刘延东、马凯等国家领导人送了花圈，两位前任总理朱镕基、温家宝表示慰问，来自京内外约400人参加了告别仪式。

我1983年入职后，一直参与离世老先生的治丧，写讣告、挽联。第一个是马非百先生，后来去世的杨伯峻、周振甫、赵守俨先生的治丧，都曾参与。我感觉傅先生去世后，治丧规格最高，社会反响最大，充分说明了傅先生的贡献与影响，大家对傅先生的敬重和感念。

以上是傅先生逝世前后的情况。下面谈谈我对傅先生的两点认识。

怎样理解傅先生的人生？怎样理解傅先生的学术？学术界有很多系统的阐述，很深入，有学理。我谈谈个人的理解。

傅先生去世当天，我在转发书局讣告的微博中说：

> 傅先生的学术研究得风气之先，是八十年代之后很少可以称得上开一代风气的学者；傅先生是继杨伯峻、周振甫、赵守俨先生之后，中华书局学者型编辑的典范；集出版家和学者于一身，傅先生是八十年代以来中国文史学术最有力的推动者。

在后来的媒体采访中，我也从这三个方面来概括傅先生的人生和学术。在这三个方面之外，我觉得，如何理解傅先生，还有一些方面不能忽视。我主要讲两点。

一是“丁酉之祸”对傅先生的影响。

傅先生1958年初被错划为“右派”后，从北大到商务到中华，历次运动，从大炼钢铁，到“云梦泽”向阳湖干校，无一幸免。到1978年底改正，二十年“戴罪之身”，对一个人的影响是巨大的。对这二十年的经历，傅先生谈得很少，谈到这段时间，也都是关于编辑事务。同一时期，另一位中华前辈宋云彬先生的日记、档案，为我们展现了当时这些“右派分子”的生存环境和屈辱心境，那就是傅先生以及比他年长的马非百、傅正伦、杨伯峻、王文锦等一批“右派分子”的处境。这是傅先生的学术积累期和形成期。

二是编辑职业对傅先生学术形成的影响。

大家比较多关注傅先生通过编辑出版来推动学术和学科发展的作用，但比较少关注编辑职业对他自身的影响。大家应该有与我相同的感受：傅先生虽不善言辞，但笔下的文字，始终洋溢着一种诗情诗意，让我们想到他的师辈：浦江清、游国恩、林庚，都是以文学名世的大

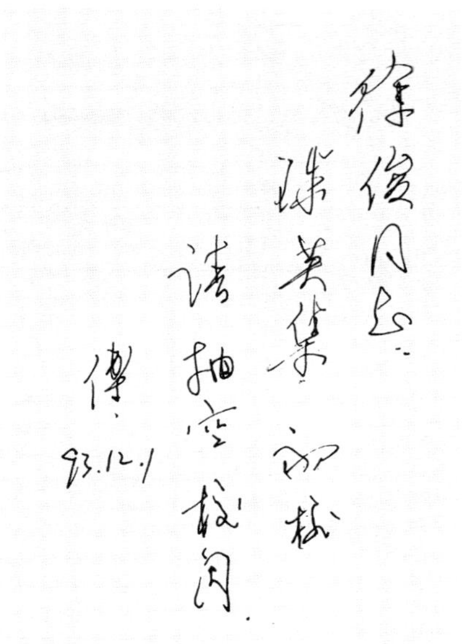

傅璇琮先生关于《唐人选唐诗新编》校阅的留言条（1993年12月1日）

家，还有傅先生所崇敬的清华先辈：闻一多、陈寅恪等，对傅先生的学术视野、境界追求和人格塑造，都有极大的影响。读傅先生的文字，甚至可以说，傅先生是一个具有浪漫情怀的人，我以为也不为过。

那么是什么造就了傅先生实证研究的风格？造就了他文史兼长的风格？造就了他义理、辞章、考据相统一的综合研究风格？我认为与傅先生进入编辑出版领域之后的际遇有关。

“文革”前，傅先生在中华书局文学组，我们看他参与过的工作：如标点《全唐诗》，这是清编《全唐诗》的第一个整理本，主其事的有徐调孚先生，有王仲闻先生；如编辑《清人考订笔记》，主其事的是陈乃乾先生，所收都是陈乃乾先生藏本；如编辑古典文学研究资料汇编，主其事的是徐调孚先生，参与者除王仲闻先生外，还有很多同事，傅先生独自完成了他的最初两本书，《黄庭坚与江西诗派卷》《杨万里范成大

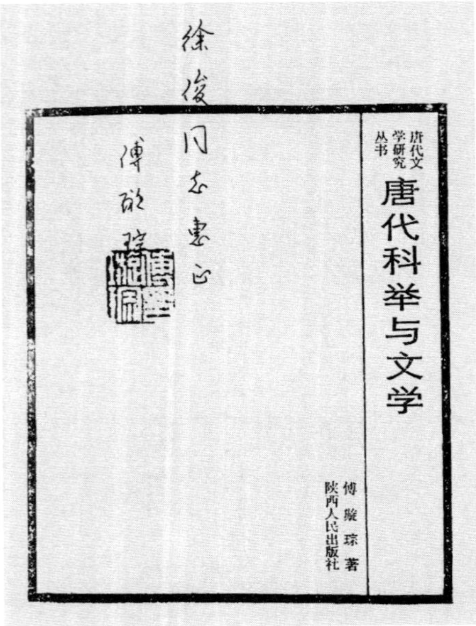

傅璇琮先生签赠本
《唐代科举与文学》

卷》。再如1962年创刊的《文史》杂志，傅先生与沈玉成先生等也是最早的参与者，“崇尚实学、去绝浮言”的理念，是当时中华编辑部的基调。

“文革”后期，傅先生从向阳湖干校回京，到古代史编辑室工作，参加“二十四史”点校，担任《宋书》责任编辑。后来还直接参与了黄仁宇《万历十五年》的出版，由黄苗子先生介绍，傅先生责编、沈玉成先生润色，完成了这部新时期影响最大的历史著作的编辑出版。我甚至想，《唐代科举与文学》也许有《万历十五年》的影子。

八十年代以后的十数年，正是像傅先生这样的学者的示范和推动，一批唐代文学学者在基本文献的整理方面，在专题索引、文史工具书的编撰方面，从学科构建的高度，投入了大量的精力。他们包括周祖譔先生、周勋初先生、郁贤皓先生、陶敏先生，还有在座的陈尚君先生、戴伟华先生，他们为扭转学术空疏之风，起到了关键的作用。傅先生青年时期在清华、北大所受的教育，艰难境遇下所受的磨炼，编辑岗位上的长期积累，在他所仅有的艰难的学术条件下，做出了超出同辈的学术贡献。八十年代之后，傅先生在古籍出版领导岗位，职业与他的学术成就和影响的关系就更大了。

说到这里，我对八十年代的学术环境，对傅先生与同辈友人间的友谊，傅先生对后生晚辈的提携，也多有感受，想起来都很温暖。与傅先生相交甚笃的一批学者，老一辈如程千帆先生、周祖譔先生，同辈的如周勋初先生、罗宗强先生、郁贤皓先生、陈允吉先生等，他们不但有着深厚的学养，我觉得更重要的是他们的为人为学所表现出的君子风义和学人风范。傅先生说他是服膺君子之交的，“鱼相忘乎江湖，人相忘乎道术”，讲境界，有情怀，也就是傅先生常用的一个词——“标格”，这样的一代学者的共同努力，才成就了一个时代和一个学科的学术兴盛。

因此，我们今天缅怀追思傅先生，还要回到学术自身，回到学术的发展，回到学科的建设，回到学风的净化，回到我们每一个人所从事的学术研究、所从事的具体而微的学术工作。

昨天中午来参会之前，看书架上傅先生的著作，其中有一册以序跋为主的自选集，书前有 2014 年傅先生手写的一段话：

> 最大的心愿是为学界办实事，最大的快慰是得到学界的“言知”。
>
> 谨以此自勉并望与学界友人共勉。

我想傅先生就是这样身体力行的，这也是我们今天借唐代文学年会开幕，大家一起缅怀追思傅先生的原因。

（2016 年 9 月 9 日在中国唐代文学学会第十八届年会傅璇琮先生追思会上的发言，原载《傅璇琮先生纪念集》，中华书局 2017 年）

张政烺先生与中华书局的因缘

感谢北大文研院的盛情，邀请中华书局参与主办这次纪念张政烺先生座谈会。此前两次以《张政烺文史论集》、《张政烺文集》的出版为契机召开的座谈会，我也有幸参与了筹备组织，中华书局也作为主办者之一。2004年，《张政烺文史论集》出版，当时张先生还健在，我们与社科院历史所合作，在社科院报告厅联合召开了出版座谈会，很多与张先生同辈的老先生出席了座谈会；2012年，张先生诞辰100周年，《张政烺文集》五卷本出版，主要由张极井先生推动，我们又在西苑饭店召开了规模很大的座谈会（那天我作主持，到现在还有很深的印象，座位拥挤，发言时间不够）。今年是张先生105岁诞辰，由北大文研院、北大考古文博学院联合主办纪念座谈会，同时举办"张政烺先生学行展"，是一个非常有意义的活动。

张先生与中华书局有一份特殊的因缘，就是大家都知道的，张先生曾经担任中华书局副总编辑。我八十年代初入职中华，就常听到大家谈张先生，知道六十年代张先生曾调任中华，但没有到任。十年前，我们开始启动“二十四史”点校本修订工作，对书局档案进行清理。李零先生跟我说，希望找到张先生调任中华的档案。中华书局经过“文革”、经过 1969 年整体下放湖北咸宁干校，经过中华、商务近十年的合并和后来的拆分，档案多有散失。我当时只看到一份北大历史系派人到书局洽商张先生调任中华的介绍信。记得曾经复印或抄给李零先生，一时我没找到留的副本。这次书局又作了查找搜集，找到了张先生调任中华的介绍信，由北大人事处开具，时间是 1960 年 9 月 4 日。介绍信只有一段格式条文：“兹介绍我校张政烺同志等一名到你局工作，请接洽。”记录张先生原工作部门：北京大学历史系，职务：教授，级别：教学二级。《中华书局百年大事记》1962 年下记载：7 月 30 日，文化部任命张政烺为中华书局副总编辑。所附历届领导名录，张先生名下注明：未就职。张先生没有到任的原因，以及组织关系调进调出的情况，不是很清楚。前几天我找到了一张我自己前几年的笔记：1960—1963，在中华；1963.2.5，副总编辑；1966 年，历史所研究员。日期很具体，但依据不记得了。当时应该是查到了某份记录，记得也报告李零先生的。张先生 1960—1966 年，实际在历史所。这是张先生与中华的因缘之一。

第二份因缘，是 1971—1975 年《金史》点校。1971 年是第三次调集国内学者，集中在北京标点“二十四史”（三次分别是 1963 年，1967 年，1971 年），绝大多数点校本都完成于 1971—1978 年第三次集中校史期间，张先生就是在 1971 年接手原由傅乐焕先生未完成的《金史》点校工作。当年与张先生一起工作的崔文印先生今天也在场，他是《金史》的责编，具体情况请他来讲。我觉得张先生那一代学者在“二十四史”点校上所做的学术贡献、人生奉献，怎么表彰都不为过。

第三份因缘，是张先生几乎全部的著作，都由中华书局出版，除了

2004 年《张政烺文史论集》,2012 年五卷本《张政烺文集》,中华书局还出版了：

马王堆帛书《周易》经传校读,2008 年；

张政烺批注《两周金文辞大系考释》,2011 年；

张政烺论易丛稿——易学考古与中华文明,2011 年；

张政烺论易丛稿,2010、2015 年(两个版本)；

还出版了张永山先生编的《张政烺先生学行录》,2010 年。这些著作,今天在“张政烺先生学行展”都有展示。

关于张先生著作的出版,要特别感谢各位先生的支持和信任,我 2003 年回局工作后,曾部分参与了《张政烺文史论集》的定稿,深知整理难度、编辑出版难度。感谢李零先生的长期推动、张极井先生的信任。

在 2004 年《张政烺文史论集》出版后,也是李零先生推动,我们的《书品》杂志,2004 年第 6 辑,2005 年第 1、2 辑,连续三辑,以“《张政烺文史论集》学习笔谈”为专栏,集中刊发了十六篇纪念文章和学习笔谈。吴荣曾、何龄修、张永山、程毅中、裘锡圭等先生都有文章,李零先生那篇传播很广的《赶紧读书》,就是其中之一。读大家的学习笔谈和回忆,让我们感受到一个忠厚诚笃、襟怀坦荡、澹泊名利、学艺双美的张先生,感受到了张先生的渊博精深的学术人生。我对张先生的学问完全不懂,但我体会,大家对张先生的怀念,学术的意义要远远大于纪念的意义。纪念他、缅怀他是一方面,更重要的是张先生的学术,至今仍然鲜活地融入在了当下和未来的学术发展中,这是张先生学术生命的伟大之处和价值所在,也是我们出版的价值所在。

（2017 年 11 月 22 日在张政烺先生纪念座谈会上的发言）

郑天挺先生与中华书局

郑天挺先生新刊遗著发布会由南开大学历史学院和中华书局联合主办，我谨代表中华书局，代表今天与会的中华同人，对郑天挺先生未刊遗著的出版，表示祝贺！对以克晟先生、克扬先生为代表的郑先生家属及南开大学历史学院对中华书局的信任，表示感谢！能够承担郑先生未刊遗著的编辑、校订、出版任务，我们深感荣幸，也深感是我们应尽的责任！

南开大学是中国著名学府，更是中国明清史学科的重镇，这与郑天挺先生1952年奉调南开有着极为重要的关系。同时，也因为郑先生的到来，南开历史学科与中华开始了长期的合作。数十年来，中华不断得到南开历史学科的有力支持，以郑天挺、杨志玖、王玉哲、杨翼骧、吴廷璆、来新夏、冯尔康、刘泽华、南炳文、张国刚、李治安、常建华、孙卫国等为代表的几代学者，都与中华往来密切，交流合作，交谊深厚。中华书局曾经荣幸地承担了包括所有南开史学前辈学者在内的“南开史学家文丛”的出版工作。

郑天挺先生是中华书局的老作者、老朋友，从1954年起，我们就出版郑先生与孙钺等先生一起编辑的《明末农民起义史料》、《宋景诗起义史料》等史料文献。

特别是1958年开始、历时二十年完成的“二十四史”点校工作，郑先生负责主持点校《明史》。据我们现存档案记载，1958年12月1日中华书局致函南开大学党委，约请郑天挺先生整理《明史》。1963年7月15日教育部、8月19日中央宣传部，分别向武汉大学、山东大学、中山大学、南开大学发红头公函，借调武大唐长孺，山大王仲荦、卢振华、张维华，中大刘节，南开郑天挺进京校史。

1963年9月郑先生奉调到京，入住北京西郊翠微路2号大院西北楼中华宿舍。在10月28日报送中宣部干部处的“二十四史”借调名单中，关于郑先生的记录如下：

> 姓名 / 郑天挺
>
> 工作单位 / 南开大学
>
> 职务 / 副校长兼历史系主任
>
> 特长 / 明清史
>
> 借到时间 /9 月 28 日
>
> 借用时间 / 一年

实际上一直到1966年6月8日，郑天挺先生才离开中华，回到南开参加“文化大革命”。据同时参与“翠微校史”的罗继祖先生回忆：

> 毅老和我连屋而居，共案而食，日得数见。当时住局数君以毅老年龄最长，因共推为祭酒。毅老体质甚健，睟面盎背；对人态度寓和蔼于严正之中，言笑不苟；谈起学问来，虚怀若谷。

1971年，中华恢复“二十四史”点校工作，2月19日赵守俨先生在《整理“二十四史”工作情况简介》中，谈到此前《明史》点校的情况说：

“郑天挺点校，周振甫加工。有标点初稿。校勘材料略有散失。参加工作的还有南开林树惠、傅贵九、阳纲等。”并准备再次借调郑先生进京校史。

1972年2月10日，中华书局致函南开大学革委会，请派郑天挺等两位同志来京商谈《明史》及《清史稿》点校工作。3月18日，南开大学革委会回函，历史系愿意承担《明史》点校工作。4月10日，赵守俨到南开商谈《明史》点校。随后南开历史系组建了《明史》校点组，郑先生继续主持《明史》最后的校订工作。郑先生未到京参与集中校史，档案里还保存了一些南开《明史》点校组与中华商讨工作的往来函件。

点校本《明史》是郑天挺先生和南开明清史学科奉献给学术界的最重要成果之一。2007年我们启动点校本“二十四史”修订，《明史》修订由南炳文先生主持，再一次因为“二十四史”与南开历史学院合作，目前已经完成初稿，进入编辑加工阶段。

“文革”前后这个阶段，中华书局还出版了郑先生与翦伯赞先生一起担任主编的《中国通史参考资料》，古代部分八册，近代部分二册，其中第一册于1962年出版。在我们的档案里，还保留着1980年3月23日，郑先生写给中华的字条：“龚书铎教授主编的《中国通史参考资料》第九册、第十册近代部分，已经增订完成，我建议出版。”

同时，郑先生主编的《中国史学名著选》一套六种，第一种《三国志选》于1962年出版。其他如《汉书选》、《后汉书选》、《左传选》、《资治通鉴选》四本，后来也陆续出版，但是《史记选》却一直未能完成。由于原承担者山大卢振华先生于1979年春间病故，中华希望山大继续安排完成，但是王仲荦先生表示山大承担“有些困难”，“结果只能作罢”。9月19日，中华给郑先生去信，“希望得到支持，协助推荐”。10

月30日，郑先生给中华回信说：

中华书局编辑部同志：

你处（79）古编发138号来信收到。

卢振华先生编注未完的《史记选注》，山东大学既然目前不能列入计划完成，只好设法另行商洽。但各校情况大抵与山大相同，规划早定。如你处尚未约好，我想可以托南开大学中国古代史教研室同人选注。不知你处以为如何？盼复。

敬礼！

郑天挺　1979.10.30

《史记选》后来由来新夏先生主编完成。

上个世纪六十年代，中华书局有一个庞大的学者论集出版规划，几乎将当时的一流学者都包括在内，但由于形势的变化，真正落实出版的微乎其微。但当“文革”一结束，中华就准备出版郑先生的《清史简述》与《探微集》两本著作。《探微集》在1979年12月26日发稿，三审赵守俨先生在发稿单上专门批示一句：“急件：要求在80年8月份先装出100册，学术讨论会要用。”最后，《清史简述》1980年5月出版，《探微集》6月出版。

这里赵先生所说的学术讨论会，就是1980年8月5日至8日由郑先生发起并主持在南开召开的“首届明清史国际学术讨论会”。从8月30日郑克晟先生给赵守俨先生的信，说到“这次会议太乱了，无人负责。今天下午我才知道，六个皮包还是未送……下次托人带去”，推测中华参会的有六位，包括李侃、赵守俨先生等。

档案里还有郑先生要我们代为寄送《探微集》的学者名单，有一百好几十人。当然，这些书都是郑先生用稿费买的，邮资费也是从稿费中扣除的。郑先生一直关心支持中华书局的古籍整理出版事业，档案中还保存有他应邀撰写的《关于影印〈明文海〉的意见》、《对〈明史纪事本末〉前言之意见》等。

郑先生逝世后，几次纪念文集，也都是由中华出版的。1984 年组织约稿，1990 年编辑出版《郑天挺纪念论文集》（吴廷璆、陈生玺、冯尔康等编）；2000 年，出版《郑天挺先生百年诞辰纪念文集》；2009 年，出版《郑天挺先生学行录》（封越建、孙卫国编）；2011 年，出版《中国古代社会高层论坛文集：纪念郑天挺先生诞辰一百一十周年》。

近代以来的著名学者，大都有数百万甚至上千万字的著作传世。而郑先生个人的学术论著，却仅有《清史探微》、《清史简述》、《探微集》、《及时学人谈丛》等数种，去其重复，仅七八十万字。这与郑先生的学术成就、学术经历，是极不对等的。郑先生毕业于北大国文系，后转入史学研究，学殖深厚，文史兼擅，正如其好友傅斯年所说："郑副所长不为文则已，为文则为他人所不能及。"郑先生为文惜墨如金，点到为止，不作长篇大论。他在 1944 年 5 月 5 日的日记中记述了自己论文被评三等奖的事：

> 得孟邻师三日书，谓学术审议会定余论文为三等奖，并云"大著之价值，佥认为应得二等，因份量太少，故与他相较只能给三等"云。余能得三等已觉过分，绝无所怨。但学术论文而以份量衡量，斯所未喻，决意辞不接受。

只因篇幅小，而未能列为二等，郑先生表示"斯所未喻，决意辞不接受"。今天我们读《清史探微》、《探微集》里的文章，都是极为精炼的，绝不拖泥带水，故作高深。另外，郑先生长期担任行政事务，以致没有足够的时间来从事学术研究，包括《西南联大日记》里记录的拟撰写的文章，大都没有完成。

西南联大时期，郑先生担任联大总务长，总理北大、清华、南开三校工作。我们知道，总务工作，杂且乱，繁且难；同时兼任北京大学秘书长、北大文科研究所副主任、历史系教授。身处枢机，诸务纷杂，且事必躬亲。在工作、研究、教学之余，郑先生每天坚持写日记，实属难能可贵。郑先生将这一时期的时务、校务、教务、人物交游、民生景况，逐一写入日记之中，为我们留下了一笔堪称“半部联大校史，一时社会全景”的珍贵记录，是研究西南联大校史、近代学术史、教育史、文化史、社会史、经济史不可或缺的重要史料。

郑先生坚持承担教学任务，从上个世纪二十年代开始，一直到八十岁时还登堂授课；而郑先生无论研究、授课，均重视资料卡片，几十年教学生涯，留下多达数百万字的积累。这些卡片，搜罗材料之宏富，抄录规矩之严谨，令人叹为观止！郑先生学问的博大与深湛，从中不难想见。郑先生是明清史泰斗，更是教育专家，备课授课，一丝不苟，所撰各类讲义，条理明晰，备注详密，真知灼见，在在皆是，它们既是郑先生史学思考的结晶，又为后世树立了传道授业的典范。

近十年以来，我们得到郑先生家属以及南开大学历史学院的大力支持，将郑先生的讲义卡片交付我们出版，2009 年出版《元史讲义》，2011 年出版《隋唐五代史讲义》，2017 年年底出版《明史讲义》，共 140 万字，洋洋大观。我们期待尽快完成出版《清史讲义》，以形成郑先生完整的《讲义》系列。《讲义》系列作为郑先生史学的重要组成部分，必将成为学界学习、研究郑先生学术的重要路径。我们愿意在大家的支持下，高质量完成郑先生未刊遗著的出版工作，续写中华与南开长期友好合作的新篇章。

可以说，郑先生在学术传承中，向上继承、发扬了清末民初学者根基深厚、由博返约的学术传统，向下为学术界培养了众多的优秀学者，门生弟子，遍及天下。毫无疑问，郑先生是中国近现代学术史上的一位巨人，郑先生的著述则是中国现代史学著作中的一颗明星。

最后，作为主办方代表，向各位学者出席今天“郑天挺先生新刊遗著发布会”表示由衷的感谢，向南开大学历史学院、史学理论及史学史中心、韩国研究中心悉心筹办会议，再次表示衷心的感谢！

（2018 年 3 月 17 日在郑天挺先生新刊遗著发布会上的发言）

送赵昌平先生最后一程

赵昌平先生离世的消息是黄晓峰兄一早微信告知的，不敢相信是真的。耐不得打字，晓峰改用语音留言，我则立即打电话确认。周一事多，无暇细想，但与赵先生二十多年的交往，大事小事，还是挤进脑际，一一重现。

上个月11日，我为别的事翻检旧照，找到1995年10月与赵先生夫妇、陈尚君兄夫妇在扬州的合影，随手拍了一张发给尚君，半夜尚君回复：已发昌平。正如尚君兄所说，赵先生看似严厉，实则内心柔软，去年夏天以来，他深陷丧妻之痛，想那天他看到这张照片，一定伤心难过，就跟我们现在面对这张照片一样。

赵先生是我的前辈，无论为学为人，还是作为同业同行，都令我钦敬。各种场合相聚，与我同辈的友人，都亲昵地以“昌平”、“昌平兄”相称，在我则无论当面还是书面，只称“赵先生”。在上世纪八十年代的中华书局，某人被称为“先生”或“老师”，有一种约定俗成的区分，赵先生在我心目中当得起这个称呼。

赵先生上世纪八九十年代就以唐诗研究蜚声学林。认识赵先生

与赵昌平夫妇、陈尚君夫妇在扬州（1995 年 10 月）

是因为我较早参加唐代文学学会年会，赵先生与傅璇琮先生交往多，在南北两大古籍出版社工作，自然多了一些认同感。1995 年 10 月底，王小盾兄在扬州组织了一场小型学术会议，主题是“世纪之交的中国古代文学研究”，赵先生夫妇、尚君兄夫妇、张伯伟曹虹两学长，还有吴小平、蒋寅兄，几位一同参加，赵先生作了“唐代文学研究综述”的学术报告。就是在那次会上，我第一次向大家汇报了敦煌诗歌整理的情况和对唐写本诗集的认识，得到了赵先生的鼓励。除了开会，还同游了扬州名胜，盘桓数日。二十多年过去，回头看，尽管当时与各位早已熟识，但扬州之行加深了我们的友谊，成为最好的一批朋友。

1997 年之后，书局经营发展遇到了一些波折。其中在外界影响较大的，是 1998 年中华与上海古籍出版社两家因为“中华活页文选”

而起的争执。身在两家的熟人都难免有些尴尬和生分。2000 年末，我离开中华，到社科院文学所工作，专心于敦煌文献的整理研究。这年夏秋，我随荣新江兄出差到上海，首要工作就是去上古查阅俄藏敦煌文献的未刊部分，以写定我们合撰的《唐蔡省风〈瑶池新咏〉重研》。记得到上古后去拜访赵先生，见面落座，赵先生先开口说，“不能因为我们两家闹矛盾，你就不来看我了”。一席话打破了我的不安，很多年一直萦绕在心。

赵先生是第十、十一两届全国政协委员，每年都要来京参加两会。2004 年到 2011 年，赵先生每来开会，必与中华的朋友一聚，成为惯例。会议驻地恰巧也都在中华附近的建银饭店。因为赵先生在内蒙古工作过多年，聚会地点每次都在中华附近的西贝莜面村。莜面村充满北方乡村味道的环境，是我现在想到赵先生畅谈言笑的背景。赵先生给我们的印象是很讲究生活品质的，与这样的背景反差很大。其中的深层原因，是他对内蒙古数年的一点寄托吧。这几天看了他的旧作《我的中学情结》，更能体会到这一点。

赵先生担任上海古籍出版社总编辑十数年，对古籍整理出版事业的贡献毋庸赘言。因为工作分工的缘故，我们俩参加“古联体”的活动较少，但每次见面所谈还是以工作交流为多。2004 年春，赵先生来京开会，特地到了书局，这一次交流给我留下印象最深的是，赵先生说古籍出版这么小的行业，中华上古要加强合作，只有两家形成合力，在出版市场化的时代，才有古籍出版的声音。后来，在赵先生的亲自策划推动下，我们两家联合出版了“文化中国”丛书，包括“辉煌时代”、“世界的中国”、“文化简史”、“中华意象”四个系列，是一套以世界文化视域来透析中国文化的、为青少年量身定制的原创传统文化读物。题材是传统的，眼界是当代的，体现了赵先生对传统文化大众化的长期思考。

我从与赵先生的交谈中获益最大的是他关于“基本书”的理念。赵先生对编辑工作的思考，与他的学术研究一样，具有非常强的学理性。给我最深的印象是，既不从声流俗，又不固步自封，在今天的出版界是非常难得的品格。我们后来在书局的工作大力推广“基本书”理念，并把“基本书”理念用到传统文化大众出版上来，取得了很好的效果。

赵先生对中华书局一直关注、支持，尤其是在2003年李岩兄为首的年轻班子组成以后，赵先生更是对我们有求必应、有请必到，从百年局庆活动、中华上海公司成立，到近年的宋云彬古籍整理出版基金理事会、《中国出版史研究》编委会成立，都发表热情洋溢的讲话，鼓励有加。

2011年12月28日，中华书局百年历程暨珍贵图书文献展在上海图书馆举办，当天召开了中华书局成立一百周年座谈会，上海学术文化界、出版界代表到会，裘锡圭、邹逸麟、陈昕、赵昌平先生等发言，赵先生以上海出版协会理事长的身份，把中华的过去和当下归结为四个字——“固本出新”。他说，“新”由“本”出，所有的“新”都是有其“本”才能出的。

2013年夏上海书展，适逢《史记》修订本出版，8月17日《史记》修订本在上海书展首发。当天晚上，由赵先生亲自主持，在上海图书馆报告厅，我作了题为“《史记》点校往事”的报告。我的报告主要是以档案图片展示1958年之后“二十四史”点校的工作历程，以及顾颉刚、宋云彬等先生在《史记》点校工作中的卓越贡献，看到那个特殊年代古籍整理出版工作中的曲折艰难。报告结束后，赵先生作了长篇评点，对老一代学者的贡献、古籍整理工作的复杂性和整理传承价值的阐发，令我感动。

关于古籍整理的质量问题，是赵先生每见必谈的话题。近几年古籍办加强了古籍补贴项目的质检工作，中华承担了大量任务，中华的书则交由上海方面检查。赵先生多次与我交换对某些书的意见想法，有些属于质检范围的具体问题，有些涉及如何更恰当地提升当下的古籍整理水平，每每让我汗颜，令我警醒。有些话是只有我们同行才能说、才能理解的。良师益友，不可多得，思之怅然。

几年前赵先生就答应把他的论文集交给中华出版。每次见面，我都重申此约。2017 年 2 月 16 日，赵先生收到拙著《鸣沙习学集》，给我短信："俊兄，惠赐大著《鸣沙集》奉到，谢谢！……我一年来忙于'开天辟地'学术文本，写了近四十万字，估计旬内可成，再忙文集事，兄著正可为弟编次样版。……"斯人已逝，感念长存！希望能够为实现赵先生的遗愿，尽一份心力！

2018 年 5 月 26 日，京沪线上草成

（原载《澎湃新闻 / 上海书评》2018 年 5 月 26 日）

平实而通达的引路人

——追怀蔡美彪先生与中华书局的情谊

十几年来，每年我都会找时间去蔡美彪先生东厂胡同办公室或者东总布胡同家里坐会儿，时间有长有短，有时是有事请教，更多的就只是聊聊天。查看近年的微信记录，2018 年初看望蔡先生，91 岁的蔡先生思维敏捷，谈笑风生，我跟他说起今年是古籍整理出版规划小组成立 60 周年，也是中华书局开始专业出版之路 60 年，蔡先生说新中国学术成绩最突出的三个方面：考古发掘，古籍整理，民族调查，古籍整理就在其中。2019 年初看望蔡先生，蔡先生将他的藏书《元典章》法律馆本送给中华书局图书馆，并亲手将这套书从书架上取下交到我的手上，说这套书是他 1950 年在北大文科研究所读研的时候买的，跟随他近 70 年。2020 年 1 月 21 日，我最后一次去看蔡先生，从早上聊到中午，蔡先生讲了他一贯重视的古籍整理、考古、民族研究，有感于现在的情况，他特别说道：学术研究不同于宣传，学术研究旨在"破解难题，探索未知"！

这一年受疫情影响，我没敢去造访。今年新年后，北京经历了几天极寒天气，走在路上，我突然就想到了蔡先生，一阵揪心。没想到，

蔡美彪先生将《元典章》法律馆本赠给中华书局图书馆（2019 年 2 月 2 日）

寒潮过后的 1 月 14 日，蔡先生却永远地走了。我又痛失一位引路人。

缘起“二十四史”修订

第一次见到蔡先生的情况，已经无从追忆。2006 年 4 月 5 日，蔡先生参加了我们在香山饭店召开的点校本“二十四史”修订工程专家论证会，这是“二十四史”修订工程第一次对外征求意见，北京地区的著名文史学者任继愈、何兹全、冯其庸、田余庆、蔡美彪、徐苹芳、白化文、楼宇烈、陈高华、陈祖武、安平秋等先生全都到会，就“二十四史”修订的必要性和需要注意的问题进行了研究论证。未能到会的季羡林先生写来了书面发言《我的建议》。季先生当时已经住院一千多天，他说天天盼着多听些好消息，而上苍也总能满足他这个耄耋之人的愿望，很是高兴。季先生文末的一段话，在过去十几年工作中，不时会在我耳边响起，他说：学术界、出版界也是有黄钟和瓦釜的，我们的责任是，拿出良心，尽上力量，让瓦釜少鸣，或者不鸣，让黄钟尽量地多鸣，大鸣而特鸣。“修订版‘二十四史’出版之日，就是古籍整理与出版的黄钟大鸣而特鸣之时。”

蔡先生在会上发言，详谈了他所知的“二十四史”点校情况，最后他说：“学者写史学文章都用点校本‘二十四史’，说明点校本是公认的权威。威望很高，责任也很重。错的地方就应该改正，否则对读者有不好的影响，进行修订很有必要。”又说：“有两点建议：第一，广泛征集资料，为修订工作服务。第二，要通过修订工作培养一批人才。”作为前面一段话的补充，蔡先生后来还跟我说，过去三十年不管论文还是专著，都或多或少地包含着点校本“二十四史”的成果，包含着众多点校者的贡献。从这个意义上讲，“二十四史”点校的成绩和贡献，并不限于古籍整理，而是对于这一时期整个中国历史学的发展起到的推动作用。“二十四史”点校本惠及每一位历史学家，意义重大。蔡先生的这些话，给当时我们推动修订工作以强烈的信心和信念。

香山会议之后，“二十四史”修订工作全面展开，而各史当年的点校情况、现在的队伍情况，以及修订工程如何开展等很多问题仍然困扰着我，我亟需听到蔡先生的意见。我电脑里保存了一份与蔡先生谈话的录音，是在香山会议后的5月23日，地点是东厂胡同蔡先生办公室。蔡先生对我提出的各种问题从不敷衍，即使是涉及对人的评价，也从不模棱两可。蔡先生的看法总是平实公允，即使是否定性的意见，你也不觉得他在随口臧否人物。蔡先生看问题非常有思想高度，但又紧贴现实。在谈到修订目标和工作实际的时候，蔡先生说：

> 过去我们常引马克思的话，说在科学道路上没有平坦的道路可走，要不畏艰难险阻，在崎岖小路上前进。艰苦大概是难免的。但是也要考虑到从实际出发，我们实际能力能做到的。前几天有记者访问我，问我一个很大的题目，说以你的经验，怎么运用马克思主义研究历史？这个题目太大。我说马克思主义是很大的思想体系，有很多内容，我理解具体运用就两条：一条是从实际出发，一条是具体问题具体分析。从实际出发就是唯物主义，具体问题具体分析就是辩证法。从实际出发，老老实实具体问题具体分析，就能达到马克思主义的要求。我们这个工作，有很多事想得都很好，但具体落实的时候还是从实际出发，达到我们实际能够达到的要求。

就是在这一次请教之后，我们逐渐明确了修订工作的一些总原则，包括最大限度继承点校本成绩，弥补完善点校本缺憾，形成一个新的升级版本。特别是复校底本的工作，因为大多数点校本的工作底本未能保留下来，加之“不主一本，择善而从”的校勘体例，使得点校本与底本之间的文字差异我们并不清楚。因此蔡先生说，底本复校工作，哪怕校出来没有差异，也是成绩，我们知道了点校本与底本完全一致，这就是成绩。蔡先生非常形象地说：0是重要的数字，0也是成绩。由此蔡先生还说，修订不能求多，对点校本的修订不能以校改多少论成绩。受蔡先生的启发，我归纳出了“程序保证质量，一切可回溯”的工作要求，推行至今。在与蔡先生的交往中，我每每感受到蔡先生看问题的通达，常人所不及。这次谈话，蔡先生还就辽、金、元三史的修订，谈了具体意见，在陈高华先生之外，还推荐了张帆、刘浦江、刘晓等一批年轻学者，并帮我联系上了当时远在美国的周清澍先生。后来周清澍先生回国或从呼市来京，我们多次陪同几位元史界老先生一起见面聚叙，获益良多。

2007年5月，点校本“二十四史”修订工程第一次修纂工作会议召开，领导讲话之后，蔡先生做了大会发言，他风趣地说：“刚才发言的都是各级领导，我是布衣之士，只能讲两点杂感。一点是缅怀旧往，再一点是展望未来。”蔡先生再一次强调点校工作的学术价值：

过去唐长孺先生说过，一条校勘记就像一篇硕士论文。这话讲得很深刻。校勘就考验你对底本的比较判断，标点就标志着你对史料的理解。判断和理解写成文章就是论文。校勘一个字也可以写一篇考据文章。但我想其价值恐怕不仅仅相当于一篇论文，而是从作用上甚至可以说超过一篇论文。因为你写一篇论文，一篇考据文章，可能没几个人看，越专门越窄，不见得能发挥多大作用。但是如果你把考据校勘的结果表现在“二十四史”点校本上，通过校点展示出来，读者用的可就多了，作用就更加广泛。过去胡适说，发现一个字相当于发现一颗恒星，这当然有所夸大，但是说写一条好的校勘记，相当于或者大于一篇考据文章的作用，我认为并不为过。

最后蔡先生说到了“二十四史”修订工作的难与易：

这个工作真正做起来难度不小，因为前人已经做了，而且很有成效，已经通行三十年，被学术界认可。在这种情况下我们来做，有容易的方面，有难的方面。从难的方面讲，在这个基础上再提高一步，虽然是一步，不见得比原来的容易。我想到刘翔百米赛跑，得了冠军，每次记录之间差距还不到一秒，零点零几秒，这零点零几秒的难度比起跑时候零点零几秒的难度要大得多。水平就表现在这儿，能否得金牌就看这儿。

后来蔡先生应我们的请求，担任“二十四史”修订工程审定委员，并先后亲自主持了辽、金、元三史的修订方案审定，还陆续参与审读了辽、金、元三史的样稿。特别是《辽史》定稿前，主持人刘浦江教授已经病重，特别期待能看到老先生的外审意见。蔡先生没有丝毫耽搁，让刘浦江生前看到了他的审稿意见。档案还保存了蔡先生提交的《辽史点校样稿读后随记》，一篇两千字短文，能够看到蔡先生的高度评价和认真严格的审查。蔡先生说：

> 《辽史》修订点校样稿五卷收阅，此项工作启动未久就有这样的成果，令人敬佩。粗读一过，深感点校组工作仔细认真，思考周密。点校者对有关史料研究有素，博引旁征，得心应手。照这样下去，定能达到预期的目标，企予望之。

接着他条列了标点和校勘存在问题十例，并再三叮嘱：

> 点校工作是一项繁重的工作，用力多而见效少。《辽史》材料少而错误多，难度更大。因而需要反复推敲。……校书如秋风落叶，难得尽扫，但改动原书，务须谨慎，请多留意。

蔡先生对修订工作的关心可谓无微不至，在收到新的修订本之后，他都会给我提出具体意见或者需留意的倾向。《史记》修订本印出征求意见本，蔡先生给我打电话，指出修订缘起中的一个用词，原文是“……进行调研，确定了承担单位和主持人”，蔡先生说：我改了一下，“确定”不好，改用“选聘”。不能把主持人当作你的下级，你去选定了谁就是谁，这不行，人家是来支持咱们工作的，是聘请人家来。这件小事给了我长久的教益，也可见蔡先生的为人风范。

情系古籍整理事业

蔡先生对中华书局有特别的感情，首先是基于二十世纪五六十年代他所参与的古籍整理与出版工作的缘故，再就是与中华书局老一代领导人金灿然先生的深厚情谊。

1997 年底，蔡先生在《书品》上发表了一篇短文，题为《“二十四史”校点缘起存件》，文章回顾了他亲历的 1958 年 9 月 13 日“标点前四史及重绘杨守敬地图工作会议”，并首次公布了由他起草的会议纪要，以及其后报送毛主席批示的全过程。历时二十年的“二十四史”点校工作序幕如何拉开的，终于不再是一个谜。

2008 年前后，我看到联经版《顾颉刚日记》中关于《资治通鉴》和“二十四史”点校的记录有多处提到蔡先生，于是我把日记做了摘编，送去给蔡先生供他回忆参考，请他写一篇《资治通鉴》标点情况，这就是发表在《书品》2008 年第 3 期上的《资治通鉴标点工作回顾》。

《资治通鉴》和“二十四史”的点校出版，是新中国古籍整理出版的标志性成果，是用新的方式方法整理出版古代典籍的最早尝试，不但奠定了现代学科意义的古籍整理学，也引领了中国古籍整理出版事业的方向，是里程碑式的事件。但是世易时移，在当时来说，亲历其事者只有蔡先生硕果仅存了。蔡先生从 1950 年代起就在范文澜先生身边工作，亲历了新的中国史学会的成立、古籍小组的创建，亲历了科学院史学三所的分设和《历史研究》的创刊，亲历了《资治通鉴》和“二十四史”点校工作的组织实施，在我看来，蔡先生就是新中国文史学术和古籍整理历程的一个宝藏。

在“二十四史”修订工程第一次修纂工作会议开幕前，蔡先生看了会场外陈列的“二十四史”点校档案展，非常激动。他说：

看到过去的档案和照片，我感慨特别深。外边档案展览的第一件就是我提供的——吴晗起草的、以范老和吴晗名义写给毛主席的关于标点“二十四史”的报告。当时开这个会，传达主席指示之后，范老召集几个历史所的同志研究，要我作纪录。我把记录整理之后，送给吴晗，他修改了两句，然后送给主席，还附了一封信。后来接到主席回信，明确了任务。会上的情况，我现在还记得一些，范老怎么发言，吴晗怎么发言，我都还记得。但是现在参加这个会的，只剩下我这个作记录的人了，都不在了。

我曾经根据档案写过一篇汪篯先生与中华版《唐六典》的小文，里面引到汪篯到公安医院看望金灿然，给金灿然的留言纸条。蔡先生看到小文后特地给我打电话，补充他所知道的情况，金灿然在公安医院去世的时候，就是蔡先生第一时间赶到医院参与治丧的。蔡先生后来不止一次地跟我说，他每天上下班往返于总布胡同、东厂胡同，都要经过王府井大街 36 号，他说：“中华书局现在在王府井的读者服务部，起的名字叫灿然书屋，我几乎每天上班都看到这四个大字，深感慰藉。灿然书屋四个字，就说明他的贡献并没有被后人忘记，大家还在怀念他。”

天假余年　鞠躬尽瘁

在我与蔡先生交往的前半段时间，他一直每天到所上班，主要工作是完成范文澜先生主编的《中国通史》，他自己的著作再版一直都没有提到日程。我曾经一再提出为蔡先生出文集，蔡先生总是回答我说“只要还能写，就不去编”，一个八十岁的老人依然保持着这样的信念，让我一直心存敬意。2012 年前后，蔡先生终于先后交给我们三部书稿:《辽金元史考索》、《学林旧事》和《成吉思汗小传》,后来又将《史林札记》编好交付我们。

《辽金元史考索》出版后,2012 年 7 月 6 日,我们邀请京津地区的辽金元史学者齐聚中华书局,召开了“蔡美彪先生著作出版座谈会”,老中青三代学者高度评价了蔡先生的为学为人,砥砺学术,畅叙友情。蔡先生最后发言,说得特别风趣:

> 中华通知我开这次会,是对我的书作评论,我说我就不出席了,因为我一出席,大家就照顾面子,不好批评了。我不出席呢,大家可以畅所欲言。后来推辞不了,还是出席一下,可以接受大家的当面批评。不过我刚才听了大家的发言呢,好像批评很少,鼓励过多,我有点不安了。因为有些可以说是过奖了,奖誉过甚。我也不说我的工作都没有什么成绩,都没有成绩就不该出版了。但大家把优点讲的过多了,超过我的实际。

他开玩笑说:现在街上有好多老店要歇业,要做清仓甩卖,两块钱一件儿随便挑。我出这两本书,都是几十年前写的,对我来说是“清仓甩卖”,对中华书局来说是“废品回收”。蔡先生最后的一段话最让我感动,他说:

> 为了答谢大家的鼓励,我也汇报一下自己的情况,现在我还可以勉强做点工作。司马光《通鉴》写完给神宗上表汇报:“目视昏近,齿牙无几,臣之精力,尽于此书。”其实他当时才六十几岁。马克思活了 65,范文澜活了 75,我现在能活 85,应该是天假余年,希望继续在大家的支持、帮助下,我一定好好做点事,鞠躬尽瘁,死而后已。

这个时候蔡先生已经 85 岁高龄。

《成吉思汗小传》是1962年蔡先生与金灿然一起去内蒙古参加纪念成吉思汗诞辰八百年学术讨论会时，金灿然跟蔡先生的约稿。蔡先生在简短的《前言》里交代了缘由，接着说：

> 我接受了他的邀约，即着手写作。不幸的是，两年后初稿写成，他已患严重的脑病，不能看稿。史无前例的浩劫到来，他便在动乱年代凄凉逝去。我把书稿放在柜子里，也不再去理它，不觉已过了五十年。……现在拿来出版，奉献给读者，也算向灿然同志交了卷。可惜已不能再送他看看，不知是否合他的意。

纸短情长，寄托了蔡先生深深的怀念。

借蔡先生《成吉思汗小传》和此前乌兰老师《元朝秘史（校勘本）》出版的机会，我们与南开大学历史学院联合举办了一场"元代历史文献整理与出版座谈会"，并庆贺蔡先生米寿。蔡先生在会上谈元史典籍整理时说：

> 《史集》、《世界征服史》，从洪钧、屠寄到翁独健、何高济，经历了80年；《元典章》，从沈家本到陈垣、陈高华，经历了100年；《元朝秘史》，从叶德辉到乌兰，经历了100年。可见古籍整理不是一时之事，后来的成果都包含了前人的贡献，但关键要看你比前人有多少进步。

蔡先生这一席话，切中古籍整理工作长期性特点，也饱含着期待。

近几年去家里看望蔡先生，总能了解他近期的工作动态，接受他陆续出版的新书。2017年，蔡先生已经90高龄，还完成了旧著《元代白话碑集录》的增订和重排的读校，我有一次去看他时，书桌上还放着正在校订的未收碑文。

每次聊天，从社会新闻、学术动态、掌故逸闻，一直谈到中华书局的出版和经营，满满的都是循循善诱和温暖的鼓励。而今，先生远行，再也听不到他的教诲了。

2021 年 1 月 23 日夜

（原载《光明日报》2021 年 1 月 30 日，此据原稿）

书札中的雪泥鸿迹

——中华书局所藏向达致舒新城书札释读

中华书局档案所存1949年前名家书札，在书局成立80周年之际，曾由笔者承担编选，收入《中华书局收藏现代名人书信手迹》，于1992年1月影印出版。当时选择的标准，除了书札的艺术观赏性外，也兼顾所涉内容的史料价值。向达致舒新城书札9件，二者兼得，所以悉数收入。2000年敦煌藏经洞发现百年前后，向达1936年2月致舒新城、武佛航书札，因为内容涉及欧洲访书计划，以及在大英博物馆查阅敦煌文书的遭遇，受到学术界关注，有关学术论著[1]、文化随笔等[2]，屡有征引。与向达晚年交往最多的书局前辈谢方先生，后来曾撰写《记1935年向达在伦敦给舒新城的一封信》[3]，予以介绍。

本文对向达书札中涉及的主要事件，尤其是与向达学术撰著相关的内容，进行简要勾勒，还原向达早期学术活动和生活状况的一个侧

---

〔1〕荣新江《中国敦煌学研究与国际视野》，《历史研究》2005年第4期。

〔2〕董桥《向达在伦敦受的气》，《甲申年纪事》，香港牛津大学出版社，2004年12月。

〔3〕《书品》2004年第5辑，中华书局，2004年10月。按此信写作时间应为1936年。

面，以纪念向达先生诞辰110周年。

向达与舒新城、武佛航的乡谊之情

被今人赞为“溆浦三贤”的向达、舒新城和武佛航，1920年代后期，同时任职于上海出版界，因此而过从甚密。尤其是向达与舒新城，因乡谊而增进工作交往，是向达与中华书局毕生密切合作的最早因缘。

舒新城（1893—1960），1917年毕业于湖南高等师范本科英语部，进入教育界，先后在长沙、南京、成都等地任教。1925年返南京，专心于近代教育史方面的研究。当时中华书局正组织编纂《辞海》，以与商务印书馆的《辞源》相抗衡。不久《辞海》遇到人事变动，编辑所所长范源濂出任北洋政府教育总长，主编徐元诰出任上海道尹（后任国民政府最高法院院长），编纂工作濒于停顿。1928年春，舒新城接受陆费逵的延请，接任《辞海》主编。1930年1月，舒新城出任中华书局编辑所所长，此后二十余年，一直是中华书局编辑业务的灵魂人物。1954年中华书局迁京后，留任中华书局《辞海》编辑所所长。主要著作有《现代教育方法》、《近代中国教育史料》、《近代中国留学史》、《近代中国教育思想史》等。

武佛航，即武堉幹（1898—1990），1921年毕业于武昌商业学校，任上海商务印书馆会计员。1924年改任《东方杂志》编辑，与同年进入商务编译所的向达为同事。武佛航在编刊之余，埋头著述，发表了大量有关国际贸易和国际问题的文章，出版《中国国际贸易史》等专著。武佛航后转任中华书局，任总公司理事兼账务部主任、中华书局上海总公司经理。1949年后，历任复旦大学教授、国际贸易系主任，上海财经学院教授、贸易系主任，北京对外贸易学院（今对外经济贸易大

向达先生在上海赫德路舒新城寓所（1924 年 10 月 24 日），舒新城摄（感谢陈智超先生提供）

学）教授。著有《鸦片战争史》、《中国国际贸易史》、《中国国际贸易概论》等。

向达（1900—1966）较舒、武二位年轻几岁，1924 年东南大学毕业后考入上海商务印书馆编译所，一直到 1930 年秋离沪北上。在商务印书馆编译所，向达的主要工作是翻译。但除了完成繁重的本职工作外，“还和梁思成先生一起翻译了韦尔斯《世界史纲》，自己单独翻译勒柯克的《高昌考古记》”，“又翻译了《印度现代史》”。从 1926 年到 1929 年进北图前，共发表论文及翻译文章多达十五篇[1]，涉及古代印刷史、西域南海史地、佛教文学等多方面。向达一生所涉及的主要学

〔1〕阎文儒、阎万钧《向达先生小传》，《向达先生纪念论文集》，新疆人民出版社，1986 年 1 月。

术领域，均由此发端。

向达与舒新城、武佛航除了是同乡、同行外，最大的共同点就是对学术的追求，不满足于做一个单纯的编辑家。从 1924 年夏到 1930 年秋，是向达与舒新城、武佛航三位同乡同行交往最多的时段。向达致舒新城信两次附笔问候舒家小朋友，可见一斑：

> 特别问候你们那些小朋友，他们把我都全忘了！（1931 年 2 月 10 日）
>
> 君家诸小朋友始终惜墨如金，有往无来，我以后不再过问矣！（1931 年 5 月 6 日）

书信中有关舒新城资助向达胞妹的内容，更可以说明这一点。阎文儒等《向达先生小传》说："在商务印书馆任一名普通编辑，工资极为微薄。但先生还是十分关心自己妹妹的学习和生活，把她接到上海来读书。在他的帮助下首先进立达学园补习功课，然后考取了清华大学历史系。"[1]从向达书信可知，向达妹妹向仲在清华的学业一直得到舒新城的资助，向达致舒新城札：

> 扶君、字铼助学金，去岁承兄慨然帮忙，今年仍望继续。如汇款可直寄"北平二龙坑小口袋胡同十号陈云皋先生收"，为盼为感。清华开学即在本月十号前后也。（1934 年 9 月 4 日）

第二年仍有资助，向达致舒新城札：

> 前承赐书及由平局送来转舍妹款，一一拜悉，感谢之至。（1935 年 3 月 30 日）

---

〔1〕同上页注〔1〕。

1935年冬，向达从上海远赴英伦，舒新城、武佛航一起前往送行。向达致二位的信，除了由衷的眷念之情，也可以看到他们家人间的密切关系：

> 黄浦滩头一别，倏将四月，日昨获佛航赐书，敬审近况佳胜，为欣为慰。唯故国山河日益残缺，舐糠及米，宁有已时。他日归来，欲求如别时再叨扰新城兄珍珠丸（？）一次、谋片刻之欢笑，恐亦不易矣。言念及此，曷胜於邑。此次溆邑事变，佛航兄府上亦少受损失，可为扼腕，遥想伯母大人当获平安。佛航兄寄竹报，幸为转致拳拳之意。华北不静，致舍妹等以破书烦新城兄照料，尤为不安。叨在相知，不敢言谢，五内铭感而已。（1936年2月16日）

向达北上后，在给舒新城信中，谈到离开商务的心情及北上后的打算：

> 南边暂时是不会回来的了。商务方面大约已蒙撤职，六年的主客，一旦告别，不无恝然之感。但是在我也没有办法。听说佛航也辞职了，真可当得风流云散四个字！这浮萍样的人生啊！
>
> 在北方能住多少时候，此时很难说。我想尽这可能的时间，稍稍收敛自己的放心，作一点寻章摘句的工夫。这固然是渺小的工作，但是在我这渺小的人生过程里，已竟是一桩伟业了！
>
> （1931年2月10日）

1930年秋，向达离开上海商务印书馆编译所，转任北平图书馆编辑之职，仍然与舒新城保持着密切的联系，中华书局所藏向达书札9件，其中前6件均写于1931—1935年任职北平图书馆期间。

《中西交通史》与《斯坦因考古记》出版前后

谢方先生1958年秋第一次去北大燕南园拜访向达先生，向先生很感慨地跟他谈起与中华书局的交往，对同乡老友舒新城深为感念：

向先生又和我谈起了一段他和中华书局的往事。他说，解放前中华书局的老板金兆梓和舒新城都和他相识，舒还是他的同乡，也是湖南溆浦人。1932年他应舒先生之约翻译《甘地自传》，次年即由中华书局出版；接着舒先生又把他写的《中西交通史》一书列入《中华百科丛书》，在1934年出版；不久舒先生又请他翻译斯坦因的名著《西域考古记》。这样，在不到四年间，他在中华就出版了三部书。他深情地说，应该感谢中华书局，使他在这一时期内得到一笔可观的稿酬，才有可能在经济上支持了他在1935—1938年间在欧洲的学术考察活动。现在转眼二十五年后，正在向先生精神上处于困惑时刻，又是中华书局来和他联系出版《中外交通史籍丛刊》。抚今追昔，向先生不禁动了感情。这位表情严肃的学者这时一声感叹，使我多少有点意外。[1]

向达提到的这几部著译，在书札中都有具体涉及。《中西交通史》完稿于1931年2月，2月10日，向达在写完书前《小引》的同一天，给舒新城写信说：

为着《中西交通史纲要》一部书，至再至三的麻烦你，真是十二分的对不住。我也几乎撤了一个小烂污了！现在这本书算是写成了，因为还要覆看一遍，插上几张图，准定明天挂号寄上。

〔1〕谢方《忆我和向达先生的首次见面》，《学林往事》，朝华出版社，2000年3月。

只是写得太坏了，务必请你同金子敦先生不客气的指教，使我少出一点丑，那真感激不尽！

本书作为“中华百科丛书”之一，1934 年出版。“中华百科丛书”是 1930 年 1 月舒新城担任编辑所所长之后，最先提出的选题计划，目的是满足中学生课外阅读或失学青年自修研究之用，但所确立的三项编写要点，即：（一）日常习见现象之学理的说明，（二）取材不与教科书雷同而又能与之相发明，（三）行文生动，易于了解，务期能启发读者自动研究之兴趣[1]，使得丛书大受欢迎。此前，向达先生已于 1930 年 4 月完成了《中外交通小史》的撰写，列入商务印书馆“百科小丛书”于 1933 年 10 月出版。二书均列为百科丛书，读者对象相同，但向先生在写作上却各有侧重，商务本以区域叙述为主，中华本以时代先后为序，是两本内容互补的中外交通史著作。

在北平图书馆任职期间，翻译仍然是向达先生学术活动的重要方面。从翻译的内容看，一类难免是为稻粱谋，另一类则有着明显的学术取向。书札谈及《战后欧美各国小学历史教育概况》、《近代史》译稿时，向先生坦言：

最近译成《战后欧美各国小学历史教育概况》一文，附录二篇，拟以之投诸《教育界》，乞为转介。全文连附录当在三万字左右，如嫌过长，印单行本亦可。弟译此文目的在解决目前穷字，能得一百元左右即可，以何种方式发表，所不论也。……如尊处无办法，愿将附录二篇投登《教育界》，正文拜乞转为介绍至周予同兄处，登《教育杂志》。弟近来颇为拮据，颇欲以此稍救眉急。尊

[1] 舒新城《中华百科丛书总序》，写于 1933 年 3 月。《中西交通史》卷首。

处如以为可用，稿费最盼能在五月内给我也。（1931 年 5 月 6 日）

弟之译《近代史》目的纯在弄钱，译笔方面自知不过尔尔，不见采取，早在意料。（1931 年 6 月 28 日）

经济拮据一直困扰着向达，战乱和迁徙，使之更为加剧。在书稿未完之前，稿酬已经派了用场，在当时的文人学者中间可谓常事。向达译《甘地自传》也是如此：

弟之家小在平，殊觉可虑。万一不幸，难免不成池鱼，颇思将其编遣送回湖南，而盘费大成问题。前译《甘地自传》承允收采，并为支二百五十元，至为感激。现此稿已译完，正在复看，大约本月中旬即可寄奉。唯不知此时贵局是否能支给稿费，又能否稍为破格保拟？恳吾兄便为赐知，以好打算如何编遣。至于个人，不成问题，光杆一条，到处可行。真有万一，便向中原一走亦无不可也。（1932 年 3 月 8 日）

《斯坦因西域考古记》是向先生出于学术的考量选择翻译的书：

今夏无事，着手译英国斯坦因著《中国西北考古记》（M. A.Stein :*On Ancient Central-Asian Tracks*, 1933）一书，因半途中教上了北大两点钟课，至今译成三分之二（原书三四二页，约十五万言）。斯坦因四次探测新疆甘肃，其经过和成绩的大概，都归纳在这一部小书之内。西北研究高唱入云，而真实的作品，不见一部。这一册小书对于西北的地理同历史都有很深刻的叙述和报告。我打算在教课的余暇，仍然译完，并加一些附录，以备研究西北问题的人参考。（1934 年 9 月 4 日）

但《斯坦因西域考古记》的稿酬，在向达赴英考察斯坦因劫经之前，就用它做了安顿家小的计划，不能不算是一种无奈的巧合：

> 弟因馆中决定今秋命去英伦，在牛津 Bodlean Library 帮忙，时间大约由一年至两年。弟在英之生活费由牛津担任，而舍下两年生活，不能不自作打算。故《西域考古记》译稿决意出售版权，全书约十七八万字，希望能卖八百元。此外再筹三四百元，舍下两年生活费大约勉强可以对付矣。（1935 年 3 月 30 日）

在这样的窘况之下，即使是自认为“对于中国边防及古史有大影响”的《西北考古译丛》，也不免自嘲为“一小投机事”了（1931 年 6 月 28 日）。

未能实现的《西北考古译丛》计划

向达先生的《西北考古译丛》计划，在 1931 年 6 月 28 日致舒新城信中首次提出：

> 最近西北考古之风甚盛，弟与一友人颇思作一小投机事，将东西人士考古西北所作纪述考古概况之文汇译成书，题曰《西北考古译丛》。如斯坦因、伯希和、勒柯克、科斯洛夫、斯文赫定、大谷光瑞诸人之作，一一收入，约计有二十篇，字数在十余万至二十万字之间。现已有稿约三四万字，拟于今秋前译毕。

在这封信的结尾，向达先生说：“弟近颇有志出塞，在大漠中过三数年清净生活，尚未得机会也。”可见西北考古之风对他的强烈感召，也成了他十年后两次仆仆西征的伏笔。

以下摘引向达 1931 年 6 月 28 日致舒新城信中关于《西北考古译丛》宗旨、篇目各条，以见计划之概貌：

（一）拟译各篇辑录成书，定名为《西北考古译丛》；

（二）所录各篇用意在使国人明了三十年来英国斯坦因（Sir A.Stein）、法国伯希和（P.Pelliot）、德国勒柯克（von Le Coq）、格伦尉得尔（Grunwedel）、俄国科智洛夫（Kozlov）、日本大谷光瑞、橘瑞超诸人，在新疆蒙古一带历次考古之概况。如斯坦因之四次探险新疆（敦煌取书也在其内），每次报告之概略，勒柯克之探险吐鲁番，伯希和之敦煌取书，科智洛夫之蒙甘青海探险发西夏文书，大谷等之两次考古新疆等纪行之作。所译诸篇皆诸人自述之作，或更亲切有味，吾辈之意不仅投机，并真欲国人知道外国人之考古实是这么一回事，对于中国边防及古史有如此之大影响也。

（三）此书原作至少包含英日法三国文字，故由弟与贺君昌群合作，贺君曾留日，专心于西北考古一类学问，最近之《小说月报》及《中学生》上有其文字，胜任愉快，可无待言。文体大概为文言。

（四）拟译及已有成稿各篇目录大概，另纸附上，阅后仍乞赐还为荷。

《西北考古译丛》目次大略：[1]

（1）译考序言　已有大略，见于最近之《中学生》。

（2）晚近に于ける东洋史学の进步　羽田亨，《史林》三卷一、二号。

（3）A.Stein：*Innermost Asia*, Introduction　已译。

（4）A. Stein：Exploration in Central Asia, 1906—8,*Ge-*

〔1〕篇目录文经荣新江先生校定。

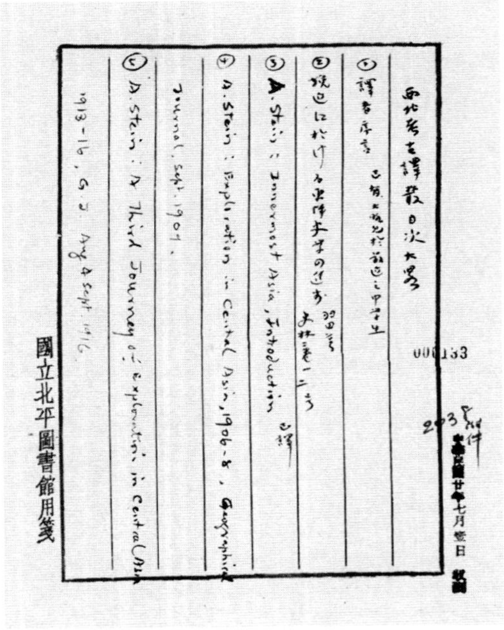
西北考古譯叢目次大略

① 譯者序言

② 燉煌石室訪書記

③ A. Stein: Innermost Asia, Introduction 已譯

④ A. Stein: Exploration in Central Asia, 1906-8, Geographical Journal, Sept. 1909.

⑤ A. Stein: A Third Journey of Exploration in Central Asia 1913-16, G.J. Aug & Sept. 1916.

國立北平圖書館用箋

000133

向达先生所拟《西北考古译丛》目次大略首页

ographical Journal, Sept. 1909.

(5)A. Stein :A Third Journey of Exploration in Central Asia 1913—16,*G.J.* Aug. & Sept. 1916.

(6)斯坦因敦煌访书记(译自 A. Stein :*Serindia*),已有译稿。

(7)斯坦因发见品过眼录 滨田耕作,《东洋学报》及滨田氏《东亚考古学研究》。

(8)Kozlov :Mongolia-Szechuan Exploration,*G.J.* Oct. 1909.

(9)俄国科智洛夫探险队在外蒙古考古发见纪略 W.P.Yetts,已译。

(10)科智洛夫发见物宋板画考　那波利贞,《支那学》,已译。

(11)Trois ans dans la Hante-Asie—Conférence (Bulletion au com'et de l'*Asie Française*. Jan. 1910.

(12)La mission Pelliot en Asie Centrale, *Annales de la Société de Géographical commerciale, Section Indo-Chinoise*, 4, 1909.

(13)La Mission Pelliot, *Bulletin archéologique du Musée Guimet*, II, 1921

(14)von Le Coq. A Short Account of the Origin, Journey and Results of its First Royal Prussian (2nd Germany) Expedition in Chinese Turkestan,*J.R.A.S.* 1909.

(15)Von Le Coq :*Buried Treasure of Chinese Turkestan, A Selection*　已译。

(16)西域考古图谱序　大谷光瑞。

(17)橘瑞超　中亚探检。

据向达致舒新城函,"拙译《西北考古译丛》一书,承予特许,感荷无既",但不知何故,并未付诸实施,最终成了一个未完成的计划。

"目次大略"中注明已有译稿的,有的此前已经发表,有的做了其后出版的《斯坦因西域考古记》的附录,如:

第(3)A.Stein :*Innermost Asia*, Introduction,即《斯坦因西域考古记》附录一《斯坦因第三次中亚考古略记》(239—253页),附注云:"本篇曾刊登民国二十年一月二十六日、二月二日、十日及十六日之天津《大公报·文学副刊》第一百五十九期至第一百六十二期,其中偶有讹误及失译处,今略为补正。"文章前记介绍斯坦因三次中亚考古报告的出版情况后说:"今者斯氏又已进行其第四次之中亚考古,而其第三次之探险及报告书内容尚少有知者，因取*Innermost Asia*第一册之导言，择要译述，藉当介绍，读此于斯氏此行或可以稍审梗概也。”（239页）

第（6）斯坦因敦煌访书记（译自A.Stein :*Serindia*），即《斯坦因敦煌获书记》，已刊于《图书馆学季刊》4:3/4，1930年12月。

第（9）俄国科智洛夫探险队在外蒙古考古发见纪略（W.P.Yetts），即《斯坦因西域考古记》附录三《俄国科斯洛夫探险队外蒙考古发见纪略》（276—295页），原刊于《东方杂志》第二十四卷十五号。

第（15）Von Le Coq :*Buried Treasures of Chinese Turkestan, A Selection*，即勒柯克《中亚古希腊佛教艺术》的英译本，贺昌群《近年西北考古的成绩》谓“向达君亦已译出，交商务印书馆出版，此次沪战，已毁于火矣”[1]。

另外，第（1）项所列“译者序言，已有大略，见于最近之《中学生》”，不见于阎万钧《向达先生著译系年》，疑非向达所撰，或即指贺昌群《西北的探检事业》，刊于1931年3月《中学生》第十三期[2]，此文概述各国探险队在我国西北地区活动情况，并就各自探险区域及主要学术报告及图书列表介绍。“目次大略”所列日人著述，也应由贺昌群先生翻译，如第（10）项科智洛夫发见物宋板画考（那波利贞），应即《科兹洛夫发现南宋板画美人图考》，原刊于《支那学》第五卷第一号，译文收入《贺昌群译文集》[3]。

---

〔1〕《燕京学报》第十二期，1932年12月。《贺昌群文集》第一卷，60页。商务印书馆，2003年12月。

〔2〕《贺昌群文集》第一卷，27—37页。

〔3〕《贺昌群译文集》，国家图书馆出版社，2009年12月。

欧行计划及最初的遭遇

1935年11月,向达从上海出发,远赴英伦。1935年12月至1936年7月间,任牛津大学图书馆临时馆员,负责中文书编目。1936年2月16日,在收到武佛航来信之后,向达给舒新城、武佛航二位写了一封2500字的长信,详细报告赴英近四个月来的情况,是一份难得的海外寻宝实录。

关于在牛津的工作和观感,信中说:

> 弟来牛津将近三月,工作约得一半,现正趱赶,希望能在六七月间告一结束。此间环境甚为幽清,颇宜读书,迥不似伦敦之红尘十丈。各学院校园俱佳,尤其以 Magdallen College 之 Addison's Walk 为最,老树参天,浓荫四合。路侧泰晤士河支流 Isis,曲折萦绕,其间景物,幽静之至。牛津旧书铺不少,午饭后大都徘徊于此等尘封灰霾之老铺中。弟以工作较忙(上午九时半至下午六时半,下午一至□为午饭时间),无暇旁听功课,唯牛津虽有英国文化中心之称,然极为守旧。所谓文化中心(Centre of Culture),不过一种英国绅士风之养成所而已。英国近代思想、文学、科学之重镇,俱不在此也。弟在此工作蒇事即赴伦敦,牛津虽佳,与弟无关,弟不想当英国绅士,只有早走了事耳。

向达按计划结束了在牛津的工作,于1936年9月到伦敦大英博物馆研究所藏敦煌写本。据向达信中所说,在大英博物馆的工作一开始就不顺利:

> 至于在伦敦之工作,现在全无把握。弟到英后,几乎无往而不碰壁。……弟来英目的在看 British Museum 之敦煌卷子,管

理人为Dr.Lionel Giles,前后见到两次,俱甚冷淡。且对人表示,拒绝弟助其工作。有一次曾以可否允人对于敦煌卷子作一通盘研究相询,彼亦表示拒绝。此种情形,大有陷弟于进退两难之势。然既已至此,不能不极力想法,庶不致如入宝山,空手而反。现在拟托其他英国人代为转圜,将来研究一层,或可有万一之望也。

最终的工作情形,他在1955年1月撰写的《伦敦所藏敦煌卷子经眼目录》前记中说:

一九三六年九月至一九三七年八月,我在不列颠博物院阅读敦煌卷子。因为小翟理斯博士的留难,一年之间,看到的汉文和回鹘文卷子,一共才五百卷左右。我所看到的,其中重要的部分都替北京图书馆照了相(当时并替清华大学也照了一份),后来王有三先生到伦敦,又替北京图书馆补照了一些。现在这些照片仍然保存在北京图书馆。[1]

一年时间才看到500卷左右,距离向达最初的愿望实在是太远了。信中还谈到去欧洲各地访书的计划:

目前打算,将来在英伦最少再住一年,然后转赴大陆,巴黎大约住三月至半年,柏林住三月,荷兰之莱敦以及罗马、莫斯科,各作一星期左右之停留,目的除各处所藏之西北古物外,关于中西交通之一般材料,以及明清之际之天主教文献,亦在留心之列。西北文物,如有钱则照像,无钱则手钞,此外聊志所见,不能遍及也。回国后整理所得敦煌文献,当别成专书,余则仿杨守敬例,成

[1]《唐代长安与西域文明》,195页,生活·读书·新知三联书店,1957年4月。

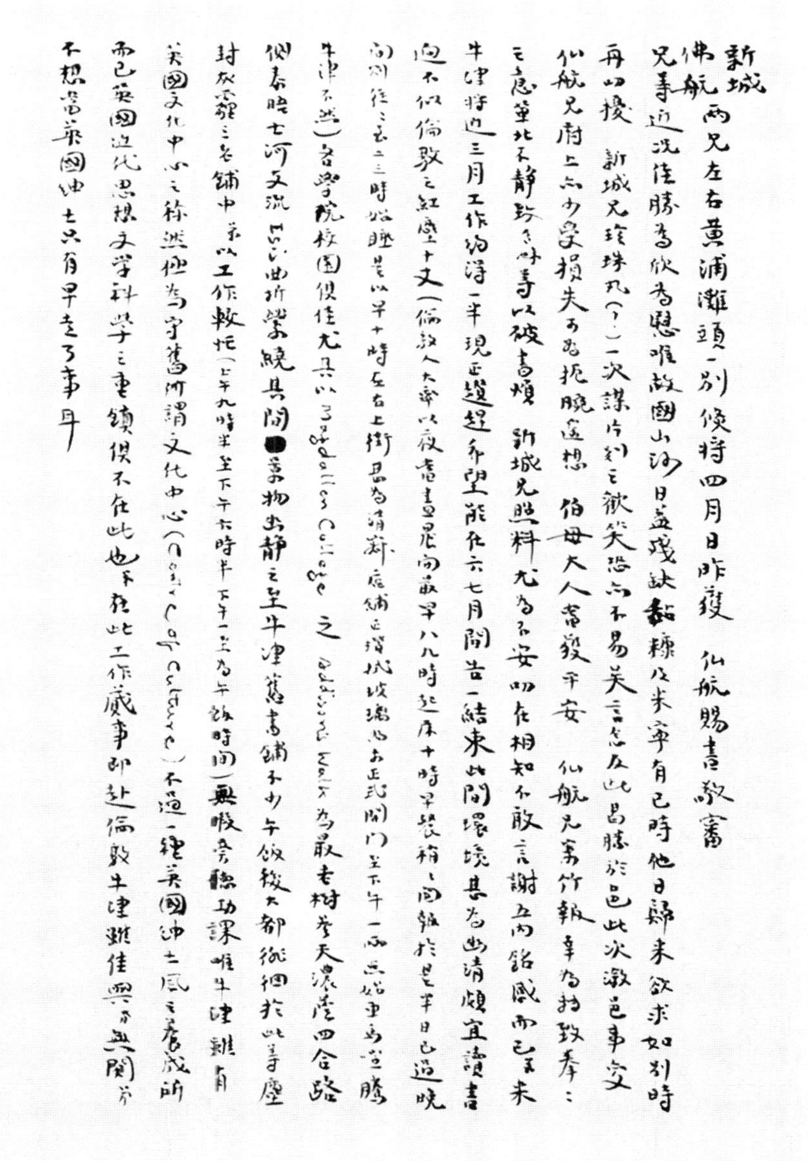

新城
佛航兩兄左右黃浦灘頭一別倏將四月日昨獲 仙航賜書敬審
兄等近況佳勝為欣為慰唯故國山河日益殘缺麵糠及米寧有已時他日歸來欲求如別時
再四攙 新城兄琫珠丸(？)一次謀片刻之歡笑恐亦不易矣言念及此曷勝於邑此次敝邑事变
仙航兄府上亦少受損失可為扼腕遥想 伯母大人當獲平安 仙航兄寄竹報幸為轉致奉之
之意華北不靜路路時寄以破書煩 新城兄照料尤為不安既在相知不敢言謝五內銘感而已弟來
牛津將近三月工作約得一半現正遲遲希望能在六七月間告一結束此間環境甚為幽清頗宜讀書
迥不似倫敦之紅塵十丈（倫敦人太密以夜書晝晝向最早八九時起床十時早餐稍稍閱報於是半日已過晚
間則往往至二三時始睡是以早十時左右上街甚為清靜店鋪正預備打掃玻璃窗正式開門至下午一兩點始重為熱鬧
牛津不然）各學院校園俱佳尤其以 Magdalen College 之 Addison's Walk 為最古樹參天濃蔭四合路
側有曉七河支流 Isis 曲折縈繞其間 景物幽靜之至牛津舊書鋪不少午飯後大都徘徊於此等塵
封故紙之名鋪中弟以工作較忙（上午九時半至下午六時半下午一至二為午飯時間）無暇旁聽功課唯牛津雖有
英國文化中心之稱然但為守舊所謂文化中心（Centre of Culture）不過一種英國紳士風之養成所
而已英國近代思想文學科學之重鎮俱不在此也下在此工作蔵事即赴倫敦牛津雖佳與予無關
不想當歸國紳士只有早走了事耳

向达先生致舒新城、武佛航札（局部）

《西海访书志》一书。自顾能力有限,所志仅止于此,不敢太奢也。

这个行程及访书计划未能全部实现,1937年冬,向达由伦敦转赴法国巴黎,在巴黎的国家图书馆继续研究敦煌卷子,以及明清之际天主教文献。到巴黎开始工作之前,曾顺便到德国游历,在柏林普鲁士科学院考察所藏的吐鲁番出土的古文书。后来发表的"瀛涯琐志",大概就是信中所谓的"西海访书志"内容,其一为《记牛津所藏的中文书》,其二为《记巴黎藏本王宗载〈四夷馆考〉》[1]。

向达欧行之前,舒新城、武佛航和倪文宙(哲生)等,曾托他为《新中华》、《申报月刊》约稿,并请他代访西文书籍、图表及出版物目录。信中谈到应约所撰旅行札记的情况:

> 为《新中华》及《申报月刊》作文事,二兄临别殷勤嘱咐,不敢去怀。海程一段,本已计划就绪,且写成一节。近来稍忙,遂尔搁置。三月以后工作有眉目,当可抽暇续成。此外伦敦中国艺展亦甚时髦,并的有不少佳品。弟前后去过三次,三月初拟再去伦敦专览数日,然后写一小文寄《新中华》。弟于美术全然门外,唯此中不少佚闻故事,为国内所不及知者,或不无可供茶余酒后之谈助耳。此外关于英国 T.E.Lanrence(日本有一东方 Lanrence,兄等知之否?即土肥原贤二是也),正搜集材料预备写一短篇,写成后即聊呈请二兄指教。近来虚想不少,总以前途渺茫,心绪极不安定,加以每日工作太久,七时反寓,精疲力竭,故只付诸虚想。然未尝不思有所写作,庶无负二兄之殷勤期望也。

这些已经动笔或计划写作的行记随笔,不知最终是否成文刊出。此外

〔1〕同198页注〔1〕,617—652页,653—660页。

1937 年 1 月 29 日脱稿于伦敦的《记伦敦的敦煌俗文学》,1937 年 7 月发表于《新中华》第五卷第十三号,或与舒新城的约稿有关。

琉球《历代宝案》及冯承钧《西域地名》

向达书札的最后两件,都写于 1948 年上半年。1947 年 7 月至 1948 年 7 月,向达从北京大学任上休假一年,就任南京中央博物院专门委员,1948 年 2—4 月,代表中央博物院前往台湾筹备展览,此两信

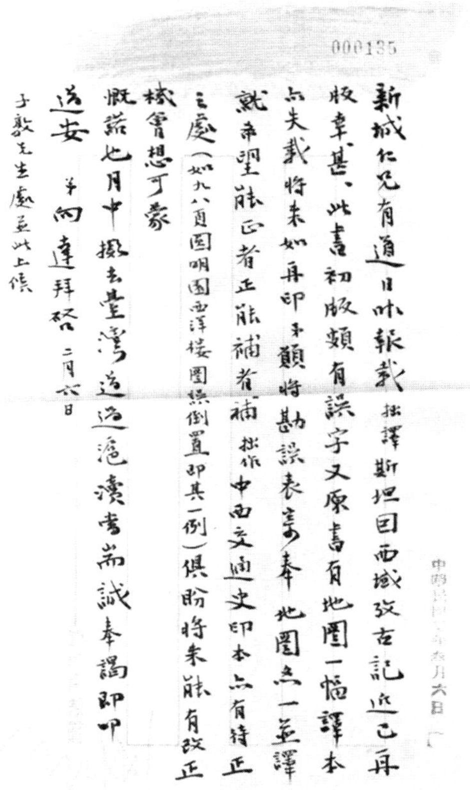

000135

新城仁兄有道:日昨報載拙譯斯坦因西域考古記近已再版,幸甚。此書初版頗有誤字,又原書有地圖一幅,譯本亦失載,將來如再印,弟頗將勘誤表寄奉,地圖亦一並譯就,希望能正者正,能補者補。拙作中西交通史印本亦有待正之處(如九八頁圓明園西洋樓圖照倒置,即其一例),俱盼將來能有改正機會,想可蒙慨諾也。月中擬去臺灣,道過滬瀆,當試奉謁,即叩道安。弟向達拜啓 二月六日

子敦先生處並此上候

向达先生致舒新城札(1948 年 2 月 6 日)

分别写于行前与归后，后者即用“国立中央博物院筹备处用笺”，信的主要内容是向中华推荐出版台湾大学所藏《历代宝案》抄本：

> 台大所藏传抄本《历代宝案》（即《琉球实录》之原名），实是好书，原本藏冲绳，大战后恐难获全。言琉球史，此自是要典。如将来事实许可，希望中华能毅然肩此出版重任，对于东亚史之研究其贡献之巨，无待烦言。而以此书从未印过，将来在日本与美国方面之销路，绝对不成问题，故愿中华能予以考虑也。

限于当时条件，向达的建议未能付诸实施。1972年，《历代宝案》始由台湾大学影印出版。

在中华所存名家书信中，荐稿是最常见的内容。除了自己的著译外，向达还曾向舒新城推荐过冯承钧的《西域地名》，但遭到了拒绝。因此在1931年6月28日的复信中，向达再次重申冯书的价值，对中华弃而不取表示遗憾：

> 承示《地名表》及《近代史》贵局不能承受，拜悉一是。……冯君《地名表》，实属经意之作，读中外史籍有此书置之座右，可以豁然贯通，谓为与陈垣之《中西回史日历》有异曲同工之妙，亦不为过。沧海遗珠，未免可惜耶！

舒新城在来信上批示：“送金先生，再作审核。”不知道金兆梓先生后来的处理意见如何，但当时肯定未能出版。此书为1930年西北科学考察团印行的地名小辞典，1955年由中华书局正式出版，后经宿白、陆峻岭先生整理，于1980年出版增订本。

向达致舒新城书札，介乎公函与私信之间——虽然有乡谊之情，但所谈主要是书稿，不出公务范围。难得的是，向达书札中仍时时流露对家国的忧思，对朋友的关切，字里行间时有生花妙笔：

> 平中四月下旬至五月初间，花事最盛，海棠丁香牡丹相继大放。近日海棠已谢，丁香成强弩之末，牡丹尚好，然只不过数日。左右中旬北来，赏花已嫌迟暮，唯槐柳荫碧，万绿丛中，尚可以永日徘徊。（1931 年 5 月 6 日）
>
> 接奉来示不数日，上海即已沦陷，感叹感叹。今日中国不降即战，更无出路。所谓国际，岂足可靠？吾乡所谓“请人哭爷不出眼泪”者是已。形势至此，不知下回如何分解？至于堂堂政府，则已三窟营成 万一不幸，守潼关之天险，望太华之岧峣，真是砺山带河，金城汤池，所苦者吾辈老百姓而已。（1932 年 3 月 8 日）
>
> 这一个炎热的长夏已经过去，我在这里为你们祝福！古老的北京还是一样，夏去秋来，三海荡桨，把整个的世界都忘记了。“一花一世界，一叶一如来”，在这里的人真只知道花开花落，绝不想到国破家亡。不知道世代的巨轮要把我们这一辈人卷到那里！
>
> （1934 年 9 月 4 日）

向达始终是一个纯粹的学者，但一生都怀着强烈的爱国热情。故乡溆浦——屈原遭逐而写下《涉江》、《山鬼》等名篇的所在，赋与了历史学家向达一颗忧患的、正直的、文学的心灵。

2010 年 6 月 15 日，端午前夜。

（原载《敦煌文献 · 考古 · 艺术综合研究——纪念向达先生诞辰 110 周年国际学术研讨会论文集》，中华书局 2011 年）

附逆之外的梁鸿志

——爱居阁谭屑

为旧家成就一佳士

> 匋斋仁兄世大人阁下：别来半月，旌麾莅止，壁垒一新，甚盛甚盛。门人梁鸿志，退庵先生之曾孙，林颖叔先生之外孙也。志趣隽上，文采优赡。本截取知县，已分广东。复入大学堂豫备科毕业。其笃志力学，不苟仕进，为时所难，特以一言先容，俾遂识韩之愿。莫府为人才冀北，若得追随左右，得所取裁，当为旧家成就一佳士。试之何如？沈丹曾两郎，觐平、靓宸，均讬宇下，谨厚可念，入谒时并望进而教之。手此敬颂任喜，顺请勋安。世弟陈宝琛顿首，七月初八日。

陈宝琛（弢庵）给端方（匋斋）写这封信在 1909 年旧历七月，这一年的三月，62 岁的陈宝琛结束蛰居生活，从福州奉旨进京，充任礼学馆总裁。也是这一年的六月，端方离开南京赴都，调任直隶总督兼北洋大臣。梁鸿志比他们晚一辈，六年前，梁鸿志 21 岁，中了举人，依例截

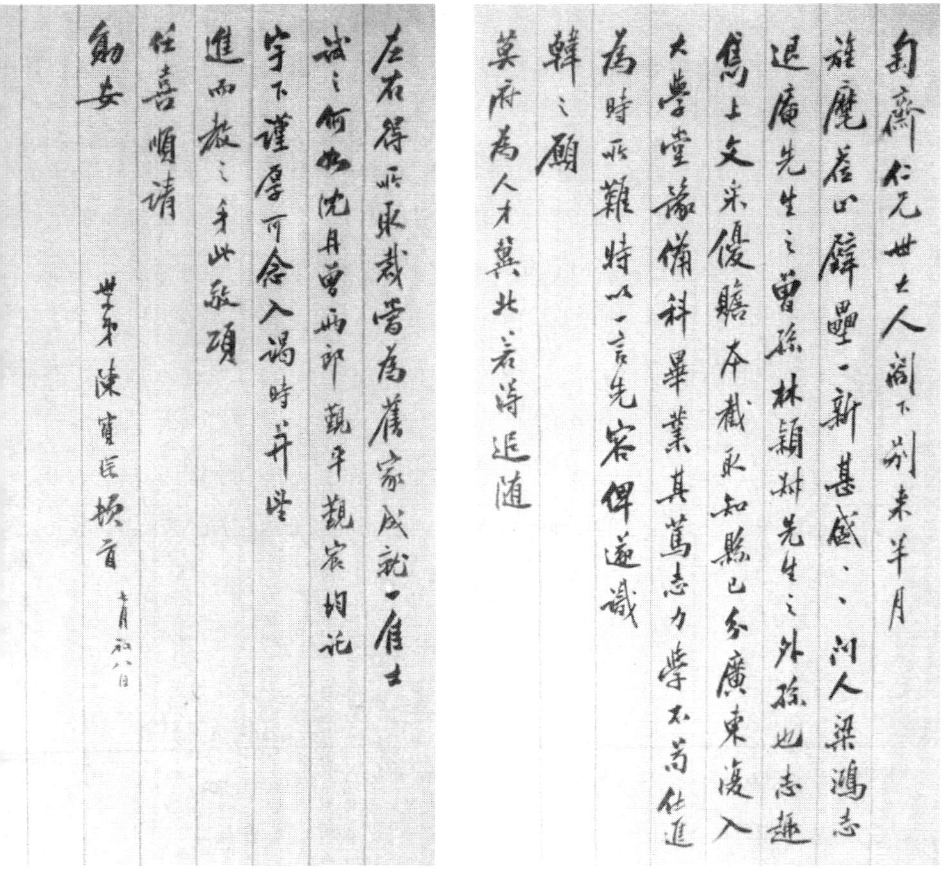
匋齋仁兄世大人閣下：别來半月
旌麾益以辟壘一新，甚感甚感。閩人梁鴻志
退庵先生之曾孫、林穎叔先生之外孫也，志趣
雋上，文采優贍，本截取知縣，已分廣東，復入
大學堂豫備科畢業，其篤志力學，不苟仕進
為時所難，特以一言先容，俾遂識
韓之願
莫府為人才冀北，若得追隨
左右，得所取裁，當為舊家成就一佳士
誠之何如？沈月曾兩郎觀平、觀宸均託
宇下，謹厚可念，入謁時并望
進而教之。耑此敬頌
任喜，順請
勛安
世弟陳寶琛頓首
十月初八日

陈宝琛致端方札（中华书局藏）

取知县，分在广东。梁鸿志没有赴任，第二年，进京参加会试，进士落第。到了 1905 年，清廷实行新政，废科举，兴学校，梁鸿志再度北上，进入京师大学堂。在京师大学堂，梁鸿志跟陈衍（石遗）学诗，同门悠游联唱，自诩为东坡再世，可见其少年意气。1908 年，梁鸿志学业期满，被分发烟台，在登莱青胶道公署任职，第二年改任奉天优级师范学堂教员。正是在梁鸿志仕途踌躇、功名蹭蹬之际，陈宝琛给端方写了这封荐举信。

梁鸿志出身名门，曾祖梁章钜（退庵），官至江苏巡抚，兼署两江总督，勤于著述，娴于掌故，能书善诗，兼具官声文名。外祖父林颖叔（寿图），曾助慈禧政变，官至陕西、山西布政使。晚年出任福州致用书院、鳌峰书院山长，以诗驰名，藏书万卷。梁家与陈家同出福州三坊七巷，少年梁鸿志曾读书乌石山，与陈宝琛有师生之谊。梁鸿志诗有“我家旧德孰最稔？诗成先质螺洲师”句（《谭篆卿尝于厂肆得一扇，先大夫旧物也，作书画者九家，张德庵吴窸斋王忍庵王孝禹诸公皆早即世，存者陈弢庵师一人而已，篆卿既以见诒，赋诗寄谢兼呈弢庵》），螺洲是陈家故地，谭篆卿就是“谭家菜”的创始人谭祖任。另一首《陈弢庵师挽诗》有云：“小诗初不进，过誉世争传。”可见梁鸿志的诗名，除了陈石遗的推重，也获益于陈弢庵荐誉。

梁鸿志从奉天优级师范学堂，旋即改任北京学部，是否与陈宝琛、端方的推介有关，不得而知，但由此而“遂识韩之愿”，是可以肯定的。1909 年 3 月，端方五十寿辰，梁鸿志写了《陶斋尚书五十生日》二首（《爰居阁诗》卷一），为端方祝寿：

> 馀事侪欧赵，斯人众所归。高斋容揖客，小隐遂初衣。魏阙千回首，西山独掩扉。延年饶美意，不待说知非。

这是第二首，将端方政事之余而精于鉴藏，比之为欧阳修、赵明诚，竭尽推崇。写这首诗的时候，端方因慈禧出殡时照相，有违清廷仪制，被弹劾罢官，已经归隐西山了。

假设梁鸿志没有附逆落水，我们谈论梁鸿志，谈论什么？其家世，其文才，人居其一，即成美谈，弢庵老人“当为旧家成就一佳士”的冀望，宜非虚言。

书痴见解，可哀复可哂

1920年，皖系战败，梁鸿志在通缉令发出之前得到消息，躲进东交民巷日本兵营，后又逃出北京，避居天津租界，当起了寓公。

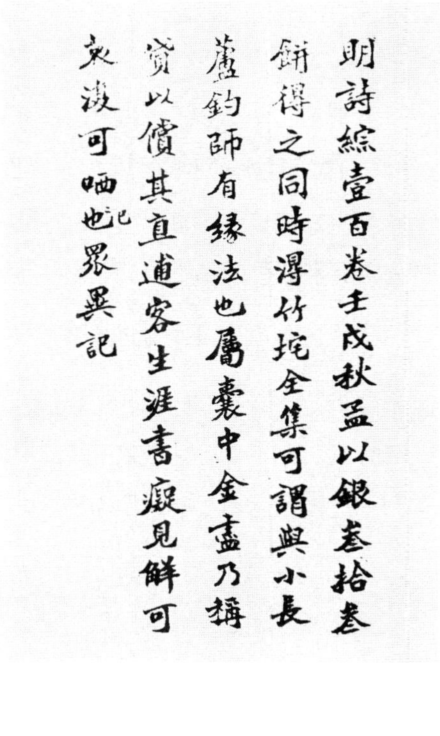
明詩綜壹百卷壬戌秋孟以銀叁拾叁
餅得之同時淂竹垞全集可謂與小長
蘆釣師有緣法也屬囊中金盡乃稱
貸以償其直逋客生涯書癡見解可
哀復可哂也眾異記

梁鸿志在《明诗综》封面上的题记（中华书局图书馆藏）

1922年七月，梁鸿志购得朱彝尊（竹垞）编《明诗综》并其全集，在《明诗综》封面上留下了五行墨笔题记：

《明诗综》壹百卷，壬戌秋孟，以银叁拾叁饼得之。同时得竹垞全集，可谓与小长芦钓师有缘法也。属囊中金尽，乃称贷以偿其直。逋客生涯，书痴见解，可哀复可哂已。众异记。

梁鸿志自称“逋客”，还在避居之中。既以与“小长芦钓师”（朱彝尊号）的书缘而可喜，又为“囊中金尽”而可叹，这与传说中梁鸿志优裕的寓公生活大不一样。

梁鸿志避居天津期间，两个传说都与钱有关。一是当皖系溃败时，梁鸿志参与瓜分未发饷款，携50万元逃入日本兵营。二是梁鸿志从亲戚手中廉价骗购唐阎立本《四夷朝贡图》，高价售与日本人岩崎，获利30万元。传说中后者发生的时间，就是称贷购买竹垞全集这一年的十月。

关于第二个传说，可以做一些补正。首先与梁鸿志有关的不是阎立本《四夷朝贡图》（即《历代职贡图》），而是名气更大的阎立本《历代帝王图》，现藏美国波士顿美术博物馆。在《历代帝王图》卷后北宋绢跋与南宋纸跋的隔水处，有梁鸿志的题跋一行：

爰居阁无上珍秘，共和乙丑秋日，梁鸿志题识。

行侧钤“众异珍藏”朱文印、“梁鸿志”白文印。题跋时间为1925年。这个时候，段祺瑞临时政府倒台，梁鸿志又一次闲居天津，后来到大连、上海、杭州。第二年，梁鸿志还两次与友人鉴赏并留下了题跋：

丙寅八月二十有六日，沈瑞麟、汤漪、姚国桢、姚震、张伯英同观于爰居阁，伯英记。

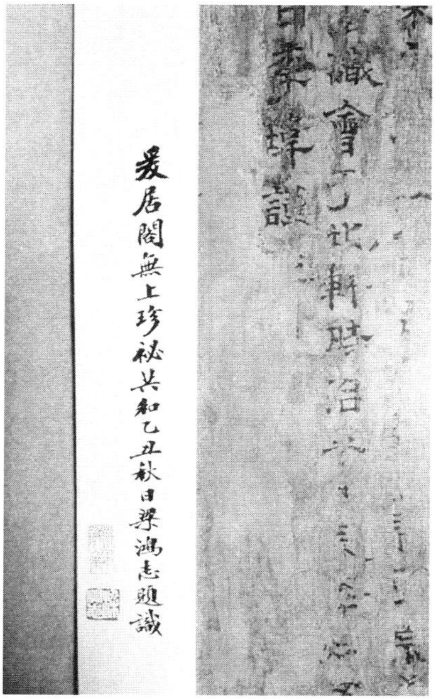

《历代帝王图》梁鸿志题跋

丙寅秋九月二日，偕胡锡安敬观于爰居阁，长洲章保世书款。

其中姚国桢、姚震，正是与梁鸿志一起被通缉的皖系“十大祸首”中的两位。

1929年，为庆祝日本昭和天皇加冕，日本东京美术馆举办名画大展，展出六百余件历代名作，展品由中日两国藏家分别提供。据记载，《历代帝王图》提供者为大连梁鸿志，大连正是梁鸿志当时避居之地。《历代帝王图》展出后名噪一时，被认为是该展览最重要的展品，收入图录《唐宋元明名画大观》之首。当时梁鸿志曾通过一个日本商人做中介，要将《历代帝王图》卖给东京的 Yamanaka 公司。但终因价格不合，未能成交。两年之后，1931 年，美国人 Denman Waldo Ross 直接从梁鸿志手中购得，捐赠给波士顿美术博物馆。

在梁鸿志之前，《历代帝王图》的藏家是“闽中林氏”。1917 年，商务印书馆曾以珂罗版复制，书名《唐阎立本帝王图真迹》，署“闽中林氏藏”。《历代帝王图》卷末有一段林寿图写于 1866 年的题跋：

> 同治丙寅九月朔，棣儿生之日，购得此卷，他日长成，其知宝藏否。林寿图识于西安藩署。

林寿图是梁鸿志的外祖，林寿图离世后，《历代帝王图》还保存在林氏后人手中，这正好印证了梁鸿志从亲戚手中骗购的传闻。

陈巨来说此画原藏林寿图，“后为梁众异给去，盗卖于日本博物馆矣。时为民初，闻得价十四万元，梁只给林氏以六万元，后为林氏所知，遂与林断绝关系了”（《安持人物琐忆》），时间放在民初，谓卖于日本博物馆，明显也是传闻异辞。

维摩老子五十七

1938 年 3 月，日本傀儡政权“中华民国维新政府”在南京成立，梁鸿志任行政院长，正式落水。这一年，梁鸿志五十七岁，借黄山谷的诗句，梁鸿志请人为自己刻了一枚印章：维摩老子五十七。

这一年，对梁鸿志来说，还有一件大事，就是《爰居阁诗》开雕。十年前，施蛰存先生北山楼藏书散出，一部蓝印本《爰居阁诗》拍到三万多元，被称为书林墨凤。北山楼旧藏为梁鸿志题赠周今觉者，扉页题“梅泉诗老吟定　梁鸿志呈”，其下就钤有这方“维摩老子五十七”朱文印。《爰居阁诗》由北平文楷斋以闵葆之《云海楼诗存》为式雕版

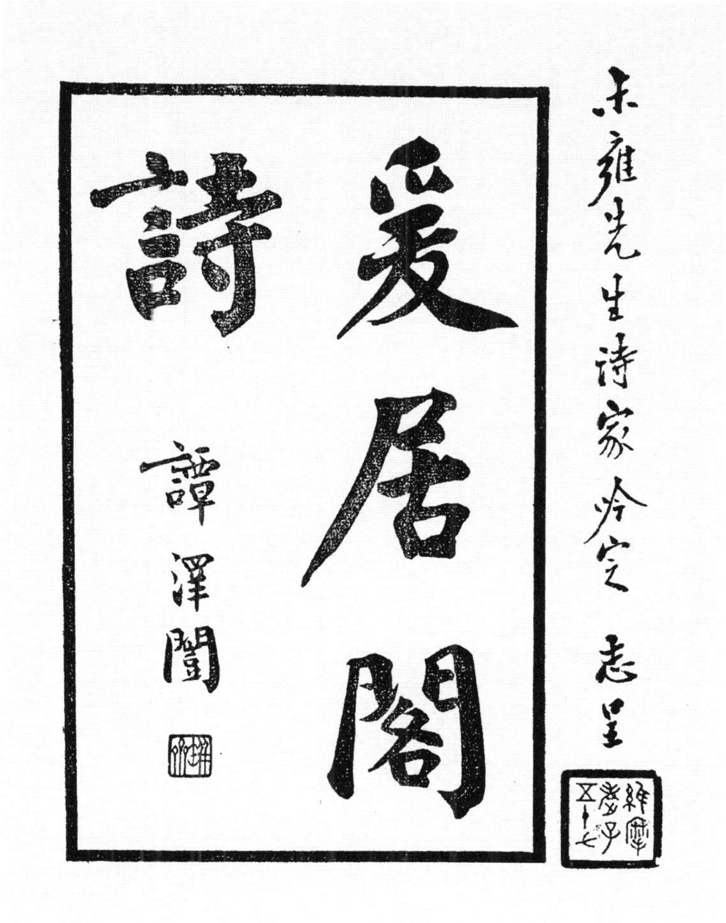

梁鸿志题赠赵尊岳《爰居阁诗》蓝印本（中华书局图书馆藏）

付印，朗润悦目，蓝印本更是清艳有加，称得上“美人绝代，佳侠含光”（汪辟疆《光宣诗坛点将录》评梁鸿志语）。

不久前经眼两部《爰居阁诗》，一部蓝印本，是梁鸿志题赠大词家赵尊岳的，题字与北山楼旧藏大同，但只署单名“志”字：“尗雍先生诗家吟定　志呈”，也钤“维摩老子五十七”印。光复后赵尊岳与梁鸿志同系囹圄，在提篮桥，二人隔室联吟，是诗友也是狱友。另一部是墨印本，梁鸿志题赠洪汝闿，扉页题“泽丞先生教　志呈”，钤“爰居阁”朱文印，是当年海上“沤社”的词友。

这部刻本《爰居阁诗》是第二次校印本，据汪辟疆《光宣以来诗坛旁记》，《爰居阁诗》最初是交由中华书局用聚珍仿宋字排印的：

> 丙丁之交（1936—1937），上海中华书局拟以《爰居阁诗》，及夏敬观《忍古楼诗》、黄濬《聆风簃诗》同时印刷问世，三家皆先后与中华订有合同。不意排印未竣，事变忽起，黄以通敌服上刑，书局畏祸，印事搁浅。爰居急赴书局将《聆风簃诗》稿收回，合同取消。时爰居诗已全部排印，托陈道量任校雠，嗣因中华故稽时日，未予发行。爰居以其违约，驰函取消其发行权。故中华行世者，惟《忍古楼诗》一种而已。

黄秋岳、梁鸿志这一对作贼佳人，出于同门，相知相惜三十年。1937年8月26日，黄秋岳在南京伏法，梁鸿志有诗四首哭之，其三有句云：“君诗亦杀青，身死事遂涣。收稿等收君，什袭防散乱。”诗末自注：“君刻诗未成，难作，余急收其稿藏之。”就是汪辟疆所本。

至于《爰居阁诗》排印本，因为“未予发行”，世所稀见。中华书局图书馆存有一册，版权页记印刷时间为1937年11月，一函三册，九卷。第二次校印的刻本为一函四册，十卷，卷末一首为《丁丑除夕》:“百年逢此夕,国破我空存。”是 1937 年的最后一首诗了。而黄秋岳《聆风簃诗》,在梁鸿志急收其稿之后,又过了四年,1941 年才付梓行世。

2015 年 5 月 3 日

(原载《东方早报 / 上海书评》2015 年 5 月 24 日)

王先谦《新旧唐书合注》的前世今生

一

《新旧唐书合注》是王先谦晚年最后完成的一部未刊稿，与《汉书补注》、《后汉书集解》鼎足而三，是王先谦所撰最重要的汇校集注史籍之一。据《王先谦自订年谱》，《合注》最早成稿的一篇是《魏徵列传》，刊成于光绪九年（1883）四月。后来时作时辍，辛亥以后，王先谦闲居长沙，用六七年的时间基本写定全稿。其中《艺文志》部分，1915年委请于缪荃孙，成稿最晚，详见《艺风堂友朋书札》所收王先谦书札。王先谦第六十六札云：

> ……乡居习静，把卷消闲，七八年前曾辑《新旧唐书合注》，后复携至平江，校订商量，所得不少。暮景逾迫，亦思趁此付刊。唐志各门，颇有发明，惟《艺文》未曾著墨，欲求相助，注此一门，借重大名，以光斯刻。如蒙俯允，拟即先刊各卷，后刊《艺文》也。（《艺风堂友朋书札》45页）

1916年,王先谦为《新旧唐书合注》作序,称“反复积年,颇有考订,旁罗旧注,广诹同志,条分新旧,合为一书”,其时《艺文志》尚未完稿。据缪荃孙《戊午(1918)日记》,三月廿五日,“注《唐艺文志》毕,装订。整一年功夫,惜长沙师不及见矣”(《缪荃孙全集·日记》第4册73页),距王先谦离世已四个月。

王先谦生前,《合注》已经誊写成版刻样,但最终未及付刻。十数年间,书稿有所散失。据杨树达《积微翁回忆录》,1933年8月21日农历七月朔,王先谦冥诞,杨树达见到曾任湖南大学校长、省教育厅长的曹典球,“曹籽穀先生出示葵园《唐书合注》稿本,以《新唐》为主,《旧书》附之,并有集注,纪传已全,表志缺二十余卷”。又云:“葵翁曾告曹,此书排比之劳,视两《汉书》尤过之。视稿本,知其言信也。”同年11月5日又记云:“得徐行可书,云葵园《唐书》,商务不能承印。”知其时曾谋求印行而未果。

1945年前后,商务印书馆买到《新旧唐书合注》原稿,并初步加以校勘补订,准备排印出版。《合注》所据底本,《新唐书》为汲古阁本,《旧唐书》为岑建功本,商务以汲古阁本复校了《合注》底本。《百官志》及各表,原稿散失,由商务编辑傅运森(字纬平)以百衲本补纂。今存《合注》原稿中,《百官志》题“宁乡傅运森补纂”,题下小注云:“《新书·百官志》五卷,《旧书·职官志》三卷,合注本缺,今依式补入,并酌采所见诸家校记及拙见,条录于下。”《宰相表》前有傅氏说明:“《合注》六十一至七十五卷,共十五卷,连上下共二十二卷,《合注》原缺,借用百衲本《新唐书》各表,加入各家校记而成。”《艺文志》所在一册封面有两段傅氏所写说明:“以下所缺表,当补。纬”;“表已补完,另包。纬。34/10/16”。另有墨笔批注:“注意:此册排完后,即可排另包之各表,共上下两册。”知商务校订补纂,作刊行准备,时间在

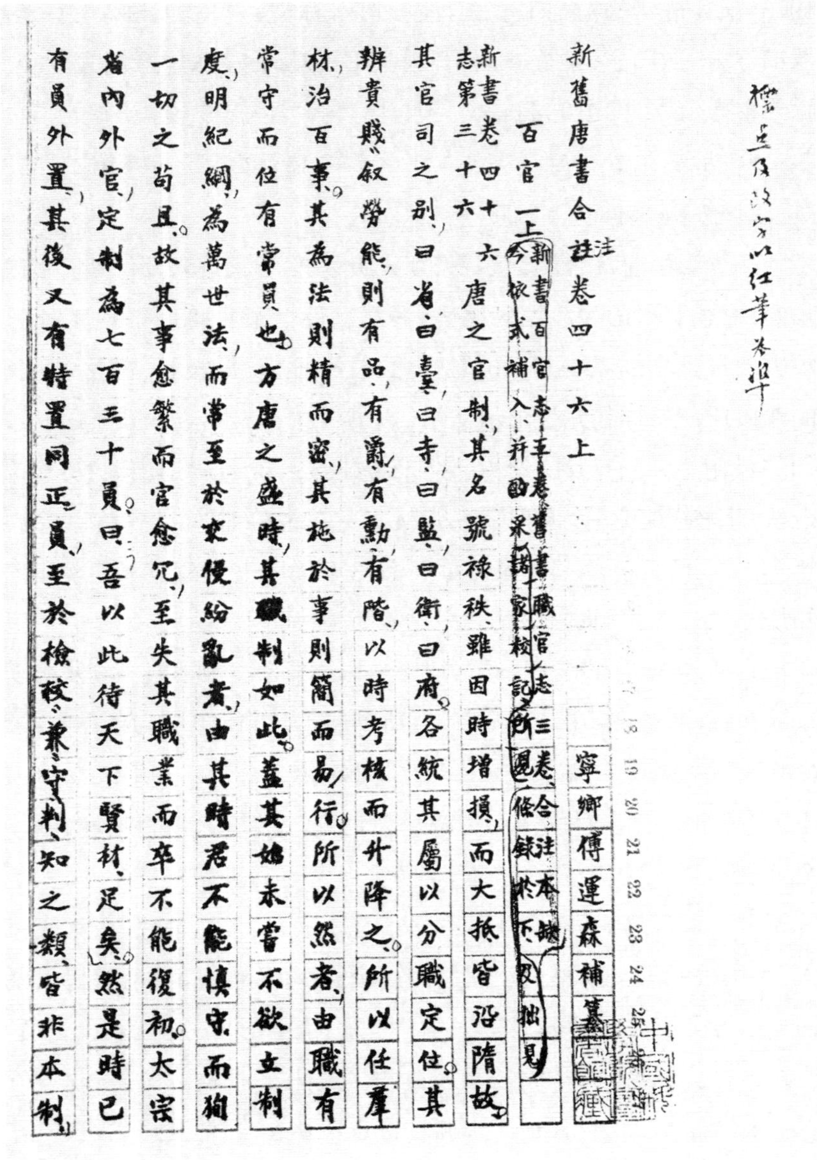
標點及改字以紅筆為準

新舊唐書合注卷四十六上

百官一上

新書百官志四卷、舊書職官志三卷，合注本缺，今依式補入，并采諸家校記所見，條錄於下，叙拙見

新書卷四十六 志第三十六

唐之官制，其名號祿秩，雖因時增損，而大抵皆沿隋故。其官司之別，曰省、曰臺、曰寺、曰監、曰衛、曰府，各統其屬，以分職定位。其辨貴賤、敘勞能，則有品、有爵、有勳、有階，以時考核而升降之，所以任羣材、治百事。其為法則精而密，其施於事則簡而易行。所以然者，由職有常守而位有常員也。方唐之盛時，其職制如此。蓋其始未嘗不欲立制度、明紀綱，為萬世法，而常至於交侵紛亂者，由其時君不能慎守，而徇一切之苟且，故其事愈繁而官愈冗，至失其職業而卒不能復初。太宗省內外官，定制為七百三十員，曰："吾以此待天下賢材，足矣。"然是時已有員外置，其後又有特置，同正員。至於檢校、兼、守、判、知之類，皆非本制。

寧鄉傅運森補纂

《新旧唐书合注》稿本傅运森补纂部分

1945年前后。遗憾的是,《合注》付排在即,却因事而止于半途。

此时上距《合注》成稿已三十年,下一次重新提到出版日程,还要再等十年。

二

1954年,科学出版社在北京重组成立,并着手有计划地开展古籍和文史学术著作的出版,王先谦《新旧唐书合注》再次进入人们的视野。1956年初,受科学出版社委托,王氏门人瞿蜕园接手承担《合注》的整理和标点。

瞿蜕园出身世家,其父瞿鸿禨(1850—1918)为清季军机大臣、外务部尚书。瞿蜕园原名宣颖,字兑之,抗战时期滞留北京,曾任伪职,抗战胜利后,意在悔过,要如蝉蜕般告别旧我,改字蜕园。1955年,瞿蜕园的历史问题由公安部门作出了"不予追究刑事责任"的决定,靠给出版社编写小书维持生计,两年间连续在春明出版社出版了《左传选译》、《古史选译》、《楚辞今读》等。1956年,瞿蜕园63岁,生活出现了转机,他在后来写的汇报材料《解放十年中我的生活》中说:

> 我个人的经济状况很不好,尽管动笔很勤,同别人合作的几种翻译都没有成功,自己的写作也很少出路,仅仅几部小书出版也无济于事。
>
> 这时,忽然北京有个老友在中央的出版机构工作,介绍我到北京去。转机到了。不过我考虑一下,立即赶到北京还有困难,希望先担任一项临时工作,等工作有了成绩再说。这无非是害怕机关工作的拘束,总想留一个余地。结果获得了一项整理校订的工作,继续两年多,生活可以不成问题。这项工作对我非常适合

的，我衷心欢喜，自不待言。（《徐汇文史资料选辑》第一辑，转引自田吉《瞿宣颖年谱》，复旦大学博士论文）

一说“老友”指章士钊，但“在中央的出版机构工作”与章士钊的身份显然不符。据朱金城先生回忆，“老友”是科学出版社刘荔生，刘荔生是瞿蜕园圣约翰时期的同学。后来以《刊行新旧唐书合注说明》寄请陈垣征求意见的，正是刘荔生，可见《合注》出版确由刘荔生参与其事。

正如瞿蜕园自己所言，“这项工作对我非常适合的，我衷心欢喜”。他在给老朋友靳志的信中也说：“贱状如昔，日课校订葵园先生《唐书合注》，颇有乐趣。”《合注》整理标点历时两年，复校各本，除留下数千条版本对校浮签外，还另撰校勘记约十万言。瞿蜕园的诗友沈其光《寄怀蜕园》诗有注云：“时补注王葵园《唐书注》，成十万言。”（《瘦东诗三钞》卷五，1959年油印本，转引自田吉《瞿宣颖年谱》），与《刊行新旧唐书合注说明》文末所云“本书之校记由瞿氏辑成初稿，附本书以行”，正可印证。

在确定出版《合注》及整理标点过程中，科学出版社曾先后多次征求陈垣先生意见。陈垣认为，“是书成于王先生晚年（卒前二年），其精博诚不如往年之两《汉书》注，但王先生究是编书内行老手，故其体裁方式，都比沈氏《合钞》为优。如此巨帙，既已写成，值得为之一印”。对整理工作，陈垣明确提出谨遵“王氏原文”的意见：

但校印是一事，修订又是一事，这次是校印，不是修订。如果王氏原稿的确错误者，应为校正；如果是两可的，应尽可能仍王氏原文，不轻改，不轻增，不轻删。

并建议付印时揭去整理者浮签，“其正确而有意义者，可留为作校记之

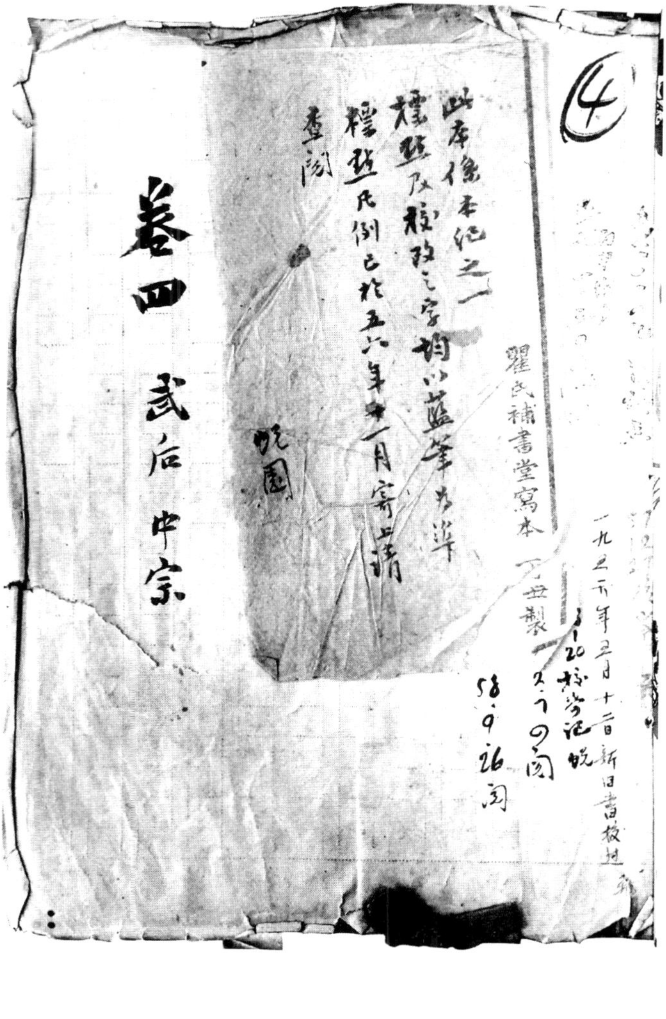

《新旧唐书合注》稿本瞿蜕园先生校勘注记及签条

用”（1956年4月26日致科学出版社函，《陈垣年谱配图长编》693页）。陈垣在审读了《新旧唐书合注标点略例》及总目、纪传志校记、通检等九册后，认为“大致不差，间有一二小节，尚需斟酌”（1957年9月28日致科学出版社函，同上717页）。

科学出版社为《合注》整理稿撰写了长达万言的《刊行新旧唐书合注说明》，详述原稿情况、整理方针、全书体例、标点细则及校订过程中的若干问题。1958年4月2日，陈垣复函科学出版社刘荔生：“承示《刊行新旧唐书合注说明》，大致妥善。坚守对王氏原稿不动原则，尤为卓识。”（同上726页）

据《刊行新旧唐书合注说明》，除商务印书馆已用汲古阁本校过《新书》外，瞿蜕园又参用其他各本复校数过，主要包括殿本、岑本。现存稿本每一册封面上，均有瞿蜕园用不同颜色笔迹注记的校勘年月（包括其他人注记），以第4册卷四《武后中宗》为例：

> 一九五六年五月十二日新旧书校过，飞。
> 五七．一．一九，覆校点。
> 五七．一．三〇（丙申除夕），覆阅。
> 五七．五．六，三阅。
> 57.12.27 校岑，飞。
> 58.1.20 校岑记，蜕。
> 58.2.7 四阅。
>
> 58.9.26 阅。

其上贴有朱笔浮签：“此本系本纪之一，标点及校改之字均以蓝笔为准，标点凡例已于五六年十一月寄上，请查阅。蜕园。”校点工作到1958年底基本完成，爬梳就绪，可以付排。“其间复因有必要编成附录数种，如人名通检、地名通检等，准备初稿，颇费功夫，到今天方能以全书与读者见面”，“除关于本书之校记由瞿氏辑成初稿，附本书以行外，各种通检亦将陆续出版，均与本书相为羽翼，特此附告”（《刊行新旧唐书合注说明》）。

就在《合注》整理期间，1957 年下半年，有关部门开始酝酿成立古籍整理出版规划小组，调整出版社专业分工。1958 年 2 月，古籍小组成立，中华书局成为古籍小组的办事机构，开始着手国家古籍整理出版规划的制定。9 月 13 日，按照毛泽东主席的部署，吴晗、范文澜主持召开“标点前四史及改绘杨守敬地图工作会议”，中华书局受命起草《“二十四史”整理计划》，其中第一部分为“集注本”，就包括王先谦《唐书合注》，并注明“已由科学出版社付印”。但遗憾的是《合注》并未如期付印，或许是出版社专业分工调整的原因，《合注》的出版再一次停滞。

三

《新旧唐书合注》作为“集注本”之一，被列入《“二十四史”整理计划》，是纳入出版日程的一个绝好机会。

1959 年 7 月 18 日，兼任古籍小组办公室主任的中华书局总经理总编辑金灿然亲自草拟了《新旧唐书合注》整理稿的专家外审函：

> 王先谦有一部《两唐书合注》的稿本，我们已约瞿兑之先生整理。瞿先生现已初步完毕。这是一部大书，学术界都很重视和关心，在出版以前有些问题必须慎重考虑。兹送上我们原来与瞿先生约定的整理方案和瞿先生整理的稿本一卷，请赐审阅。瞿先生现在在北京，为了在他回上海以前把问题向他提出来，以便于

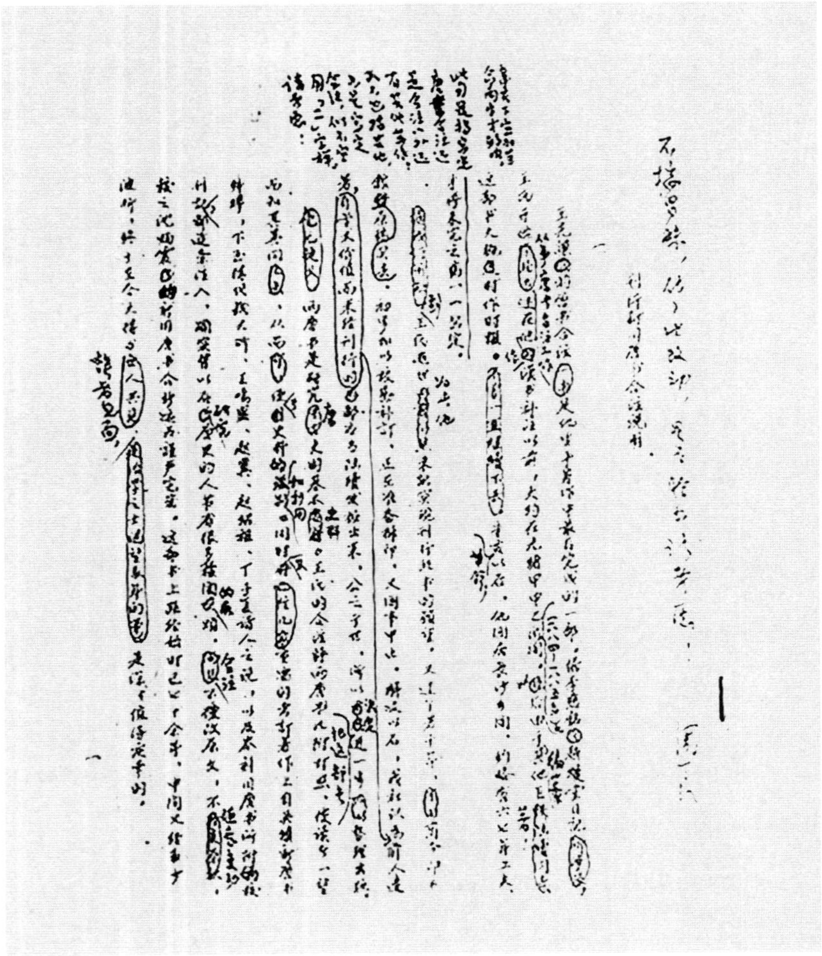

周一良先生《刊行新旧唐书合注说明》修改稿

他作进一步的整理，请您于一周内把送去的东西审查完毕。这是一个不合理的情况，但因知您一向很关心和帮助我们的工作，所以提了出来。一周以后，我们当派专人访谈。

此函与《刊行新旧唐书合注说明》油印件和部分整理原稿、校记，按照金灿然的批示，分别发送至北京大学历史系周一良、汪篯同志，干面胡同31号贺昌群先生。

周一良用不到一周的时间看完了卷一《高祖纪》，7月24日函复金灿然，意见主要集中在《刊行新旧唐书合注说明》和瞿氏校记。陈垣认为“大致妥善”的《说明》，在周一良看来，却“似须作较大修改”，且禁不住技痒，在寄去的油印件上做了大量修改，多处批注，对《说明》的表述多有诟病：

有些提法不妥，竟像“遗老”口气，如“轻议殿本，致涉不敬”，以及两处“辛亥以后”字样。《说明》逻辑性不强，有些地方如三四两节可以合起来讲，个别句子之间也有须考虑处。作者似乎长于古文，不习惯写白话文，因此文白杂糅，冗赘拖沓，许多地方用词用字都嫌陈旧，作为解放后今天出版物的说明，恐须慎重研究。

关于瞿氏校记，周一良说：

瞿先生校勘工作是相当仔细的，某些地方考订也颇为精确，如“校记”卷一第五页下关于“天策上将”一条。但我觉得“校记”的体例似乎应当以校勘为主，即《说明》第三节中所提的三项要求。换言之，即以技术性工作为主，有些牵涉到史料的评价估计的地方，不必列为校记。如第四页下关于“宗师”一条，校记企图说明新旧书必须对照读，实不必要。第一页对于钱大昕说法的辩驳也超出了“校记”范围，牵涉到史学史以至于对于史料的看法问题，瞿先生可以另写文章，成一家言，不宜放在校记里。像瞿先生对于“沙汰寺观僧道诏书”的看法，和我们今天衡量史料的标准即颇有出入。“校记”也不必标“初编”。

周一良的意见主要在校记超过校勘范围，而对校记学术性的评价，无论是肯定还是批评，都非常克制。这是周先生一贯的风格，拙文《关于“不得”的后话》曾引述邓广铭、周一良两位先生对岑仲勉“不得”为“浮屠”说的态度，是与此近似的另外一例。周一良信末还顺便提到了对整理《大唐西域记》计划的意见，并认为向达最合适：“前接整理《大唐西域记》计划，我觉得很好。只是‘目的’中只提它是交通史、文化史重要资料，还应该说是印度古代史重要史料。这工作不知由谁搞？据我所知，恐由向达作最合适，因为他注意多年，而且也已经着手作了一些。”

四

汪篯针对瞿蜕园校记，就卷二《太宗纪》、卷三《高宗纪》，逐条审核，撰写了106条意见，密密匝匝，八开稿子，十页近万字。汪篯的总体意见与周一良一致，也认为校记不宜越出校勘范围，另外就校记内容的学术性、准确性，提出了明确的否定评价。转引两条如下：

（一）太宗文武大圣大广孝皇帝条：

（1）校记应以校正讹误、考订史实为任务，不宜信手拈来，写成随笔、杂记之类，更不宜漫无限制、任意抒写一己之感想。此条论及史法，不仅越出校记范围，且毫无意义可言。

（2）唐代以前，帝谥皆一字或二字，故后世可以用谥号为诸帝代称。自武则天以天皇大帝为唐高宗谥号后，特别是唐玄宗加谥诸帝后，谥号字数甚多，无法用为代称，故后世改用庙号。此已约定俗成，无改写之必要。别创“诸帝皆应称谥”之说，实无意义。

（3）列举诸帝庙号及谥号全文，此旧日修史者所必取之书法。新旧五代、宋、辽、金、元、明诸史，莫不如此，不独两《唐书》为然。即如《通鉴》，亦采此法。如谓《御览》截取谥号中一二字以为代称之法，对唐代尚能适用，则对宋以后诸朝，恐未必如此。如宋太祖之谥号为“启运立极英武睿文神德圣功至明大孝皇帝”，试问如何截法？

（4）末段论及《御览》“具征特识”，更越出两《唐书》范围，且论点论据亦不确切。以安禄山、朱泚与黄巢相提并论，未见其可。谓“唐之政权曾一时中断”，不合史实。

（六十三）中书令柳奭兼吏部尚书条：

（1）校记云：“按奭本传所谓解枢密之任者，解同中书门下三品，而守中书令本官也。”其意谓中书令非枢密之任，中书令也带同中书门下三品，大误。此类皆绝不应有之误。

（2）唐制，兼有二义。一为兼职之兼，一为欠一阶不至之兼。校记云：“柳奭衔上脱中书令三字，则兼字无根”，是不知唐有“欠一阶不至为兼”之义，大误。

（3）校记又云：“如云奭于五年已罢中书令，则不应一年之中，中书令缺人也。”是不知此在唐代，为常见之事。又从而臆说“细玩史事，而知史文之有阙”，愈不可解。

瞿蜕园虽然文史功底深厚，但综观其著述，主要在辞章之学，显然经不住汪篯这样的唐史学家的严格审视。

汪篯指出瞿氏校记存在的问题，集中在史实、官制和史例等方面，如(三)拜右领军大都督条辨“隋唐之左右领军与左右领并非一事”：

> 校记不谙隋唐制度，故所言极为混乱。

(四十八)铁勒回纥……等十一姓条：

> 校记云“不知何缘多此铁勒二字”，大误。回纥以下皆铁勒部落，即铁勒十一姓是。此治史者所熟知之事，校记此条，其误甚奇。

(五十一)崑山道行军大总管条：

> 《旧纪》之误在于以三副大总管与大总管合为四大总管，《新纪》之误在于以契苾何力为大总管，《新传》之误在于误以郭孝恪等非副大总管，《通鉴》则无误，唯略去杨弘礼。校记不细查史料，随意作出“《新书》悟《旧书》之失，其失乃更甚”之结论，不知《新纪》并非根据《旧纪》写成。至谓“《通鉴》则云以其三人为副大总管，恐亦想当然耳”，尤属臆测。

(六十)高季辅为侍中条：

> 唐制，侍中、中书令是宰相，职事三品。同中书门下三品者，谓他官带此，得入政事堂为相，同侍中、中书令也。此为治史者所熟知之事，而校记竟云“按高季辅于志宁张行成三人并同中书门下三品”，即谓侍中亦带同中书门下三品，大误。

在一些条目中，汪篯还批评校记行文“文多泛语”，“语涉轻蔑武断”(十三，黑闼既降已而复反条)，“离题过远，泛而忘归”(二十五，封子愔为梁王条)，用语极重，以致中华在准备将意见返给瞿蜕园时，对一些断语进行了删削改写，另行誊录。

汪篯在审稿意见文末，有“附记”两行：

> 新旧《唐书》校记似宜限于不同版本之勘比。书中可资校订之史实过多，非一时所能做好。若须校订史实，则凡纪传之互核，各种史籍、石刻之查考，费工太大，且不易作。作不好不如不作。

另外，具体负责此事的赵守俨先生记录了与汪篯口头交流的意见（1959年7月26日）：

> 汪篯同志对校记看得很仔细，《合注》引文却没有查对。他说瞿氏的校记根本不能用，十之七八是错误的，而且有许多常识性的错误。另外写有详细书面意见可于星期一（廿七日）连同原稿等一并送来。严格说起来，瞿的水平是不能胜任《合注》的整理工作的，但目前既想不出适当的人选代替他，只好仍由他搞下去。他建议要请人覆看，初步想到的有以下几位：周一良、唐长孺、聂崇岐，汪篯本人也可担任一部分。

档案里没有贺昌群的意见，赵守俨归纳综合诸家意见也没有提到贺昌群，但据张泽咸回忆，贺昌群曾给他“一份已写定的《刊行新旧唐书合注说明》（未刊）”（《求真务实五十载：历史研究所同仁述往（1954—2004）》399页）。

五

在专家外审的同时，中华书局编辑部内部由历史一组赵守俨先生审读了《高祖纪》部分（由于时间关系仅审读了32页），赵守俨与周一良、汪篯主要针对瞿氏校记不同，对王氏《合注》内容也予以较多关注，考证详实而深入。转录两条为例：

《高纪》二页下倒二行注："先谦曰：高祖为扶风太守，礼傅奕，见《傅奕传》，此脱，《旧书》同。"瞿校记："新旧纪均有岐州刺史之文，岐州即扶风，隋大业后，郡太守往往即为州刺史。或用新名，或即承用旧名。王氏以为两书脱漏，恐非。又高祖为扶风太守，亦见《后妃传》。"按《旧书·高宗纪》总章二年亦有"高祖初仕隋为扶风太守"之语，岐州即扶风，见《隋书》及两《唐书》地志，王氏失考，以为纪文脱漏，瞿氏的驳正是对的。惟按之《太平寰宇记》三十，岐州改扶风郡是大业三年，《新纪》既称"历岐州刺史，荥阳、楼烦二郡太守"，则当是岐州之任在前，荥阳在后，而《金石萃编》四十所收"大海寺唐高祖造像记"、"唐高祖为子祈疾疏"，一立于大业元年，一是二年正月，结衔都作郑州刺史（即荥阳），可见李渊任刺史在改郡之前，仍称"岐州刺史"为是，作"扶风太守"者是以新名称旧官，不够妥当。瞿记"隋大业后郡太守往往即为州刺史……"云云，就此处来说，似尚可商榷。

此条针对《新唐书·高祖纪》"大业中，历岐州刺史，荥阳、楼烦二郡太守"句王先谦注。下面一条针对《高祖纪》"击高阳历山飞贼甄翟儿于西河破之"苏舆注：

注："苏舆曰：贼字当在高阳下，历山飞、甄翟儿皆贼名。"瞿记据《旧书·太宗纪》"高阳贼帅魏刁儿自号历山飞来攻太原"一语，以为历山飞是其称号，魏刁儿、甄翟儿"皆其中渠帅姓名"，驳正苏氏"皆贼名"之说，瞿说固是，但于"历山飞"的问题似仍意有未尽，且于句中"贼"应否在"高阳"下，未置可否。按《隋书·炀帝纪》、《旧书·太宗纪》、《通鉴·隋纪》记历山飞事，文字互有参差：

《隋书·炀帝纪》:(大业)十二年:魏刁儿所部将甄翟儿,复号历山飞,众十万,转寇太原。

《旧书·太宗纪》:有高阳贼帅魏刁儿自号历山飞来攻太原。

《通鉴·隋纪七》,四月癸亥:历山飞别将甄翟儿众十万寇太原。

《通鉴》同卷:诏以右骁卫将军唐公李渊为太原留守。……将兵讨甄翟儿……大破之。

综合以上引文,可知:(1)魏刁儿、甄翟儿皆号历山飞(其用法约如"黄巾"、"梁山泊");(2)甄翟儿为魏刁儿之部将;(3)李渊所败只是甄翟儿,不包括魏刁儿在内(《太宗纪》文字不妥)。因此《旧书》"击高阳历山飞贼甄翟儿于西河"句不误,以文义而论,正等于说:"击山东梁山泊"某某于某地。如依苏说,"贼"字在"高阳"下,反容易令人把"历山飞"及"甄翟儿"错认为两人(苏舆正认为是两人)。

对于王氏《合注》,赵守俨认为:王先谦采集吴缜《新唐书纠谬》及清人钱大昕、王鸣盛、赵翼、赵绍祖、张宗泰、沈炳震、丁子复、刘文淇、刘毓崧十余家之说,辑为《合注》,并以两《唐书》与《通鉴》、《册府元龟》等书有关唐代史事的记载比较异同,附以个人按语,在订正史料方面有一定的贡献,为研究唐史的人提供了一些便利。但明确指出其缺点在于:一是疏漏不少,有些应当发现的问题没有发现。二是失之繁琐,王氏案语精辟的见解也不多。并推测本稿的具体编撰,似多出王氏门人之手,未经他本人仔细检核,还不能算是一部理想的集注。

对于瞿蜕园的整理和校记,赵守俨认为:

本稿虽经瞿兑之先生花费了不少精力和时间进行整理,并另撰校记，于《合注》多所补正，但整理工作远不够仔细，许多引文错误未经改正（错字及张冠李戴的地方不少）。瞿校记的内容也不无可议之处。整理时于《合注》引文曾否逐条查对，很值得怀疑。

全稿有点无标，对于读者不很便利，符号的运用，与本社所定“二十四史”的办法亦不尽相同（并有不妥当和错误的地方）。原稿本曾用朱笔断句，标点时又用蓝笔罩上一层，有很多模糊不清的地方，排版容易误会，校对时必须格外仔细。如改加标点，势必全部返工，绝非短时期所能完成。

赵先生综合各家意见，有两点基本一致：一、王氏《合注》应该出版，“周汪两位都认为这部书的本身是应当出版的，而且希望能早出”。二、瞿氏校记不用，整理工作确定在校勘标点。根据7月30日历史一组组长姚绍华先生意见，最终确定仍由瞿兑之承担，并将编辑部及汪篯、周一良二位先生审读意见誊录转交。

六

除了此前提交周一良、汪篯等先生审阅的部分原稿、校记外，1959年8月，中华书局向科学出版社借阅了陈垣关于《新旧唐书合注》来信及审查意见、瞿蜕园报告及意见。9月，又向瞿蜕园去函索寄《合注》部分书稿，由中华书局上海编辑所寄交北京中华。所有这些工作，目的都是为了考量是否可以将《新旧唐书合注》列入二十四史“集注本”的出版计划。

此时，二十四史“普通本”第一种《史记》已经付梓，第二种《三国志》即将完成，“集注本”成为当务之急，而《合注》整理本的质量状况，显然使抉择陷入了两难之境。现存档案没有记录在什么情况下征求唐长孺先生意见的，仅有唐先生留下的手书一纸：

> 王先谦的那本《合注》已粗略地翻过。这部书所用资料主要是刘文淇的校勘记，其他亦皆为习见之书。因而其价值仅仅在于集中了一批常见的资料，省翻检之烦。王先谦自己稍加一点，也只在《册府元龟》中稍加补苴而已。
>
> 印这部书不能说没有用，但这样一部大书，可以估计要花不少工本，这就需要考虑了。
>
> 上回我提到的四川翻印的《初学记》，现在了解就是古香斋本翻刻，不足重。

周一良、汪篯主要就瞿氏校记而言，唐长孺则针对《合注》本身直接给了差评。唐先生的意见受到金灿然的特别重视，他亲笔将唐先生的意见加了"唐长孺对于出版《新旧唐书合注》的意见"的标题，要求在业务简报上刊登。开头增加"最近，我们就出版《新旧唐书合注》一书，征求唐长孺先生意见，唐覆称"云云一段，文末括注"按：汪篯同志也有类似意见"。

1959年10月8日，中华书局致函科学出版社编辑部：

> 王先谦《新旧唐书合注》一稿经我们送请专家审查并比较广泛的交换意见以后，一般都认为《合注》只采用了几部习见的书，参考价值不大，而瞿先生的整理工作也没有达到出版的要求，因此我局不拟考虑印行。至于你社是否出版，请你们研究决定。兹将原稿、校记、出版说明、陈援老审查意见等一并送还，请查收。原稿中，除本纪三册是你社交来的外，其余都是我们径向瞿先生索寄的。

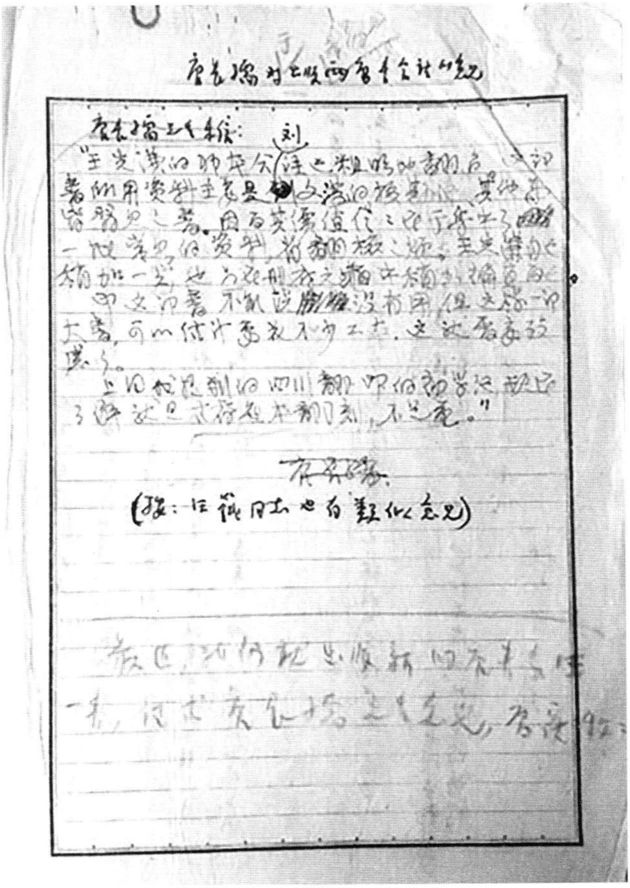

唐长孺对出版两唐书合注的意见

唐长孺

唐长孺先生对于出版《新旧唐书合注》的意见

由于这是一部大书，需要慎重考虑，因此处理的时间比较长了一些，尚希谅察为荷。

随函附退还清单：

原稿：

本纪三本（高祖、太宗、高宗）

三宗诸子传一本

礼乐志一本

表五本（商务所补。百衲本新唐书11—15，合订一册）

突厥传至南蛮传六本

以上原稿共十六本

附件：

校勘记三本（高祖、太宗、高宗纪）

"刊行新旧唐书合注说明"打印稿一份（七页）

陈援庵先生信及审查意见（共五页）

瞿蜕园"关于王先谦遗著唐书合注之报告"（共七页）

瞿蜕园"覆校唐书合注意见"（二页）

至此，《新旧唐书合注》的出版之路又一次中止，直到今天还"秘阁锁书深"，难得一见。

《新旧唐书合注》从1916年成稿后，学术界所知甚少，不免揣测之词。或以为其体例与沈炳震的《新旧唐书合钞》相仿，只是校注稍详。1956年，商务印书馆版《唐书经籍艺文合志》出版说明述及此书，书名就误作《新旧唐书合钞补注》。黄永年先生《唐史史料学》著录此书也沿旧误，认为"是用《唐会要》、《册府元龟》等给沈氏《合钞》作注"，又引张舜徽先生说"从前听说王氏后人拟交商务印书馆付印，迄未出版”。接着他说：

> 前在北京听谢国桢说建国后此书稿本归中国科学院，经审阅认为编纂太粗糙，学术价值不高，不拟付印。（中华书局版 41 页）

草灰蛇线，皆可印证。黄先生尽管没有看过原稿，但他认为王氏学问本未超越时流，此书“盖晚年所作，精力已竭，仅付子弟门生为之，自然更差”。

十年前，笔者在中华书局“二十四史”点校档案中看到发黄褪色的汪篯审稿意见，难以忘怀，一直留意与此有关的信息，现勉强抄撮成篇，以存故实。2007 年 5 月 17 日，点校本“二十四史”修订工程第一次会议在香山召开，复旦大学陈允吉先生在座谈会上说，王先谦《合注》曾提供复旦《旧唐书》点校之用。后来我又在档案中看到了上海人民出版社给中国科学院图书馆归还《合注》的手写函件，时间为 1975 年 3 月 3 日，确证《合注》曾经作为“上海五史”点校参考。不久，谢保成先生在对《合注》原稿进行考察研究之后，发表了《一部研治两〈唐书〉的集大成之作——王先谦〈新旧唐书合注〉》（《唐研究》第三卷），将深藏多年的《合注》再一次推入学术界视野，遗憾的是因为对《合注》流传及加工情况不明，略欠准确。

《新旧唐书合注》成书即将百年，1945 年前后经商务印书馆补纂，1950 年代入藏中国科学院图书馆，1956 年应科学出版社之约，经过瞿蜕园先生两年多的点校加工，1959 年中华书局约请专家集中审读，1971 年后又调拨上海用作两《唐书》点校参考，历经曲折，又回到科图的馆藏。现存于中国科学院图书馆的《合注》有两部，一部仅存 42 卷，5 函 48 册，为誊清稿本，瞿蜕园整理时曾经取校；另一部为全稿，13 函 189 册，主体是王先谦生前雇工写定的上版清本，《艺文志》部分为毛笔誊清稿，傅纬平补纂的表志部分为“商务印书馆编审部专用稿纸”钢笔誊清稿。在原稿分册装订的基础上，瞿蜕园用他写于“春明出版社稿纸”的废稿加装了护封，上海两《唐书》点校时，又用“上海市出版革命组”编印的《革命歌曲选》封面纸加装了外封。在里外两层封面上，是不同时期留下的题签、编号，已经褪色的注记、浮签，仿佛一百年的风雨印迹。

早在1982年国务院古籍小组恢复时，《新旧唐书合注》就被列入《古籍整理出版规划》历史第一部分（1982—1985），拟作断句排印。前几年也曾有消息说已开始校点整理，即将出版。希望《合注》在成稿百年、历尽曲折之后早日出版，为学术所用。也希望瞿蜕园先生十万字的校记，能够重现人间。

2015年5月23日写毕，6月17日改定

（原载《文汇报/文汇学人》2015年8月14日）

周振甫《管锥编》选题建议及审读报告

整理赘记：

一代学人钱锺书先生走完了他八十八年的人生里程，于1998年12月19日永远地离开了我们，中外学界都在为钱先生的去世而深感哀痛。钱锺书先生生前一直关心、支持古籍整理事业和中华书局的编辑出版工作，与中华书局有过良好的、密切的合作，我们以能够出版钱先生的学术巨著《管锥编》、《谈艺录》而为荣。现在我们特别从中华书局编辑部《管锥编》书稿档案中选取两篇关于《管锥编》的选题、审读报告，予以发表，以寄托我们对钱先生的深深的哀思。

选录在下面的这两份报告，均出自《管锥编》责任编辑周振甫先生之手，是有关《管锥编》出版过程的最早档案记录。第一份《建议接受出版钱锺书先生的〈管锥编〉》，即出版《管锥编》的选题报告，写于1977年10月24日，中华书局编辑部于次日即做出决定，同意立即联系接受出版，并要求"从审稿、发稿直到排印出书都作为重点书予以优先考虑"。第二份《〈管锥编〉（第一部分）审读报告》，写于1977年12月1日，是周振甫先生在审读完《管锥编》第一批原稿即《周易正义》、

《毛诗正义》、《左传正义》三个部分后，所写的总体意见。作为《管锥编》的最早读者，周先生对此书的价值做出了敏锐而准确的评价，同样具有很高的学术价值。这两份二十一年前的简短的审读报告，是钱锺书先生、周振甫先生二位学术前辈数十年知交的雪泥鸿爪，也是钱锺书先生与中华书局文字因缘的记录。

1979年8月，《管锥编》第一版正式面世。此后屡经修订重印，1993年，五卷本《管锥编》荣获首届国家图书奖。

1998年12月23日徐俊整理并记

建议接受出版钱锺书先生的《管锥编》

马蓉同志昨天去看钱锺书先生，钱先生谈起他的新著《管锥编》，说最近胡乔木同志去看他，看了《管锥编》的部分稿子，很欣赏，建议早日出版，不宜延搁。钱先生愿意把这部稿子交给我社出版。因为我看过部分稿子，希望由我来做编辑工作。由于这部稿子里有五种外文，校对工作可由他自己看清样。我社是否可根据乔木同志的意见和钱先生的愿望，立即与钱先生联系，接受出版，争取早日付排，由钱先生亲自校定，争取早日出书。

钱先生在英国文学界有较高的地位，英国人编的文学史，有专章讲述钱先生的文学创作。钱先生的《宋诗选注》，日本人极为推重，有专文介绍。钱先生通几国文字，专研比较文学。他博极群书，把中国文学名著和西洋各国文学名著中之艺术手法，把中国的文艺论和西洋的文艺论互相比较，足以启发人的智慧。他的《宋诗选注》，受到日本人的推重，就由于从艺术角度，通过各种写作修辞手法的比较，有很多阐发。

《管锥编》是分一部一部书讲的，共讲了《周易正义》、《毛诗正义》、《左传正义》、《史记会注考证》、《老子王弼注》、《列子张湛注》、《焦氏易林》、《楚辞补注》、《太平广记》、《全上古三代秦汉三国六朝文》十部书，约有八十万字。他就每部书中提出各个问题来讲，讲的时候往往引用古代名著来比较；有时引用外国的名著或文艺论来作比较阐发。引用外文的部分在正文中都作了翻译，把外文的原文列入附注，不懂外文的人都可看。

这部著作不限于比较文学，也接触到其他学术问题，但以文学艺术为主。在讲《周易正义》里，讲到“易一名而含三义：易简一也，变易二也，不易三也”。引了黑格尔的话，黑格尔称赞德文含义丰富，贬低中国文字贫弱，不宜思辨。钱先生就据中文含义的丰富，有并行分训，如“空”有虚无、诚悫两义；有歧出分训，如“乱”兼训“治”，“废”兼训“置”。用来纠正黑格尔的错误，对加强我国人的自信心有作用。讲《易经·艮卦》的“艮其背”，引《红楼梦》风月宝鉴不可照正面，只可照背面。又引德国诗写贵人卧病，忽见美女仪表似天人，其背皆白骨，以及《镜花缘》之写两面国。通过中西作品的对比，对人有启发。讲《易经·归妹卦》，据斯多噶派“万物有二柄”说，指出比喻有二柄，褒贬相反，如“水月”既喻玄妙，又喻虚妄。比喻复具多边，如“月”，既可喻明亮，又可喻圆形，又可喻明察，又可喻女主，各取月之一边。二柄多边之论修辞，未经人道。由于通过古今中外名著的比较研究，很有发前人所未发的创见。这书如果出版，至少在英国和日本，会引起重视。这也是钱先生一生精力所萃。根据陈原同志的指示，我社有责任出版有研究的有学术价值的著作，是否可以接受出版，请批示。

周振甫　10.24.

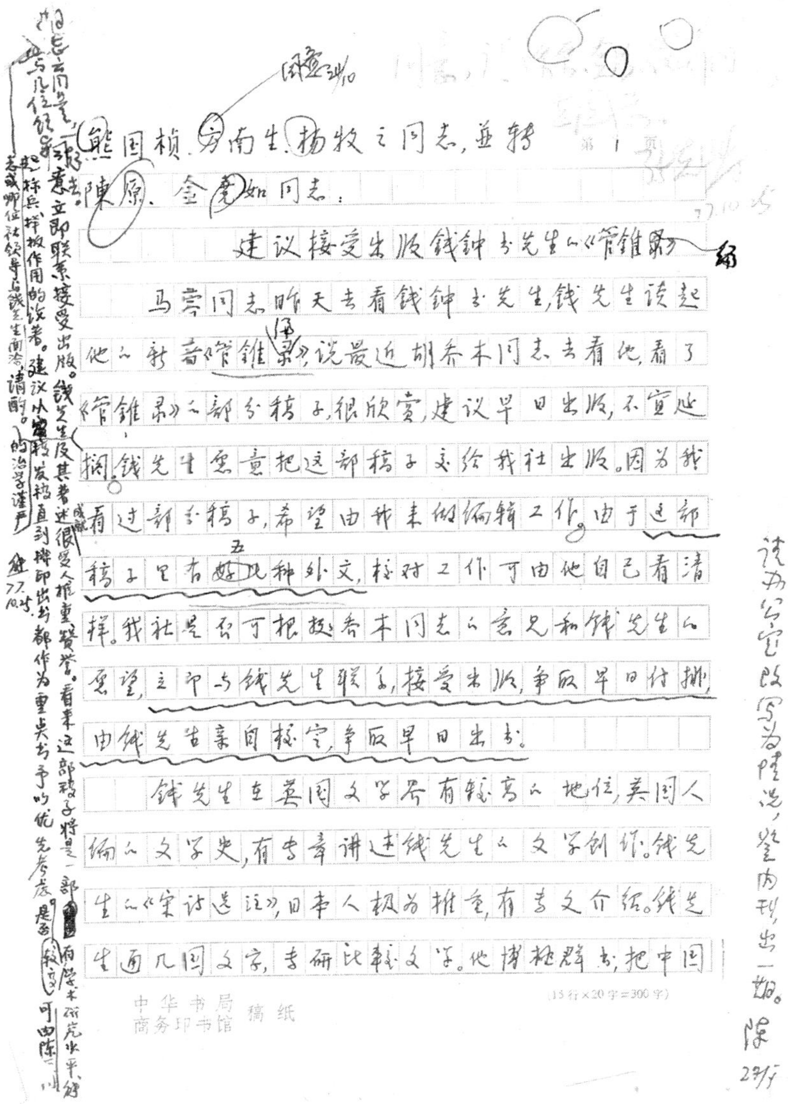
熊国祯、□南生、杨牧之同志，并转
陈原、金□如同志：

建议接受出版钱钟书先生的《管锥编》

马蓉同志昨天去看钱钟书先生，钱先生谈起他的新著《管锥录》（编），说最近胡乔木同志去看他，看了《管锥录》的部分稿子，很欣赏，建议早日出版，不宜延搁。钱先生愿意把这部稿子交给我社出版。因为我看过部分稿子，希望由我来做编辑工作。由于这部稿子里有好几（五）种外文，校对工作可由他自己看清样。我社是否可根据乔木同志的意见和钱先生的愿望，立即与钱先生联系，接受出版，争取早日付排，由钱先生亲自校定，争取早日出书。

钱先生在英国文学界有较高的地位，英国人编的文学史，有专章讲述钱先生的文学创作。钱先生的《宋诗选注》，日本人极为推重，有专文介绍。钱先生通几国文字，专研比较文学。他博极群书，把中国

（13行×20字=300字）

中华书局
商务印书馆 稿纸

周振甫先生《管锥编》选题建议及审读报告（首页）

《管锥编》(第一部分)审读报告

熊国祯同志指示本稿分批发稿,第一批拟先发《周易正义》、《毛诗正义》、《左传正义》三部分。拟编一细目,无细目则读者不知内容为何,于书中材料不便利用,就是看过本书的也不容易找到要找的材料。细目即请作者改定。

本稿是读书札记,这样的札记以前国内没有见过,因为它包括古今中外,偏重于比较文学,包括文字训诂修辞兼及哲理等。

就文字训诂说,《周易》一《论易之三名》,引了“易”的一字三义,比照“诗”的一字三义、“伦”的一字四义、“机”的一字三义、黑格尔的“奥伏赫变”一字有正反两义,从而概括出“并行分训”与“背出分训”。背出分训指一字有相反的二义,“背出分训之同时合训”,指一字在句中同时具有正反两义。经过这样概括,提出了新的概念,这在以前讲训诂文字的书里似乎还没有见过。尤其是“背出分训之同时合训”看到人们没有看到处。在这里批评了黑格尔的妄论、贬低中国语文,为中国语文张目。又指出名辩之理,先正言后反言,纠正有人对《墨子》经说的误解,对读者有启发。

就修辞说,如《周易》二提出“《易》之拟象不即,《诗》之比喻不离”(11页——整理者按:此为原稿页码,下同),即说理时借具体事物来说明抽象的道理,可以用甲,也可以用乙;诗里通过形象来表达情思,形象和情思结合,就不能随便换,一换情思也跟着变了。这样来说明说理和诗词的不同。从这个不同里,指出如把这两者弄反了,“等不离者于不即”,“作求女思贤之笺,忘言觅词外之意”,“以深文周内为深识底蕴”(15页),“甚且成乌台之勘案”。指出把两者弄反以后,从诗的形象里去追求它的用意,离开了形象所表达的情思,会造成深文罗织的文字狱。这就讲得很深刻。这样讲修辞，在以前的修辞书里没有看到过，也是发前人所未发。

再像讲比喻，用同一事物作比，有褒贬之不同，如“水月”既可比玄妙，又可比虚妄（38页），作者称为“两栖”。又用同一事物作比，而旨趣各异，如“月”，既可以比皎洁，又可以比圆、比明察，又可以比女主，作者称为“多边”。这是在以前讲修辞的书里也没有见到过的。

再像论文艺的，如《诗》的《关雎》（三），说明诗歌和音乐的关系，如靡靡之音往往配上佚荡的歌词，这是一致的。但也有同一曲调，配上情调不同的歌词，曲调不能不受到情调不同的歌词的影响，这是不一致处。再指出歌词可以违心而作，曲调所表现出来的声情难以作伪。这就既看到一致和不一致的两个方面，又看到歌词和曲调的差异，并指出孔疏在美学上的地位（63页）。这比起元遗山《论诗绝句》“心画心声总失真，文章那复见为人”，只看到矫情的一面来，比较看得全面了。

本书也讲到其他方面，如“神道设教”（18页），除了指出“各教皆妄”，“君主捏造神道为御民之具”（19-1页）外，还指出“盖世俗之避忌禁讳，宗教之命脉系焉”（18页）。这就指出神道设教也有它的来源；又指出“古人每借天变以谏诫帝王”，那就不仅看到帝王愚民的一面了。这对启发人的智慧有帮助。

本书中所讨论的问题，往往是说明它的源流，指出它的相反的两面，指出应注意的地方。如《易》的《系辞》（五）（46-3页），指出“吉凶与民同患”，“吉凶”即“凶”，“吉”是陪衬，无义。要指出这一点，又引了《系辞》、《说卦》、《左传》、《论语》、宋玉赋、《后汉书》、《日知录》等书，说明“因一（如凶）兼言（如吉）”之例，这是说明这个问题的源流。对于“因一兼言”，余冠英先生称为“偏义复词”，如“国家”即“国”、

"兄弟"即"弟"等。但作者又看到另一面，提出"从一省文"，如"不可造车马"，可说"车马"即"车"，"马"是兼言；也可说成是"不可造车畜马"，从"造"字而省"畜"字。如"润之以风雨"，可说"风雨"即"雨"，"风"是兼字；也可说"散润之以风雨"，从"润"字而省"散"字。这就看得全面。这种兼言有一定范围，如"尧以天下让许由"，不能说"尧舜以天下让许由"，即不能杜撰事实。讲源流给人知识，讲两面使人看得全面些，指出限制，可引起人们注意。

以上可说是本书的优点。本书也谈了一些小的问题，如讲"人中"有两种解释（16页），"苏苏"即"簌簌"的意思（33页）。

对这部分稿子提了一些意见，见另纸。是否请作者改定拟目及作些修改后发稿，请批示。

周振甫　12.1.

（原载《书品》1999年第1辑，又《钱锺书研究集刊》第三辑，上海三联书店2002年）

周振甫《管锥编》审读意见

——附钱锺书先生批注

整理赘记：

围绕着《谈艺录》和《管锥编》这两部学术巨著，周振甫先生与钱锺书先生作为编辑与作者之间的种种佳话，已广为人知。这里只说《管锥编》。

1972年3月，钱锺书先生从干校回京，借住在文学研究所办公室，杨绛先生说："我和锺书在这里住了三年，他写完《管锥编》。"（《谈〈堂·吉诃德〉的翻译》）《管锥编》初稿写定不久，大约在1975年，周振甫先生成为《管锥编》的第一个读者。

二十多年之后，当人拿着钱先生《管锥编》序中"命笔之时，数请益于周君振甫"这句话，来请周先生回忆当时的情况时，周先生说：钱先生那样讲，我实在惭愧。那还在"四人帮"控制时期，大概是1975年，钱先生住在那时文学研究所楼下的一间房间里。一天，他忽然要我去他家里吃晚饭，我不知道有什么事情，下班后就去了。我到的时候，他已在院子旦等我了。吃过饭，钱先生拿出一叠厚厚的稿子，说要借给我看，这稿子就是《管锥编》。钱先生的著作是非常珍贵的，我以前是不敢向他借的，怕丢失了就不好办了。这次，他要借给我看，很出我意外。他只是说要我给他的稿子提点意见。提意见，我是没有资格的。不谈外文，就是中文，钱先生读过的书，很多我没有见过。我因为能拜读到钱先生的著作而喜出望外，所以，就不管能不能提意见，先把手稿捧回去了。（钱宁《曲高自有知音——访周振甫先生》，转引自沉冰主编《不一样的记忆——与钱锺书在一起》，当代世界出版社，1999年）

关于这次请周先生读《管锥编》，钱先生以“小叩辄发大鸣，实归不负虚往”（《管锥编》序）给予高度评价。周先生却谦虚地说：我是读到一些弄不清的地方，就找出原书来看，有了疑问，就把一些意见记下来。我把稿子还给钱先生时，他看到我提的疑问中有的还有一些道理，便一点也不肯放过，引进自己的大著中。钱先生的《管锥编》很讲究文采，所谓“高文一何绮，小儒安足为”。他把我的一点意见都是用自己富有文采的笔加以改写了。《管锥编》出版时，我曾提请他把序中那几句话改掉，他不肯，就只好这样了。（同上）

钱先生《管锥编》序所署写作时间为1972年8月（近年网络所见手稿署写作时间为1973年8月）、1978年1月又记，但“数请益于周君振甫”云云主要是就1975年的这次读稿而言的。根据中华书局编辑部《管锥编》书稿档案，现在我们知道，在《管锥编》书稿交付中华书局之后，即1977年底至1978年初，周先生还有一次认真全面的审读，并留下了详细的记录。

1977年10月24日，周先生向中华书局提交了《建议接受出版钱锺书先生的〈管锥编〉》的选题报告。同年12月1日，完成《管锥编》第一部分书稿的审读，并撰写了《〈管锥编〉（第一部分）审读报告》（以上两篇报告，已整理发表于《书品》1999年第1辑）。保存在档案

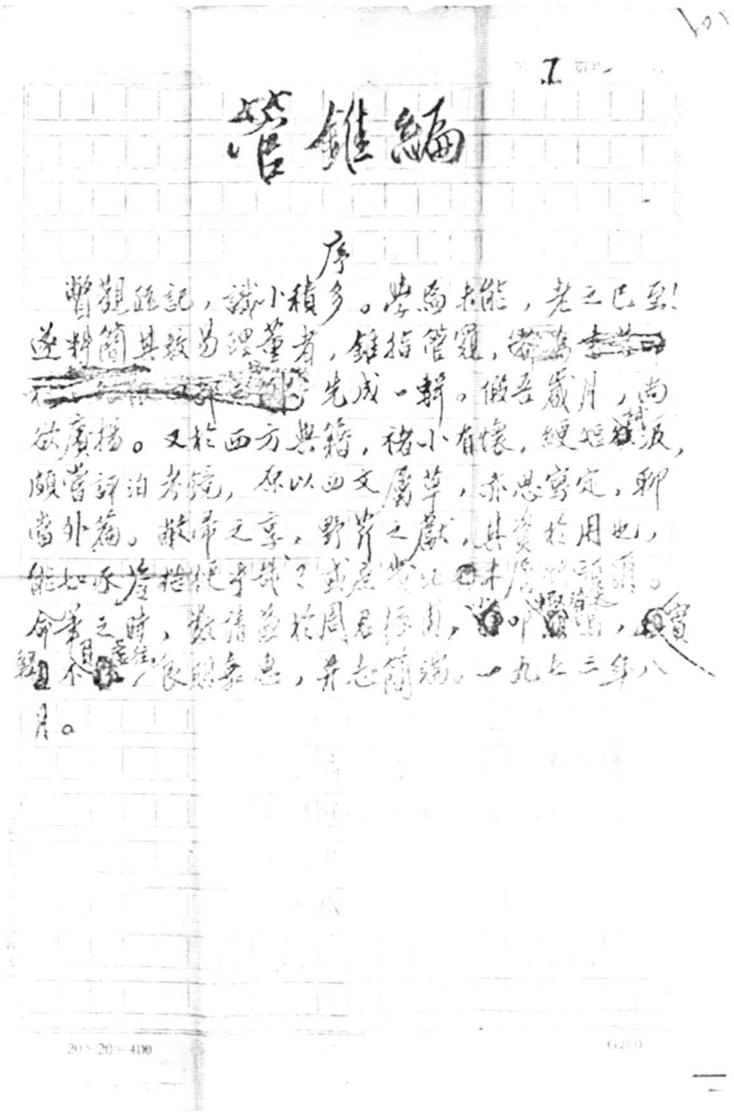

管錐編

序

瞥觀疏記，識小積多。學焉未能，老之已至！
遂料簡其較易理董者，錐指管窺，[illegible]
[illegible]先成一輯。假吾歲月，尚
欲賡揚。又於西方典籍，褚小有懷，綆短汲深，
頗嘗評泊考鏡，原以西文屬草，亦思寫定，聊
當外篇。敝帚之享，野芹之獻，其資於用也，
能如豕苓桔梗乎哉？或庶比木屑竹頭爾。
命筆之時，數請益於周君振甫，[illegible]，實
歸不[illegible]，良朋嘉惠，並志簡端。一九七三年八
月。

钱锺书先生《管锥编》序手稿(网络图片)

文末空白处有周振甫先生批注：序中齿及贱名，初稿已不敢当，至为汗颜，改稿更为惶恐。称美不副其实，恐为盛名之累，将来尚乞改定为感。

中的《审读报告》，后面还附有38页长达数万言的具体意见，其中除了部分有关编辑技术处理的内容外，绝大多数是具体问题的学术性探讨。更为可贵的是，对于周先生提出的每一条意见，钱先生都有认真的批注，短者数字，长则百言。并在书稿中作了相应的删改和修订。阅读这些文字，好像是在倾听两位智者的对谈，娓娓之中，周先生的周详入微，钱先生的渊博风趣，如在眼前。

周先生的审读意见，是按照《管锥编》原稿的顺序，逐条记录而成，每条前标有原稿的页码。现在的整理稿，除保留了原稿的页码外，我们查核了每条意见在中华版《管锥编》中的相应位置，并标注书名、细目及所在册页，以便检读。对书中已经删去，或所指未详的各条，则适当予以说明和提示。钱先生的批注，原写于审读意见的页眉、页脚和行侧，现统置于相应段落之下；少量行间批注仍置于相应语句之下。其前均冠以“钱批”，以相区别。间有文字讹误、征引简省等处，稍作规范，其余均尽可能保留原貌。

写完这个赘记，我不禁想起1997年8月周先生作为“东方之子”，回答中央电视台主持人的一番话，主持人问：“因为工作的原因，您最终没有成为一个职业的学者，您觉得遗憾吗？”周先生用浓重的乡音，淡淡地回答：“中华书局给我编审，就可以了。”对这个回答，人们甚至会以为答非所问，但当我们读完这份审读意见，也许就不难体会这句话的含义和分量了。

2000年5月30日第一部分整理毕，后学徐俊记。

序：“命笔之时，数请益于周君振甫，小叩辄发大鸣，实归不负虚往。”（中华版第一册卷首）

页Ⅰ序　“请益”、“大鸣”、“实归”是否有些夸饰，可否酌改？

【钱批】如灌牢之鲸铿，禅人所谓“震耳作三日聋”者。不可改也。

目次(中华版第一册卷首)

页Ⅱ目次　拟编细目，请改定。十种书当按四部排列，故《史记》列于《老子》前，《列子》为魏晋间作，要不要列《易林》后，或另有用意；《太平广记》列《全上古文》前，是否以小说当列于散文前？

【钱批】略参“四部”，然四部以“术数家”置“道家”前，鄙意嫌其轻重倒置，故以《列子》先于《易林》；“小说家”属子部，故在总集前耳。

《周易正义》一《论易之三名》(中华版第一册2页)

页2　《论语》《子罕》不作《论语·子罕》，当有意如此标法，拟即照排。

【钱批】已遵一一改正。“《诗》《小雅》《桑扈》”改为《诗·小雅·桑扈》，是否？

同前(中华版第一册4—5页)

页5(1)　以句中“是”兼然、此二义，“彼”兼他、非二义，所引例有的似不如此。“以是(然，不作此)其所非，而非其所是(然，不作此)。”“彼(他，不作非)亦一是(然)非，此亦一是(然)非。”与“非”相对之“是”作然不作此，与“此”相对之“彼”作他不作非。兼有二义的，“物无非彼(他、非)，物无非是(此、然)。”“彼(他、非)出是(此、然)，是亦因彼。”“彼”、“是”相对，两字各兼二义。

【钱批】是也。然非兼引前数句，则衬托不明，拙文重点正如尊评所言，似不致误会。

同前（中华版第一册6页）

页7倒9 《系辞》下云“……”，“：”下用“，”，一般“：”下用句号，下用“，”上不用“：”。此处当有意如此点法，拟即照排。

【钱批】此乃西文标点习惯，似较合理，因此处语气一贯为一单位观念。乞再酌定。

《周易正义》五《观》（中华版第一册20页）

19（1） 借天变以诫帝王，可补帝王借天变以罢斥大臣，上下交相贼。

【钱批】遵补请审鉴。

《周易正义》一八《系辞（二）》（中华版第一册42页）

杨雄，从木作杨，是有意如此写，当照排。

【钱批】遵改，从通用。段玉裁《经韵楼集》卷五《书汉书杨雄传后》：“其谓雄姓从手者伪说也”，故拙稿作“杨”，但此等处不必立异，尊教甚当。

《周易正义》一九《系辞（三）》（中华版第一册44页）

44—46（1） 几：孔疏：“几者离无入有，是有初之微。”入有是已入于有，特是有之微者。有是已成形，有之微者是未成形而微露端倪，易被忽视而还是可见的。注：“几者去无入有，（【钱批】此处断句，下另句。）理而无形，不可以名寻，不可以形睹者也。唯神也……故能朗然玄照，鉴于未形也。合抱之木，起于微末，吉凶之彰，始于微兆。”这里说几是无形不可见，既是无形而不是未形，那末还是属于无，没有去无入有。既说“去无入有”，又说“无形”不可见，是否矛盾。既然无形不可见，又说“合抱之木起于微末”，木的微末是有而非无，是可见而非不可见。《易》：“几者动之微，吉之先见者也。”还是可见的。无形不可见之说是否不确。（【钱批】此处似未的，韩注“无形”指“理”言（形而上者），“几”者“去无\［形\］”云云也。尊纠其“神识未形”，则确矣。）疏：“几，微也，是已动之微，动谓心动事动。初动之时，其理未著，唯纤微而已。若其已著之后，则心事显露，不得为几；若未动之前，又寂然顿无，兼亦不得称几也。”照此说来看引的诗，“‘江动将崩未崩石’，石之将崩已著，特尚未崩耳，不得为几也。”将崩未崩，似即“初动之时，其理未著，唯纤微而已”，诗人从未著的纤微中看到将动，是否就是几。“盘马弯弓惜不发”，虽发之理未著，唯发之纤微而已，是否就是几。又将动未动与引而不发，与“雪含欲下不下意，梅作将开未开色”，实际相同，一作非几，一作几，不好理解，倘均作几，就好懂了。（【钱批】此乃程度问题；如熹微、昧爽、晓日、中天，难划而未尝不可分，心理学谓之“感觉门槛”（或高或低）。）

【钱批】此评《注》、《疏》之矛盾，精密极矣！非谓之“大鸣”不可。已增入并借大名增重，不敢掠美也。乞鉴定之。且增申说一段，或可稍圆。

《毛诗正义》五《关雎（四）》（中华版第一册62—64页）

63　比兴　孔疏：“兴者托于事物，则兴者起也，取譬引类，起发己心，诗文诸举草木鸟兽以见意者，皆兴辞也。”这样说，兴就不必居诗的开头，在诗中也可有兴。《离骚》中诸举草木鸟兽以见意者也可说是兴了。这样的兴，就不同于居于诗的开头的兴，如朱熹说的与下文全无巴鼻了。陈沆的《诗比兴笺》，大概就从孔疏的说法来的。尊著中没有谈到这个意义的兴，请考虑要不要补说一下。还有尊补的窦玄妻怨歌，据沈德潜注："天子使出其妻，妻以公主。妻悲怨，寄书及歌与玄。"那末"茕茕白兔，东走西顾"，是否可比被出的狼狈相呢？又引"孔雀东南飞"，记得乐府诗："孔雀东南飞，五里一回顾，十里一徘徊。妻卒被病，行不能相随。我欲衔汝去，口噤不能开。……"则孔雀东南飞正指夫妇生离之痛。所补两例，请再考虑。

【钱批】拙论乃言于"兴"之鄙见。孔疏于鄙意无可张目，故不及之。"诗中有兴"，孔未举例；《离骚》篇中之鸟兽草木，恐以"赋"、"比"可释。窦玄妻歌，沈说正缘其不识"兴"义；《焦仲卿妻》中数句，亦缘后人不识"兴"义为搭桥引渡，故历来通行本皆删而不及，《玉台新咏》即无此等句。

同前（中华版第一册63—64页）

64　引项安世说"兴"，以《杨柳枝》、《竹枝词》每句皆足以"柳枝"、"竹枝"，当指每句末加上"柳枝"或"竹枝"，那似属声辞合写，句末两字表声而无义，与"兴"之在句首者不同。儿歌之"一二一"好像也是声而非辞，特是声之位于句首者。诗中之"兴"是辞而非声。兴既是辞，必有内容。如"青青陵上柏，磊磊涧中石。李注：言长存也。人生天地间，忽如远行客。李注：言异松石也。""青青河畔草，春草年年绿，王孙归不归？见春草而思游子。绵绵思远道。"如朱子说，以柏石与草皆为兴，则兴与下文并非"全无巴鼻"。柏石并非比人生短促，故非比，但以反衬人生短促，故为兴。草并非比思远，故非比，但以引起思远，故为兴。此柏石草三句皆有内容，不同于仅为表声之字。刘勰《比兴》："比显而兴隐"，"兴者，起也。……起情者依微以拟议"，"兴则环譬以托讽"，"兴之托谕，婉而成章"，"关雎有别，故后妃方德"。刘勰认为兴和比只有隐显之异，只是一种隐的比，这正可说明朱子举的例子。兴和下文关系，不即不离，不即所以非比，不离所\[以\]非全无巴鼻。全无巴鼻之说与所举例似不合。

【钱批】拙说未晰，因尊指摘而补申之。见稿上，请酌正。

《毛诗正义》二二《桑中》（中华版第一册88页）

86（2）“艳遇”、善诱妇女之“宗匠”、“鸳鸯社”，引号中的词是否可改用贬义词？

【钱批】遵改。

《毛诗正义》三九《蟋蟀》（中华版第一册119—120页）

118—119　对于宗旨归于及时行乐之作，或略示贬义，或指出此种诗产生之背景如何？

【钱批】“背景”甚难臆断，乱世平世、贫人（“穷开心”）富人，均有此心。拙稿此节结语“或为荡子……”一节已言之矣。姑加“贬词”何如。请酌定。

125（1）《宛丘》：“子之汤（荡）兮，宛丘之上兮。洵有情兮，而无望兮。坎其击鼓，宛丘之下。无冬无夏，值（持）其鹭羽。”写子之游荡，有荒淫之情，无威仪可观望。所谓游荡，即击鼓而舞，无冬无夏。这里似乎没有“单相思”之意，倘以上解释不谬，是否可说明此诗应从郑笺，但“有情”、“无望”可以抽出来表达另一意？

【钱批】甚善，即删去此则。

【整理者按】此条就《陈风·宛丘》而言，原文已删去。

《毛诗正义》四七《七月》（中华版第一册130页）

131（1）“春日迟迟，采蘩祁祁，女心伤悲，殆及公子同归。”余冠英先生注：“是说怕被公子强迫带回家去。”本书引《笺》“始有与公子同归之志，欲嫁焉”。女与公子地位悬殊，“欲嫁”之说与今日读者之理解抵触，以“伤悲”为“思男”，亦同样抵触。此处是否可先批《传》、《笺》之误，然后转入《正义》言时令感人之说亦有可取，与下文相贯。

【钱批】此意兄前次阅稿时已言之，弟非饰非拒谏也，以余公之解乃“张茂先我所不解”也。“怕被迫……”殆如《三笑》中之王老虎抢亲耶？诗中无有也。“殆”可通“惮”耶？古之小学经传未见也。“地位悬殊”则不“欲嫁”耶？封建时代女贱而得入高门，婢妾而为后妃者，史不绝书，戏曲小说不绝写，至今世乡间女郎欲嫁都市高干者尚比比也。郑、孔之注未必当，但谓之不切实际不可也。余解欲抬贵劳动妇女，用心甚美，然不啻欲抬高王安石、李贽而称之为“法家”矣。下文又曰“为公子裳”、“为公子裘”，则此女虽“怕”而终“被迫”乎？见曹植《美女篇》，便知采桑女郎正亦名贵也。

《左传正义》三《隐公元年》（中华版第一册172页）

169　戴氏谓得“志”通“文”，是对的，但说《诗》之志愈不可知，“断以‘《诗》无邪’之一言，则可以通乎其志”。《传》、《笺》曲解之说，无非是要断以“诗无邪”造成的，断以“诗无邪”之一言，怎么能够通贯所有《三百篇》之志。如何才能理解诗人作诗之志，此中大有事在，而且是很重要的，是否可以加以阐说。

【钱批】是否“诗无邪”三字能通《三百篇》之志，吾不知也。戴氏言之，吾即以其矛攻其盾耳。落得便宜，一笑。

《左传正义》一六《僖公二十四年》（中华版第一册191页）

188　中富辰若曰："妇女之性，感恩不到底……"，下接"盖恩德易忘……"，似可作"然恩德易忘……男女同之，不当以苛责妇女"等语如何？

【钱批】吾师乎！吾师乎！此吾之所以"尊周"而"台甫"也！

《左传正义》一八《僖公二十七年》（中华版第一册 192—193 页）

189（1）　倒 5 行"按艻贾以此（治军严）为子玉必败之徵"，按艻贾曰："子之传政于子玉，曰：'以靖国也。'靖诸内而败诸外，所获几何？……子玉刚而无礼，不可以治民。……"艻贾说子玉败是二点：一是子文恐子玉不能靖而传政，把政传给恐不能靖的人会招致失败；二是刚而无礼，似不由于子玉治军之严。下文 190，2 行，主张"杀卒之半"，则必激变，其说恐非，或者删去"按艻贾句"，则子文与子玉之治军是有宽严之异，与下文可衔接，对"杀卒之半"或删或加批。如何？

【钱批】甚是，原稿之疏阔也。然艻贾语紧接此事，则"刚而无礼"当亦指其鞭挞之威欤。改奉请酌定。

《左传正义》二七《宣公十二年（二）》（中华版第一册 203 页）

200 倒 3　"围师必阙，穷寇勿追"。按本则或专举"困兽犹斗"诸论而不引"围师必阙……"；或引"围师必阙……"，再补引歼灭战及追穷寇之论，显得两面都到。

【钱批】论"围师必阙"见《全上古文》论《孙子》，此处提一下似已可。

《左传正义》三二《襄公四年》（中华版第一册 211—212 页）

210 中　"有穷后羿——……昔有夏之方衰也"，语中断而复续；

211 中"'与儿逃于杨——'句未终……倒地而灭"语中断而不续。两者稍异要不要点一下?

【钱批】是也,遵补一句。

《左传正义》三七《襄公二十一年(三)》(中华版第一册 214 页)

213　以貌美比"深山大泽",似拟不于伦。貌美"生龙蛇以祸女",不过女祸之另一说法,是否要批一下。

【钱批】加数句请酌。

《左传正义》五二《昭公十二年》(中华版第一册 231—232 页)

229 中　上言忠信之事则大吉为大吉,不然则大吉为凶,是以善恶分;此言同一梦也,贵人为吉,贱人为妖,是以贵贱分。把这二者称为"亦归一揆"。按以善恶分者,是善的,贱人得大吉亦吉;是恶的,贵人得大吉亦凶,与以贵贱分吉凶的似非一揆。即《易》不势利而占梦势利。《火珠林》不分善恶贵贱,是吉即言吉,是凶即言凶,与《易》占梦又不同。是卜筮之道分而为三。王氏以君子为善不为恶,故有取于《易》,无取于《火珠林》。易只就行善事的来分吉凶,是片面的,它不管做恶事的;《火珠林》兼管善恶,是全面的。似乎两者只有片面与全面之不同,而异乎一本与二元之别。做恶事的虽大吉亦凶,以凶为大吉是否鼓励作恶的人去作恶呢?

【钱批】论王船山一节,遵删去。《潜夫论》于"贵人"、"贱人"外,并举"君子"、"小人",似与《左传》意合。

《左传正义》六二《定公四年》(中华版第一册 243 页)

238(3)　郑注:"曰:'某愿朝夕见于将命者'",即始见瞽之辞必同于始见君子之辞而略为“闻名”二字，“敌者”前略“始见”，“瞽”前略“始见”、后略“者”。按“亟见曰朝夕”下郑注：“于君子则曰某愿朝夕闻名于将命者，于敌者则曰某愿朝夕见于将命者。”那末大约该作：“闻始见敌者，辞曰：某固愿见于将命者；闻罕见君子者，曰：某固愿闻名于将命者；闻亟见君子者，曰：某固愿朝夕闻名于将命者；闻亟见敌者曰：某固愿朝夕见于将命者；……”

【钱批】甚缜密，即照钞加一注，并冠以大名：“周君振甫尝足其辞曰：……”

《左传正义》六三《定公十四年》（中华版第一册244页）

240,5　其一为“信而不当理”，故“直躬之信，不若无信”。“故直躬之信，不若无信”九字似可删，删后上下文依旧衔接。因古今不同，古以直躬为不义，而今则以为义也。

【钱批】遵删。

《史记会注考证》三《周本纪》（中华版第一册253页）

250,3　“城上乌，尾毕逋”，状拍翼声。余先生注：“毕，尽也。逋，欠也。居高临下的乌鸦都缺尾巴，比喻有权势的没有好收场。”两说不同，未知孰是？

【钱批】余说与说汉铙歌“妃呼狶”为“女唤猪”无异（请看渔洋《论诗绝句》“元白张王皆古意，不曾辛苦学妃狶”自注）。明人有不识“苍黄”即“仓皇”者，释为脸吓青了、吓黄了，亦其类。然“妃呼狶”、“苍黄”尚望文即可生义，不必如“毕逋”之拐弯抹角也。余先生比类说诗（如以“殆”为“惮”之类），吾等辱在友好，当如徐陵所谓“为魏公藏拙”耳。

《史记会注考证》四《秦始皇本纪》（中华版第一册 254 页）

288 倒 7　“按归说是也”，归说云何，文中未引，必须翻检《外戚世家》始知。是否可酌引于文中？

【钱批】甚是，已遵补矣。

《史记会注考证》五《项羽本纪》（中华版第一册 274 页）

266　《卫青传》校尉李朔一节。今录原文于下：乃诏御史曰：“护军都尉公孙敖三从大将军击匈奴，以千五百户封敖为合骑侯。都尉韩说从大将军出窳浑……以千三百户封说为龙頟侯。骑将军公孙贺从大将军获王，以千三百户封贺为南窌侯。轻车将军李蔡再从大将军获王，以千六百户封蔡为乐安侯。校尉李朔，校尉赵不虞，校尉公孙戎奴，各三从大将军获王，以千三百户封朔为涉轵侯，以千三百户封不虞为随成侯，以千三百户封戎奴为从平侯。将军李沮、李息及校尉豆如意［中郎将绾皆］有功，赐爵关内侯，［沮、息、如意］食邑各三百户。”以上加“——”是《汉书》删去的，加［　］是《汉书》补的。《汉书》把前面封侯的户数都删了，但关内侯的户数不能删，删了怕读者认为没有食邑了。这样，食邑少的倒不删，多的反而删了，是不是轻重失当。对公孙敖等都用全称，对公孙贺却不称姓，中郎将绾也不称姓，称谓前后不一。《史记》没有这两个缺点。封爵、食邑是很重要的，所以《史记》都注明。绾没有食邑，与以上各人有别，故从删。食邑三百户的合并叙述，食邑千三百户的分别叙述，正是看重食邑之证。食邑的多少正表明功劳的大小，如李蔡功大封千六百户，最多。所以《史记》的重复处还是胜过《汉书》。也许原来的诏书为了看重封邑，对李朔等三人就是这样分别叙述的。

【钱批】甚精细，已采入增一节：周君振甫曰“洪虞”云云，请审之。

剪裁尊旨为文，洁未伤意否？

《史记会注考证》一五《外戚世家》（中华版第一册300页）

293（1）“褚少孙记薄姬事云”，《汉书》加“昨暮龙据妾胸”。按薄姬事见《史记·外戚世家》，考证同，此作褚少孙记不知何据。又《史记》原文已有“龙据妾胸”句，作《汉书》增亦不知何据。

【钱批】是极，弟之谬误也，领教多矣！已改并移前。

《史记会注考证》二八《孟尝君列传》（中华版第一册318页）

311（1）引李商隐书“市道何肯如此”云云，不识李书所言“市道”云何。读下文知本《宋清传》，但《宋清传》之所谓“市道”云何，已不复记忆。因检《宋清传》，始知宋“清之取利远，远故大”，与“炎而附寒而弃”者异，故柳先生称“清居市不为市之道”。尊稿是否可多说几句，以省读者翻书之劳。又清之所谓“市道”实非市道，读之深有启发。

【钱批】遵添引柳文一句，似可明矣。

《史记会注考证》二九《春申君列传》（中华版第一册319页）

311（2）“无刺一虎之劳”，指刺者为受伤之虎非健强之虎，是否以为“修辞未当”，请酌。蚌鹬争而田父“坐而利之”，与骑虎难下似两回事，一为得利，一为不能释权，不知何以称“正犹”？

【钱批】一虎已死，一虎伤而未死，虽稍刺即死，亦是微劳，不得谓“无刺之劳”也。“正犹”非谓“骑虎难下”犹“鹬蚌相争”，乃谓或曰两龙，或曰两虎，或曰鹬蚌，或曰犬兔，正犹或曰“骑虎”或曰“骑龙”，立意同而不妨取象异也。兹添一句以清眉目。

《史记会注考证》四三《魏其武安列传》（中华版第一册 349、350 页）

338（1）行 3　“执其两端，可得乎中”，“歌德谈艺即以此教人也”。上引袁凯说，一者法之正，二者心之慈，两者皆是。执其两端而用其中，是不是既不杀也不放，把他关起来？崔慰林说，朱、王皆不是，又如何执两用中？实际上杀、放、关，应该只有一种做法是对的，如应该放，则杀不对，关也不对，似不宜执两用中？如认为两家皆不是，则两皆不用，也不宜执两用中？或者执两用中别有解释。又歌德如何用于谈艺，可否点明一下？

【钱批】公乃实心直口之人，未识政客巧宦之滑头行径，苏味道所谓“不欲决断明白”。如袁凯肯说“关起来”，则“明白”，而明太祖亦不致“怒其持两端”矣。且也，如说“关起来”，则示“杀不是”而“赦亦不是”也，是“两端”皆废而不“持”也。徐大军机之类只“持两端”，无意于“用其中”；实心直口人（如公等）与慎思明辩人（如歌德等）方进而“用其中”，如禅家所谓化“俗谛”为“真谛”耳。

此非谓崔与袁同，而谓“说难”，以示“执两端”与“废两端”皆不合“帝心”也。歌德之语，说来甚长，此处只能“引而不发”矣。

《史记会注考证》四五《李将军列传》（中华版第一册 352 页）

340（2）中　石没镞与自高台下跃入水火无伤，似有不同。倘是跳水员，从高入水可无伤，否则会淹死；或穿石棉衣罩入火，否则会烧伤或烧死。

【钱批】拙文曰：“敢作能为每出于无知不思”；李广不知为石，商丘开不知为诞。非言所为事之相类也。

《史记会注考证》五八《太史公自序》(中华版第一册391页)

376　道家集其大成,佛氏“亦扫亦包”,此但转述而无评论。道佛非真能兼包各家之长者,亦有其所短,要不要点一下?

【钱批】遵加一句。

【钱批】386“雅言”,弟未谓其为“雅驯之言”。“普通话”之解即本《论语正义》所谓“官话”,非今人创见。然重违尊旨,删去此语。

【整理者按】此条无审读意见,原文也已删改,所指具体篇章未详。

《老子王弼注》三《二章》(中华版第二册414页)

398　正反依待,庄称“不若两忘而化其道”,老亦同之。然我即两忘,两依然存在,不因我忘而亡。执两用中,用中而两依然存在,则分而为三,正反中,则或更滋纷扰。正反依待,当指矛盾说。手足分左右,相须为功,不必其为矛盾也,以之喻正反,岂其然乎?且以左右分强弱,分主从,是岂有当于正反依待之理。以之证三纲之说,比之正反,则汤武革命,臣正而君反,未必君令臣必共。(【钱批】是也。然而汤武依然为君,至桀纣而臣“不共”,则“君令”“臣共”之为常态,而“臣正君反”之为变态,又可知也。)“矛盾存在于一切事物的发展过程中”,左手对右手,不属于发展过程,似不必以之分正反。总之,这里牵涉到《矛盾论》,如何指出前人认识上之局限,请酌。

【钱批】尊论可分三部分。(1)老庄之于“相待”,正以为心“忘”则物之“二门”即“亡”。神秘宗莫不然。拙稿已斥其“囫囵一笔勾”。试思“齐得丧”、“看破生死关”,岂非一笔勾乎。(2)儒家、黑格尔辈于相待“执两用中”即承认有正有反(“两”端)而亦承认正反间有合之道(“中”),“中”即据“两”来,非于“两”外,别出其“三”为“中”;作为概念,“两端”不取销(不同于道家),而在某一具体事物或经验中矛盾统一,异存而可求同,如尊论“执中”如孟子之谓“执一”矣。(3)魏源之言正《矛盾论》所谓两面相“依存”而分“主次”,其举例未必尽当,然其意不可废。拙文明说之曰:概念不分强弱主从,而具体事物分强弱主从。一切运动皆可谓“发展过程”,左右手固如尊说矣,然“左手笼弦右手撚”(一静而一动),左手持盾(守)右手挥刀(攻),亦何尝无正反而统一之时,且分主(攻、撚)次(拢、守)乎?

《老子王弼注》四《五章》(中华版第二册420页)

402(1) 圣人不仁,“或由麻木,而多出残贼,以凶暴为乐”。此言甚然,特是老子之意,以圣人不仁比天地不仁,欲圣人学天地之无动于衷,以百姓为刍狗。但天不与圣人同忧,则老之所说,不免虚妄,此点已批,极是。圣人以百姓为刍狗,或亦由无知,无知则虽有仁心,而不免于刍狗百姓。《易》称“夫大人者与天地合其德”,“先天而天弗违,后天而奉天时”,则当已掌握客观规律,合德者合天地之规律而不同于“天地不仁”。“人与天地合德者,克去有心,……全归麻木”,此老之合德,非易之合德。易之合德是否类于掌握规律而得自由,可以为百姓造福,而不必以百姓为刍狗矣。此岂《易》高于老子而见老子之不足欤?倘所言不谬,是否应指其局限。特是真理无穷,掌握部分规律者,可于部分规律中得自由而为人造福,于未掌握之部分或仍不免刍狗百姓,则刍狗百姓仍由于无知。总之,此点与自由有关,要否稍加补充?

【钱批】公言是也。故《易》又曰“道……鼓万物而不与圣人同忧”,即《易》之“圣人”不“全归麻木”也(见《周易》卷论《系词》)。此等皆属高论空谈,故弟本节结语已言之矣。

《老子王弼注》一五《四七章》（中华版第二册 451、452 页）

432（3） “帝天即在身，何必叩人门”，与“万物皆备于我”为一类，“道在迩而求之远”为另一类。前者似理在我心，不用外求，似主观唯心主义；后者道即在身旁，在近处，与在我心不同。“仁远乎哉”，求仁在“复礼”，何者为礼，则非如良知之可求备于我心，则尚非主观唯心。求道必反之于心，或就自得言之欤？道散见于万物，倘只有感性认识则不能见道，必到达理性认识始见道，则当反求诸心，是否如此，请酌。“理在方过”，此理指创作思维，与理学家之理不同，又当别论。

【钱批】尊言甚晰，然肝胆胡越之说。弟则另明胡越肝胆之说。“迩”虽不在身上，至少在身边，故禅语亦喻曰“春在枝头已十分”，而不曰“春在心头已十分”，正如“那人正在灯火阑珊处”。弟之本意只明人生经验即与神秘宗相契近者耳。“主观唯心”、“客观唯心”等名词，极不科学，留与时贤咬嚼津津可也。

《老子王弼注》一六《五六章》（中华版第二册 458 页）

437 “白尝学佛，乃未闻……所谓‘权应’，何欤？”上文言无言，此处向白提问，是不满于白而赞同言无言。然不论言理与抒情，哲人总可以多方譬说以言理，诗人总可以假形象以抒情。我人是否当赞同白氏而反对至言无言之说欤？

【钱批】此节承 435 之驳白来。白知佛之“言下忘言一时了”，而不知道之亦持此术，所谓知二五而不知一十。弟之以矛攻盾以此。

《老子王弼注》一九《七八章》（中华版第二册 465 页）

441 道不可言，道常无为，此道家之言。以今人言之，绝对真理虽无穷尽，而相对真理是可言的，不仅可言而与日俱进。相对真理是有为，其有为亦与日俱进。道家之说，是否在此作一总的指明。

【钱批】此似“哲学概论”作法，非弟思存也。

《列子张湛注》三《黄帝》（中华版第二册479页）

453　列子御风，庄列苏三家所说似三种而非一：庄云：“此虽免乎行，犹有所待者也。”注：“非风则不得以行，斯必有待也，唯无所不乘者为无待耳。”比无所不乘者低一等。注称“得风仙之道”。列称：“心凝神释，骨肉都融，不觉形之所倚，足之所履。”注：“神凝形废，无待于外。”庄以列御寇为有待，而列以为无待；庄注以列为得风仙之道，而列以彼超于得风仙之道。苏称：“子独不见夫众人乎？贫者……为履……屐，富者……为辐……服，因物之自然以致千里，此与吾初无异也，而何谓不同乎？苟非其理，……（见稿）”苏认为列子御风同乎穿鞋步行乘车行远。而庄则以列得风仙之道可以飞行，不同乎步行及乘车，步行乘车之理不同乎御风之理。如苏说，苟非其理则折趾毁体，以步行乘车之理说御风，即以常人之理看风仙，则被风刮到云霄而入坎井非死亡不止。此苏之所谓理不可通于庄之风仙之理者一。列书中则已由有待而入于无待，“形奚所倚，足奚所履”，不必有所倚所履而无不逍遥，则已超风仙而入至人之域，已非风仙之理所能限，而苏方以之同于穿履乘车之理，此苏说不同于列者二。苏混常人之理与风仙之理与至人之理而同之，此其说或不可通欤？常人之理唯物的，风仙之理与至人之理，唯心的，是混唯物与唯心而一之矣。

【钱批】此又公之精思妙解，已又增入“周君振甫曰”一节，未识当否，请酌之。

同上(中华版第二册481页)

455(2) 称佛典攘窃中土书为夜郎自大,但上文称"禅典都从子书翻出",谓"语皆无病",不知何故?

【钱批】弟所谓"语尚无病"乃指李翱及宋祁笔记,谓佛书与庄列合,非谓"盗窃"。本文似尚明白。

同上(中华版第二册482、483页)

456(1) 不能易耳目之用,以体合于心,道家讲的似可解释。修辞之通感,极为深刻。但此二者似与佛说"无目而见,无耳而听"有所不同,是否当分别言之?

【钱批】观《楞严》此卷全文,即知"无目"、"无耳"即"非\[不以\]目"、"非\[不以\]耳"。故实与列子无别,故曰"六根互用"。

同上(中华版第二册484页)

457 "入水不溺,入火不热"云云,是否同于佛法之神通,应否点明其虚妄。

【钱批】似可不必,如谈孙行者之神通,不必斤斤随其后而斥为妄说。公以为然否?

《焦氏易林》二《乾》(中华版第二册540页)

507 正文末行:"胡人之言,即外国语","外国"是否可作"外族"? 下文"外国语"同。509(1)行5之"外国异族",是否可作"外族"?

【钱批】此中"春秋"微意,似无甚干系。"外文"乃"外国文"("外国文学研究所"),不曰"外族文"也。况此处之"胡"指西域天竺为主乎。

《楚辞洪兴祖补注》二《离骚》（中华版第二册 585 页）

553 倒 3　“寅为阳正，故男始生而立于寅，庚为阴正，故女始生而立于庚”，此以寅与庚分属男女。而下文又言已“生得阴阳之正中”，则庚寅又不分属男女，而指已一人言矣。倘庚属女，则男何以兼庚乎？巳为子，下推十月为寅，故男起巳至寅而生，即十月而生，但男生下来不一定在寅日寅时，“故男年始寅”不知何解？岂男生下来非寅月寅时，而推命时即据这一年之寅月寅时计算乎？女年始申亦同。

【钱批】此意极精审。然弟意非欲释命，只欲证汉人已有推命。故不增改，何如？

同上（中华版第二册 598 页）

570　“惟兹佩之可贵兮”，“则椒兰又列乎众芳”。按其文言“何琼佩之偃蹇兮”，“兹佩”紧承“琼佩”，则指玉而非兰椒。是兰椒不芳以后，已不服佩，不再列为众芳矣。

【钱批】若然，则“芳菲菲而难亏兮，芬至今犹未沫”，岂指“琼”言乎？《红楼梦》所谓“香玉”者欤！一笑。

《楚辞洪兴祖补注》八《天问》（中华版第二册 610—612 页）

584　“未形”、“惟像”，未形者天地未成形，“天地未分，溷沌无垠”，只有混沌的元气。元气而无边界，则元气尚未成一团，即作为元气说，也未成形。“惟像”者，元气已成为一团，已有边界，已成元气之形，故曰惟像，但还未成为天地，故曰“何以识之”。则形与象意义相同。尊解以像为原料，形为成品，像先于形，所论极有理致，但似非《天问》原意。但此意不谬，则尊论是否先阐说原文之意，再发挥尊论像先于形之说何如?

【钱批】“元气之形”虽非天地之“形”,其属“形”也则同。弟说正谓“形”与“象”意义既同,则洪补注引淮南“惟象无形”语不可解,故为疏通耳。

《楚辞洪兴祖补注》八《天问》(中华版第二册607—612页)

《天问》是不是只是獭祭搜神点鬼,所提各问并无意义,还请高明考虑。“师望在肆昌何识,鼓刀扬声后何喜?”以西伯之尊,何以能识望徒隶之中,这个问题是不是提出一个如何从贱人中识拔人才的问题?“皇天集命,惟何戒之?受礼天下,又使至代之?”补:“何所戒慎而致天命之集?”注:“既受天命,又何为使异姓代之乎?”这里提出天命问题,天命的得与失何由,这在当时也是一个重要问题。倘说皇天无亲,唯德是辅,则“何环穿自闾社丘陵,爰出子文?”郧女穿闾社以淫而生贤子。“何试上自予忠名弥彰?”何以弑君自为而得忠名?则几乎有太史公怀疑天道之意,所见当已超过“唯德是辅”矣。“何圣人之一德,卒其异方?梅伯受醢,箕子佯狂?”圣人一德,所以结果不同,以致或被醢或佯狂。这也有伯夷传意。

【钱批】遵命删去数语。然有两个先决问题:(1)若无《楚词》他篇,《天问》是否可为咏叹讽诵之篇什?千古爱读《楚词》者,是否“三复”《天问》?(2)此种一连串发问成篇,是否艺术形式上可以成立?然后具体问题,若兄所举各问,即使如注家所说有甚深意义,在全体中占比例多少?“两枚枣子,如何泡茶?”即使真有深意,是否能达出其意?抑如口吃人格格未吐,而待听者之代言?听者固明矣,言者未为能也。

《太平广记》七八卷二〇〇《杜荀鹤》（中华版第二册 707 页）

687 末行　“妻怜为枕枕，儿戏作胞抛”，“胞抛”与“枕枕”不一，是否当作“胞胞”？

【钱批】当是取音同（“胞”即气球），而非字同也。

《太平广记》一四六卷三三〇《崔尚》（中华版第二册 785 页）

760　《搜神记》作“客遂屈，乃作色曰”，因屈而作色，似较合。《广记》作“客遂屈之，仍作色曰”，客既屈胆，似不必“作色”，而“仍”字似无所承。又本篇所引各事，作者皆明有鬼，结处要不要点一下，明有鬼之妄。

【钱批】前者遵尊意，添一句缴呈；后者则此卷考“鬼火”、“鬼死”、“鬼索命”等不一而足，而亦屡出以嘲讽，似不必于此地特标“不怕鬼的故事”。何如？

《全上古三代秦汉三国六朝文》三《全上古三代文》卷三乐毅《献书报燕王》（中华版第三册 857 页）

816　“蓟丘之植，植于汶篁”，读后感到“于”字的问题还没解决。“于”承上文的“于”字作解，植在汶篁，不可通。检《词诠》，作“以”字解，始通。对“于”字作何解，是否要说明一下？

【钱批】遵尊意补“周君振甫曰”一节，稍加申说。杨书未睹；“于”可训“以”早见高邮王氏书中，以《老子》“以战则胜”而《韩非子》作“于战则胜”为例。句法与此不近，故另举《墨子》一例，不识杨书有之否？请裁定之。

《全上古三代秦汉三国六朝文》四《全上古三代文》卷五孙武《兵

法》(中华版第三册860—862页)

818 “围师必缺”是一方面,歼灭战所谓“十则围之”是另一方面,要不要点一下?

【钱批】此节仅扣孙子此语,不敢僭妄谈兵。主席弘文具在,有余师矣。

《全上古三代秦汉三国六朝文》一三《全汉文》卷一五贾谊《鹏鸟赋》(中华版第三册884页)

843(2) 刘孝绰诗“苦极降归乐,乐极苦还生”,似亦指环境变换而言,苦极则业消而转为福故乐,乐极则业聚转为祸而为苦欤?(【钱批】刘诗遵教已删去。)“欢乐极兮哀情多,少壮几时奈老何!”此则环境未变,愁变老而悲,只是心情的变换而引起悲乐的不同。此种心情之变换,则《前赤壁赋》哀人生之须臾而悲,听水月之共食而笑,事亦相类。必以汉武之歌为乐极哀来之证,而赤壁之笑不足以为悲转成乐,恐未足以服人。倘以后者不过“排遣譬解,忘悲改痛”,并非真的转悲为乐,则汉武之歌,则当前极声色之娱,而奈老之叹实未足以易其声色之娱,则悲是空洞的而乐是具体的,仍是乐而非悲,亦犹《赤壁赋》之悲而非乐。《淮南子·原道训》之所谓悲与乐,是道家之所谓悲乐,又异乎常人。“言所谓乐者人得其得者,夫得其得者,不以奢为乐,不以廉为悲。……是故有以自得,乔木之下,空穴之中,足以适情;无以自得也,虽以天下为家,万民为臣妾,不足以养生也。能至于无乐者则无不乐,无不乐则至极乐矣。”是道家之说,恐不足以论常人之所谓悲乐。穷居野处,常人所悲,而得道者以为乐。《抱朴子·畅玄》:“故玄之所在,其乐不穷;玄之所去,器弊神游。”则“乐极哀集”,“欺假借而非真,故物往若有遗也”。《闲情赋》:“悲乐极兮哀来,终推我而辍音。”

在膝上时乐，不在膝上时哀，则哀乐还是由于环境的变换。(【钱批】似倒果为因，因哀来而“推”在膝上；不然“终”字何解？若曰“不能长在膝上弹下去，终须推下”，则此正“疲乏律”之一种表现，“环境”之变由于身心之变耳。)“兴尽悲来，识盈虚之有数”，则与客喜而笑，识水月之共食相同。以上说的乐极生悲有三种：一种是环境变了，一种是心理转变，这两种悲转为乐也有；一种是环境不变也不是认识上的变化而确是情绪的悲哀，这一种是不是悲极生乐还没有。至于道家的所谓悲与乐，则与常人不同，又当别论。

【钱批】环境只有顺逆否泰，性情方有苦乐悲欢。而性情之苦乐悲欢正缘环境而来；环境变而性情随变者有之，环境未变而性情转变者亦有之。拙文所言乃指后者，心理学所谓“情感疲乏律”，如《大智度论》卷一九：“初坐时乐，久则生苦”，亦如嵇康《答难养生论》：“饱满之后，释然疏之，或有厌恶。”故“乐极”则厌倦自生，“苦极”若非强自宽解，则不能胜。(吃饱而再吃，则苦；吃不饱，老吃不饱，则必不怡然自得，须一番学道工夫或吃苦锻炼，庶得安焉。)一自然而一须矫揉，反躬切己可体察也。《原道训》正以寻常苦乐之易变，而欲别寻长乐以免转化耳，非不知常情之“悲喜转”(即拙文所引)也，故曰“能至于无乐者，则无不乐”，此即佛家“常乐我净”境界，修炼方“至”。自当“别论”，盖非拙文所论也。尊论似以“俗”与“道”混同矣。

同前(中华版第三册886页)

845　“悲极则乐，文献尠徵。”按《李娃传》称某生为父鞭朴，死而复苏，乞食疥疠，殆非人状，娃与之沐浴，以酥乳润其脏，衣以珍异，不知亦可称悲极则乐乎？《聊斋》记某生患处坟起，狐女用钏收束坟起处，以刀割治，而病者以得亲芳泽为幸，忘其病痛，而冀其手术之勿速，即吟“曾经沧海难为水”者。不知可否以患病为忧,从忧得乐乎?骊姬悔其前之泣也,前泣则悲,悔泣则乐,不知亦可作悲转为乐乎?

【钱批】拙文乃言情感本身之“极而反”;公所举乃情感随外境之改善而转移。“悲极”则心力疲尽而不能复悲,转为麻木痴钝,转为“乐”则“罕徵”;外境转移,另起炉灶矣。

《全上古三代秦汉三国六朝文》一四《全汉文》卷一五贾谊《上疏陈政事》(中华版第三册888页)

847(1)《朱子语类》评贾文“不成文义,更无段落”。按上文言太子生,下引成王在襁抱,周、召、太公为太保、太傅、太师,下即释保、傅、师及三少之职,因所释皆扣紧太子,故不突兀。太子少长则入学,下面即说入学为何,即贵仁、信、德而尊爵,得治道,此与上文释保、傅、师及三少之职用意相同,意谓太子入学以后受贵仁、信、德而尊爵得治道之教,特是前者行文扣紧太子而后者引“《学礼》曰”,引文后不再申说太子入学所受之教,行文疏宕,一密一疏相映以成文,何言“不成文义,更无段落”耶?引“《学礼》曰”,亦如今人行文中引“马克思曰”云云,特是今人引文后必申说上文之意,其实申说之意已含蓄在引文中矣。

【钱批】此乃公回护贾生之词;以偌大一段接,懈散突兀,苟以二三句了之则顺理而又成章矣。此等处当思苟学生作文如是,公须为之删改否?如须,则古人不必回护也。汉人文法实“疏”于唐,唐又“疏”于宋,宋又“疏”于明清,此理不可诬也。

《全上古三代秦汉三国六朝文》一五《全汉文》卷一六贾谊《过秦论》(中华版第三册888页)

847(2)“抒慨则与词赋通家”,按《过秦论》,“且夫天下非小弱也”一段是抒慨，上面几大段都不似抒慨，则《过秦论》之为赋体，当决定前几大段之“敷陈其事”乎？《辨亡论上》亦同。末段“爰及末叶”以下似抒慨，前几大段似敷陈其事。

【钱批】是极，遵改“敷陈”。

同前（中华版第三册889页）

848 “尹师鲁读之曰：‘传奇体耳。’传奇，唐裴铏所著小说也。”按“用对语说时景”，六朝骈文已然，何以不称之为丽辞而称传奇乎？传奇之名，当本于情事之奇，而不由于语言之偶，师鲁言之而后山称之，不知何意？

【钱批】《全梁文》论江淹赋中有驳尹师鲁语，此处不复及。

同前（中华版第三册890页）

【钱批】848页补注明《古文家别集叙录》乃公之所授。

同前（中华版第三册891页）

849页 《过秦论》按严氏按语误，似当将严氏按语引入。

【钱批】已见《总叙》一者，似可不再引，观下句意便明。

同前（中华版第三册893页）

850（3） 朱子以《过秦论》“上文本意主形势，而其末却”主仁义，“盖他也知仁义是个好底物事，不得不说，且说教好看”。按贾论明言秦亡由于仁义不施，攻守势异。即取天下主形势，守天下主仁义，并无矛盾。朱子横生枝节，把“取”和“守”改为“本意”和“末（意）”，篡改贾论原意制造矛盾。贾论以守天下需仁义，并非“说教好看”。叶适谓"专指险塞设攻守,殊不然"。其实贾论多言设险攻守(是多言而非专指,如"然而陈涉……"一段即非言设险攻守),是一种修辞映衬手法,通过"成败异变"的对照,以显示守天下不能恃设险耳。

【钱批】拙稿明言此乃朱斥马迁语,非斥贾生也。公虽出唐门,而于朱似有深仇者;虽未尽允,亦见特立独行矣。"多"与"专"固有毫厘千里之别,然叶适主意在"贾生本在纵横之学而缘以仁义",此言亦为大谬也。

同前(中华版第三册893页)

叶适以诈力如肉,礼义犹盐梅,以此为论,岂其然乎?贾谊《陈政事疏》,首陈"众建诸侯而少其力,力少则易使以义,国小则无邪心"。又欲移风易俗,定经制,尚礼义,教太子,为长治久安之道。是贾谊之论,既有异于儒生之空谈仁义,又别于纵横家之尚诈力,其所议论切中时弊,其所言仁义,皆为根本之图,即为鱼肉而非盐梅。叶氏之论可以指帝王之术,而用以论贾谊似未谛。

【钱批】此非论贾生,正是论帝王之以"仁义"窃国者,见卷十;其论贾生语见卷一九也。"逆取顺守"之术,不必如此赤裸裸,然固不能外乎此耳。贾生之道,大可供"帝王"利用也;"父杀人则子行劫"之论。

《全上古三代秦汉三国六朝文》一八《全汉文》卷二〇枚乘《上书谏吴王》(中华版第三册903页)

863　铢积寸度,见小忘大,可通于谈艺。亦有见大忘小,观大义,不求甚解而有所失者乎?

【钱批】是也,故拙文结处曰"两事难兼"。然此处以"铢积寸度"发策,故未兼及耳。

同前枚乘《七发》（中华版第三册905页）

864　末行：释书句法亦曰“其乐得未曾有”；文言却少有，常曰……。按“其乐得未曾有”亦属文言，“文言却少有”之“文言”是否作“古文”？

【钱批】是也。改为“外书（别于释书‘内典’）则常曰”，何如？

《全上古三代秦汉三国六朝文》二六《全汉文》卷四二王褒《洞箫赋》（中华版第三册948页）

912　上文言鬼谷、王充、郑玄以“悲”、“哀”与“好”、“和”、“妙”互文通训，则悲哀亦即好妙，则胡僧之言“悲鸣”、“哀鸣”亦同于好音，何以称“胡僧未娴汉语，蛮截硬搭”乎？

【钱批】重违尊意，增一句。如色以白为好（粲者），论女色，“白”与“好”可通训（“白人”，见《太平广记》卷《张又新》则），但不得曰“好白”、“白好”。通训未必可连用，“哀”与“和”、“好”、“妙”同意，岂可连而言“哀好”、“哀妙”、“哀和”乎？

《全上古三代秦汉三国六朝文》二七《全汉文》卷五一扬雄《羽猎赋》（中华版第三册955页）

919　王世贞《望太湖》“青天不道向外生”两句，承上指写景窠臼言；下“徽车轻武”十二句，另起一意，指似八股两比说；下接“左思《吴都赋》加厉焉”。写景与两比似未加分画，而左思视王世贞加厉，一若左后于王。

【钱批】甚是。乃拙稿漏去“又《羽猎赋》：”；此节乃言两事也。

《全上古三代秦汉三国六朝文》二八《全汉文》卷五二扬雄《解嘲》

（中华版第三册 959 页）

924 “为可为于可为之时则从；为不可为于不可为之时则凶。”是否可以有另一解。“可为”指事，“可为之时”指时，时可为而事不可为则仍不从，事可为而时不可为亦不从，必事可为而时又可为则从。“为于可为之时则从”，如事不可为则虽为于可为之时仍不从。“前不可先，后不可追”，是否可以有另一解，在前者不可能居先，终必为它所超越；在后者不可能追上它。同理，“后不可及，前不可越”，在后者不可能追上它，在前者不可能超越它，终必为它所超越。

【钱批】甚是。前“为可……”，弟本欲增入一节，与尊意可相发明，乞斟之。后“前不……”，此处删去，拟于《后汉文》卷傅毅《七激》增入“周君振甫曰……”，但《后汉文》卷在尊处，俟掷下时补。

《全上古三代秦汉三国六朝文》三五《全后汉文》卷一五《桓子新论·辨惑》（中华版第三册 977—980 页）

946 按王圣美右文之说似与拆字有别，与安石字说似亦有别，前者或就形声字而声旁相同者，其中或有一部分声兼义，就此部分说当为合理，但恐不能推及于全部，后者只是牵强附会。恐不宜等同，请再考虑。

【钱批】三者皆偏主“会意”，特所会之“意”不同耳，其手眼之穿凿附会，则每不相上下。拙文谓其相连，举宋人拆字书、陆佃挽诗为蛛丝马迹，非谓三者相等也。

《全上古三代秦汉三国六朝文》四四《全后汉文》卷二九马第伯《封禅仪记》（中华版第三册 997 页）

961 倒 5 “端端如杆升”，“杆”，严本似作“杅”，但末笔不清，似

“杆”而已，语不可解。查《后汉书·祭祀上》作“端如行朽兀，或为白石，或雪”，下两句亦与严辑不尽同。标点王注李白诗时即碰到此句，曾向王利器先生请教，未得解决，希望先生加以解决。(【钱批】《后汉书》语更不可解，因既曰“行”，则何待下文见“移动”乎？臆测如稿，乞正之。)“‘见后人顶’之‘见’字必误，当是‘践’字之类。”按“后人见前人履底，前人见后人顶，如画重累人矣。”当是旁观者所见，故曰“如画重累人”。又两“见”字相呼应，倘作“践顶”，作为夸张亦可，倘真践顶，则非摔倒不可。

【钱批】明曰“前人见”，似不得释为“旁观者所见”。袁中道曰“踏”，即所谓“夸张”也。拙稿曰“或是践”，本其意。然仍未安，故易为“就”字，形较近，意亦通。尊意欲存“见”字，则未敢从耳。

《全上古三代秦汉三国六朝文》五一《全后汉文》卷四三傅毅《七激》(中华版第三册1004页)

【钱批】971《七激》，已增入上次尊批语：“周君振甫曰……”，请核正。

《全上古三代秦汉三国六朝文》七一《全三国文》卷六魏文帝《诏群臣》(中华版第三册1049页)

1026　引诗赞荔枝之美。按魏源《诮荔支》二首：“予至南海啖荔支，方知为果品之最下，视橙、橘、枇杷、梨、桃、葡萄皆不及也。文非甜俗不名彰，果谏居然逊果娼。北地葡萄南橘柚，何曾万里贡沉香。万里南来为荔支，百闻一见负相思。同心幸有庄兼阮，不受英雄耳食欺。闻昔阮云台相国制两粤时，不啖荔支。同年武进庄惠生守福州归，亦极言其色香味三劣，可谓口有同嗜。”此当为补天之所弃。因无可吹求，姑录之。

【钱批】见《古微堂诗集》卷十，可作陪衬，甚妙。已增“周君振甫曰……”，请正之。

《全上古三代秦汉三国六朝文》八二《全三国文》卷三〇卞兰《许昌宫赋》（中华版第三册1075页）

1057行倒8 “歌台暖响，春光融融；舞殿冷袖，风雨凄凄”，“舞罢而殿为之凄凄”，与“无歌鼓”则“生晚寒”相比，窃意两者不同。杜赋夸大阿房宫之大，譬诸称中国之大，同一天内，广州则春光融融，而东北则风雨凄凄。至姜词则写情境之热闹或冷静。故杜赋以“暖响”与“冷袖”对举，响指歌，袖指舞。冷袖者舞时即冷，与姜词之无歌鼓冷静不同。倘舞时热闹而罢舞人散以后冷静始与姜词一致。“春光融融”与“暖响”相应，“风雨凄凄”与“冷袖”相应，是舞时即冷，即“风雨凄凄”也。从情境言，舞时是热闹的，即舞罢而人未散时也是热闹的，故此之“冷袖”不指情境而指气候，故曰“一日之内，一宫之间而气候不齐”。（【钱批】若曰“一时”，则尊意确矣，可以“广州”、“东北”为比；若“一日”则如“朝朝寒食，夜夜元宵”，非同时而为相消息作止也。）

【钱批】公言甚辨，亦由拙稿言之未晰。兹补数句，请酌。

《全上古三代秦汉三国六朝文》一二四《全晋文》卷七四左思《吴都赋》（中华版第三册1152页）

1150（2）倒9 “拆碎不成片段”。“七宝楼台拆碎下来不成片段”，既已拆碎，自然不成为楼台，但七宝还是七宝，就七宝中之一宝珍珠说，则还是完璧的一颗颗珍珠，何言不成片段乎？“檀栾金碧”，倘拆成“檀栾”与“金碧”皆可通，只是合在一起才不通。故拆碎语不甚了了。

【钱批】张语即谓其“饾饤”,不可以词害意。果如公言,则“饾饤”虽不足登筵,其零星食品亦尚不失为可口也。“百家衣”虽不足为盛服,然衬鞋底亦大用的着。且苟以“片段”指一句言,则“金碧檀栾”之硬凑,即经不得推敲,不得为成片矣。“一尺之捶”,推类至尽,即“珍珠”不成颗,珠粉亦不失为珍叶。一笑。

同前(中华版第三册 1152 页)

1164(2) 上言荀韩之言性恶与仲氏不同,(【钱批】不如仲氏之彻底。)中言仲氏以性恶则归于刑治,末言西人言性恶则主专制保守,乞灵于神明,言性善则主自由进步,自立于人定。把这三者结合起来看,就发生矛盾。荀讲性恶,却不主保守,不信神明而归人定,韩主专制,却不主保守,不求神明。则荀韩之言性恶与西人之言性恶不同。又荀言性恶而不主刑治,又与韩不同,则称仲氏之“考镜学术,具此识力”者亦属可宜。从考镜学术说,则荀子是儒家,不尚刑治。其言性恶而又以圣王为善,则人性原有两种,圣王本善而常人本恶,使圣王之性本恶,则又谁化性起伪而使之归于善耶?必以圣王本善,故可化常人之性恶而使归于善。韩非认性亦有两种,曾史善而盗跖恶。荀韩同言性恶而学派不同,则仲氏似未能考镜学术。西人之言性恶当与荀韩异,故其言治言教又与荀韩不同。

【钱批】拙文言此,以批林时流行之说谓“性恶”乃“进步”之说,因主后天教育而反“天才”论;而“性善”乃“反动”之说。故聊拈西说,以见持论之谈何容易。明曰“亦资参验同异”,非谓三者相等。荀子言性恶不彻底,故不主刑治;韩子言性恶亦不彻底,故以刑治律“众人”。性恶与法家主张,有因果必然关系;荀子言性恶而不识刑治之为必然,正其未达一间。"考镜学术"非考订学派,正须掇皮见真,剥肤存液。如公言则老韩不能同传、荀韩何得渊源乎?

《全上古三代秦汉三国六朝文》一三八《全晋文》卷九七陆机《文赋》(中华版第三册1176页)

1176 "文逭多,体便欲不清",释"多"为"长语"之"长",即多余。下引张华语"子之为文,乃患太多",此"多"字恐是丰富意,倘作多余,则一"多"已不行,况"太多"乎?又"绮语颇多",此"多"指绮语,文赋中绮语似未见有可删者,则"多"似亦指多少之多。

【钱批】"太多"="多",详见论《登徒子好色赋》。"绮语"本意即华词,非淫艳意。今《文赋》若"未见有可删",则安知非大陆从小陆之谏,已省削一番乎?一笑。

同前(中华版第三册1176页)

1176行13 "子之为文,乃患太多",按《晋书·陆机传》作"人之为文,常恨才少,而子更患其多"。与《文章传》不同。按张华称"伐吴之役,利获二俊",则是否会病其文多冗语?

【钱批】拙文据《世说》注(注明),似较《晋书》为朔。称为"俊"而又恨□其"多",似无矛盾,世事常有。

同前(中华版第三册1196页)

1201倒6 "意不指适","适"是否音"的",作专主解,即指主旨,"意不指适"即未指出主旨,"指"作动词,如何?倘把"指适"作"指归",则"不"当作"无",亦可。在文中要否说明"不"作"无"?

【钱批】甚佳,已增入"周君振甫曰……",请酌正。

同前(中华版第三册 1206 页)

1210(2)倒 4 《儒林外史》第几回未注,检本书未见,请补。

【钱批】已补。

同前(中华版第三册 1207 页)

1212 第二段“陆机二十作《文赋》”,按陆云《与陆机书》九:“《文赋》甚有辞……”,“《感逝赋》愈前,恐故当小不,然一至不复灭。《漏赋》可谓清工。兄顿尔作多文,而新奇乃尔,真令人怖,不当复道作文”。是作《文赋》的同时,又作了《感逝赋》、《漏赋》(书中还提到《咏德颂》、《扇赋》)。按陆机卷中没有《感逝赋》,只有《叹逝赋》,可能《感逝赋》即《叹逝赋》。《叹逝赋》序“余年方四十,而懿亲戚属亡多存寡”,既然《叹逝赋》同《文赋》是同一时期的作品,则二十作《文赋》之说不确。

【钱批】甚确,即增“周君振甫曰”一节,并以善注引臧荣绪《晋书》语,亦作公言,以羽翼之。请酌。

同前陆机《谢平原内史表》(中华版第三册 1208 页)

1212 倒 8 “念臣才能薄”,“薄”与“固多”对,疑脱一字。

【钱批】已补。

《全上古三代秦汉三国六朝文》一四四《全晋文》卷一〇七张韩《不用舌论》(中华版第四册 1218 页)

1225 《不用舌论》:名逐物迁,言因理变,正“道可道”云云。按“名逐物迁”指“可名”者言,而不指“非常名”;“言因理变”指“可道”者言,而不指“非常道”。今将“道可道,非常道”全举,不知意指“可道”邪，抑指“非常道”邪？

【钱批】“名”曰“迁”则其名之非“常”可知，“理”曰“变”则其“理”（道）之非“常”可知。盖欧论乃言“万殊”，非谓“一本”也。

《全上古三代秦汉三国六朝文》一四五《全晋文》卷一一一陶潜《归去来兮辞》（中华版第四册 1225 页）

1233　王、刘皆以《归去来兮辞》“后直述”，大稿作“《辞》作于归去之前”，极是，以“来”字为证，极是。从本文看，《序》称《辞》作于“十一月”，尚在仲冬，如为“追录”、“直述”，岂有仲冬而“农人告余以春及，将有事于西畴”乎？岂有仲冬而“木欣欣以向荣”，“善万物之得时”，“或植杖以耘耔”乎？其为未归以前之想象可知。

【钱批】甚妙，已增入“周君振甫曰”云云。

同前陶潜《与子俨等书》（中华版第四册 1227 页）

1236　“汝等虽不同生”，与下文“况同父之人哉”，则“不同生”当指非同母所生，与“同父”相应。与辩“处子入宫”之为虚妄者似不同。

【钱批】拙文举前人推究渊明“有妾”、“续娶”等，指此等推测而言。不论为真为妄，皆“好事”而已。观拙文本节可知。参观论《五柳传》节论读书。

《全上古三代秦汉三国六朝文》一五四《全晋文》卷一三四习凿齿《临终上疏》（中华版第四册 1240 页）

1254　“三家不能相一”，则“蜀”未得“汉统”，即非晋之所“承”。此言三国未能统一，皆不能为“统”，但下文引《史通》又称习氏以蜀为“正统”，则又以偏处一隅之蜀为“统”，岂非自相矛盾乎？既以蜀为正统，则已得“汉统”，何以不可承乎？以三国鼎立故未得“统”，则“秦政奄平区夏”，何以不以“统”与之乎？岂以秦政之取天下或不足于正，故虽统一区夏而不以“正统”与之乎？然秦政未尝臣服于衰周，视司马氏之称臣于曹魏，受托孤之重者，不可同年而语，则秦之得正远逾司马氏。使秦而不得为“正”，则将谓晋为何？又称“以晋承魏”，“自托纯臣”，取魏于孤儿寡妇之手，尚得称“纯臣”乎？又谓“魏自君之道不正”，则司马氏自君之道不更不正耶？司马氏“勋足以王四海”，则曹魏之勋岂不足以王耶？

【钱批】故拙文谓“若仅据此《论》则不见何以晋承汉统”。“正统”乃斥“既成事实”为“不合义理”，故牵强难圆其说，聚讼遂多。鄙意只欲考其论之出于春秋正名耳。

《全上古三代秦汉三国六朝文》一五五《全晋文》卷一三七戴逵《放达为非道论》（中华版第四册1244页）

1263（1）行5　“因论孔、墨、公孙正名立本之旨相承”，按尊稿上文作“相表里出入”，以是“相承”下是可以加“而未及有出入”，则与上文一致，亦以见“相承”之说不够精密。

【钱批】是极。“承”字请改为“成”（辅佐而不必同也）。

同前（中华版第四册1246页）

1263（1）“《公孙龙子·名实》……与孔子荀子之说‘正名’相表里。”按《公孙龙子·名实》：“物以物其所物而不过焉，实也。实以实其所实而不旷焉，位也。出其所位，非位，位其所位焉，正也。”以“白马非马”论之，马，物也，马其所马而不过焉，实也，马即是马为不过，“白马”则有“白”为过，故为非马。“白马”实也，以

"白马"为马则实其所实而旷,缺少了"白",这就出位,不正。这是不懂得类概念里包含着种概念,马概念里可包含白马、黄马。而荀子正名里指出大共名、大别名,且批评了"(白)马非马也",则荀与公孙龙子不同。"鲁胜……论孔、墨、公孙诸子正名立本之旨相承",按鲁胜序称:"孔子曰必也正名,名不正则事不成。"墨子著书,作辩经以立名本。惠施公孙龙祖述其学,以正刑名显于世。"以惠施公孙龙祖述孔墨,实误。惠施公孙龙创立名学,非祖述孔墨,彼等皆荀子所谓乱名,与孔墨之正名不同,前者使名实淆乱,后者才是正名定实。

【钱批】此非鲁之"误"也,乃公之泥也。公孙指物象言,孔荀指人事言,一为自然科学,一为伦理社会科学,而其欲"正"则无乎不同。"白马非马"与"武王非圣人"之为"正名"同也。因尊言后加一句。拙文此节,有甚深义蕴,自信开拓万古之心胸,见"名"之虚假,随人傅与(不论自然现象,社会现象)。公乃以肝胆为胡越,弟浩然而叹曰:"早知不逢知音者,劈破焦桐便入山!""三株毒草"、"一条黑线"之后先殊观,岂非"正名"乎?

《全上古三代秦汉三国六朝文》一六一《全晋文》卷一五八释道安《答郗超书》(中华版第四册 1261 页)

1278　王夫之《庄子解》,书未见,从引文看,是讲"不待","不待事以立功",离"事"如何立"功"?"不待实以立名",离实如何立名?不懂。从字面看,上指"有待",此指"不待",何以称"即其义",也不懂。《世说·文学》注:"支氏《逍遥论》曰:……若夫有欲,当其所足,足于所足,快然有似天真,犹饥者一饱,渴者一盈,岂忘烝尝于糗粮,绝觞爵于醪醴哉!苟非至足,岂所以逍遥乎?此向郭之注所未尽。"不知此注是否与"有待"指"口体所需"有关。

【钱批】此神秘宗之习套，如云“不行而至，不疾而速”。拙稿承接不明，则诚如尊纠，已增一句矣。

《全上古三代秦汉三国六朝文》一六五《全宋文》卷一五范晔《狱中与诸甥侄书以自序》（中华版第四册 1277 页）

1299　讥晔“逐”上句“公孙习吏”之“韵”，遂虚构“好士”之“意”。按《后汉书·隗嚣传论》：“区区两郡，以御堂堂之锋，致使穷庙策，竭征徭，身殁众解，然后定之。则知其道有足怀者；所以栖有四方之桀，士至投死绝亢而不悔者矣。”传称“其大将王捷别在戎丘，登城呼汉军曰：为隗王城守者皆必死无二心，……遂自刎颈死”。则晔称“好士”，与“论”相应，初非虚构。《史通》讥之，当指马援来歙与嚣相善，皆弃嚣而归汉，亦如王安石之讥孟尝不能得士。是晔之所谓士与《史通》不同，似不必是《史通》而非晔。页 1301 亦提《隗嚣传·赞》。

【钱批】以王捷论，则隗“好士”不“虚”，而以马援论，则隗“好士”未实。弟乃势利小人，以为马援之“士”重于王捷多多许。却非势利小人，偏重刘知几而轻公也。

《全上古三代秦汉三国六朝文》一六七《全宋文》卷二〇宗炳《画山水序》（中华版第四册 1284 页）

1308　“六朝山水画犹属草创，想其必采测绘地图之法为之。”按宗炳序称：“以形写形”，“今张绡素以远映，则崑阆之形，可围于方寸之内。竖划三寸，当千仞之高，横墨数尺，体百里之迥”。张绡远映，（【钱批】似谓张图于壁而远视之，窗上之反映缩影，非“从窗内看出”，大异。）好像从玻窗内看出去，窗框内包举了高山，高山在窗框内占三寸，百里之远只占数尺。“以形写形”画出山川原野，不是平面的地图，三寸数尺只是绡素上所占尺寸，不是比例尺，比例尺只在地图上可用。因此“采测绘地图法”之说请再考虑。

【钱批】似求之过深。宗文明曰：“不以制小而累其似”，拙稿接引《全陈文》萧贲画扇一节连类，岂画扇非“平面”乎。与地图不同，拙稿下文明言之。

《全上古三代秦汉三国六朝文》一六九《全宋文》卷三二谢灵运《辨宗论》（中华版第四册1292页）

1319 《辨宗论》：“有新论道士，……不容阶级。……华民易于见理，……”按灵运谓“窃谓新论为然”，是新论道士与灵运为两人，而“华民易于见理”，是灵运答法勖问，非新论道士之言。（【钱批】此乃设论，拙稿总括要旨，不别主客；既以新“论为然”，则“不容阶级”亦即谢客所持论矣。拙稿似未违谢客本旨，至法勖之论，初未涉及也。）法勖问：“神道之域，虽贤也，孔子所不诲；实相之妙，虽愚也，释氏所必教：然则二圣建言，何乖背之甚哉？”这里指出儒学与宗教之不同，破对象贤愚不同而施教各异之说。谢答以“华民易于见理，难于受教，故闭其累学而开其一极；夷人易于受教，难于见理，故闭其顿了而开其渐悟”。夫易于见理，亦当累学，譬如为山，虽覆一篑，进□往也，孔何尝闭累学？虽颜殆庶，孔亦不诲之神道，则何以开宗教之一极乎？孔所开之一极，亦与神道无缘。夷人难于见理，则当开其累学，始能渐悟，今则教以实相之妙，使笃信不疑，何能称为渐悟。盖悟由于学而教由于信，谢氏混学与教、悟与信而一之。是法勖之问为探本之论，而谢客谬答也。法勖三问“……然渊极朗鉴，作则于上，愚民蒙昧，伏从于下；故作则宜审其政，伏从必是其宗。令孔废圣学之路，而释开渐悟之径，荃蹄既纷错，群黎何由归真？”法勖指出谢答“闭其累学”为“令孔废圣学之路”，“闭其顿了”为“释开渐悟之径”，教法不同，则华之愚民何从开悟，夷之有慧业者何以不能顿了。既批评孔废累学，又批评释废顿了，皆是。又指出华夷皆有愚民蒙昧，暗驳谢客谓华夷秉性不同之语。谢客答以“至精之理，岂可径接至粗之人，是故傍渐悟者所以密造顿解，倚孔教者所以潜成学圣”。只答对至粗之人用渐悟，岂华民无至粗之人而夷民皆至粗之人乎？

【钱批】此乃公之慎思明辨，谢客只如佛说之顿悟而已，故曰“闭”。如衡量儒佛之是非，则当以公意中之，拙稿只欲考论“顿渐”之由来。

同前（中华版第四册 1292—1293 页）

1320　“若夫不由慧生悟而只修行持戒，则只能免于地狱诸苦恼耳。”按上文言“得道应须慧业，丈人……成佛在灵运后”，是丈人缺少慧业，亦可成佛，特是较迟耳。又上引“至粗之人”，“傍渐悟者所以密造顿解”，则无慧业之至粗之人，亦可以傍渐悟以造顿解，则无慧业者亦可以成佛矣。又答僧维问：“但阶级教愚之谈，一悟得意之论矣”，则谢客对于愚人亦可用阶级渐进之说，而不废阶级，岂与新论道士不同欤？“以孔、释异教为华夷殊地异宜，即孙绰所谓周孔即佛，佛即周孔，盖外内名之耳。”按孙绰所说外内，指“应世轨物，盖亦随时，周孔救极弊（外，指惩暴止奸，统理群生），佛教明其本耳（内，指觉）”。与华夷殊地不同。

【钱批】此则拙稿言之太过，如尊旨改定。

《全上古三代秦汉三国六朝文》一七二《全宋文》卷三六颜延之《庭诰》（中华版第四册 1307 页）

1336 倒 3 行　“挚虞《文论》”要不要另行起？

【钱批】是。

同前(中华版第四册1308页)

1338倒5　“回纥跋贪残”,“跋”字?

【钱批】衍。遵删。

《全上古三代秦汉三国六朝文》一七四《全宋文》卷四四袁淑《鸡九锡文》等(中华版第四册1311页)

1341行3　“珠庐”?

【钱批】原文“合浦之珠庐”,似未误。《艺文类聚》作“朱庐”。手边无地名大词典,不能断,乞核定之。

《全上古三代秦汉三国六朝文》一八〇《全宋文》卷五七朱广之《谘顾欢夷夏论》(中华版第四册1329页)

1362倒6　“《说文》称南‘蛮’从‘虫’,北‘狄’从‘犬’,东‘貉’从‘豸’,西‘羌’从‘羊’;异域之人既等畜兽虫豸,则异域之言亦如禽兽昆虫之鸣叫。”此数语牵涉少数民族,是否可去,改用《孟子》称“南蛮鴃舌”之语,不这样提得明确如何?又《说文》称“羌,西戎牧羊人也”。

【钱批】是极,已增改。请酌。

同前(中华版第四册1329页)

1362倒5　“‘羌’从‘羊’;异域之民有若畜兽……”按“羌”从“羊”三字是否可删,因《说文》称“羌,西戎牧羊人也”。

【钱批】敬如教。倒却四平架子,无可奈何!

《全上古三代秦汉三国六朝文》一八六《全齐文》卷一五张融《答周颙书并答所问》（中华版第四册 1344 页）

1382　张融《门律自序》及《戒子》为《融传》所引者，首推文章，《自序》亦及“义之为用”，当指《通源》，所谓“将使性入清波，尘洗犹沐”，又谓“吾昔嗜僧言，多肆法辩”。是融所重者，首推文章，次为佛法。故周颙问：“未知足下雅意，佛儒安在，为当本一末殊，为本末俱异邪？”答彼周曰：“吾乃自元混百圣，同投一极，而近论通源，儒不在议。……吾已谓百圣同所投，同（眉批当作何）容本末俱其异。……”则《通源》仅通佛老而不及儒，而诡言百圣同投，不容本末俱异，阳为容儒，实尊佛老。则《遗令》何以又左执《孝经》？周问“道佛两殊，非凫则乙”。融称“得意有本，何至取教”。“吾所以见道，为一于佛，但我之即此言，别有奇即耳”，“况夜战一鸿，妄申凫乙。”则融如鸿鹄之翔于寥廓，并遗凫乙，其所以见道者，得意别有所在，不取道佛二教，《通源》之论，不过借道佛以立言。既道佛可假，则儒又何不可假欤？则《通源》之论，旨别有在。观《通源》所论，如称“专气致柔”，“寂然以湛其神”，名为嗜佛，实为崇老，其尊佛者，或欲趋时。“吾未能忘身”，“复为子弟留地”，“人生之口正可论道说义，惟饮与食，此外加树网焉”，则所谓门律者，岂非假老子以知雄守雌图为自全之计以遗其子孙耶？则无取于儒，自不足异。

【钱批】此篇极精密，然与鄙说似无大出入。特公持论直爽，弟则好为文语耳。

《全上古三代秦汉三国六朝文》一九三《全梁文》卷六武帝《舍道事佛疏文》（中华版第四册 1384 页）

1430 行 1　“宁可长沦恶道，不乐暂得生天”，不知何以如此。检原文："入诸地狱，普济群萌，宁可在正法中长沦恶道，不乐依老子教暂得生天。"意义始明。是否可补上删节字句？"惜不曰'永'而曰'暂'，似有患得患失之计较心在。"按上文称老子为邪法，则信老不能得正果，即幸而生天，亦为假象而不得永，故称"暂"欤？则所谓"不乐"者非不乐生天，而不乐暂得生天之假象，即不乐不能真升天也，所谓"长沦"者，非乐"长沦"，正是暂沦而可以升入极乐也，既是"普济群萌"，岂有"长沦"之理。"不妨为'事佛心强'者赋耳。"为伊憔悴者真也，"长沦恶道"者假也，则"事佛心强"者恐不足以指萧衍，萧老恐亦不会为佛憔悴。至黄庭坚甘沦地狱，不肯忏悔，可称为伊憔悴，则又非"事佛"者。

【钱批】在1428页上已引全文，然公此论精湛之至，领教删去"惜不……"整段文字。

《全上古三代秦汉三国六朝文》一九四《全梁文》卷八简文帝《对烛赋》（中华版第四册1386页）

1430　"绿炬怀翠"，下文引"蜡炬"，使人感到"绿炬"之"炬"即"蜡炬"之"炬"，则何以称"绿"。又"怀翠"之"翠"又似指"烛芯"，何以称翠？

【钱批】绿色烛耳，如从前丧事人家所燃，城隍庙中鬼判前常燃绿色金字烛，公少时或逛庙见之。"怀"、"含"同意，未可释为内蕴也。兹添一句明之。

《全上古三代秦汉三国六朝文》一九五《全梁文》卷一一简文帝《诫当阳公大心书》（中华版第四册1390页）

1435　论义山无题，从文字看，指出苦求寄托之病，极是。但另一方面，无题中亦确有所讽而非仅写妖姬名妓者，“楚雨含情皆有托”，此点是否点一下。

又讲韩偓《香奁集》自序“是诗风流而人亦佻侻”。按四库总目《韩内翰别集》，称偓“内预秘谋，外争国是，屡触逆臣之锋，死生患难，百折不渝，晚节亦管宁之流，(【钱批】此非指《香奁集》而言。)实为唐末完人”。评语请再斟酌。

【钱批】甚是，已增一二句。弟之此论，出于“四人帮”说义山“无题”为“法家”之时，故言之不觉过激耳。

《全上古三代秦汉三国六朝文》一九五《全梁文》卷一一简文帝《与湘东王书》(中华版第四册1394页)

1440　第一段末句：“横暴之奴视众诸也。”“众诸”不懂。

【钱批】“众诸”乃唐人语，谓种种也，如骆宾王《代女道士王雪妃赠道士李荣》：“千回鸟语说众诸”，而词典等未收。然拙文此处确有宋景文《新唐书》修词之病。遵改。

《全上古三代秦汉三国六朝文》一九九《全梁文》卷一六元帝《金楼子序》(中华版第四册1398页)

1444倒7　“霞间得语”不知见于何篇?

【钱批】即见《序》中，已增一句。

《全上古三代秦汉三国六朝文》二〇八《全梁文》卷三八江淹《杂体诗序》(中华版第四册1416页)

1469倒2　悟性属魂，记性属魄，这说似不科学。

【钱批】古人论文有此说，而治“文论史”者视若无睹，故标之。

"科学"与否，非我思存，且其不"科学"亦不待言。

同前（中华版第四册1416—1417页）

1470行2　"得魂而已矣"，精神即寓于文字之中，舍文字何以得精神？（【钱批】是也！然而有所谓"得意忘言"者，有所谓"遗貌存神"者，有所谓"七子仿史汉"异"震川学史汉"之异者。）又长于记问者魄强，长于文章义理者魂强，此之所谓魂魄指人之魂魄，与下文指文之魂魄者不同，恐亦不确。

【钱批】文之博奥富缛者出于"魄"，文之清真幽夐者出于"魂"。拙文"大致以……"数句似分疏两明白。

《全上古三代秦汉三国六朝文》二一一《全梁文》卷四五范缜《神灭论》（中华版第四册1421—1422页）

1476　第二段："王逊其简净，嵇逊其晓畅"，极是，但此就文字说，就思辨和义理说，范似亦胜王嵇，视王尤胜，高明以为如何？

【钱批】是也。然所以能如此，正由佛学输入，配合道家，"名理"益胜，所谓"入室操戈"也。不好说得！！故拙稿"岂习而不知……"微示此意。

同前（中华版第四册1422—1423页）

1477　"观此可知缜非'不信鬼'，特不信人死为'鬼'耳。"按《论》不信"伯有被甲，彭生豕见"；问者又提"易称故知鬼神之情状"，"载鬼一车"，缜答："有人焉，有鬼焉，幽明之别也；人灭而为鬼……则未之知也。"未之知者，即不信有人灭之鬼。既不信人灭之鬼，何言有鬼，是缜之遁辞。盖问者以圣经来证明有鬼，缜既不信有鬼，而又不敢非圣无法，故在神灭这点坚持不变，说“未之知”；对圣经不敢非，故有“有鬼”。此“有鬼”之“鬼”，既不信为不可知之“人灭而为鬼”，实即非“鬼”，因“鬼”即指“人灭之鬼”，既不信“人灭之鬼”，则有鬼实同于无鬼；则所谓“有鬼”者，圣经上有鬼，即非人灭之鬼而为妖怪之类。不信而不敢非圣无法，诡言以求免，其苦心亦足以见谅于百世，故不当据之以为缜非不信鬼，高明以为何如？

【钱批】公言甚辨。然似未察拙文引《墨子·明鬼》语。“鬼”有二义，见《左传》卷论申生节，一为人死之鬼，一为天地山川之神或妖，所谓“天鬼”如“河伯”、“岳神”之类。缜曰“有鬼”、“怪存”者指后不指前。若如尊说所谓尊儒，则“鬼神之为德”、“鬼者归也”，“圣经”屡言之，何待或人问而后作“遁词”乎？缜于儒亦未尝忌惮，此其所以为特立独行也。

同前（中华版第四册1423页）

“未言缜不祀山川也。……谈者牵合之于‘无神论’，则断乎如瓜皮强搭李皮耳。”难者引《孝经》“周公郊祀后稷以配天，宗祀文王以配上帝”。答称“庙祧坛墠，以笃其（民）诚心”，是神道设教。难称“今稷无神矣，而以稷配，斯是周旦，其欺天乎？……是圣人之教……以欺妄为教”。答“欺者谓伤化败俗，导人非道耳。苟可以安上治民，移风易俗……何欺妄之有乎？”是缜不信神，明矣。故称之为无神论正合。

【钱批】苟以“神道设教”而言，则佛说之“设教”更甚，故晋以来为佛张目者皆称其有佐治辅儒之用，《弘明集》中可徵。参观《周易》卷论《观》□（以上批语已经钱先生亲笔删去——整理者）。后稷正是人死为鬼而成神者，与“伍相”之类同，非山川之神可比也。“无神论”

云云，则弟语未晰，兹遵教加二句。请审酌。

同前(中华版第四册 1423 页)

1478 行 3　“六朝人辟佛，简要莫如虞愿，深稳则莫如缜此《论》。”按虞愿之论，不过谓以百姓卖儿贴妇钱起寺，无功德耳，使明帝不苛敛以起寺，则愿又何从辟之？愿之对，谏苛敛，尚未真正辟佛，其深刻似不如缜所言“兵挫……吏空……粟罄……货殚……”，而神灭之论，尤为击中要害，深切著明，称为“深稳”，深则是矣，下一稳字亦是，特未能显其石破天惊之概耳。

【钱批】姚广孝说“僧人畏韩愈之辟佛而不畏程朱之辟佛”，虞愿之论浅而亲切。拙稿考语未妥，遵教易之。

《全上古三代秦汉三国六朝文》二二一《全梁文》卷五七刘峻《辩命论》(中华版第四册 1454 页)

1520 倒 2　“峻既谓命不可知，复谓观相可以知命；二意当不矛盾。不可知者，命之所以然，观相可知者，命之然；……”私意在“不可知者，命之所以然”上加“峻意”两字，则下文云云，皆本“峻意”而言，而非公之意，公之意固在“非相之论”也，不知可行否？（1362，1520正在复印中，未能送上，倘同意，等复印完后可以代改。）

【钱批】亦可，但易“峻意”为“谓不可知者……谓观相可知者……”。紧承上句二“谓”字，而不犯吾所加入“意”字，何如？

同前(中华版第四册 1454 页)

1520 倒 2　“峻既谓命不可知，复谓观相可以知命；二意初不矛盾。不可知者，命之所以然，观相可知者，命之然；人之吉凶贵贱，相其体貌足徵”，“相乃命之表”。按相之不足以徵吉凶贵贱，《荀子·非相》已详言之矣。魏武自以不足威远人，使崔琰代己，而琰卒被杀，是其相为魏武所重而以凶终。舜目重瞳，羽亦重瞳而以凶终，则谓“观相可以知命”为不可信，峻之二说实相矛盾。命之然，譬之堕溷飘茵亦不可知也。

【钱批】此说亦精，然“相”尚可徵见，“命”则凭推测，虽皆不可信，而尚有五十步百步之别。《非相》已见《左传》卷论“谷也丰下”节。遵教改“初”为“尚”，并增《非相》一语。

《管锥编增订·175页》(中华版第五册19页)

27页2行　关盼盼《燕子楼诗》，“关盼盼”当作“张仲素”。《白氏长庆集》卷一五《燕子楼三首》序：“司勋员外郎张仲素缋之访予，因吟新诗，有燕子楼三首，词甚婉丽。诘其由，为盼盼作也。……予爱缋之新咏，感彭城旧游，因同其题，作三绝句。”

【钱批】遵改。本据《全唐诗》妇女门录出，未究其本也。

《管锥编增订·269页》(中华版第五册24—25页)

36页2行、4行　萐脯，《艺文类聚》1693页作“萐蒲”。萐甫，《白虎通》作“萐莆”，又“其叶大于门扇”，作“叶”不作“扇”。按《西征赋》：“野蒲变而成脯，苑鹿化以为马。”注：《风俗通》曰：“秦相赵高指鹿为马，束蒲为脯。”那末还是蒲和鹿，没有脯和马。《类聚》作“蒲”，《白虎通》作“莆”，都是一致的。《说文》作“萐莆，瑞草也”，同。只有《论衡·是应》作“萐脯”，“言厨中自生肉脯，薄如萐形”。不知最早是如《论衡》作“脯”、《白虎通》等作“莆”、作“蒲”为后人所改，还是本来有作“脯”、作“莆”的两说，不清楚。作“蒲”以代□□，也是瑞应。

【钱批】已将尊旨补入，请正之。

《管锥编增订·281页》（中华版第五册25—26页）

39页8行　比不当医治，按《史记》作“此不当医索隐……治法曰：后三日而当狂妄起行欲走……”，不知“治”字当属下抑属上？

【钱批】泷川资言《会注》谓“治”字当属上，其言甚是。因下文并无“治法”，仅言其必究耳。

《管锥编增订·1002—3页》（中华版第五册78页）

104页　末行皆与宋迪梦中神遇者，此句当有上文被涂抹，意似未完。又“梦中神遇”与宋迪关系，正文内未见。

【钱批】此条已全改，似有胜义，请正之。

《管锥编增订·1036页》（中华版第五册82页）

108页倒5行　欧阳修被谗，出知滁州，作《醉翁亭记》，自称“醉翁之意在乎山水之间”，人“不知太守之乐其乐”。似当加引号，“醉翁之意”“在乎山水之间”，“不知……”去“人”字。

【钱批】此乃剪裁省文，与上文引柳文元诗同，故一气引来，不别加引号，“人”字似不可去。

《管锥编增订·1309页》（中华版第五册100页）

130页倒4行　《坚瓠五集》卷四《诗句短长》引《桐下闲谈》记唐寅调祝允明，诗有二言至十一言，各举例句；祝曰：“四十九言始自何人？”唐问：“诗有四十九言耶？”祝答：“有！《新燕篇》末句云……”“四十九言”，点字数只有四十八字。

【钱批】是也。盖原书有脱文，已补注明。可否请烦马蓉同志查较好版本之《坚瓠集》（不要《笔记小说大观本》）是否也缺一字。如可补漏字，将弟增语删却，费神至感！

《管锥编增订·1353页》（中华版第五册103页）

134页倒4行　“气”而曰“写”，即“气韵”之省文。按《物色》：“写气图貌，既随物以宛转；属采附声，亦与心而徘徊。故灼灼状桃花之鲜，依依尽杨柳之貌，杲杲为出日之容，瀌瀌拟雨雪之状，喈喈逐黄鸟之声，喓喓学草虫之韵。”灼灼、依依似“图貌”，杲杲、瀌瀌似“写气”（气候），喈喈、喓喓似“附声”，写气、图貌、附声，又是属采，既随物，又与心，情景交融而气韵生动。故图貌、附声之为属采，也是有气韵的，不限写气之为气韵。此解不知符合原文否？

【钱批】“气”字似不指气候，“心”、“物”两字似亦不能看作如此含理深微。然此处与拙文无关弘指，即将“气而曰写，即气韵之省文”两句删去，以省葛藤何如？

同上（中华版第五册104页）

136页5行　全祖望释“绘事后素”为“绘事后于素”，先有“素地”而后“加诸采”。按朱注：“绘事，绘画之事也。后素，后于素也。《考工记》曰‘绘画之事后素功’，谓先以粉地为质，而后施五采。”其说先祖望。近人据古画考辨，以为朱注非是。《正义》：“郑曰：‘绘，画文也。凡绘画，先布众色，然后以素分布其间，以成其文。……’（【钱批】此说似不合理，然鄙意初不在此，特借全语发策耳，非订《论语》各注之是非也。）惠氏士奇《礼说》：‘画绘之事，代有师传，秦废之而汉明复古，所谓班间赋白，疏密有章，康成盖目睹之。’必非臆说。按《考工记》言‘画缋杂五色’,五色者五采,即青赤黄白黑,此注所云‘众采’也。《考工》云:‘青与白相次也,赤与黑相次也,玄与黄相次也。’是言布众色之次。又云:‘凡画缋之事后素功。’郑注:‘素,白采也,后布之,为其易渍污也。’惟不为众采渍污,乃可成文。礼、注与此注,义相足矣。素加而众采以明。”

【钱批】全乃申宋绌汉,申朱(实为杨龟山说)绌郑,原两处言之甚明,故弟不复赘说。

《管锥编增订·1465 页》(中华版第五册 114 页)

151 页 6 行　“书有三体:……三曰行狎书,相闻者也”,1465 页作“行押书”,是非以“押”为是?

【钱批】“狎”字似不误,谓亲狎而不端肃之书。

周振甫先生为《管锥编》(第一至四册)陆续撰写的审读意见,共 108 条,约三万言。另外在中华书局原古典文学编辑室 1981 年书稿档案中,还保存有周先生为《管锥编增订》撰写的 22 条审读意见。这里选择其中的 9 条,置于全篇之末。2000 年 11 月整理毕,徐俊附记。

(原刊《书品》2000 年第 4、5、6 辑及 2001 年
1、2、3 辑,又《钱锺书研究集刊》第三辑,
上海三联书店 2002 年)

周振甫《谈艺录》（补订本）审读意见

——附钱锺书先生批注

整理附记：

1948年，钱锺书先生《谈艺录》由开明书店出版，周振甫先生担任责编。1983年，《谈艺录》补订本由中华书局出版，周振甫先生再次担任责编。“审定全稿者，为周君振甫。当时原书付印，君实理董之，余始得与定交。”钱先生在回顾了这段文字因缘之后，又感慨地说：“三十五年间，人物浪淘，著述薪积。何意陈编，未遭弃置，切磋拂拭，犹仰故人。诵‘印须我友’之句，欣慨交心矣。”（《谈艺录·引言》）在此前的1977年《管锥编》发稿时，周先生曾就审读过程中发现的问题，撰写了数万言的具体意见，并由钱锺书先生逐条批注答复（整理稿见《书品》2000年第4辑起连载）。此次重版《谈艺录》，周先生又写了十数条审读意见，钱先生也作了逐条的批注。文字虽比前者为少，但同样值得珍视。

这份审读意见，现存于中华书局原古典文学编辑室1983年书稿档案中。周先生的审读意见，是按照《谈艺录》原稿和补订的顺序，逐条记录而成，每条前标有原稿的页码（“正文”指开明版）。现在的整理稿，除保留了原稿的页码外，我们查核了每条意见在中华版《谈艺录》中的相应位置，并标注章节及所在页码，以便检读。钱先生的批注，原写于另纸，现统置于相应段落之下。其前均冠以“钱批”，以相区别。除删去了几条关于编辑技术处理的意见外，间有文字讹误、征引简省等处，稍作规范，其余均尽可能保留原貌。

后学徐俊整理并记，2000 年 10 月 24 日

读了《谈艺录》及《补订》提了一些意见，这些意见只是供钱先生参考的。倘他认为其中有可取的，可以酌量采纳；倘认为这些意见没什么可采的，也可以。钱先生对所提意见都作了回答，有的稍作修改，如正文 46 页倒 1 行补了《论衡》“不许增”之说；《补订》110 页倒 2 行补“观首句‘怀茂陵’可见”。按李贺《咏怀》：“长卿怀茂陵，……梁王与武帝，弃之如断梗。惟留一卷书，金泥泰山顶。”王琦注是梁王与武帝弃相如，钱先生以“怀茂陵”为相如敝屣富贵，故弃梁王与武帝。但末联留书与武帝，似非弃武帝。按此点只提请钱先生考虑，还是尊重他的意见。《补订》486 页 3 行钱先生据所提意见，补了王士禛的两句诗并加说明。

别的意见，有的钱先生认为是属于他的引文中的问题，如正文 4 页 3 行引叶燮说“宋诗则能开花”，以“唐诗则垂荫”，不开花，何以唐诗不算开花？正文 286 页 5 行引沈子培说有问题，还可批。钱先生认为这些是引文中的问题，要说清楚费事，就不说了。有的是属于不同看法问题，如《补订》166（1）页 5 行，“不著一字，尽得风流”，钱先生以山水画中的空白为“不著一字”，振意空白虽不著一字，但空白未必尽得风流。如诗中对作者情意一字不说，只写景物，通过景物已完全表达作者情意。钱先生不以为然。又如对陶潜《闲情赋》之评价，见《补

订》310 页倒 6 行等，钱先生认为见仁见智的不同，这些也尊重钱先生的意见。其中有一处，即正文 317 页倒 3 行“道之理百世不易”，即理不随时代转变，有理在气先之嫌。钱先生认为有理随气变的，则“理在气先”为误；有理之价值或本质优先于气者，如乾强于坤之理则百世不变，“理在气先”不误。此点“马克思亦未道，实吾国儒道两家之遗教也”。钱先生提出“道之理百世不易”，举乾强于坤作例，似有道理。地球将来总要毁灭的，但太空是永远存在的，所以乾强于坤是百世不变的。因此这个提法是不是也尊重他的意见。

《谈艺录》及《补订》里面谈到文学史、文学理论和美学中许多问题。《谈艺录》中论李贺诗的部分，听说引起了美国研究中国文学者的很大兴趣。厦大研究生又从中研究钱先生的美学，认为钱先生称“笔补造化天无功”，指出“人事之法天，人定胜天，人心之通天”（《谈艺录》71 页）法天是模写自然；胜天是润饰自然，功夺造化。钱先生对西方美学史这两派提出了批评：“夫模写自然而曰选择，则有陶甄矫改之意。自出心裁而曰修补，顺其性而扩充之曰补，删削而不伤其性曰修，亦何尝能尽离自然哉！”这就是钱先生提出的“通天”，即提倡创造而不违反自然，论文作者以为高出于西方美学史中的两派。其实，《谈艺录》及《补订》中还提出了很多属于文学史、文学理论和美学中的问题和创见，估计这本书的出版，在国内外会引起广泛的影响。

周振甫　1983.7.5

一《诗分唐宋》（中华版 3 页）

正文 4 页 3 行　叶燮称“譬之地之生木，宋诗则能开花”。叶氏以《三百篇》为根，苏李为萌芽，建安为拱把，六朝则枝叶，唐则垂荫，宋则开花。此处光引宋则开花及以下数语。叶氏如此说之用意何在，是否需要说明。又此处论唐宋乃体格性分之殊，则以垂荫与开花区分唐宋，复有何意义？

【钱批】原书引叶文，诚如尊说，有割裂之嫌。鄙意只欲言叶以宋诗为诗之极至而已。叶言未将唐诗与宋诗对峙为两极，而其全书之意时时流露此种两极看法。原书未申说，是一缺失。增添补充，将大费唇舌，姑"求缺"，惭甚！

四《诗乐离合，文体递变》附说七《评近人言古诗即史》（中华版38页）

正文46页倒1行　《论衡》有《语增》、《儒增》，增者，修辞所谓夸饰，亦《史通》所谓"施之文章则可，用于简策则否"者。按如此说，似王充亦知"增"为夸饰。但《语增》称"言尧舜若腊与腒，桀纣垂腴尺余，增之也。……非徒增之，又失其实矣"。又《艺增》："鹤鸣于九皋，声闻于天。……今鹤鸣，从下闻之，鹤鸣近也。以从下闻其声，则谓其鸣于地，当复闻于天，失其实矣。"是王充以"增"为失实，则不当施之文章，是王充不懂夸饰。

【钱批】鄙意乃言两事，一谓王充所谓"增"，即子元所谓"夸饰"；二谓子元于"夸饰"只限文章，非谓王充亦许"增"之用于艺也。然言之未晰，兹遵示添数语，请正之。

一二《长吉用代字》57页补订二（中华版57、379页）

补订110页倒3行　《咏怀》："梁王与武帝，弃之如断梗。"王琦注谓梁王与武帝弃长卿。尊释谓长卿弃梁王与武帝。如此作解必有其所以然之故。从文字看，王注亦合，何以"大误"，是否可以说明大误的理由。又《仁和里杂叙皇甫湜》"脱落缨裾暝朝酒"，王注："暝，夜也。暝朝酒谓其朝夜饮酒为乐。"尊释"暝"为"瞑"，即"眠"，如朝眠夜饮。如此释，似宜作“朝暝酒”，朝眠由于饮酒，作“暝朝酒”，似亦为朝眠由于饮酒。释作“朝眠夜饮”似尚待说明。

【钱批】观“怀茂陵”以下三句，及“惟留”句，其为长卿之敝屣富贵，似甚睍。兹添一句：“谓长卿弃梁王与武帝，观首句‘怀茂陵’可见。”（已改稿上，乞审之。）“暝朝酒”如王注颇不词：上半句“脱落”为动词，“缨裾”为宾词，下半句无动词矣。“夜饮朝眠犹……也”如画蛇添足，反添异议，兹以“……之‘眠’耳”绝，删去“夜饮朝眠犹……也”一句，请代削之。（已改稿上。）

二八《妙悟与参禅》100页补订一（中华版100、414—415页）

补订166页5行　“不著一字，尽得风流。”“不著”者，不多著、不更著也。已著诸字，而后“不著一字”，“以默佐言……盖犹吾国古山水画，解以无笔墨处与点染处互相发挥烘托”。此用山水画之山水与空白作解，山水即言，空白即默，故曰以默佐言，山水即已著诸字，空白即不著一字。按含蓄似指情在词外曰隐。不著一字似指作者所要表达之情意一字不说，只是写外部景物，而作者之情意已得尽量表达。写外部景物，故“语不涉己”，而作者之怀抱已得表达，故“若不堪忧”。是作者先有真宰在心，写景物与真宰沉浮欤？

【钱批】南宗山水画以画出之景物示不画出（或画不出）之景物。“含蓄”以言出之景物、心情、事态（写景诗、言情诗、叙事诗）示不落言诠（不可说、不肯说、欲说亦说不出）之景物、心情、事态。“万取一收”之“取”必“放”之讹，“收”者敛也；“放”指言，“收”指默。司空之意似非指写“外部景物”以达作者之“怀”。“忽忽海沤”之喻尤明，“沤”与“海”同体，有“浅深”之殊，而无“人己”之分。“语不”二句，各本异文，皆不可解。故姑置不以为释。鄙意一本作（如《全唐诗》）“语不涉难，已不堪忧”，尚耐玩索；“难”乃“离”之讹，“不涉离”即“不即离”。“已（若）不可忧”句必误。

四八《文如其人》164页补订一（中华版164、505页）

补订310页倒6行　葛胜仲称讽刺晋武末造之沉湎酒色，未免附会。其实俗谚称“十桃九蛀”，以喻十男九违礼，则《闲情赋》发乎情止乎礼义将讽古今违礼之男，其所讽不亦大乎？昭明称“劝百讽一”，劝者“魂一夕而九迁”，不过欲化身为佳人服用之物，是尊崇佳人而非占有。使劝违礼之男皆知尊佳人，此劝岂不善乎？故劝与讽皆善。昭明选《高唐》，神女荐寝，与《闲情赋》有违礼守礼之分，古有尊崇之别。选《神女》与《洛神》，皆色授魂与，与《闲情赋》之佳人亦有高下之殊。而渊明文彩之美，又度越前代同类之作。

【钱批】此说亦精甚。公可自作一文申之。

六一《随园主性灵》（中华版207页）

正文245页4行　“下笔有神”，在“读破万卷”之后，则“多读书”之非“终事”，的然可知。按破万卷则下笔有神，指有神说。但如妇人小子之里闻风谣，亦有用情深挚而可传者，虽非下笔有神，亦可出口成诗，则又不关读书。似不必言“多读书”为终事，亦不必言“多读书非终事”。

【钱批】此说极周匝，可纠沧浪，不止纠石遗也。拙稿此处仅论石遗护沧浪而未得沧浪意，故未傍及。公可自作一文，弟不掠美矣。

六一《随园主性灵》（中华版208页）

正文246页5行　引谢枚如说《诗品》“古今胜语，多非补假，皆由直寻”，以说别才非书。按锺嵘说的胜语多指写景句，沧浪说的别才，不专指写景说，故说“非多读书，多穷理，则不能极其至”。两者不同。

【钱批】尊论是也。然此乃谢枚如原语，拙作此处仅以其用意为沧浪辩护，故引之，非同意其阐述也。

六九《随园论诗中理语》附说十九《山水通于理趣》（中华版 239 页）

正文 286 页 5 行　评沈子培说极是。按《宋书·谢灵运传论》：“有晋中兴，玄风独盛。自建武暨于义熙，历载将百，虽缀响联辞，波属云委，莫不寄言上德，托意玄珠。”特是玄言诗传者甚罕。谢灵运山水诗，以刻画山水为主，附带玄言，不宜称“总山水庄老之大成”。及谢朓山水诗，则已有专写山水而摆落玄言者，不得言“六朝诗将山水庄老，融并一气”。刘勰“庄老告退，山水方滋”，为得其实。

【钱批】尊论甚精密。可自成一文评寐叟也。

八六《章实斋与随园》（中华版 261—263 页）

正文 315 页　第一段末，言章、袁“貌异心同”，极是。章、袁心同而又异，是否可补说几句。实斋“言性命者必究于史”浙东学术，是以辨章学术，考镜源流而言史德文德；简斋言复性“而于发见处求情”《文集》卷二十三《书复性书后》，称“《关雎》为《国风》之首，即言男女之情。孔子删诗，亦存郑卫”（《诗话》一）。故实斋斥简斋之不学，称“《京都》诸赋，苏张纵横六国，侈陈形势之遗也”（《诗教》上），“至班左诸君而益畅其支，乃有源流派别之文”（《书坊刻诗话后》），而简斋以为“止作得《广事类赋》、《类林新咏》、《兔园册子》而已，愚妄何至出此”（同上）。实斋以为必先辨《京都》诸赋之源流派别，而后可言《三都》之征集事类。又斥简斋“抑《雅》、《颂》而扬《国风》，专重男女慕悦，主男女自述淫情，甚且言采兰、赠芍”（同上）。是则同言性命，一则尚德而重学术，一则主情而不废浮华，同中有异。

【钱批】此节剖析入微，拙稿即异求同，公转而益上，著其同而仍异。然弟不敢掠美，公亦可作一文畅言之。

八六《章实斋与随园》附说二十《六经皆史》（中华版265页）

正文317页倒3行　“道之理，百世不易；道之命，与时消长。此宋儒所以有道统之说，意谓人事嬗递，初无间断，而斯道之传，每旷世而后续，经也而有史矣。”称理百世不变，有理在气先之嫌。倘理出于气，气变而理亦随之，则无百世不易之理。道统以斯道之传，旷世后续，然其续也，往往有变，则其理亦非不变矣。

【钱批】此节弟尚未敢苟同。“先”有二义，《管锥编》论《老子》时尝言之。时间之早“先”一也；价值或本质之优“先”二也。前说则“理在气先”为误，后说则“理在气先”不误。矛盾相对而不相等，分强弱、优劣、贵贱，如乾与坤、阴与阳、常与变，理与气亦然。老子以有无相对，而无“先”于有。毛主席矛盾面分“主”、“次”之说，黑格尔所不言，马克思亦未道，而实吾国儒道两家之遗教也！

八六《章实斋与随园》附说二十《六经皆史》（中华版265页）

正文318页到3行　“阳明仅知经之可以示法，实斋仅识经之为政典，龚定庵《古史钩沉论》仅道诸子之出于史，概不知若经若子若集皆精神之蜕迹，心理之征存……”阳明《尊经阁记》：“经，常道也。其在于天谓之命，其赋于人谓之性，其主于身谓之心。心也，性也，命也，一也。通人物，达四海，塞天地，亘古今，无有乎弗具，无有乎弗同，无有乎或变者也。”则以经为常道，贯通心、性、命，为经世之用，是以经为可以示法，而又似不限于示法。实斋《原道上》：“圣人求道，道无可见，即众人之不知其然而然，圣人所藉以见道者也。”“三皇无为而自化，五帝开物而成务，三王立制而垂法，后人见为治化不同有如是。”是则圣人求道不限于经，即众人之不知其然而然，是崇今以求经世致用，识经之为政典，又欲就经以求治化不同，往复循环以为一阴一阳之道，又不限于以经为政典矣。是其识见胜于经学即理学，就经中以求道也。

【钱批】此与315页尊批皆纯粹以精之说，可合成一篇文字。弟若连篇累牍采入，既掠美，且终言之不畅也。

八九《诗中用人地名》附说二十四（原书误为二十六）《雪里芭蕉》（中华版294、297页）

正文354页2行　赵执信《谈龙录》称阎百诗指《唐贤三昧集》中误字，如王右丞诗“东南御亭上”，御误卸，江淮无卸亭。孟襄阳诗“涔阳何处边”，涔误浔，涔阳近湘水，浔阳则辽绝矣。阮翁著《池北偶谈》，云：“诗家惟论兴会，道里远近，不必尽合。如孟诗‘暝帆何处宿，遥指落星湾’，落星湾在南康云云。夫遥指云者，不必此夕果泊也，岂可为浔阳解乎？”则《池北偶谈》之说，或为自己辩解。诗中地名，或属夸张，如李白《战城南》“洗兵条支海上波，放马天山雪中草”；或事件的范围较广，如王维《同崔傅答贤弟》：“九江枫树几回青，一片扬州五湖白。扬州时有下江兵，兰陵镇前吹笛声。夜火人归富春郭，秋风鹤唳石头城。”下江兵牵涉到兰陵、石头城、富春郭。九江当指“湛湛长江兮上有枫，目极千里兮伤春心”，当就伤心而言。则多用地名，并非毫无关涉。王维《送崔五太守》，当指太守由京入蜀为官，写一路所经，则多用地名，亦自有故。与渔洋之说不合。《日知录·李太白诗误》，即指其称明妃"上至关道"为误。诗中用地名应该如何？要不要说一下。

【钱批】渔洋之说为已解嘲。然诗人用地名多以"助远神"，至清康雍以后始多讲究。苟欲强为古人卫护未尝不可，即如《围炉诗话》所讥七子用地名，亦不妨曲意解释也。详言之便更须添千余字。懒畏构思，草率了事，愧甚！

八九《诗中用人地名》294 页补订一（中华版第 294、607 页）

补订 486 页 2 行　渔洋《论诗绝句》，推《明月篇》能"接迹风人"，叹"何郎妙悟本从天"。按渔洋下两句："王杨卢骆当时体，莫逐刀圭误后贤。"则既赞何郎妙悟，又指出四杰之不足，即声浮于情之误人。

【钱批】尊言甚细，然渔洋之意，乃谓《明月篇》非初唐体。兹改写以申明之："而渔洋《论诗绝句》云：'接迹风人《明月篇》，何郎妙悟本从天。王杨卢骆当时体，莫逐刀圭误后贤。'推其'妙悟'、'接迹风人'，以戒后生之'误'认为'逐'王杨卢骆，'有声无字'者固当喜'声浮于情'也。"烦改正。

（原载《中国诗学》第七辑，人民文学出版社 2004 年）

《全唐诗补编》编辑工作回顾

陈尚君先生辑校的《全唐诗补编》(包括《全唐诗外编》修订本、《全唐诗续拾》)自1993年出版面世以来,受到了唐诗学界的广泛关注和高度评价。1994年,此书获全国古籍优秀图书奖(1992—1993)一等奖、第二届新闻出版署直属出版社优秀图书编辑奖一等奖,作为本书的责任编辑,我只在本职工作范围内做了一些应做的事,对于编辑工作的奖励,深感受之有愧。从1987年我担任《全唐诗续拾》责任编辑起,到1992年底全书付梓,历时六载,这在我短短的十二年编辑生涯中占了一半的时间。在这期间,尽管我还处理过许多其他书稿,但唯有此稿绵历始终,不但是我工作的对象,而且也是我个人业余研究、学习的兴趣所在。可以说,本书的编辑过程,就是我进一步熟悉编辑业务,增长专业知识的过程。就此而言,回顾《全唐诗补编》编辑出版过程,并记下个人的点滴感想,对我个人也是一件有意义的事。

一 《全唐诗补编》编纂背景与经过

这里先将前人有关《全唐诗》的辑补工作略作交待。

清康熙年间敕编《全唐诗》九百卷，汇辑有唐一代诗什于一帙，方便读者，极大地推动了唐诗研究的进程，三百年来，一直为学林所推重。但由于为奉皇命编修，迫于期限，成书仓促，不免有许多缺憾。其中突出的一点，就是虽称全诗，其实并未穷尽文献以求兼收之功。随着时代的推移，新出典籍如海外珍藏的回传、孤本秘籍的面世、敦煌文书的发现、石刻文献的出土、佛道二藏的利用等，为唐诗辑佚提供了大量前人未能见到的文献资料，更使《全唐诗》不全之病愈显。《全唐诗》编成之初，即有人指出缺收之病，但因书"业经进呈"，慑于皇帝钦定，只得"成事不说"（朱彝尊《全唐诗未备书目》附致曹寅书）。清康熙之后，文献考据之风日盛，鸿儒硕学何啻千百，但竟无一人去为《全唐诗》弥补不全的遗憾。

辑补唐诗之举，首创于日本学者上毛河世宁，他于日本光格天皇天明中（相当于清乾隆后期），广搜日本所存古文献（辑自《千载佳句》者为多），撰成《全唐诗逸》三卷，共收作者128人（其中82人不见于《全唐诗》），完诗66首，另补缺文6首，诗句279题。《全唐诗逸》传入中国，首先刊入《知不足斋丛书》，1960年中华书局《全唐诗》排印本出版，将《全唐诗逸》附于书末，已广为学术界所用。

中国学者从事《全唐诗》辑补工作，开始于本世纪30年代。王重民先生从伦敦、巴黎所藏敦煌书辑录唐人佚诗，1962年以《补全唐诗》为题，发表于《中华文史论丛》第三辑；王先生于"文革"中赍志而殁，遗稿后经舒学和刘修业先生整理，分别以《敦煌唐人诗集残卷》和《〈补全唐诗〉拾遗》为题发表。共辑得唐诗作者52人（其中21人不见《全唐诗》），诗231首。另外，孙望先生《全唐诗补逸》二十卷，共得作者234人（其中106人不见《全唐诗》），诗740首（含重出诗55首），断句87题。童养年先生《全唐诗续补遗》二十一卷又附录一卷，共得作

中国唐代文学学会第四届年会（山西大学）会间于五台山佑国寺后山（1988年9月26日，左起：蒋寅、吴小平、陈尚君、徐俊、张世林、市川桃子）

者521人（其中186人不见于《全唐诗》），诗1127首（含重出诗233首），词31首，断句243题。

1982年，中华书局编辑部将王重民所辑前二种与孙望、童养年所辑，合编成《全唐诗外编》排印出版。在国内学术界引发出一股唐诗辑补、校订的热潮，散见于报刊的关于《全唐诗》续补、《全唐诗外编》订误等方面的文章达数十篇之多，为我们修订《外编》并做好新补工作创造了很好的条件。《全唐诗补编》就是对《外编》进行全面修订，并踵继前贤于《外编》之外续补《全唐诗》的集大成之作。

陈尚君先生从1979年起开始留意唐代佚诗的辑补，《外编》出版后始矢志全面搜集。1984年元月，经复旦大学中文系孙猛先生推荐，寄来《全唐诗续拾》部分样稿。经柴剑虹、许逸民、傅璇琮先生三审样稿，充分肯定了《续拾》所取得的成果。当时预计新补诗约1500—2000首（句），因此初步决定将《续拾》编入修订后的《外编》。同年6月，陈尚君先生就《续拾》收诗范围、编次、诗偈辨体等十个方面提交了详细的设想，得到了编辑部的认同。1985年初，《续拾》初稿四十二卷完成，收诗2626首又1117句，另移正44首又8句，补诗题、诗序33首，附存7首又8句，存目14首，新增作者514人。1987年9月，经初审退交作者修改，并同时约请陈尚君先生修订《外编》。至1988年秋，《外编》修订和《续拾》修订两项工作全部完成。此后在审发稿、看校样过程中，仍经过多次修改，最终形成《全唐诗补编》现在的面貌。

修订本《全唐诗外编》，删去原误收重收诗614首又269句，删去作者242人，卷次作了局部调整，增写了十余万字的修订说明和校勘记。所存诗凡1664首又306句，作者566人次。陈尚君新辑《全唐诗续拾》共六十卷，收诗4663首又1199句，作者1191人。整个《全唐诗补编》共收诗6327首又1505句，作者1600余人，其中新见作者900余人。收诗数量约相当于《全唐诗》的七分之一，新见作者约相当于《全唐诗》已收作者的三分之一。这样巨大的收获，大大超过了我们原有的估计。

二　关于《全唐诗续拾》的审读加工

前面已经提到，陈尚君先生用十余年的时间全力投入《全唐诗续拾》和《全唐诗外编》的辑补、校订工作，从工作之初就显示出与以往诸家不同的地方，就是建立在全面查检文献基础之上的系统性特点，避免了以往这项工作中的零碎疏漏之病，另外在有关全书编纂体例的各个方面都已有全面的计划。随着工作的开展，一些具体问题的解决也都有了较恰当的方案。所以，送交编辑部的初稿已经具有相当完善的基础。

我喜好唐代诗文,业余也尝试着做一些相关的研究,但对唐诗辑佚这样古文献功底要求极高的专题,实在所知甚少。因此,在我 1987 年接受《全唐诗续拾》的编辑工作后,首先便去做该学科研究状况的调查,将《外编》出版后国内刊物陆续发表的关于《外编》的订补之作系统搜集,后来并就新辑唐人佚诗一一予以鉴别,找出误辑的原因和类型,撰写了《新辑唐人佚诗甄辨》一文(刊载在《古籍整理出版情况简报》第 201 期,1988 年),对唐诗辑补工作有了一些感性的认识。这篇短文从新发表的七篇关于唐诗辑补的文章中,共考证出误辑诗歌 27 首,其中辑自宋以后类书如《全芳备祖》、《纪纂渊海》、《永乐大典》者 10 首,辑自明清方志者 7 首,证实了前辈学者关于应慎重对待类书、方志以作唐诗辑佚依据的一再警告,使我的编辑审读工作找到了重点。

方志和类书是唐诗辑佚的两大渊薮,但其误收往往出人意表,难以尽信。这里在明清方志范围内举几个实例:

同治九年(1870)刊《嵊县志》卷二十四《文翰志》收有一首武元衡诗,题《西陵怀灵一上人兼寄朱放》,民国重修本《嵊县志》卷二十八《艺文志》也收有此诗,却作裴通诗。先后两志将一诗分属二人名下,已觉难解。辑者依时代先后确定为武元衡诗(陈耀东《全唐诗拾遗》),其实此诗既非武作、也非裴作,而是另一位唐诗人张南史诗,见于《全唐诗》卷二九六,题同,诗仅一二字异文。方志中这种不经意的误署作者的情况非常之多,如果有足够的检索手段还是不难发现的。另外两种情况有类于作伪,则更不易识破,明代著名唐诗学家胡震亨总结为:一、以后人诗冒古人名;二、改古人诗题以就其地。这里各举一个例子。

民国十年刊《湖北通志》卷 101《金石》九录《鄂州杂诗碑》,北宋

“熙宁二年（1069）六月”立石，到清代尚存黄鹤楼后斗姥阁西壁。是碑分五层，录谢朓及唐人诗39首，其中有署为唐皮日休的《望故沔城》，《古今图书集成·职方典》卷1147《安陆府部》收有皮日休的《天门夕照》、《道院迎仙》、《青城暮雨》诗，实际也出自《鄂州杂诗碑》。按常理“凡诗文题镌碑版者，即有凡作，少伪作”（胡震亨语），但此碑所载皮日休诗确属伪作，明人范东生所编《皮日休集》，收此襄志八景诗在内，已为胡震亨浩叹（《唐音癸签》卷33）。

民国十三年刊徐乃昌纂《南陵县志》卷42收有杜牧《安贤寺》诗一首，实为宋人吕夷简诗，见于《诗话总龟》卷15、《老学庵笔记》卷6、《爱日斋丛钞》卷3，均作吕夷简诗。今人编《全宋诗》卷146已收录，题作《天花寺》。《南陵县志》将诗题改作“安贤寺”，并将首句“贺家池上天安寺”改作“谢家池上安贤寺”，以求与当地古迹相符。这种从题到诗的彻底作伪，要一一侦破是有难度的。

胡震亨曾就地方志中的唐人佚诗有过一番苛刻的表述，他说：

> 诸书中唯地志一类载诗为多，顾所载每详于今而略于古。或以今人诗冒古人名，又或改古人诗题，以就其地，甚有并其诗句亦稍加润色者，以故诗之伪不可信者，十居七八。遍阅诸志，唯江右之袁，刘崧选选微存；浙省之严，翁洮遗篇略载。此外寥寥，指难多屈矣。旧尝闻范东生辑有唐诗，问姚叔祥，叔祥云：“见其借地志，吃吃抄写。”怪谓姚：“地志即不可不翻，那得真诗写？”（《唐音癸签》卷33）

胡氏的话不免绝对化，但他的提醒是不应忽视的。唐诗辑佚，目标是求全，标准则是存真，必须处理好求全与存真这对矛盾。有了这样的理解和经验，在我审读《续拾》前十四卷初稿时，着重对稿中辑自明清方志和类书者进行重点核查。因为当时只有一份《全唐诗句索引》（稿本）可供查检，且不包括《外编》部分，所以翻检极为不易，会有不可避免的遗漏。在1987年8月25日我提交室、局两级领导审阅的《全唐诗续拾审稿意见》中，列举了前十四卷中与《全唐诗》重出的诗共30例，其中多数即出于方志与类书。在《审稿意见》得到傅璇琮、许逸民两先生的肯定和进一步完善之后，我拟写了《续拾》的退改意见，并就《续拾》的收录范围、采用今人成果、敦煌诗歌、歌辞作品等方面提出了处理意见。在以后的工作中，我们与作者就书稿体例及有关具体处理方式等不断磋商，真正做到了切实而可行。

三　关于《全唐诗外编》的修订

《续拾》的编纂与《外编》的修订是难以截然分开的。在1984年3月柴剑虹先生审查《续拾》样稿时，曾经提出过《外编》修订之事，初步拟定由编辑室内部安排人做。现在看来，当时对《外编》存在的问题估计不够充分。《外编》出版后，蒋礼鸿、项楚、陶敏、吴企明、王达津、房日晰、熊飞等先生各擅其长，就《外编》存在的失误撰写了专文，但总体而言也失在零碎。陈尚君先生在辑补工作之初，就曾对《全唐诗》、《外编》二书存在的问题作过系统的考察，撰写有《〈全唐诗〉误收诗考》（《文史》第二十四辑）、《〈全唐诗〉补遗六种札记》（《中国古典文学丛考》第二辑）十余万言，较上列诸家的工作在深度、广度上都有大的突破。因此在《续拾》退请作者修改时，我们提出《外编》的修订计划，并请陈尚君先生结合《续拾》的修改，一并完成。我们共同商定了《外编》的修订体例，将《续拾》原稿中对《外编》的校订补缺移至《外编》修订本中，所有修订都采用校记形式，确定为误收而删去的诗统一在《修订说明》中予以简单考说。做到尽可能保持原辑者的面貌,又达到全面修订的目的。

《外编》修订工作开始时,我们是有些顾虑的。当时三位原辑者,除王重民先生已故去外,孙望、童养年先生仍然健在,但他们研究方向都已转移,年事已高,请他们作全面修订似不可能。由后来者修订,彰前人之过,反使其开创之功不显,难以心安。为此我特别向刘修业先生(王重民夫人)和孙望、童养年先生去信,征询他们的意见。最令我们感动的是这三位先生的支持。刘修业先生不但同意我们将《外编》中《敦煌唐人诗集残卷》换用由她整理的《补全唐诗拾遗》,而且给我们寄来王重民先生有关遗稿和蒋礼鸿先生《〈补全唐诗〉校记》稿本复印件。在1988年1月刘先生给笔者的信中,她还提醒我们,蒋先生稿本是《敦煌学论集》所发表的同名文章的修订本,较前者多有增补,让我们用稿本取校。孙望先生在1988年6月12日给笔者的信中说:

> 四月手谕拜悉,知贵局有修订《全唐诗外编》之议。望以上月复旦陈尚君同志曾将渠所撰《全唐诗补遗六种札记》寄示,当时曾复谢其指谬之美意,并略陈所以致误之由,在于贪多务得,疏于考订,且以贻误来学为憾。今闻将由尚君同志主持修订,望以为如此最为理想。至于修订原则,似即可按尚君同志《札记》所标六事行之。所须稍作斟酌者惟二:一、唐五代入宋者,何诗系入宋前作,何诗为入宋后作,往往不易遽定;隋唐之交者亦然。凡此等处,可由尚君同志略定条例,斟酌行之,资统一也。二、互见之作,甄别非易,凡能确考者取其一可矣。至被删去而或有争议者,似可以小注略作说明以处理之,其无把握者并存之,盖所以存其疑而便览者之研究论定也。再尚君同志所补巨量逸篇,并盼能别

立卷次，以充实《外编》，且能早日问世，俾造福学界于无穷也。

孙先生这种谨严的治学态度和学术至上的坦诚胸襟，是我们做好这项工作的动力，至今铭感难忘。遗憾的是孙先生未及看到《全唐诗外编》的修订本出版，就因病去世。在这里特别向相继离世的孙望先生、刘修业先生致以深切的怀念和敬意。

《全唐诗补编》全稿于1988年完成定稿并交稿，1989年发稿，1992年付梓。在前后几年的审发稿、看校样过程中，我利用河南大学中文系编制的《全唐诗句索引》（稿本）通查了全稿，陈尚君先生也曾将疑似之间的佚诗签出，作为我查核的重点，前后发现与《全唐诗》重出者五十余首，并将重出出处一一录呈尚君先生，以定夺取舍。比如《续拾》卷43据宋初乐史《太平寰宇记》收录相里宗在庐山所作《题远大师塔》一首，我发现《全唐诗》卷810已收作灵澈诗，因建议删去。但经陈尚君先生考证，南唐李中诗有《送相里秀才之匡山国子监》，相里秀才即相里宗，匡山即庐山，相里宗写作《题远大师塔》地点正合；且乐史乃由南唐入宋，与相里宗时代为近，所录应有所据，遂仍将此诗收作相里宗诗，并注明互见情况。重出互见诗的考辨是件非常复杂的事情，必须慎重对待。

《全唐诗补编》全稿排定之后，我个人自1986年开始的敦煌诗歌校录工作已初步完成，因将有关成果提请陈尚君先生参考。利用敦煌遗书辑补唐诗，自王重民先生之后，没有全力从事者。《续拾》从敦煌诗卷中收录了作者姓名可考的佚诗数十首，用功之勤，不让前贤。但敦煌诗歌较其他传世文献更为复杂，《续拾》所收间有未当者，我发现后，经作者同意作了适当删削。这里也举一个较集中的例子。敦煌遗书P.3619卷是一个唐诗写卷，共抄诗48首，王重民先生曾从该卷辑录佚诗十数首，虽不完备，但极为审慎。《续拾》从中续辑十数首，其中在桓颙《客思秋夜》（数夜独无欢）之后，另有一首无题诗（别后隔炎凉），王先生独取前者而不录后者。台湾敦煌学前辈潘重规先生所撰《补全唐诗新校》即认为后诗乃“王补漏抄”。《续拾》初稿也将此诗作佚诗收入。其实无题诗（别后隔炎凉）并非佚诗，《全唐诗》卷160孟浩然集收录。同一写卷还有一首无题诗（一队风来一队沙），原抄于高适《九曲词》之后，今人孙钦善《高适诗校注》、施淑婷《敦煌写本高适诗研究》等都作为高适佚诗，其实此诗亦非佚诗，《全唐诗》卷673收作周朴《塞上曲》。类似的例子还有郭良《早行东京》、张镜徽《采莲》等。均经笔者一一考实删去，最后《续拾》从该卷新辑17首，减少了误收。《补编》出版后，仍有一位先生举这些诗为例，指说校订本《补全唐诗》“于敦煌写卷多有遗忽”，为此我撰写了《敦煌P.3619唐诗写卷校录平议》一文（甘肃《社科纵横》，1994年第4期），予以说明。

王重民先生《补全唐诗》及《补全唐诗拾遗》涉及敦煌遗书数十个写卷，由于时间仓促，复核不便，留下了一些遗憾。虽然经过蒋礼鸿、项楚、陈尚君等先生的校订，但仍有未尽之处。我将自己复核敦煌遗书胶片所获的校勘成果，摘要过录在清样上，供陈尚君先生看校时参考取舍。尚君先生凡有采用处都加注“某某云”，最后因不宜移动版面，均被我删去。后来，我以《王重民〈补全唐诗〉二种校补》为题，将有关成果发表（刊在《北京图书馆馆刊》1993年3—4期），弥补了校订本这部分改补未言所据的缺憾。

四　一点感想

陈尚君先生在《全唐诗补编》书末《校后记》中有如下一段说明：

> 承蒙本书责任编辑徐俊先生不厌其烦地将我陆续提供的新材料插入书稿，并代为录自敦煌遗书之诸诗覆核了缩微胶卷，又检出拙辑中重收误收诗数十则。先后增删，达五百余首。本书能臻于此，是与他的努力分不开的。

我作为责编所做的一点工作，得到作者的肯定，深感欣慰。对于全书来说，我所做的是极其微不足道的细枝末节，正如本文开头我所说的，本书从审读到出版，伴随我个人业务熟悉的过程，我从中受到的教益是这里难以尽言的。值得一提的是，陈尚君先生在他立志纂辑此书时，方届而立之年，经过十余年的努力才使得这项工作告一段落，其持之以恒的事业心、责任感特别令我感佩。他的工作建立在对文献的精熟和系统性基础上，这是他不同于以往诸多学者零敲碎打式的辑佚，而取得如此集大成成果的关键所在。

最后说一点感想。

我是幸运的，在我刚开始编辑生涯的时候，即得到这样的机会，担任《全唐诗补编》的责任编辑。《补编》看似是一部文学作品辑补之作，实际上是一部具有非常大难度的学术考订著作。作者先后翻检了五千余种文献典籍，涉及到唐诗文献的各个方面，对每一种文献的择别取用，都经过严格的考辨去取。这对我在专业方面的把握，无疑是一次全面的学习机会。在此期间，我与作者往返通信，商讨书稿的有关细节，彼此成为志趣相投的挚友，因缘难得。从我们从事编辑工作的角度说，另有一个如何借此机会深入其中的问题，唯有深入其中，才能发现并解决问题，提升书稿的质量。所以我的感受，责任编辑不能只满足于书稿的一般技术性处理，要熟悉书稿所涉及学科的研究状况，这样对书稿所要完成的目标才有总体把握，从而在编纂体例、采摭范围以及各种具体问题的处理上，找到合适的方案和办法。要明确书稿的重点和容易遗留的问题所在，便于审读过程中有重点把关。

更幸运的是，我所在的中华书局编辑部，有着非常优秀的编辑工作传统，可以说这里是学者型编辑最集中的地方，就古典文学整理研究范围而言，就曾出现过徐调孚、王仲闻、周振甫、沈玉成、程毅中、傅璇琮先生等卓有成就的学者。而八十年代以来唐诗整理研究的风尚和取得的成果，以及中华书局编辑部在其中所发挥的作用，与主管我们古典文学编辑室的傅璇琮先生的推动有非常大的关系，《全唐诗补编》正是其中的成果之一。在历年工作档案中，我曾见过王仲闻先生审读加工《全宋词》所留下的高可盈尺的审稿记录和与作者唐圭璋先生往返商讨的信件，还见过周振甫先生审读《管锥编》时长达数万言的审稿意见，深深地为前辈们的风范所折服，《全宋词》、《管锥编》这两部传世之作的编辑加工，深得作者的赞誉，学术界引为佳话。前辈们深厚的学养、甘作嫁衣的精神，都是我们后来者应该追慕效法的。

以上有关工作的回顾，为据本人的工作记录和书稿档案写成，有不准确之处，应由我负责。关于《全唐诗补编》的编纂过程，请大家参阅陈尚君先生的《〈全唐诗补编〉编纂工作的回顾》（《书品》1993年第2辑）和《我作〈全唐诗补编〉》（《古典文学知识》1994年第3期）两篇文章。

补　记：

本文写于1995年初，当时《全唐诗补编》刚刚获得第二届新闻出版署直属出版社优秀图书编辑奖一等奖，评奖委员会委请戴文葆先生与优秀编辑奖得主约谈，并在颁奖会上作了评点。会后，应评委会和戴文葆先生的邀约，我撰写了这篇工作回顾，并曾摘要刊发于《编辑手记》(天津教育出版社,1996 年 2 月)。不久前因挪动书房,有机会重读原稿,审视自己早年的工作印记,感慨良多。现予全文发表,祝贺傅璇琮先生八十寿庆,并向 1980 年代以来以傅璇琮先生、陈尚君先生为代表的两代唐代文学开拓者致敬。2012 年 11 月 12 日补记。

(原载《傅璇琮先生八十寿庆论文集》,

中华书局 2012 年)

更多更久的赋能与加持

——周勋初先生九十华诞祝词

感谢文学院的邀请，让我能够参加今天为周勋初先生九十诞辰举行的学术研讨会，能够现场向周先生表示我自己和我所在的中华书局同人的敬意与祝福，祝周先生生日快乐，学术常青，福寿绵长！

我本人是中文系的学生，1979—1983 年在中文系读书，遗憾的是没有听过周先生的课。我们 79 级的中国文学史课由郭维森、周一展、吴新雷、王立兴老师上，选修课我上过郭维森老师的《楚辞》、吴新雷老师的《红楼梦》、徐家婷老师的古文字、许永璋先生的杜诗，却没有上过周先生的选修课。而下一年级文学史魏晋隋唐段就是周先生上了。真是非常遗憾。

毕业以后因为工作的缘故才与周先生有所接触，也很少，但周先生的著作出版，每次都签名后寄赠给我，偶尔也给我信，都是公务。在这些有限的接触中，我每每都能感受到周先生对中华书局的支持和信任。周先生接受中华约稿完成的《唐语林校证》，是周先生古籍整理代表著作，在"唐宋史料笔记丛刊"中也是一部独特的作品，是丛刊中深度整理本的代表作。《唐语林》编辑出版在八十年代，我没有经历其事。后来《唐语林》修订再版，当时我分管历史室，周先生对修订本所花的功夫，包括对辑佚部分进行了增补，重写了前言和附录《援据原书提要》，以及与编辑部的沟通交流，我都略有所知。修订本出版后，周先生很满意，也更便于学术界使用，至今已经印到6次。十年前，我们开始“二十四史”修订工作，我到南大拜访周先生，最终《新唐书》修订由中文系武秀成老师承担，也是周先生力荐，对我们的工作给与了很大的支持。承文学院和莫砺锋老师信任，将周先生80寿辰、90寿辰两本祝寿文集都交由中华出版，让我们有略尽绵薄的机会。

周先生的学术，我没有能力评说，只能从读过的周先生著作获得的粗浅认识谈一点印象。周先生的学术给我最鲜明的印象，是学科跨度特别大，文史兼治，文学史（诗文、笔记小说、文学批评）、文献学、诸子、学术史，都有专精的研究成果。我最早读过的是《高适年谱》，我觉得，在八十年代初，这本书与傅璇琮先生的《唐代诗人丛考》一样，都是开风气的著作。后来周先生寄给我《当代学术研究思辨》，九十年代初，当时我做敦煌文献整理，刚入门，涉及到一些近现代学术史的内容，认真读过周先生这本书，对近代学术有了更多的理解。再一个鲜明的印象是对文献和文献学的重视。周先生可以说是他同辈、同级别学者中，做文献整理最多也影响最大的一位学者。早年做《韩非子》，做高适，后来做《唐语林》，扩展到做笔记小说，都是典型。后来的《唐钞文选集注汇存》、《册府元龟》校订本，更是影响特别大的文献整理工程。我认真读过并从中获益的是周先生的两篇长文：一篇是九十年代初《唐诗大辞典》附录的《唐诗文献综述》，与中华出版的傅璇琮、张忱石、许逸民三位先生合编的《唐五代人物传记资料综合索引》的前言，我认为是两篇关于唐代文史基本文献最精要的指导读物。另一篇是《叙全唐诗整理经过》，1980年发表在中华的《文史》第八辑，《文史》现在已经出到122辑了，在《文史》前十辑发表论文，如今还活跃在学术界的人，恐怕已经少之又少了。周先生自述这是在故宫半个月看书的结果，对胡震亨《唐音统签》、季振宜《全唐诗》稿本做了全面精准的研究。八十年代初，我们曾一度与故宫图书馆合作准备影印《唐音统签》，到故宫仔细调查过版本，从周先生长文获益最多。

在过去的这些年中，我有一次机会单独听周先生作过一次长谈，而且是一次正式的录像访谈。2011年下半年，我们开始筹备中华书局百年局庆，请央视帮忙采访了十几位学者。2011年9月23日上午，我带着摄像师，到二号新村周先生家，在书房作了一个小时的录像访谈。这个访谈后来经过剪辑放在了中华书局官网上，现在还能看到。但实际录制的比发布的要长很多。我上周调出当时的整理文本看过，周先生的采访整理稿分三大块：一、我与中华书局的渊源；二、做古籍整理也要重视选题；三、中华书局要出精品。七年过去了，周先生讲的，对现在，对我们，仍有非常重要的针对性。

周先生回忆在上海读高中，到福州路、河南路上的中华、商务买书。谈到那个时代中华与商务的竞争，互不相让。商务出一套《万有文库》，中华就出一套《知识丛书》；商务出《四部丛刊》，中华出《四部备要》；商务出《辞源》，中华出《辞海》。《辞海》销路更大，《四部备要》以实用取胜，聚珍仿宋体非常漂亮。这主要是说老中华对他的影响。对八十年代之后与中华的亲身交往，周先生充分肯定《资治通鉴》、“二十四史”点校本的价值和作用，说“这个与金灿然、赵守俨这批人有关系，这批人跟中国传统文化渊源是比较深厚的”。因为金灿然在延安时期就是范文澜《中国通史》班子的成员，建国后又与范老工作交往密切，周先生因此还说到一个与我们中文系老辈相关的话题。周先生说：汪辟疆先生跟他讲，汪先生的启蒙老师，就是范文澜的爸爸，那个时候汪先生的爸爸在河南新安县做县太爷，与范文澜的爸爸在一起做官，所以就请他做启蒙老师。而范文澜先生又是黄季刚先生的大弟子。

周先生这次的访谈，我觉得有一点值得在此一说，就是古籍整理要出精品。

周先生说：做古籍整理，从古籍研究来讲，是个选题问题。题目要选得好。不要抢大路货，要有远景规划。周先生谈到自己主编的两部大书，说："我觉得我最满意的事情，就是《唐钞文选集注》和《册府元龟》。……中国人过去讲，要才、学、识，这个识很重要。我觉得我挑这两本书，在识上面还有些好处。"这与周先生在其他场合讲的要做第一流的学问，是一个意思。前几年古籍小组办公室组织评选"首届古籍整理优秀推荐图书"，范围是新中国成立以来全国出版的原创古籍整理图书，共91种（含丛书），《唐语林校证》、《唐钞文选集注汇存》、《册府元龟》校订本三种均在其列，可见一斑。

周先生对当下的古籍整理出版和中华书局寄予了厚望，周先生说：研究哪一个学科，真正要弄到最高端，一定要靠精品，太烂的东西还是少沾手，沾手以后，把自己的品牌搞坏掉了。含金量的东西还是重要的。比如你们这次获国家奖的《天圣令》，海内孤本，研究起来里面的容量大得不得了，非常重要。这是品位的问题，不一定赚多少钱。中华在改革开放以后，情况发展到现在这个局面，可能跟过去不一样了。商品经济越来越厉害，但不管怎么样，竞争到什么程度，百年老店，品牌还是重要的。这属于制高点，控制了这个制高点，别人没办法跟你比。

周先生最后说："要提高门槛，现在的学术风气，出了校门的我不管，但出了校门的我也要跟大家讲讲，不要半政界、半学界，现在这种多得不得了。”我不是周先生的及门弟子，但当时听到和现在重温，都有当头棒喝的感觉。

周先生谈到学术风气，我想，学术本身有两个层面，一是学术的专精深入，一是学术的格局气象。学术的传承同样有两个层面，一个是学业，一个是学风。概括的不一定准确。我想我们南大文学院、“两古”学科，近几十年来，在程千帆先生、周勋初先生带领下，不但学术专精，也气象日新，学术界有目共睹。这与老一辈和年轻一代之间优良学风的传递接续有极大的关系。为此我想到现在网络上很流行的两个词，一个来自心理学术语——赋能，一个来自佛教术语——加持，笼统而言，都是赋予或给与更多新的能量的意思。现在我要借用这两个词，衷心祝愿周先生和所有前辈健康长寿，给与未来，给与我们，更多而且更久的“赋能”与“加持”！

最后，祝母校文学院越办越好，祝在座的老师、学友生活幸福，学术日进！祝尊敬的周先生生日快乐！乐享期颐！

（原载《澎湃新闻》2018 年 4 月 15 日）

序跋的意义

——《学理与学谊》编辑手记

去年秋天，在我的一再怂恿下，新江兄的第一本序跋集编成了。2000 年之后，我就没有做过责任编辑的工作，这次决意借机重操旧业。

新江兄在为本书撰写的短跋中说，本书“主要内容是对学术理路的追求，以及和作者之间的友谊”，所以用“学理与学谊”来为这本序跋集命名。本书上编是为他人著作和他主编之书撰写的序文，下编是他自己历年著作的前言、后记，总体而言，既有对自己研究旨趣、治学历程、学术因缘的记述，也有对相关学科的历史、现状和方向的研判，当然还有对每一本书的内涵揭示和得失评鉴。在我看来，序跋其实是另一种形式的书评，如果将这本序跋集与新江兄历年撰写的大量书评合观，可以说从一个侧面呈现了他的主要学术面向和学术历程，体现了他对学术理想的有意识表达，以及他对具体学科走向的自觉要求和干预，具有非常典型的方法论和学术史的价值。

古人云：序者，序典籍之所以作也。在现代学术体系下，一篇序文最基本的目标，是基于对相关学科内在理路的梳理，对这部书给出恰当的学术评价和学术定位，这就是所谓的“学理”。细读新江兄的这些

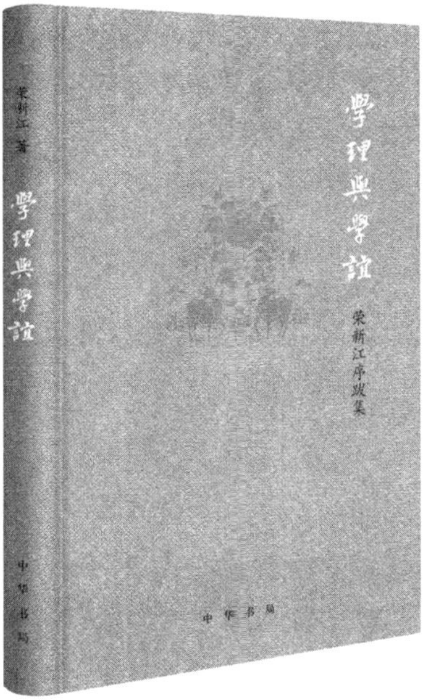

荣新江著《学理与学谊》（中华书局 2018 年 6 月）

序跋文字，我体会，所谓“学理”至少应包含四个层面：首先是所在学科的学术脉络和方向；二是所序著作的学术贡献和定位；三是所在课题的学术理路和构想；四是体现基本的著述要求和学术规范。而所谓“学谊”，显然不是单纯的人际交往和友情，作序的缘由基于此而不限于此。新江兄为之作序的作者，主要是跟随他治学的年轻学者和他的学生，因为学业和学术而交集，因此这里所谓“学谊”，我认为至少包含三个层面：首先是对作者所从事的学术研究的直接参与、构建和指引；二是对作者学术经历和学术传承的体认和梳理；三是基于相互认同的对一个学术共同体的价值追求。每一本书，都有新江兄的影响、参与，甚至主导，就此而言，“学理”与“学谊”是交错的、二而一的关系，与当下时风渐染的吹拂推挽不可同日而语。

本书所收 60 篇序跋文字，涉及敦煌吐鲁番学、西域史、隋唐史、长安学和中外关系史等多个领域，每一篇序跋各有各的对象和语境，但作者始终都关注的是学术的方向性问题。这里仅以敦煌学为例。新江兄 1980 年代初就跟随张广达等先生治敦煌学和中外关系史，从手摇缩微胶卷阅读机，到遍访世界各地敦煌馆藏，对文献整理的重要性和资料积累的难度体会深切。“过去，我曾花了许多时间和精力访查流散在国外的中国典籍，其过程既有不少心酸的经历，也有许多收获的乐趣”（《中华古籍特藏保护展览随想》）。“我从进入敦煌学门槛以后，花费时间最多的是抄卡片，每当见到一本敦煌学的书刊，往往是一边翻阅，一边把何处研究哪一号写本抄在卡片上，日积月累，有十余盒之多。到了后来，这些卡片在研究中起到了极大的作用”（申国美编《国家图书馆藏敦煌遗书研究论著目录索引》序）。但是新江兄不囿于文献整理，一直致力于敦煌学的转型与扩展，他在《敦煌讲座书系总序》中说：“敦煌学越是深入发展，也有着题目越来越小、视野越来越窄的倾向，……这样的倾向其实严重影响着敦煌学的发展和进步。在 21 世纪，敦煌学的发展不仅仅要追求新材料，还要向其他学科学习，进一步更新方法，思考新问题。”近十几年来海外所藏敦煌文献集中影印，各种分类校录本陆续完成，面对这样一个新的局面，他利用各种机会，呼吁敦煌学的研究要实现“从文献到历史”的转折，希望年轻学者能够根据丰富的敦煌文献，结合某些社会科学的理论，来阐释有关的政治、宗教、性别、医疗等等方面的中古史，以此来说明历史演变的情景（余欣著《神道人心——唐宋之际敦煌民生宗教社会史研究》序）。从敦煌吐鲁番学到中外关系史，所涉及的学科，有一个共同的特点，都是伴随着近百年来新材料的发现而逐步形成，并成为国际显学。但是“不因为新材料而张大其词”（孟宪实著《汉唐文化与高昌历史》序），新江兄对此一直保持清醒的认识，他说："我们要承认，不论是传统的文献材料，还是陆续发现的文书资料、最新的考古文物，都有各自材料本身的局限性，……必须清楚我们自己的局限，注意自己的方法，尽量多地把各种各样的信息放到一起来研究。"（《粟特人在中国》前言）在《鸣沙集——敦煌学学术史与方法论的探讨》自序中他说："面对着突飞猛进、玉石混淆的敦煌学的现状，我们需要利用各种形式的文章，大到一篇专论，小到一个脚注，来表彰先进，黜退陈腐，使敦煌学健康地发展。"

本书所收多篇新江兄主编之书的序跋，涉及历年来他暂时搁下个人研究，投入精力，主持的多项集体项目，包括历时多年的新获吐鲁番文书整理、大唐西市博物馆墓志释读，还有"粟特人在中国"这样的专题研究、向达先生遗著的搜集整理，体现了一个学者的奉献和担当。而这一点更集中地表现在新江兄创办并主编《唐研究》长达23年的坚持中。一个颇有意味的巧合是，本书上编以《〈唐研究〉弁言》开篇，以《〈唐研究〉第二十三卷编后记》收尾。《唐研究》是当下中国学术罕见的清流，为中国学术树立了典范，以学术为业，因学术结缘，"用苦行的方法给别人做前行的路石"（广中智之著《汉唐于阗佛教研究》序），我认为，正是"学理"与"学谊"的一个很好的注脚。

戊戌秋分，中秋节前夜

（原载《中华读书报》2018年10月10日）

中国人文学术的标杆

——《项楚学术文集》首发式致辞

感谢四川大学中国俗文化研究所的邀请和安排，让我能够躬逢今天的盛会，能够在这里当面向我崇敬的项楚先生送上八十华诞生日祝福，并在今天这样的国际学术研讨会的开幕会场，举办我们刚刚出版的《项楚学术文集》的首发式。

项楚先生是我们非常敬重的学者，是四川大学人文学科的杰出教授，更是中国当代享誉世界学林的语言学家、文献学家、文学史家和敦煌学家、佛教学家。我们为能够承担项先生学术文集的出版任务，深感荣幸。《项楚学术文集》是中华书局长期以来致力于中国人文学术出版的代表性成果、标志性图书。项先生将学术文集交由中华出版是对我们长期坚持的学术出版板块建设的最大支持！因此，我要代表中华书局同仁，诚挚感谢项楚先生的信任！早在1980年代初，项先生就将他的多篇重要学术论文交由中华书局的《文史》发表，并先后在中华书局出版了《寒山诗注》《敦煌变文选注》等代表著作，我也因此有幸担任了《寒山诗注》初版的责任编辑。近四十年来，中华书局及我本人，得到项先生有形的、无形的大力支持，更是难以言表。

《项楚学术文集》(中华书局 2019 年 7 月)

项先生撰述丰硕,贡献杰出。这次收入文集的范围仅限于学术研究部分,包括此前陆续出版的《敦煌文学丛考》《王梵志诗校注》《寒山诗注(附拾得诗注)》《敦煌变文选注》《敦煌诗歌导论》《敦煌歌辞总编匡补》《柱马屋存稿》七种,加上这次新编的《柱马屋存稿二编》,全八种 11 册,煌煌五百万言。是项先生在中国语言学、文献学、文学史和敦煌学、佛学等主要方面学术成果的集中呈现。

关于文集的编校出版,文集后面所附的尹赋老师执笔的《编校后记》有详细的说明,在此我仅就主要方面略作介绍。

首先要感谢张涌泉教授的倡议和四川大学中国俗文化研究所的响应及部署,张涌泉教授也在第一时间将文集出版的构想通报给我。2013 年 9 月 25 日,在张涌泉教授的协调下,我们与四川大学中国俗文化研究所确定了《项楚学术文集》的出版方案。《文集》的收集工作,由项先生与俗文化研究所负责;编校工作,则由俗文化研究所的师生与我们编辑部,共同承担。

收入《项楚学术文集》的八种著作,内容上分为文献校注与学术论著两个类型，项先生本人对于《文集》的编校有自己明确的意见，即：尽量保持著作原貌，如非必要，不作改动。所以在文字编校上，以尹赋老师为首的编校组与中华书局编辑部合作，按照项先生意见，制定了严格的编校原则和操作规范，即：多读多查，精编精校；尊重原著，保持原貌；如无确据，不擅改动；如需改动，请项先生定夺。

《文集》排版后，先由中华书局编校部校对两遍，通校、逐字对校底本，让新排校样尽量忠实于原书。校对完成后，将校样寄川大，由尹赋老师组织核校。我们事先与尹赋老师商定了校改范围和原则，并由尹赋老师把编校原则告知编校组成员，认真细致通读全稿，并复核全部敦煌卷子和征引文献。川大方面完成后，再由中华书局编辑部处理校样，一是全部重新核对敦煌卷子和征引文献，二是重点审读川大编校组的修改意见。——也就是说，川大编校组所做的工作，中华编辑部基本上也要重复做一遍。我们一致认为，这样做虽然费工费时，但好处是双向保证了复核校改的质量。

文集编校出版历时五六年时间，首先是项先生本人对文稿进行了全面修订，我又一次看到了项先生用钢笔竖写的粘贴在书页边的一张张纸条（当年《寒山诗注》出版过程中，我就一再收到项先生寄来的这样的补充文字）。川大中国俗文化研究所编校组与中华书局编辑部经过六年的持续努力，不仅复核了全部征引文献，并按类统一了编排体例格式，每一种书都经过了不少于六个校次。我们做过文书整理的学者，一定能够理解这项复核工作的繁复程度和必要性。其目的就是为学术界提供一套项楚先生学术成果的定本。在此，我们要向参与这项工作的老师、同学和我们的编辑同事致敬，要向川大中国俗文化研究所所长张弘教授和以尹赋老师为组长的川大编校团队表示由衷的敬意和谢意！是大家一致的努力，让《项楚学术文集》不仅因为其学术价值而成为中国人文学术的标杆，还因为其编校精良堪称学者文集编辑出版的标杆！今天，值此项先生八十寿辰之际，大家精心打造的《项楚学术文集》如期出版，更是一件双喜临门的佳话。

上周，我拿到新送来的样书，迫不及待地打开每一册，那些熟悉的篇章在眼前一一闪现。我本人因为工作之余研习敦煌文学的机缘，可以说，项先生的绝大多数著作和论文都曾认真拜读过，给了我太多的指引和启迪。在项先生都曾涉猎的范围内，我差不多用十年的时间完成了全部敦煌诗歌的辑录考证，对项楚先生治学的格局境界、宏通的视野、精深的深究，有很多的体会，不在这里一一赘述。

1980 年代，中国敦煌学又一次起步，以敦煌变文、王梵志诗及补《全唐诗》三个主题为中心，敦煌语言文学研究形成了前所未有的迸发式的局面。项楚先生就是其中最受瞩目的学者，他的著述超迈前贤时流，享誉海内外。近四十年过去了，我们稍微年长一点的学者，一定还记得"逢人说项"这个今典。上周，我又从郭在贻先生文集重温了项先生与郭在贻先生的通信，再一次深刻感受了八十年代那一代学人惺惺相惜、切磋砥砺、忘我治学的精神。

项楚先生的学术在我承担《寒山诗注》责任编辑工作的时候，就有非常深切的体会。

最早是刘石兄转告我，项先生的《寒山诗注》即将完稿，并有意交中华书局出版。那是 1994 年秋，项先生给我寄来《寒山诗注》书稿简介，并附了《寒山诗校勘札记》《寒山"弟兄同五郡"诗诠解》两篇论文。我于同年 12 月 27 日向书局递交了"选题组稿审批单"，建议列入出版计划。1995 年 1 月 5 日，时任总编辑傅璇琮先生批示："总编办公会议讨论通过。"此后项先生交付了全稿，我通读了全稿，做了必要的加工，于 1996 年 10 月 28 日发稿，限于当时的排校条件，铅字排版，因为书中有很多孤僻字，没有现成的铅字字模，每一个字都需要单独铸刻，所以排版用时很长，一直到2000年3月才正式出版。我对书稿内容没有什么贡献，主要是处理编校方面的技术问题，并不断将项先生的补充和改动，按要求落实到稿面。审读项先生的书稿，可以说是一种享受，如入宝山。因为对一个字词、一个典故的准确解说，使得疑点涣然冰释，全诗豁然贯通，真令人击节称快。

项楚先生身为语言学家，谙熟内典外书，精于校勘考据，尤其对古代通俗文学的研究有着长期的积累，旁征博引，融会贯通，熔语言、文学、宗教、习俗于一炉，充分体现了注释者的识见和功力，形成了鲜明的学术特色，当今无二。《寒山诗注》出版后，我曾经写过一篇书评，刊发在荣新江教授主编的《唐研究》第七卷，在书评中我说："《寒山诗注》连类而及的广征博引，使寒山诗的取材立意、思想意蕴、承传流变，得到了充分的揭示和阐发，大有《管锥》《谈艺》之风，别处实不多见。"项先生在著述中也屡引钱默存先生之说，两位先生先后映照，将中国传统的阐释学发挥到了极致。

因此，如果我们将项先生的校注著作放在一般的疏解文意的范围理解，那就错了，错过琳琅宝山了。当年在为《寒山诗注》封底写内容推介时，我写了如下一段话："注释详明丰赡是本书的最大特点，通过对生词僻典和佛家语的推源溯流式的考释，揭示寒山诗思想内容、艺术风格、文化意蕴的承传流变，使本书在文学史的价值之外，更具有了思想史、文化史、社会史和宗教史的意义。"我认为这样的评价是中肯的。今天，我还想用一句古语来概括项先生的学术风格，这就是《中庸》里的六个字："尽精微，致广大！"这就是项先生的著作带给我的真切的感受。

学术风尚，因时而易。老一代学者致力的文本校勘注释研究，为今天的学术研究打下了坚实的基础，看似已经不那么时兴了，转而艺术史、图像学、书籍史、写本学、历史书写，等等，似乎成了学术的主流，这当然是学术进步的表现，无可厚非。但是，我们今天在这里举办项楚先生学术文集的首发式，藉以重温过去的学术历程，感受老一辈学者的治学风范，光大老一辈学者的治学精神，如沐春风，催人奋进。作为敦煌学研究领域曾经的一分子，我愿意借此呼吁：让我们重新回到最基础的研究中来，利用现在强于四十年前太多太多的学术条件和学术积累，站在新的起点，深耕细作，填补空白，将中国的敦煌学、俗文学，以至中国的人文学术，做出一个崭新的高度！

最后，真诚感谢大家对中华书局出版事业的关注和支持！衷心祝愿项楚先生八十华诞生日快乐，幸福健康，学术长青！

（原载《澎湃新闻》2019年7月6日）

要有机会去打一口深井

——我在中华书局的编辑往事

我是1979年考入大学的。那个时候我们生活在乡村的孩子，根本不知道外面有些什么大学。填志愿的时候，所有志愿就抄在两个教室的黑板上，让我们从里面选。不知怎么赶巧了，我竟然考上了南京大学中文系。

在南京大学读了四年书后，我就直接到北京去了，进入了编辑行业。这时就要开始说到中华书局了。我从1983年开始工作到不久的将来退休，除却中间有不到三年时间在中国社会科学院文学研究所古代史研究室做副研究员，基本上就是四十年在中华书局的编辑生涯。

在我三十多年的编辑出版经历里，前半段是从助理编辑、编辑到编辑室主任，做具体的编辑工作；后半段开始于2003年，那时从中国社会科学院回到中华书局进入了领导班子，一路做副总编辑、总编辑、总经理，到现在的党委书记、执行董事，主要是管理工作。在中华书局108年的历史上，大概我是唯一一个总编辑、总经理、执行董事、党委书记全做过的人了。

在职场的三十多年连同读书的四年一共四十多年的时间里，我读

文学编辑室部分同事在房山云居寺(1991 年 10 月 12 日,左起:王景桐、孙通海、顾青、许逸民、徐俊、赵又新、刘石)

书的机会其实特别少，编书也仅是在我工作的前半段，而且由于那时没个三五年出不了一本书，所以总体上编书的经验也是比较有限的。因此，今天就主要跟大家谈谈我过去经历过的与书有关的事儿，也希望大家有更多机会了解我们中华书局。

八十年代的中华书局是什么样的，年轻的读者可能不了解，我在第一次拿着毕业分配的派遣单去往北京之前也一直在想象。我记得特别清楚，当时系辅导员通知我说“你分配到中华书局了”，我立即就从南京大学的北园跑到南园的宿舍里，拿起王力主编的《古代汉语》看版权页——王府井大街 36 号。在 1983 年 8 月 8 号这个日子，我从上海坐 13 次绿皮火车到了北京，又坐 104 路公交车到了王府井，拎着一个小包去中华书局报到了。

那时候的中华书局，简单概括地说，就是专业性和学术化体现得最为集中的阶段。中华书局 108 年的历史里，1954 年以前在上海，是一个综合性的出版社。1954 年迁京后经过四年的调整才恢复独立建制。对于现今格局的形成，起主要作用的就是 1958 年的恢复独立建制和第一届古籍小组的成立，从此开始，传统文化尤其是古籍整理出版成为中华书局的特色。中华书局的老书很多都是六十年代（主要是 1963—1966 年）整理出版的。这是形成中华书局品牌和品格的第一个阶段。

中华书局品牌和品格形成的第二个阶段是八十年代，特别是 1982 年第二届古籍小组成立之后。可以说，八十年代的中华书局，在恢复古籍整理出版、学术出版上的努力，为后五十年的发展奠定了非常重要的基础。我们学文史哲学科的用到的最基础书，丛书套书，都是八十年代开设的，如《中国古典文学基本丛书》《新编诸子集成》等。别看现在我们的规模变大了很多，实际上我们每天做的工作都没有离开八十年代前辈们的“手掌心”，所有的工作都是在前人工作上做的加法，无论是图书选题板块还是产品线，新辟出来的几乎是没有的。

1983年进入中华书局后，我先是在古籍小组办公室工作了一年多，当时组长是李一氓先生。李老大概算是我党老革命里最好古的一个人，藏了很多书，尤其是明清的词集，他任组长期间也安排编《全明词》和《全清词》。我经常到李老家，见到他收集的各种书画真迹和古董摆件，当时我就像“刘姥姥进大观园”一样“傻了”。那时李老写完稿子，会要我用稿纸誊抄下来，有时候也整本抄他借来的一些文人集子……

我进入中华书局后经历的很多事，都是之前根本没有接触过的，比如一项最基本的技能——捆书。一本书要捆，一摞书也要捆，不是简简单单地捆个“井”字，而要把四个交会处都捆成结。那时候全国各地每位古籍小组成员收到的新书，都是我捆的，邮寄地址也是我写的。

在古籍小组待了一年多之后我去了文学编辑室。每个刚进编辑室的编辑都要先定一个方向，一旦定了方向，很多人一辈子就专在这一个方向里做书。我初进文学编辑室的时候，还是个毫无经验的学徒，被安排做《中国文学家大辞典》的近代卷。《大辞典》开始只有清代卷，是钱仲联先生主编的，后来决定要加近代卷，就要从清代卷里拿出一部分来，于是就派我去苏州向钱先生汇报。为这件事，我去找过钱先生很多次。在后来的编辑工作中也交往过很多其他学者。

文学编辑室最年长的前辈要数周振甫先生。周先生那时已经退休，但每周都会挤公共汽车来局，然后又自己低调回去，不让单位用车送，为人十分谦逊。周先生的信箱就是我身后的柜子抽屉，每天都有读者来信，我就帮他收信，等他来了拿给他，有时也送去他的家里。周先生一直到九十岁都在坚持给读者回信。他每出一本书，还会用特别小的字写上“徐俊同志”，然后签上自己的名字，盖上自己的章，不论对谁，都会恭恭敬敬地送到面前。周先生与钱锺书先生的交往是学林佳话，我第一次从档案中看到周先生密密麻麻的《管锥编》审稿记录，深受触动，1996 年我开始学习电脑打字，练习打字，就把 38 页近五万字的周先生的审读意见和钱先生的批复，全部校录出来。记得 2000 年过后，傅杰老师找我，完整刊发在《钱锺书研究集刊》，现在网上也不难搜索到。

开始做编辑最怕的是什么呢？是程毅中先生来谈稿子。程先生是当时文学编辑室的主管局领导，后来他在尚未到退休年龄的时候就引病辞去了副总编辑的职位。说到这里，今年疫情严重的时候，九十岁高龄的程先生，还把三万多稿费一次性捐赠给了武汉市中心医院的一线医务人员。

我们编辑做书稿审读加工，一般有两样东西必须有，一是审读报告，二是加工记录。我入职文学室后做的第一本书是一个《世说新语》的稿子，最后退稿了。审读意见，主要是对书稿体例和价值的判断，对古籍整理书稿来说，首先要审核选用的底本恰当不恰当，就要弄清楚本书的版本源流，不同版本系统中选什么本子来做底本、通校本、参校本，甚至还要去图书馆查有没有批校本之类的，都要像作者一样去研究一番，把判断写到审读报告里；对于书稿内容的意见，不能在稿子上写和划，意见要写在浮签上贴到相应位置，俗话说贴条子……稿子审完之后总是贴满了条子，然后交上去。这时候，程毅中先生可能就会突然站到你跟前，说：“徐俊同志啊，我要跟你商量商量。”最怕的就是这个时候，因为有的是贴的条子完全不对，有的是该贴条子的地方没有贴。

每接到一个稿子，从版本、前人研究到稿子本身的问题，一个个问题怎么解决，还都要写信和作者商量，作者同意了才能确定怎么做，怎么改。实际上，我所谓的读书，那时候就是读稿子，是从读稿子开始的。

周先生、程先生，这些老先生的学养和为人以及在工作上的敬业精神，确实对我们年轻人影响很大——不管你进局的时候是什么样，最后都被塑造成中华书局人的那个样子。

比周先生晚一辈的老编辑，对我影响比较大的就是程毅中先生和傅璇琮先生，他们是前后直接分管我们编辑室的领导。我在九十年代初开始做文学室负责人的工作，会直接与他们打交道——责任编辑一审过后，我负责二审，然后就由他们负责三审……就是在这样的环境里，我有机会从编辑工作进入了古代文献的整理研究。

我们的同事里，每个人都学有专长，能写一些学术文章，最起码也都整理过一些古籍。所以，刚进编辑室感觉压力特别大，根本不知道自己能做什么，该做什么。就是在这样的情况下，《全唐诗补编》的稿子来了。

当时陈尚君老师的《全唐诗补编》列入出版计划，我被安排做责任编辑，于是我才开始接触一点唐诗和唐代文学。其实，我离开家乡去南京大学读书之前，连《唐诗三百首》都没见过，读的第一首唐诗就是小学课本里的“锄禾日当午，汗滴禾下土”了。我找到古典文学编辑出版的门径，并结合工作完成了敦煌诗歌的整理，就是从《全唐诗补编》开始的。所以说，陈尚君老师是我真正的老师。

当时学术界有一阵不小的热潮——补《全唐诗》之遗佚和纠正《全唐诗外编》之误辑。学术界已经发表的文章，我都要去找来核查；陈老师的每一篇辑佚及考辨按语，我都要一条条去核查。认真地说，我就是通过这样的核查审读，了解到唐代文献的大致框架结构，以及不同文献在考辨、辑佚中的价值和作用的，从一无所知，到逐渐进入。六年后这个稿子才出版成书，就是在这个漫长的过程中，我接触到唐诗本身、唐代诗人、别集、总集、类书、地方志等，才在实践中有了审这类稿子必备的知识。

陈老师是我交往的作者里信件来往最多的，每过一段时间部分卷次审读完了，遇到不清楚的问题需要确认或者有一些修改建议，就会给陈老师写信，长的短的都有。2000 年我离开中华书局去了文学所，离开的时候清理书信，很多信都处理了，但我保留的信里陈老师的是最多的，一封也没少。

那时也特别能够体会到陈老师的工作方式。陈老师首先做的工作是清理清康熙年间《全唐诗》成书后新见的文献，换句话说，就是清编《全唐诗》没有用到的书是哪些？然后一本一本读过去，陈老师经常说，每天都要看一本新书，每天都要从新书里发现新的唐人佚诗，生活十分之快乐。

对我后来做相关研究工作影响最大的一点，就是陈老师做辑佚工作和前人的不同。前人关于唐诗辑佚的发现，大多是通过个人的阅读机缘偶尔得来的，可以说是“觅宝式”的，往往是看到一篇一首或者拿到一个敦煌卷子就写一篇文章，缺乏系统和完整的关照。陈老师所做的《全唐诗补编》区别于前人的最大不同，就是其系统性，他以地毯式的梳理最终形成了集成性的成果。

要说我进入学术领域，一个小的切口就是《全唐诗补编》里面包含的《全唐诗外编》。《全唐诗外编》的第一种是王重民先生的《补全唐诗》，他三十年代在伦敦就开始做《补全唐诗》的工作。用敦煌写卷补《全唐诗》的工作是很难的，因为那时候看敦煌卷子是非常难的，分藏于世界各地，没有影印本。在我接手《全唐诗补编》责编工作的八十年代，也只有缩微胶卷和台湾版《敦煌宝藏》可以利用。据我所知，那时在北京，140 巨册的《敦煌宝藏》只在北大图书馆、北京图书馆、中国科学院图书馆有，但中华书局也有一个好图书馆，其中就有一套完整的《敦煌宝藏》。这个时候我核校王重民先生的《补全唐诗》，就会借《敦煌宝藏》来核，实在看不清楚就去国家图书馆，钻进那个黑布盖着的阅读器仔细看。就是这样我开始接触敦煌遗书，也因为这项工作接触到了敦煌诗歌。

当时看到每个人都有专长，有自己的学术方向，于是自己就开始学着做。我觉得自己有所有人都不具备的条件——别人要到图书馆才能看到《敦煌宝藏》，很难完成翻检、抄录、查考等工作；而我们中华书局的《敦煌宝藏》是可以借到办公室里的。于是我就五册五册地借，用完再还回去，一段时间每天看到凌晨两三点，乐此不疲，就这样把 140 册《敦煌宝藏》一页不落地翻完了，对照《敦煌遗书总目索引》，对所有诗词作品做了校录。

那个时候没有好的检索工具，还好我们文学编辑室当时留存了河南大学李嘉言先生主持唐诗研究室的时候手抄的一套《全唐诗句索引》（程毅中先生见告，文学编辑室周妙中先生参加了此索引的编纂），这又给我提供了一个非常便利的条件，陈老师的《补编》，我每一首都用这个索引查过，核查是否佚诗。很快，我又承担了《中国文学家大辞典》唐五代卷的编辑工作，正好里面所有新见的诗人和诗人履历考证，都是陈尚君老师写的，由于和陈老师的工作联系，在我查考敦煌诗歌的时候，再次获得了这一重便利条件。

对于新见文献，我们往往首先重视的是他的补缺辑佚价值，当我把《敦煌宝藏》全都翻检完了，对诗词写本一个卷子一个卷子做了录文，关注到卷子里面的同类文献，关注到敦煌文学地域、时代（创作年代、传抄年代）的差别，有了一个整体判断之后，我有了一个体会：敦煌文书对于当时文学生态的还原价值，远远超过作品的辑佚价值。从中可以看出来，在敦煌那个区域里，唐五代到宋初这个时段，文学的发生、发展和传播的情境，文学传播过程中的改写以及和当地的宗教文学、民间文学的穿插，这是一个特别丰富的现场。

有一年在香港的敦煌会议上我提交了一篇文章叫《身临其境的诗坛》，这个“诗坛”与我们通过《全唐诗》读一篇一篇诗、一个一个诗人得出来的印象是完全不一样的。后来我花了很大的功夫给《敦煌诗集残卷辑考》写了五万字的前言，谈自己的认识和体会——对敦煌文学作品的认识、写本时代和刻本时代的区别、敦煌诗歌整理的原则等。目前，这篇文章仍然是我自己最满意的一篇。

讲过陈老师，就要讲讲这系列讲座的第一期嘉宾荣新江老师。当时，所有与敦煌有关的书我都是找荣老师借，经常向他请教问题，而荣老师得到与诗歌有关的资料也都会第一时间分享给我。记得有一年春节放假之前，我的稿子全部完成了，复印装订成三册，送给荣老师看。荣老师在未名湖北岸健斋接待我。荣老师用全部寒假时间从头到尾看了一遍，做了大量批注，贴了条子。还有一次荣老师去巴黎开会，只有一天空闲时间，为了我发邮件询问的关于一些原卷的问题，就在巴黎图书馆给我校了一天的卷子，把我有疑问的地方全给解决了。

有些事儿，功夫下到了，就会有奇迹。荣老师对敦煌写本《张公德政碑》写本做过研究，这个写本由多个断片缀合而成，缀合之后仍然有个小洞，缺若干文字。荣老师在英国为未定名残片编目的时候，神奇地找到了这个只有指甲大的残片，补得天衣无缝。《张公德政碑》的背面是诗抄，正面《德政碑》缀合天衣无缝，但是背面 S.6973 部分却是一片空白，我根据诗抄的情况判断空白之处一定有诗，应该是被褙纸遮盖了。于是请荣老师在伦敦向图书馆申请查看原卷，果然揭开褙纸，里面就是与前后相接的诗抄。荣老师又帮我向英图申请了发表权，图片第一次刊发在了《敦煌诗集残卷辑考》卷首。

我真的特别幸运。唐代文学方面有最顶级的陈尚君老师，敦煌文献方面又有最顶级的荣新江老师，才让我的工作能够顺利开展。后来我的论文集《鸣沙习学集》出版，就想一定要邀请陈老师和荣老师作序。因为这本论文集对我这个已离开研究领域的人来说，是一个学术的纪念品，而纪念品要做得完美，就不可缺两位老师的在场。

……

讲了这么多，我的经验总结起来就是，学术研究也好，编辑工作也好，一定还是要有机会去打一口深井，触类旁通地去接触相关的文献。如果你曾经深入地做过一件事，再接触到其他事时，哪怕没有直接经验，你的认识、理解和敬畏之心，都会带给你很多的好处。

（傅杰老师主持的名家讲座“我的读书经验”第二讲，
2020年11月27日复旦志达书店，
由“悦悦图书”公众号据现场录音整理）

从《史记》修订本谈点校本“二十四史”的修订

新中国古籍整理项目中，规模最大也最受人们关注的，就是点校本“二十四史”。随着古籍整理事业的发展、学术研究尤其是断代史研究的深入，点校本“二十四史”的问题也逐渐显现。2006年起，中华书局开始着手规划点校本“二十四史”的修订工作，今年将出版《史记》修订本。中华书局总经理徐俊先生全程参与了“二十四史”修订本的组织与出版工作，他认为，由于现在的学术积累和便利条件，在程序保证质量的原则下，相对上一次的点校本，修订本的质量会有显著的提高。8月17日，徐俊先生将在上海图书馆做题为“《史记》点校往事”的讲座。

上海书评：先请您简单介绍当年“二十四史”点校工作的情况。这项工作从规划（1958年）到最终完成（1978年）花了近二十年。这么长的时间，有这么多的学者参与（其中还经历了“文革”），是如何在具体运作中保持质量的？

徐俊：中国人重视历史，这是传统。毛主席就特别重视古籍，好读史书，因此新中国成立以后，整理出版一套“中华人民共和国版”的

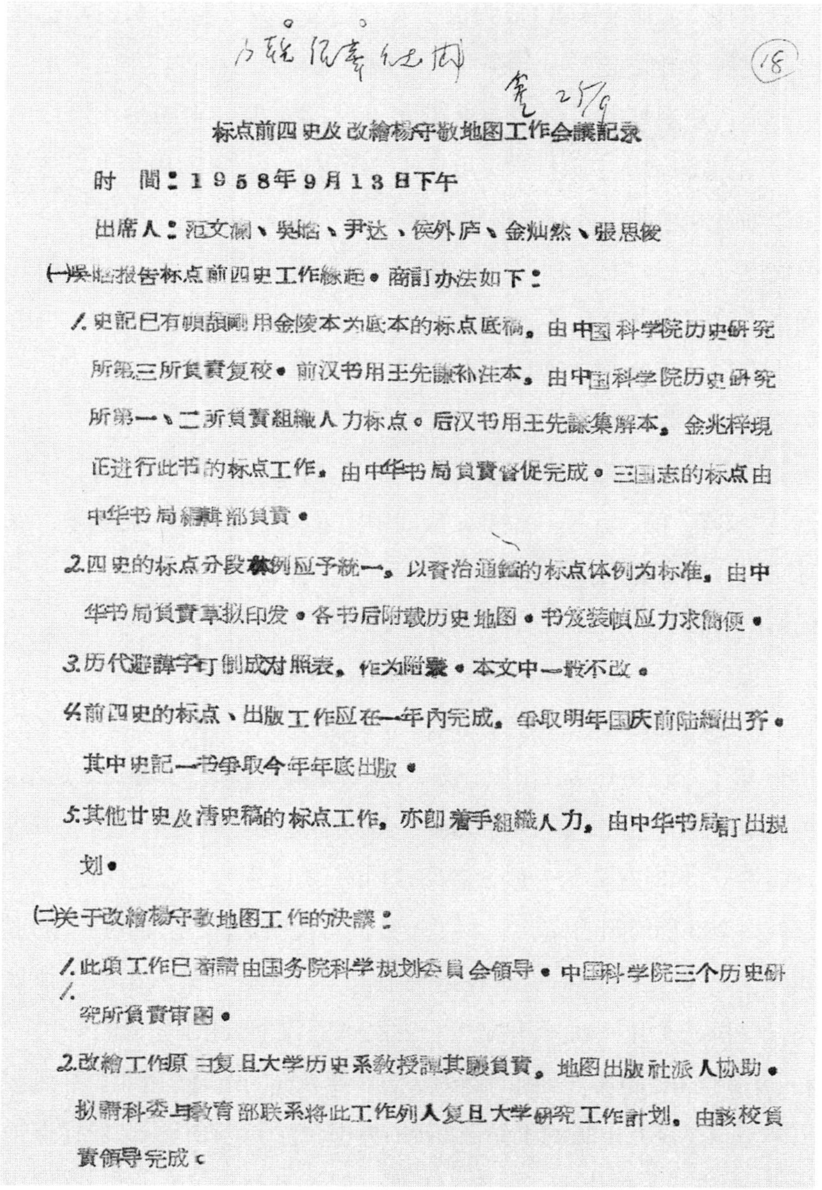

标点前四史及改繪楊守敬地图工作会議記录

时 間：1958年9月13日下午

出席人：范文瀾、吳晗、尹达、侯外庐、金灿然、張思俊

(一)吳晗报告标点前四史工作緣起。商訂办法如下：

1.史記已有顧頡剛用金陵本为底本的标点底稿。由中国科学院历史研究所第三所負責复校。前汉书用王先謙补注本。由中国科学院历史研究所第一、二所負責組織人力标点。后汉书用王先謙集解本。金兆梓現正进行此书的标点工作。由中华书局負責督促完成。三国志的标点由中华书局編輯部負責。

2.四史的标点分段体例应予統一。以資治通鑑的标点体例为标准。由中华书局負責草拟印发。各书后附載历史地图。书的装幀应力求簡便。

3.历代避諱字訂制成对照表。作为附录。本文中一般不改。

4.前四史的标点、出版工作应在一年内完成。爭取明年国庆前陆續出齐。其中史記一书爭取今年年底出版。

5.其他廿史及清史稿的标点工作。亦即着手組織人力。由中华书局訂出規划。

(二)关于改繪楊守敬地图工作的决議：

1.此項工作已商請由国务院科学規划委員会領导。中国科学院三个历史研究所負責审图。

2.改繪工作原由复旦大学历史系教授譚其驤負責。地图出版社派人协助。拟請科委与教育部联系将此工作列入复旦大学研究工作計划。由該校負責領导完成。

标点前四史及改绘杨守敬地图工作会议记录（局部，1958 年 9 月 13 日）

“二十四史”（郑振铎语）成为很多人的心愿。1958 年 2 月，古籍整理出版规划小组成立，直属国务院科学规划委员会。在古籍小组制定的第一个古籍规划中，就有“二十四史”点校本。1958 年 9 月 13 日，由吴晗、范文澜召集中国科学院历史研究所尹达、侯外庐，中华书局总编辑金灿然和地图出版社总编辑张思俊，在历史所三所（今中国社科院近代史所）召开“标点前四史及改绘杨守敬地图工作会议”。会议研究确定了前四史点校方案，还决定其他二十史及《清史稿》的标点，也由中华书局订出规划。这是一次非常重要的会议，决定了“二十四史”和重绘杨守敬地图两个历时弥久的学术项目的走向，重绘杨图就是后来复旦大学谭其骧先生主持的《中国历史地图集》。这两个项目，实际上是“文革”前后开展并相继完成的中国人文学科最重大的成果。当时原本计划是要把一部分地图放到新的“二十四史”点校本中，在《史记》出版的时候，因为重绘杨图的进度问题，才放弃了。

前四史原本是要向国庆十周年献礼的，但是到 1959 年 9 月才出版了《史记》，12 月《三国志》出版。前四史出齐已经到“文革”前夕的 1965 年了。起初有两套出版计划，一套标点集注本，一套标点普通本。集注本应专门研究之需，普通本供一般读者之用。普通本就是现在通行的本子，当时是要给一般读者阅读用的，所以主要工作是标点，目标是做一个准确简明的标点本。《史记》没有校勘记，仅用方圆括号的形式来表示文字的改动，就是在这种情况下产生的。列入集注本计划的，《三国志》用卢弼的《集解》，《汉书》《后汉书》用王先谦的《补注》和《集解》，《史记集注》则明确为新编。要新编的还有《南北史补注》，另外至今还没有出版的王先谦《新旧唐书合注》也在其中。但标点集注本，一本也没做出来。原本为方便一般读者阅读的普通本，反倒成了半个世纪以来学术界最通行的本子。从这件事看，上世纪五十年代，虽然意识形态主导很严重，但是从领导人、主事者到参与者，都有非常明确的目标和深厚的功底，也有非常高的学术标准。

前四史主要由中华书局的编辑或外聘编辑完成，《史记》由宋云彬在顾颉刚点校本上加工而成，《汉书》由傅东华在西北大学点校本上加工撰写校勘记，《三国志》《后汉书》分别由陈乃乾、宋云彬承担。前四史的整理处于摸索阶段，体例做法明显不统一。其他各史虽然确定了点校者，但进度缓慢。到1963年，中华书局向中央写信，要求把外地承担点校的学者调进北京，集中在西郊翠微路中华书局大院办公。像南开郑天挺先生、武大唐长孺先生、山大王仲荦先生、中大刘节先生等，都是1963年被借调进京的。聂崇岐先生故去后，罗继祖先生进京接替《宋史》的工作，北京参加的有陈垣、聂崇岐、翁独健、冯家昇、傅乐焕、吴则虞等先生，留下了一段盛传至今的"翠微校史"的佳话，直到1966年"文革"爆发。

1963年以后，结合前四史的经验和教训，对各史具体情况及问题作了全面研究，在校勘方面提出了新的要求。除做好版本对校外，还要比较系统地进行"本校"（本史各部分的互证）和"他校"（以有关史籍及类书等比勘），并强调要汲取前人对本史的研究成果。为了使标点、分段更为合理，使各史点校体例大体统一，还重新拟订了适用于《晋书》以下二十史的标点和分段体例，大大提高了各史的整理要求。除《隋书》外，南北朝两史八书，大部分都是在那时候做的，体例规范，学术质量也高。这一阶段的工作奠定了"二十四史"点校的学术基础，1971年恢复工作，也是在此确定的标准下开展的。

在1967年中央"文革"小组戚本禹主持文化工作的时候，曾短暂恢复过点校，除了一部分原先的点校者，何兹全、卞孝萱等先生也在那个时候来中华工作了近一年。这段时间指导思想比较"左"，对之前成

"翠微校史"期间留下的唯一最全合影

"二十四史"点校工作会议期间，集体看望陈垣先生，陈垣先生与郑天挺、刘节、唐长孺、王仲荦、王永兴、罗继祖、卢振华、张维华、陈仲安、刘乃和等合影（1964年7月17日）。

果的颠覆性很大，但对后来工作的影响很小，因为这些做法，并没有被1971年恢复点校工作后所吸收。这段时间政治化非常厉害，标点也要讲阶级斗争，档案里有不少记载。有一位先生当时还写了文章，举例说，什么情况下要用感叹号、问号，什么情况下要空行分段。当然，这些政治化的做法很荒唐，最后并没有带入正式出版的点校本中，这是需要特别说明的。

1971年，在北京召开了全国出版工作会议，姚文元在请示过毛主席后给周总理写了一封信，建议恢复"二十四史"点校，作为研究批判历史的资料。周总理当天就作出批示："'二十四史'中除已标点者外，

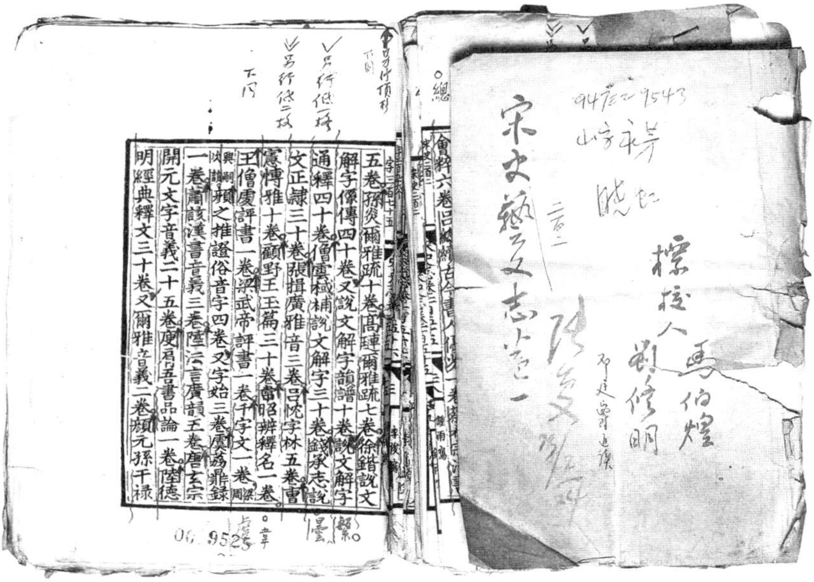

点校本《宋史》原稿

再加《清史稿》，都请中华书局负责加以组织，请人标点，由顾颉刚先生总其成。”1971 年到 1978 年，又有一批学者集中到北京，在中华书局参加点校工作。略有变化的是，其中的两《唐书》、两《五代史》和《宋史》五种，交由上海学术界完成，此前没有做完的底本、校本、校勘资料，都移交到上海。上海五史作为“二十四史”点校的一部分，体例的调整和确定仍由中华书局负责，具体编辑工作由上海人民出版社（后期由上海古籍出版社）承担，出版用中华书局名义。上海方面完成的情况非常好，五史出版后，部分编辑档案，包括底本、校样后来都移交给了北京中华书局。

"二十四史"点校本出来之后,不少人有个笼统的认识,认为上海五史质量欠佳。实际上,上海五史的点校体例、整体标准和后期编辑工作,与1963年确定的体例、1971年的北京中华的具体要求没有大的不同,而且也是在北京已有的基础上做的,包括陈垣先生主持的两《五代史》初稿、王先谦《新旧唐书合注》稿本,都提供给了上海参考。从现在能看到的上海五史的校勘长编看,做得非常规范、详实,校点情况、校改意见、终审意见都在。《宋史》的原稿,每一本前面都有标校人、复校人署名,非常认真而规范。当然,校勘记的数量是不太一样,《宋史》多,两《唐书》的《地理志》也非常详细,但总体而言校勘记出得简单,这是受大环境影响。专业的校勘问题,其实各史都是相对存在的,往往有其独特的历史成因,比如《旧唐书》的底本问题、二史合校的问题等。总的来说,上海五史与整个"二十四史"的点校质量是相当的,尤其是后台各环节的工作。这次修订,《旧唐书》、两《五代史》、《宋史》依然由上海学术界承担,另外还新增了《三国志》。

点校工作历时二十年,先后参与其事的近二百人,客观地说,点校本"二十四史"是国家意志与全国学术界、出版界,三方面力量协同完成的成果,是一座集体智慧的丰碑。其中尤其是点校者的付出,值得我们永远记取。

上海书评:当时点校工作既有便利的条件,也受到一些主客观因素的制约,在您现在看来,这项工作有哪些缺憾?这应该也是这次修订的主要原因吧。

徐俊:点校本的问题,总体而言是受到当时客观条件的制约,成书时间跨度太长,导致标准和体例不统一,整理深度也各有参差,有的底本选择不够精当,有的校勘过于简略,标点也间有失误。点校本一开始作为"普通本"的定位，确定了它简明、通行的特点，但也同时留下了学术上的遗憾。比如"不主一本，择善而从"的问题，比如校勘记过于简略的问题。在后来长达二十年的时间跨度中，不同阶段的整理标准也不完全统一，最明显的是形式上的差异，就前四史而言，《史记》没有校勘记，以张文虎《札记》代之；《三国志》校勘记集中在全书之末，仅标注页码卷数；《汉书》《后汉书》校勘记放在每卷之末，但校勘记用页行标示次第，正文中不出校码。再如文字校改方式，开始是用方圆括号来标示，方括号为正字、补字，圆括号为误字、衍字，不出校记说明校改理由。后来各史都用改字出校的方式。当然，统一体例更重要的方面是整理标准要基本统一，包括校勘方式、取校范围、取舍标准、分段及标点方式。

点校本"二十四史"大多采用"定本式"校勘方式，通常做法是根据校勘结果，改正底本衍脱误倒，并出校说明校改依据。但是点校本部分采取"不主一本，择善而从"，而且不一一出校的方式，有违"定本式"校勘规范，实际上形成了一个新的本子。"不主一本"的校勘方式，受到的争议最多。究其原因，还是最初规划时这套书"普通本"的定位。"定本式"是历来使用最多的传统做法，随着现代学科意义的古籍整理的完善，"定本式"的体例也越来越具体。这种方式，最大限度地保存了底本的面貌，文本更准确，又汇聚各本异文，一本在手，如对众本，是现代古籍整理最通行的规范做法。因此这次修订，全部采用"定本式"，所有重要改动都出校说明。

有些缺憾是时代使然，比如断代史研究水平的差距。当年一批学养精深的史学家和文献学家参与了点校工作，保证了整理的学术水准，顾颉刚、陈垣、郑天挺、翁独健、唐长孺、王仲荦等先生，都是断代史顶级学者，当年的整理主要依靠学者个人的学术积累来完成。半个世纪之后，回过头看，当时断代史研究的深度和广度还不够，换句话说，现在各断代史研究的深入远远超过当时。除了断代史研究，还有与“二十四史”整理有关的专书研究、专题研究，深度和细节方面，都有大的进步。随着断代史研究和各项专题研究的深入，点校本的缺憾更加显现。

再比如版本和文献资料的使用，也不同程度地受到当时客观条件的制约。部分史用书不充分，是另一个缺憾。《史记》因为顾颉刚之前已经开始三家注汇校的工作，由贺次君遍校北京图书馆藏本，校勘基础相对充分。两《汉书》和《三国志》版本校不够，重点在标点，校勘主要采用清代以来成果。1963 年以后强调统一校勘标准，各史用书主要集中在北京、上海地区的藏书。当时用书得到中宣部、文化部、古籍小组等主管部门支持，甚至直接下令调书，解决了基本用书问题。为大家所熟知的张元济、张森楷校勘记，都长期借在点校组参考。现存档案中还有向南京图书馆借用张森楷校勘记的完整记录。即使这样，从现在国内古籍的善本以及海外回归的善本情况看，有部分史所用版本和校勘用书是很不够的。在点校本之前，通行了两百年的是殿本，后来是百衲本，因此最初的考虑，就是直接拿殿本来点校，有些尽管版本更换了，但还留下了殿本的影子。如《汉书》虽然用王先谦《补注》作底本，但大量用字同殿本。对于宋元本，当时普遍依赖百衲本，百衲本依据宋元善本影印，是当时条件下使用宋元善本的最便捷途径。但是百衲本校改修补严重，参考最多的也是殿本，其实是用影印的办法整理出版的一个新的“二十四史”版本。这次修订，我们大面积地使用和核校了百衲本及其祖本，明确了百衲本与其祖本之间的巨大差异。这一点学术界也有深入探讨，比如杜泽逊先生就曾对百衲本《史记》的校改修补写过专题长文。百衲本《宋史》用元至正本和明成化本拼合而成，《宋史》修订组发现因为两个版本行款不一，百衲本进行剪裱，无异于重排。总之，各史所用版本、善本情况不均衡。

最后一点，是当时文献检索途径的单一。做古籍整理的人都会有这个体会，点校一部书，到最后总有一些问题是下不了手的，因为我们的知识有限，文献查不到，无从印证，无从判断。以前查一首诗是否佚诗，最早见于什么书，还见于哪些书，要想尽各种办法查检，有时还得靠运气。现在科技发达，数字化带来的文献检索的优势是当时无法想象的。当时的老先生，主要靠自己读书的积累标点下来，靠自己的学识判断校异同、定是非，综合质量全面深入、处理得体，但细节上难免挂漏。比如一些有版本异文的语词，到底哪一个更接近史文，在同时期文献中是否有大量的用例，现在用数据库检索，大大扩展了采样范围，提高了判断准确性，当时不能解决的问题，现在比较多地能解决了。再如史书中有大量小地名，是隶属关系还是并列关系，当时很难判断，出错在所难免。举《明史·河渠志》中的一个例子，原文"筑海阳登云都云步村等决堤"，点校本标点作"筑海阳、登云、都云、步村等决堤"，看起来没有一点问题，其实不但地名点破了，而且将隶属关系误成了并列关系。"云步村"隶属于"登云都"，"登云都"隶属于海阳县（都是县下村上的一级行政单位），看起来"二二二二"并列结构，实际应该是"二三三"的结构。类似还有各种渠塘湖堰、河闸堤坝的小地名，原来主要靠查各省通志，现在历代地方志都可以利用，可以作更多的文献比对，包括各地政府网站。所以这次《明史·河渠志》的标点改动比较多，这是研究条件改善造成的。

再有一些是当时的客观情势所迫，唯其如此，才能完成，如《史记》用顾颉刚、贺次君先生已经点完的金陵书局本，再比如《旧唐书》，复旦接受任务后首先是用百衲本作为底本从头开始标点，可是时间紧，就改用陈乃乾先生已经点过的清道光岑氏惧盈轩本作为底本，再加工。

有些问题是纯粹技术原因造成的。《宋史》宗室世系表有很多人名，这些宗室人名用字都是生造的，很多人在史书上没有任何事迹记载，名字只见于宗室表一次。当时铅字排版印刷，如果造字的话，刻字的工作量特别大，所以宗室表里比较后的人名都是用其他字代替的，没有用原字。现在造字方便了，数字化技术的运用，可以解决很多原来的问题。

修订本是原点校本在新的历史时期的延续，这是我们对修订工作的定位。修订工作在原点校本基础上展开，严格遵守适度、适当修订和完善的原则，通过系统的版本复核、文本校订，解决原点校本存在的问题，弥补不足，形成一个体例统一、标点准确、校勘精审、阅读方便的新的升级版本。

上海书评：有很多学者都对点校本提出各种意见和建议，除了具体标点的商榷之外，甚至有更换底本的说法，您怎么看待这些意见和建议？

徐俊：校书如扫落叶，“二十四史”点校本也不例外。当年《史记》刚出来，顾颉刚先生跟宋云彬说“鲁天子之命”的“鲁”加专名线是错的，为此宋先生还写了书面检查。《史记》在重印和出版线装大字本的时候，已经做过第一轮修改，1982年重排，改动更多一些。上世纪八十年代初，点校本集中重印，各史都作过较大面积的挖改，挖改依据主要就是学者意见和点校者新提出的校改条目。

在这一次修订启动之初，我们集中做了两项工作：一是全面清理点校工作档案，了解当年点校工作过程、体例形成过程和各史特点、点校本主要遗留问题；一是系统搜集梳理各史出版后有关点校本的意见，包括零星发表的札记，弄清问题类型，同时设立了“二十四史校订研究丛刊”,集中出版关于点校本的校订成果,作为修订工作的学术支撑。

底本选择是古籍整理的重中之重,所以点校本的底本问题,一直受到学者的关注。这次修订涉及底本的,主要有两类情况:一类是当时底本选择欠当,或者近年有新见善本可以替代的;另一类是原来“不主一本”,这次要确定底本的。

先说第一类。比如《汉书》点校本以王先谦《汉书补注》为底本,剔除其余,只用正文和颜注。到目前为止,学术界对《汉书》版本的研究仍不充分,这次《汉书》修订组在版本调研上做了大量工作,经过数次版本对校,最终确定以金陵书局本为修订底本。《后汉书》原以百衲本影印南宋绍兴本(所缺五卷配以静嘉堂文库本)为底本,但百衲本多有挖改,已非绍兴本之旧,今改以国家图书馆藏绍兴本为底本,所缺五卷以国图藏北宋刻递修本配补。再如大家关心的《旧唐书》,这次修订就改回到百衲本影印宋刻残本配明闻人诠本为底本,而不用清道光岑氏惧盈轩本。底本更换是一个非常慎重的选择,因为底本的变动,文本面貌和校勘记都会有相应变化,考虑到点校本“二十四史”已经通行近半个世纪,最大限度地延续点校本的基本面貌,是必须考虑的。

第二类所谓“不主一本”,但当时实际操作中还是有底本的,即所谓工作本。点校本在说明中有的有明确交待,有的没有。这次修订,都要查考比对,找出工作本所用版本。比如《三国志》,点校本以百衲本(前三卷为绍兴本,后六十二卷为日藏绍熙本)、殿本、金陵书局本、江南书局本四种版本互校,择善而从,经过比勘查对,才知道实际工作本是金陵书局活字本。修订本方案讨论时,魏蜀吴三书拟区别对待,选择不同底本,后来中华再造善本影印国图藏旧题绍熙本出版,经过修订组全面比对,与日藏绍熙本大体一致,于是确定为全书底本。

因为不同的校勘理念,在底本选择上,是选择早期宋元刻本,还是选择明清甚至近代精校本，看法大有不同，各有各的道理。我个人觉得，底本选择和整理方式一样，最重要的是适合整理对象，适合这一个整理本的定位。比如《史记》，修订工程开始之初，就有学者主张用三家注的最早刻本黄善夫本，认为最接近原貌。修订组将三家注、两家注、单注本系统的代表性版本，进行了全面对校，黄本既有早期刻本的优点，也有一般家塾刻本的缺点，存在大量的俗别字和讹字，势必增加大量纯技术性的文字校勘，而这些一般文字校勘，经过历代校刻，大多已经得到改正，简单重复这一部分工作，反倒稀释了校勘记的价值。另外，金陵书局本在钱泰吉校本基础上，系统吸收梁玉绳、王念孙、钱大昕等人的成果，广校诸本，详加考订，审慎取舍，点校本出版说明评价金陵书局本"校勘相当精审，是清朝后期的善本"，是准确的。张文虎用单注本《索隐》替换了合刻本，因此尽管同属三家注系统，金陵书局本与黄本的文本面貌也有一定差异，沿用原来的底本，也最大限度地保持了与已经流通半个世纪的《史记》点校本的一致性。

更重要的是点校本"二十四史"作为一个通行本的定位，需要得到延续。"通行本"和专书整理，应该有所区别。就《史记》的整理而言，作为专书整理，可以更深入更丰富，可以"校异式"、"底本式"、"定本式"多种校勘方式并行。顾颉刚先生当年的计划，除了以金陵书局本为底本的标点本外，还包括以黄本为底本的《史记》三家注汇校本，甚至整理出《集解》《索隐》《正义》单行本，我认为都是必要的，有价值的。但是作为一个通行本，如果一定要退到宋本为底本，文本面貌和校勘记都会受到影响。简单地说，点校本"二十四史"作为"通行本"的特质应该得到最大程度的尊重和延续，同时我们也支持对"二十四史"进行全方位、多层次的专书整理，并且已经有相应的计划。

上海书评：《史记》的修订本即将面世，想请您具体从这部书的校点上谈谈在哪些方面做了修订？

徐俊：《史记》是最受各方面关注的一部书，关于点校本《史记》的成书和修订细节，前面已经多处谈到。《史记》点校本完成最早，当时处于摸索阶段，不像1963年以后各史有规范的体例，再加上几乎就是顾颉刚、宋云彬等几位先生个人之力完成，比较多地依赖张文虎的《札记》，与后来各史整理的标准做法有一定的距离，因此，《史记》修订本在更新程度上，是比较大的。归纳起来，比较突出的有四个方面：

首先是广校诸本。修订组所用通校本、参校本达十种，宋元明清最有代表性的《史记》刻本都囊括在内，包括有"乙部之冠冕"之称的台湾傅斯年图书馆藏北宋景祐监本《史记集解》、被日本定为国宝的日本国立历史民俗博物馆藏南宋黄善夫三家注合刻本，还有日藏六朝钞本、唐钞本、敦煌写本等。选用善本之精，校勘规模之全，超过此前各家。

其次是新撰校勘记。修订组复核了点校本对底本所作的全部校改，包括方圆括号改补和暗改。已经厘正的从之，存疑的慎重斟酌，错误的予以纠正，统一撰写校勘记，涉及增删正乙的重要改动都出校说明。

第三是标点转精。修订组校核了三家注的所有引文，对于厘清三家注引文文本、完善引文标点等，有明显的作用，使三家注标点更准确。

第四是汇聚前人成果。修订组充分利用前贤时彦的校勘研究成果，适度参考出土文献，同时我们约请天文、历法、礼制、中外关系等专门领域学者参与修订，一些争议问题有了相对更准确的结论。

《史记》修订工作涉及的面向太大，难以概括周详。以南师大赵生群教授为首的修订组，连续不断地工作了六年多，解决了很多复杂的

点校本《史记》修订组全体成员合影(2013 年 10 月 19 日)

学术问题和校勘细节,成果丰硕。限于体例,有些很重要的内容难以在点校本中表达,校勘记也主要集中在结论层面,大量的基础工作放在校勘长编中,待长编出版后,大家可以更全面地共享这次修订的成果。

上海书评:很多人都有疑虑,当时“二十四史”的点校是倾全国之力,史学界最好的学者几乎都不同程度地参与了。现在可能不具备这样的条件了,如何保证修订的质量呢?

徐俊:应该说无论是上次点校,还是这次修订,都是一次全国学术力量的集聚,没有海内外中国史学、文献学及图书馆界的大力支持和参与,不可能做到。上次点校,计划经济时代行政的作用比较明显;这次修订,重大项目学术资源的作用更加突出。国家教育、科研、出版等主管部门在修订工程的立项、经费、人力等方面支持力度很大,承担单位、主持人全力以赴,中华书局作为组织者和出版者,成立专门部门负责修订的日常工作,保证了工作的有序进行。尤其值得提出的是,对各史承担单位和修订主持人的遴选，我们综合考量了原点校单位、专题文献整理或断代史研究积累、学者人力配备等诸多因素，堪称一时之选。

关于如何保证修订工作质量，最重要的当然是修订原则和体例、修订团队、各史修订方案等大关节。除此之外，贯穿于修订全过程的是工作程序，因此我们提出“程序保证质量”的原则，要求每一步工作都可回溯，经得住覆案。工作开始的时候，有人建议直接在电子版上加工，我们觉得不妥。修订要充分吸收点校本已经取得的标点校勘成果，不是一本新书。电子稿不能保留修订痕迹，不能显示改动过程，不知道哪些地方改了，哪些地方增加了，专家审稿和编辑审读中无从比较，也无从衡量修订的质量。所以在“程序保证质量”的原则下，我们制定了一套严密的工作流程。比如“工作本”制度，所有的工作都要在我们提供的工作本上进行。工作本出自我们开展多年的“中华古籍语料库”，其底本是点校本，但错误率低于纸本，比台湾“中研院”的数据库本还要低。从底本复校到通校本、参校本的校勘记录，都必须在统一印装的工作本上进行，清晰记录所有版本异文。这样做的好处，是保证每一环节的工作都是可回溯的。同时，我们组织专业校对，对底本、点校本进行死校，提供给各修订组。

另一个重要环节是“校勘长编”制度。史文的任何一处改动，都必须写成校勘长编。校勘长编也有规定的格式，包括卷次、页码、行次、原文、校勘记录、校改方案。点校本就是这么做的，这次是延续了以前的做法。一方面，规范了修订组内部的工作流程，主持人通过校勘长编，有效地把握修订标准和范围深度的一致；另一方面，也满足了整个审稿、定稿过程的可回溯要求。从修订本最后的清本看，改动并不是那么多，但是可以很清楚地看到每一处改动，可以复查每一处改动的依据。

此外，完善的专家审稿和编辑审读制度也非常重要。一套完整的审稿程序，也是保证修订质量的基础。各史修订方案、样稿审读，都有审定委员和外审专家参与。《史记》定稿前，我们约请了三十多位专家分别审读，都反馈了详细的意见，表现出高度的责任感。编辑小组则全程参与工作。以《史记》为例，除了书面审读意见，修订组和编辑组一起对每一条校勘记、每一处改动都进行过认真讨论。

修订工程到了中后期，最难的就是在保证质量的前提下保证进度。计划经济时代虽然有各种局限，但是可以集中最强的力量，唐长孺、王仲荦先生等，都在中华书局工作了十多年，天天跟大家一起上班，面对面坐着。那时当然有各种政治学习，宋云彬先生就是上午大炼钢铁，下午才能做点校工作。但是那时没有现在的学术考评、教学任务、科研指标。这次修订，为了保障各修订组在现行的学术体制下，有更好的工作环境，教育部和新闻出版总署联合发了文件，要求各承担单位将此项目按照教育部重点项目对待。但是很多人在做修订工作的同时，还有繁重的教学、科研任务，确实做得很艰难，时间很难保证。我非常能体会参与者的难处，现在的学术环境，对做长线的古籍整理项目很不利，更何况这是一个修订项目。我们希望借着这个基础文献的整理工作，与教学科研相结合，对各承担单位的学科建设起到一些积极的作用，事实上已经有很多学校借这个机会组成了班子、梯队，把这个项目作为专题研究的一个平台。

总体看来，各史原先的点校质量不均衡，现在的修订工作相对规范、统一，从已经完成的情况看，基本质量都比较好。在原有基础上，形成一个体例统一、标点准确、校勘精审、阅读方便的新的升级版本的目标，有望实现。

上海书评：除了《史记》，其他各史修订本的出版计划，您能否稍微透露一下？

徐俊：除《史记》之外，已经完稿的有四种，其他各史，包括篇幅比较大的《宋史》《明史》，都在陆续交稿。按照计划，全部修订工作将在2015年完成，今年和明年会集中交稿。《史记》是准备推出的第一种，很快就要与读者见面了。《史记》是最受关注的一种，《史记》的情况也最复杂。我们希望通过修订本《史记》，把各种复杂的问题都抓到，更有利于以后各史的编辑出版。但是从编辑加工的角度看，遇到的难度超乎我们的预计，所以，全部完成出版应该要到2017年。编辑小组临渊履薄，会尽最大努力完成各史的编辑加工，早日呈现汇聚当代学人最新成果的修订本"二十四史"。

（采访人：黄晓峰，原载《东方早报/上海书评》2013年8月4日）

半个世纪的学术接力

——两《五代史》的点校与修订

上海书评：继2013年《史记》修订本出版之后，时隔两年，“二十四史”修订工程最新成果《旧五代史》、《新五代史》将在上海书展首发，请简单介绍一下两《五代史》修订本的出版情况。

徐俊：《史记》修订本的出版，标志着“二十四史”修订工程进入编辑出版阶段。在两《五代史》修订本出版之后，修订本的出版进度会有所加快，目前有多部修订本在编辑审稿加工中。两《五代史》修订工作由复旦大学陈尚君教授主持，《旧五代史》2007年10月通过修订方案，《新五代史》2009年2月通过修订方案，此后先后完成样稿评审，分别于2011年6月、2012年10月完成并提交了修订初稿。2013年11月起，编辑组用一年时间进行审读加工，同时约请有关专家审稿。修订组在接到初审稿之后，又用了近一年的时间进行补充完善。后期定稿阶段，修订组、编辑组往返磋商，并利用寒暑假集中办公，协同解决复校和二三审问题，最终定稿。两史修订出版过程历时七年。

上海书评：两《五代史》点校本，是所谓“上海五史”中的两种，1970年代由上海复旦大学、华东师范大学承担点校，这次修订仍由上

新旧《五代史》修订组（左起：仇鹿鸣、陈尚君、唐雯）

海学者完成，并选择上海书展首发，有什么特殊的考虑吗？

徐俊：在修订工程启动之初，对于修订承担单位和主持人的遴选，我们有几条原则，其中最重要的有两条：一是从延续性考虑，尽量选择原点校单位；一是从学术力量考虑，尽量选择于本史有积累的学科点。复旦大学是《旧唐书》和《旧五代史》的点校单位，陈尚君先生长期从事唐宋文献整理研究，当时刚刚出版《旧五代史新辑会证》，是两《五代史》修订的不二人选。现在看，这个选择是对的，复旦大学对修订工作非常支持，先后留校两位博士研究生，唐雯和仇鹿鸣，两位年轻学者，专职修订工作，完成修订的同时，学有所进，现已成为所在学科出色的学者。选择上海书展首发，一方面是因为上海书展的影响力，另一方面也的确包含了我们对四十年前“上海五史”点校的一次回望和一份敬意。

上海书评：能谈谈 1970 年代“上海五史”点校的情况吗？

徐俊：关于“上海五史”，不少当年参与其事的先生还健在，如复旦中文系的陈允吉先生，复旦历史地理所的王文楚、邹逸麟先生等。上海古籍出版社陆枫、华东师大古籍所裴汝诚、复旦中文系王运熙等先生，也离世不久。陆枫是全程参与“上海五史”的编辑，他也参加了我们在上古召开的修订座谈会和后来在复旦召开的《旧唐书》、《旧五代史》方案评审会。修订调研时，我还专程拜访过王元化、王运熙、裴汝诚、陈允吉先生，他们所知所忆，更为真切，我这里主要根据档案资料，做些介绍。

1971 年恢复“二十四史”点校，将其中五史转交上海承担，有一种说法是张春桥、姚文元有意抢功，周总理知道后进行了干预，其中细节大家并不清楚。据档案所存抄件，在全国出版工作会议期间（3.15—7.30），4 月 2 日，姚文元在请示并获得毛主席批示同意后给总理写了一封信，重提“二十四史”点校一事。周总理当天即批示“都请中华书局负责加以组织，请人标点，由顾颉刚先生总其成”。

关于 1971 年恢复点校，我所看到的最早一份文件，是上海人民出版社发往湖北咸宁文化部直属干校十六连（原中华书局）的公函，时间是 1971 年 2 月 10 日，在姚文元给总理写信之前近两个月，事由是“联系标点廿四史事”。信中说：“最近接获上级指示，关于廿四史的标点任务今后由上海地区承担，根据分工，我社将负责组织、联络、出版等项工作。”列举了急需了解的十个方面问题，希望中华在十天左右回复。信中还提到，准备在 2 月 15 日开办为期两周的标点学习班，希望中华派人来“作一次比书面详尽生动的情况介绍”，并计划派人到北京联系借用资料，到十六连开座谈会了解情况。由此看来，最终上海仅承担其中五史，与起初的准备和计划是有较大变化的。

上海书评：那后来京沪两地的分工与合作情况如何？

徐俊：在接到总理批示后，国务院出版口向在京参加出版工作会议的上海方面代表和中华书局做了传达。4月7日，国务院办公厅主任吴庆彤、国务院出版口领导、学部留守组军代表及中华书局负责人一行，亲自到干面胡同顾颉刚先生家中，传达总理批示。顾先生用一周多时间，写出了一份《整理国史计划书》。4月29日，吴庆彤主持，邀请顾颉刚、王冶秋、白寿彝、高亨、许大龄及中华书局汝晓钟、上海方面军代表绳树山，召开座谈会。5月3日，国务院出版口正式向周总理报呈《整理出版二十四史及清史稿的请示报告》，经全体政治局常委传阅后，毛主席5月13日批示"同意"。报告明确了"人员的组织和分工"，点校工作分别在北京、上海两地展开，两《唐书》、两《五代史》和

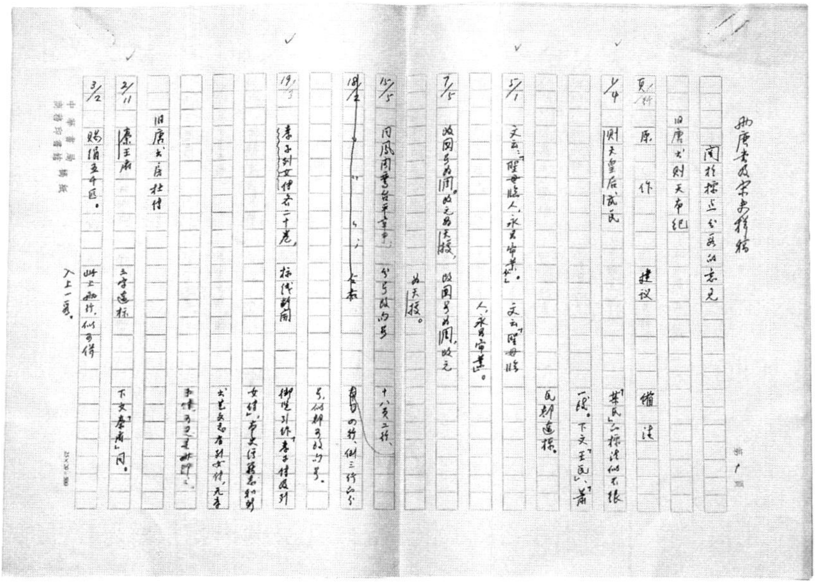

赵守俨先生《两唐书及宋史样稿关于标点分段的意见》（1970年代）

《宋史》转由上海承担，都用中华书局名义出版。此后，由京沪两地参与点校工作的代表参加，在北京举办了半个月的学习班，学习领会报告精神，确定工作方法。从图书资料、点校体例到版式字号等所有事关整体的方面，都与北京中华商量解决，档案中留下了大量往还信件。

上海方面对五史和相关工作进行了分工，由复旦大学、华东师大、上海师院、上海市直属干校新六连（原上海历史研究所）和上海人民出版社五家单位参加，点校工作分为三个点，复旦承担《旧唐书》和《旧五代史》，华东师大承担《新唐书》和《新五代史》，上海师院和直属干校新六连承担《宋史》，出版社负责组织联络。三个点、上海人民出版社，加上中华印刷厂，共五方面的负责同志组成校点工作领导小组，定期举行会议，研究问题，布置任务。开始阶段，上海人民出版社内部由政治读物组负责，到后期《宋史》编辑出版，由恢复独立建制的上海古籍出版社负责。

据当时的资料，1971 年点校组组建之初，参加三个点工作的共有 63 人（次年达 87 人），绝大多数是中文、历史两系的教师，少数来自历史所。63 人中，56 岁以上的老年人 29 人，35—55 岁之间的中年人 28 人，35 岁以下的青年 6 人，实行老中青三结合，发挥集体力量。除了少数体弱多病者在家工作外，都集中办公，复旦和华东师大两个组都有工宣队参加。就两《五代史》而言，参加者就包括复旦的朱东润、陈守实、张世禄、胡裕树、顾易生、徐鹏、陈允吉等先生，华东师大的徐震堮、周子美、林艾园、金祖孟、马兴荣等先生。此外，还在复旦大学历史地理研究室组织了二十多人参加的复校班子，谭其骧先生领衔。

上海书评：当时点校组的工作情况如何，大家一定很感兴趣，能简单介绍一下吗？

徐俊：有两点是贯穿当时点校组日常工作的，一是政治，一是进度。政治上，首先是"文革"那个特定的政治环境，其次点校工作有毛主席批示，所以上海点校组受"市革会"和"一办"的领导，点校工作不能脱离政治。比如，每天坚持一小时，每周安排两个半天和两个晚上的政治学习；坚持参加本单位大的政治活动；联系社会上重大的阶级斗争、政治斗争，联系史书的具体内容，联系点校人员自身的思想实际，举行各种形式的批判会、讨论会，出大批判专栏，展开革命大批判。

当时的"情况汇报"中举了一些生动的例子，但大都没有留下当事人姓名。汇报中说：由于坚持大学习大批判，点校组的面貌有了新的变化，虽然整天与故纸堆打交道，政治空气却比较地浓起来了。有一位七十岁的老教师，学习时积极准备发言，并热情唱革命歌曲。师大一位老教师，血压高到二百多，还坚持半天工作，许多同志晚上还把书稿带回家看，星期天也不休息。有的同志国庆休假期间一直在加班校点。工作中有矛盾、有问题，能展开热烈认真的讨论，旧时代文人相轻的坏习气受到了批判。也有反面典型。汇报中说师院有一个所谓"宋史专家"，名利思想严重，看不起校点工作，带着"总比坐冷板凳好"的消极情绪，参加《宋史》点校，负责通读，大翘尾巴，认为自己了不起，对别人改动他通读的东西非常恼火。有的人对所谓"贤明"的封建帝王很欣赏，对失意的封建官僚深表"同情"，说明不反复开展大学习大批判，有些人就可能走回头路。从这些零星的记录中，我们可以大致看到当时的政治环境和工作氛围。

至于进度问题，某种意义上说也是政治问题。上海于 1971 年 9 月初举办了学习班，讨论各史样稿，确定任务目标。到 12 月，《旧唐书》（共 200 卷）初点 140 卷、通读 50 卷，《新唐书》（共 225 卷）初点 160 卷，通读 50 卷，《宋史》（共 496 卷）初点 240 卷，通读 100 卷，两

《五代史》计划次年二三月开始，整体速度相当快，并乐观估计“上海五史的校点工作，到明年国庆基本可以告一段落”。当然实际进度大大推后，《新五代史》1974年出版，《旧五代史》1976年出版，《宋史》出版已经是1978年。

上海书评：您怎样理解和评价两《五代史》当时的点校工作？

徐俊：我觉得应该从两个层面来理解当时的点校工作，一是要了解当时的点校原则，一是要了解实际所做的工作。要客观评价最终呈现的点校结果，不能脱离当时的政治环境、学术条件和时间要求等因素。

1971年以后的点校工作，在方法上有一个比较明显的转变。赵守俨先生总结说：“主要有两条：一条是对本校、他校作了限制，规定只在点不断、读不通的地方使用这两种方法，这比第二阶段显然倒退了一步。另一条是版本异同择善而从，不出校记。”这两种改变的目的，都是为了避免烦琐。为此上海点校组通过学习讨论，明确了指导思想：标点分段同校勘比较，标点分段是主要的，校勘是次要的；在校勘中，版本互校是主要的，只有在“点不断、读不通”的情况下才进行本校、他校。复旦点校小组拿陈守实先生作对照举了一个例子，说个别点校人员存在着烦琐考证倾向，不能正确对待从北京中华借来的材料，在校勘上花的功夫过多，影响了工作进度。“连资产阶级知识分子陈守实都感到过了头，认为这样搞下去，要成为校勘专家了。”因此复旦提出了“三校、三不校”原则：错脱衍倒校；点不断、读不通校；重要人名、地名、官名校；史实错误不校；本书矛盾不校；涉及修辞问题不校。但实际操作层面，“上海五史”并没有严格遵守以上界限，各点校小组和不同时段的工作也有差别，《旧五代史》就没有“择善而从，不出校记”，没有不主一本，而是以1921年南昌熊罗宿影库本为底本。

总之，无论是从体例文件，还是现存原稿、长编看，上海五史的工作程序是符合规范的，后台工作在当时条件下也是基本完备的。工作程序上包括初点、通读、复校三个环节，分工合作。各史内部分为三四个小组，各承担若干卷，负责初校、标点、分段，写出校勘记和校点长编。通读组由两三位业务较熟悉者组成，通读初点稿，统一体例，纠正错误，解决遗留问题。复校组在排出的校样上进行全面复校，改正错误，完成定稿。具体到两《五代史》点校本的成绩，因为两史的文本特点不同，整理基础不同，点校本呈现的工作深度有所不同。但客观说，在那样的时代条件下，达到这样的水平，很不容易。包括在版本和校勘资料的搜集利用上，现在档案里保存了大量当时南北两地借用善本图书的记录，可以说做了最大的努力，尽管现在看来有诸多欠缺。

1971年7月，中华和上海还一起商定了如何送交顾颉刚先生“总其成”的办法，确定京沪担任的各史，各自负责定稿，排出清样后交顾先生审阅。实际似并未完全施行。1973年6月，北京和上海两地的有关人员在京召开“二十四史”整理工作汇报会，顾颉刚先生参加了会议，并对“二十四史”殿本等问题提出了一些意见。

上海书评：大家都知道最早两《五代史》是陈垣先生带着刘乃和、柴德赓两位做的，与后来上海完成的两史点校本有多少承续关系？

徐俊：两《五代史》由陈垣先生负责，刘乃和、柴德赓分担二书整理。1963年秋冬之后，唐长孺、王仲荦、刘节、罗继祖、郑天挺等先生陆续进京入住翠微路中华书局大院，就是后来传为佳话的“翠微校史”。协助陈垣先生点校《新五代史》的柴德赓先生后来也借调到京，但为了便于向陈垣先生请教及与刘乃和先生研究工作，没有住到翠微路。

或许是因为没有集中办公，档案关于这个时期两《五代史》的材料很少（所知如1963年12月，“二十四史”点校会议曾专门印发讨论了陈垣《标点旧五代史问题》），我们只能从后来出版的陈垣先生年谱资料中知道大概。

1971年两《五代史》转由上海承担，按要求中华将“文革”前五史的全部资料移交上海。根据1972年2月印发的《标点旧五代史的几点意见》及所附校勘记录草稿表，我们能够比较清楚地知道上海点校组参考使用的范围。“《旧五代史》已有刘乃和、北中华两种标点本稿本，质量尚好”，“刘乃和以刘本为底本，而校以熊、殿本及《册府》等书，北中华以熊本为底本而以刘本为工作本，校以殿本、《永乐大典》、《册府》等”。“移交来材料残缺很多，如刘乃和校勘记草稿，梁、唐、晋部分已有残缺，汉、周以后几乎全缺”，“刘乃和在工作本天头上有关于校勘的批注，故虽无校勘记，也有些线索可寻”。另外，这份意见还指出，刘乃和、北中华原来的校勘范围都比较宽，目的是打好基础，供今后定稿时选择，按照新的体例，初步估计可删的约一半左右。

《新五代史》的情况也近似，1972年10月印发的《校点新五代史补充体例》（修改稿）所附《校点新五代史工作本、校本及主要参考资料》中，著录有“柴德赓标点本”、柴德赓《新五代史校勘记》，后者并有说明：“以同文本为底本，用南监本、百衲本、鄂本、汲古阁本、贵池本及刘校本作校本的。”并提到“柴校勘记，可依我们今天的体例加以审定”，“柴已记于校勘记的，一般均入长编”等处理原则。

1971年10月起，上海方面就一再向中华催问《新五代史》初点稿，并向柴德赓先生生前所在的江苏师范学院发函查询而未果。这部同文本《新五代史》是1972年9月才发现的，在随原书寄给上海人民出版社的信中，赵守俨先生说：“最近从陈垣同志藏书中发现了一部

《新五代史》标点本，已全部点完，书眉还有些墨笔批注。我们研究后，认为不是出自陈老之手，也不是柴德赓、刘乃和的笔迹。究竟谁做的，现在还不清楚。我们翻阅了一部分，感到标点有些错误，只能作为参考。此书已从陈家借来（五洲同文本，共十本）。”这很容易令人联想到近年影印出版的《柴德赓点校新五代史》，二者版本一致，所描述的批点形式相似，虽不能确定为同一部书，但点校本《新五代史》比较多地参考了柴德赓初点本，应该是可信的。

上海书评：刚才谈《旧五代史》时，您提到“有刘乃和、北中华两种标点稿本”，“北中华标点稿本”指的是什么本子？

徐俊：这个本子是1967年“文革”中“二十四史”点校短暂恢复时期的成果，是上海点校《旧五代史》参考的另一个来源。

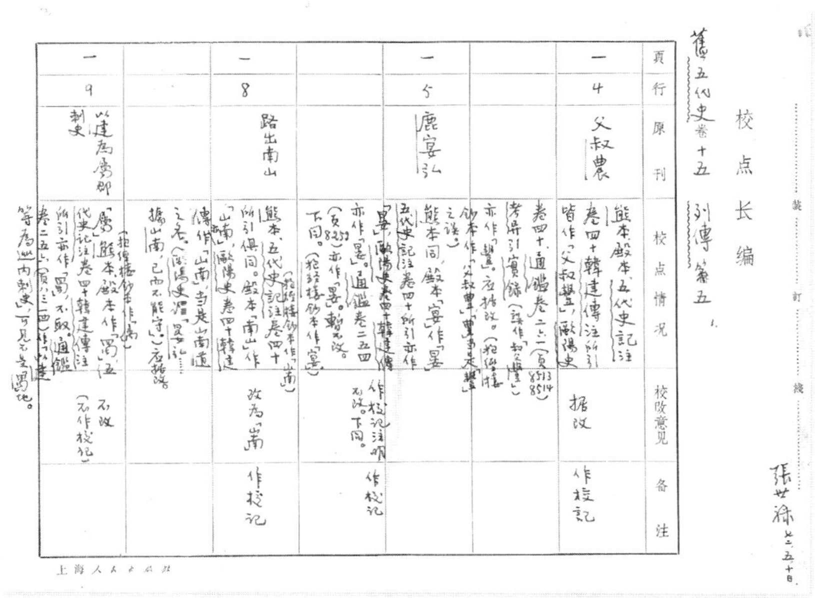

张世禄先生撰写的《旧五代史》校点长编（1972年5月10日，复旦大学藏）

1966年"文革"爆发,"二十四史"点校被迫停顿。1967年5月,在运动搞得最"热闹"的时候,中华书局执行戚本禹的指示,"二十四史"点校曾昙花一现地恢复了不到一年时间。一部分外地学者借调到中华,又从学部系统和北京高校补充力量,加上中华的编辑,分编成七个点校组。另设秘书组总管业务工作,序言组负责撰写批判性的出版说明。所有参与者每天都到中华,按时上下班。何兹全先生的自传《爱国一书生》有一章,所记就是这个阶段的点校工作。两《五代史》和《宋史》,当时编为第四组,《旧五代史》主要由局内的徐调孚、程毅中、周妙中等先生承担,《宋史》由局外的邓广铭、陈乐素、王树民先生,局内的傅璇琮、李思敬等先生承担。《旧五代史》以熊氏影库本为底本,据1968年2月小组会议的记录,当时已经点完,部分吸收了1966年前陈垣先生的点校成果,通校了刘本、殿本、孔本,核校了《册府》、《大典》,开始覆看并撰写校记,是各史中进度最快的,而《新五代史》还一点都未动。移交上海的"北中华标点稿本"就是这个本子,但不全,缺约五十卷。另外同时移交的还有与《永乐大典》校对材料、注明《大典》卷数的出处记录等,也是1967年的工作成果。

上海书评:两《五代史》点校分别由复旦和华东师大承担,二者在版本和资料的获取使用方面,有差别吗?

徐俊:当时"上海五史"的版本和校勘资料一般是各点校组提出,统一由上海人民出版社负责联络及借阅,统一管理。就两《五代史》而言,向北京图书馆借调了《旧五代史考异》(面水层轩抄本)、《旧五代史》(抱经楼抄本)、《五代史》(成都书局本)、《五代史记补注》(述郑斋抄本)等善本原书。《旧五代史》组一直追寻章钰过录孔荭谷校本《旧五代史》,最终北图因备战需要将部分书运往三线,未能取用,所以只用了1967年北京中华的过录资料。《新五代史》组参校的汪文盛本，也是上海图书馆刚刚从三线调回的。此外还向北图、辽图、浙图去函查对了文津阁、文溯阁、文澜阁四库本《旧五代史》版本细节，向南图查核了八千卷楼抄本《五代史考异》。北京中华除上列移交的点校成果外，先后借调到上海点校组的还有一些，如：宋本《册府元龟》毛样、新摄未印《永乐大典》照片，以及部分研究资料，如丘琼荪《历代乐志律志校释》稿本等。

档案中记录了一件小事，事主也是《旧五代史》组的一位老先生。老先生在使用北图所藏《旧五代史考异》时，擅自用红笔涂改了两个字（卷一第77、86页），被点校组领导发现后，又用白粉涂去。这个错误当然很严重，点校组开会对老先生进行了严肃认真的批评，并责成他做书面检查。在1973年6月归还《旧五代史考异》时，上海人民出版社专函报告"涂改《考异》两个字的经过及处理情况"，并附交了老先生的书面检查。

两《五代史》是在各自基本完成两《唐书》点校之后进行的，因此已经积累了相当的经验，总体都很顺利。《旧五代史》因为是一部辑佚书，清辑本形成年代虽近，但是传本复杂，互有差异，写定工作要大很多。如据北图藏《五代史考异》，补足《旧五代史》底本未收的1200多条，收录《考异》所附《五代史补》、《五代史阙文》共120多条。《新五代史》使用版本限于汲古阁本、殿本等明清版本和刘本、百衲本等近代影印本。从现存档案资料看，《旧五代史》组在版本及资料的搜寻上，颇费功夫。1975年底，《旧五代史》清样通读结束，当时复旦点校组还有朱东润、苏乾英、周斌武、徐鹏和胡裕树五位，据胡裕树先生11月3日给朱永嘉信，他们还同时完成了《五代会要》、《旧五代史考异》、《五代史补》、《五代史阙文》单书的标点整理，《考异》等三书因为基本纳入了点校本而未安排出版。

上海书评：通过您的介绍，大家对点校本形成的过程有了一个总体印象，当年点校工作的时代局限、工作重点和存在的缺憾，也都有所体现。那么您觉得两《五代史》修订本是否实现了弥补缺憾、超越旧本的目标，体现在哪些方面？

徐俊：两《五代史》的点校、修订，与其他各史一样，是一个学术接力的过程。修订工程的定位，是在原点校本基础上，基于新的学术条件，按照修订工作总则规定的要求进行，以期形成一个标点准确、校勘精审、阅读方便的升级本。我认为，两《五代史》达到了这一要求，实现了超越旧本的目标。

大的方面说，修订本的整理目标和要求，与点校本是不一样的，前面介绍的点校本的种种局限，在修订中都要以现代古籍整理规范标准来做，按照修订工作总则来做，这个变化，带来的是贯穿全过程各环节的根本改变。修订本《旧五代史》仍以熊氏影库本为底本，全书校勘记约为原点校本的三倍，标点修订约两千多处。修订本《新五代史》以百衲本影印元覆宋庆元本为底本，原点校本出校较少，只有158条，修订本增加1100多条，改动标点千余处。就两《五代史》修订本最突出的完善提升来说，我觉得有以下四个方面：

一是对海内外存世版本进行了系统调查，梳理版本源流，以最接近原书面貌的早期版本为底本，选择具有校勘价值的重要版本为通校本，版本校勘细致充分。本次修订对两《五代史》版本的调查、复制和使用，不但大大超过点校本，也刷新了目前学术界的一般认知。

二是对两《五代史》的源出文献和相关文献，进行系统排比互校，以揭示史文渊源，订正流传中的讹误。特别是《旧五代史》，据《通鉴》、《册府元龟》、《太平御览》、《五代会要》等同源文献做了大量的他校工作。

三是广泛利用出土文献，尤其是新出碑志，进行细致的比勘校证。近三十年来，新发表墓志数量众多，成为学术界关注的热点。修订组的三位成员对出土文献都比较熟悉，也是修订中用力较多的部分。对墓志等石刻资料的运用是修订本的一个亮点。

四是对于学术界有关两《五代史》的研究考订成果，特别是点校本出版以来的各类补正考订文章，作全面的调查和搜集，予以适当吸取。《旧五代史》虽然确定在清辑本范围内，但从陈垣到陈尚君诸家新辑薛史的努力，尤其是陈尚君《旧五代史新辑会证》的先期成果，为修订提供了丰厚的学术支撑。

概括起来说，两《五代史》修订本对存世版本进行了全面的搜集和系统比勘，对相关宋元文献做了全面网罗，对出土文献和碑志有充分的掌握和恰当利用，无论是对版本资料的占有使用，还是对文本的认识和处理，都有大幅进步。这几个方面，在我们约请的专家审稿反馈中，是比较一致的评价。

上海书评：这次修订在版本寻访和利用上，收获特别大，请您举几个例子。

徐俊：较之原点校本，变化最大的是版本的搜寻和使用。当年点校是在相对封闭的环境下展开的，对于流散海外的善本基本未能利用，这也是整个"二十四史"整理工作的一个遗憾。

本次《旧五代史》复制利用的孔荭谷旧藏钞本、邵晋涵旧藏钞本，分藏于中国台湾和日本，两个本子都是《旧五代史》辑佚过程中流出的钞本，保留了较为原始的面貌。这两个本子的获取都值得一说。关于孔本，原先只知道北图所藏章钰过录本，1960年代中华点校时，曾经将孔本中独有的六十多条注文过录下来，移交上海点校组后，他们一直追寻章钰过录本，最终也未能取用。这次在台湾“中央图书馆”的支持下，复制了全本，用作修订通校本。日本静嘉堂文库所藏邵晋涵旧藏钞本，过去学界了解更少。邵本原为陆心源皕宋楼旧藏，清末流落日本。陆心源《重辑旧五代史原稿跋》称为邵辑薛史底本，《静嘉堂文库汉籍分类目录》也有著录，但一直未引起关注，最终颇费周折、费资甚大，全本复制，也用作修订通校本。尽管如此，也还有遗憾。清末辑自《永乐大典》的重要史籍，保留清人讳改痕迹的初辑本近年陆续发现，如《三朝北盟会编》的初辑本在上海图书馆，《续资治通鉴长编》的初辑本在湖南省图书馆，我们也期望《旧五代史》初辑本能够重现于世。

《新五代史》的主要通校本更是作了全面替换，原点校本通校本选用的基本是明清以来的通行版本，而且版本系统单一，对存世的宋元本基本没有利用。修订本除仍以百衲本为底本外，抽换了所有的通校本，在充分的文本比对基础上，选择以国家图书馆藏南宋初期刊本（存十四卷）、北京大学图书馆藏南宋刊宋元递修本（存六卷）、台北所藏南宋刊本、中华再造善本影印元宗文书院刊明修本等四个宋元本为通校本。

上海书评：从2013年推出第一部修订本《史记》，现在两《五代史》即将面世，那么其余各史的修订进展情况如何？主要困难在哪里？

徐俊：点校本“二十四史”及《清史稿》修订工程启动，从调研论证算起，已经十个年头，从2007年第一次工作会议算起，已经八年，目前进度大大晚于最初的时间计划。但总体而言，从《史记》修订本出版开始，修订工程已经进入后期交稿及编辑加工阶段。今年继《旧五代史》、《新五代史》上海书展首发外，《宋书》、《魏书》、《辽史》也都在定稿阶段，预计在今年年底出版。其中《辽史》因为主持人刘浦江教授英年早逝，修订本进展深受大家关注。我们特别感动的是《辽史》修订组经过八年不懈的工作，尤其是刘浦江教授在病中所做的最后的努力，基本完成了定稿。《辽史》修订本将在刘浦江教授逝世周年之际出版，是对他最好的纪念。

另外已经交来全稿或者部分来稿，经过审读，质量较好，预计2016年开始陆续出版的有《南齐书》、《梁书》、《陈书》、《隋书》、《金史》等，《周书》、《北齐书》、《北史》、《南史》近期也将交稿。几部篇幅较大的史书，也已进入修订后期工作阶段。中华书局前年开始，为每一史配备了责任编辑，进入编辑审稿阶段，会有初二三审参与，组成编辑组，协同工作。

目前阶段，质量和进度之间的矛盾更加突显，给主持人、修订组都带来了巨大的压力，编辑加工阶段的工作难度，也大大超过我们的预期。两《五代史》后期审读加工定稿，修订组和责任编辑投入了全部精力，底本、点校本复校，编辑组审稿，加上后期专家外审，往复讨论，所费时力以及超负荷的工作，难以用时间来衡量。复旦修订组，几乎是我每次上海之行的第一站，修订组长期不懈的工作状态、对学术目标的深度追求，我有切身的感受和体会。修订组成员仇鹿鸣在接受《文汇学人》采访时候的一番话，很让我感动，他说："任何一位从1980年代以后学习中国古代文史的人，都是从'二十四史'点校本入手的。""点校本'二十四史'，使得任何一位中等以上学历的国人，只要有意愿，就能比较方便地接触、学习这些基本典籍。就保存中国文化而言，怎么估计点校本'二十四史'的贡献，都是不为过的。""我自己当然也是读着上一次的整理本开始学术生涯的，所以当能有机会为完善这一版本做出贡献，自觉也是一种使命的召唤。”我认为他说得非常好，是真情实感，说出了所有参与修订者的所感所想，体现了学者的境界和情怀，这是我们这个时代应该大力提倡的。就出版而言，产业化、市场化的挑战越来越严峻，但文化的传承和积累，是出版的要旨，这也是我们这一代出版人的责任，所以将“二十四史”修订本打造成新时代古籍整理标志性成果的目标不会改变。

（采访人：钱冠宇，原载《东方早报／上海书评》2015年8月2日）

一部《辽史》，两代学人的寂寞与奉献

——谈《辽史》的点校与修订

中华读书报：继修订本《史记》、两《五代史》之后，新近出版的修订本《辽史》即将上市，请简单介绍一下《辽史》修订本的出版情况。

从《史记》修订本出版开始，"二十四史"修订工程进入编辑出版阶段。尽管我们全力加速，但远远不能满足读者的期待。对此我们有清醒的意识和共识，在质量与进度这对矛盾中，前者大于一切。目前有多部修订本在编辑审稿加工中，将以每年两到三部的进度陆续出版。

《辽史》修订由北京大学历史学系暨中国古代史研究中心刘浦江教授主持，2007 年 10 月，《辽史》与《元史》一起通过修订方案，国内辽、金、元史学界的多位专家蔡美彪、周清澍、刘凤翥、王曾瑜等先生参与评审。按照修订程序要求，2008 年 5 月，《辽史》修订组提交了五卷修订样稿，我们分送蔡美彪、陈高华、崔文印、许逸民等先生进行书面评审。随后召开《辽史》修订样稿评审会，蔡美彪、刘凤翥、崔文印、许逸民、张帆等先生参加评审，主持人刘浦江教授和部分修订组成员与会。9 月，《辽史》修订样稿印本寄送相关专家学者，进一步征求意见。

从2007年5月确定修订主持人，到2014年7月提交全稿，《辽史》修订工作持续了七年时间。交稿之后，刘浦江教授在身患绝症的化疗间隙坚持工作，断断续续用了两三个月时间，完成了全书统稿和修订前言的撰写，直到11月正式提交前言定稿、凡例及引用文献。遗憾的是，2015年1月6日刘浦江教授因病辞世，未能见到《辽史》修订本的面世。

中华读书报：《辽史》点校本，由冯家昇、陈述等先生先后负责点校，1974年出版。有关《辽史》点校的情况，大家似乎所知不多。

《辽史》跟辽史研究一样，一般读者关注较少，关于《辽史》点校的情况大家知道的也很少。我们曾经做过一个统计，全部"二十四史"点校本，印数最少的就是《辽史》，四十年11印次，共计10万套。可见《辽史》和辽史研究的寂寞。

辽、金、元三史的点校，1958年12月约请翁独健先生承担，到1961年底才开始落实。三史均由翁独健先生统筹，翁先生在征求本人及其所在单位意见后，确定《辽史》由冯家昇担任，《金史》由傅乐焕担任，《元史》由翁独健自己承担、陆峻岭协助。1961年12月7日，翁独健、冯家昇、傅乐焕三位一起参加了在中华书局召开的座谈会，讨论辽、金、元三史点校方案及相关问题处理办法。随着工作的推进，方案经过了不同程度的调整，最终形成了今天我们所见到的点校本。在此期间，三史都经历了比较大的人员变动。

1966年"文革"爆发，5月22日，傅乐焕先生离开点校驻地中华书局翠微路大院，到陶然亭沉湖自尽。赵守俨先生后来回忆说："在他离开翠微路大院之前，我是最后一个与他谈过话的，我并没有发现他有何异常。这一不幸事件给了我极大的震动，我感到这是不祥之兆，一场暴风雨就要来临。”1971年点校工作重新启动，冯家昇先生于1970年4月去世，《辽史》和《金史》改由陈述、张政烺先生分别继续点校。《元史》仍由翁独健先生负责，新加入点校的有邵循正先生和内蒙古大学林沉、周清澍先生及蒙古史研究室全体同志。邵循正先生在工作过程中不幸病逝，未能看到《元史》的出版。

中华读书报：现在还能知道冯家昇、陈述先生各自承担的工作重点吗？

冯家昇先生的工作除了完成的大部分点校初稿外，主要贡献在点校本的发凡起例，从底本、通校本选择，前人成果借鉴，到一名多译等特殊问题，形成了后期定稿的基本框架。在1963年12月20日的辽、金、元三史座谈会上，冯家昇先生表示：“《辽史》计划64年12月底交稿，但可能会拖期。”

“翠微校史”期间，冯家昇先生曾一度希望到中华集中工作。赵守俨1965年3月3日撰写的《关于二十四史的一些情况的汇报》中说：“冯家昇上周和他见过面，他除了《辽史》之外，重头工作是杨图（引者按：指重绘杨守敬地图），此外即三处的学习：学部、民研所和九三学社，每周约有一些时间用于标点，现已搞到列传。对于是否迁到我局犹豫不定。但第二天打电话给我，表示愿意来，希望我们和所里联系，但不要说是他个人的意见。”萧项平3月6日批示：“据傅乐焕说，冯家昇在家工作环境并不算坏。我的意见是，冯要来我们欢迎，并为他（在可能范围内）准备一些生活和工作上的好条件；他不来我们也不必勉强。所里不必事先联系，有机会顺便谈一下是可以的。”金灿然批示：“冯的问题，同意肯意见。”冯先生最终没有入住翠微路大院。

据1965年8月31日辽金元三史工作会议纪要，“《辽史》全书初点过一遍，校至第六十六卷。做了版本校、本校、他校，并吸收了前人研究成果”，计划1967年完成。到“文革”爆发前夕，1966年4月1日，他在给赵守俨先生的信中说：“从四月到七月底，我的主要工作是杨图。我打算把《辽史》从九十卷以后校完。从八月到十月，一面作补充，一面作一些校记修改。十一月到十二月底作一些分段与覆点工作。（可能作不完，但保留不会太多。）”以此推算，冯家昇先生完成了超过三分之二的点校和校勘记。

学术界有“辽史三大家”一说，冯家昇先生是三家之首。冯家昇早年受陈垣、洪业、顾颉刚等影响，致力于辽金史研究。后赴美国国会图书馆、哥伦比亚大学工作，继续从事辽史研究。他与美国学者魏特夫合撰的《辽代社会史》，至今仍堪为辽史研究名著。冯家昇早在1930年代就读燕大时就开始校勘《辽史》，他的辽史研究代表作《辽史源流考》、《辽史初校》、《辽史与金史、新旧五代史互证举例》，1959年结集为《辽史证误三种》由中华书局出版。

冯家昇先生的《辽史初校》，谨遵陈垣先生的“四校法”：（一）《辽史》百衲本、南北监本、殿本的互校；（二）《辽史》纪、志、表、传之间的本校；（三）他书所存《辽史》引文的查检核校；（四）《辽史》与金、宋、五代、高丽史的互证；（五）仿王先谦《水经注》校注体例，辑录前人关于《辽史》的论述，并加按语。可以说，完成了《辽史》点校最基础的工作。

接续冯家昇点校《辽史》的是“辽史三大家”中的另一位陈述先生。1971年“二十四史”点校工作重启后，分为南北朝组、辽金元组、明史组、清史稿组，共四个小组。辽金元组“由韩儒林、邵循正、翁独健、张政烺、陈述等组成”，“《辽史》（初步点校完毕）：陈述在冯稿基础上修改加工”，计划1972年上半年付排。陈述先生曾任中国辽金史学会会长、中国辽金契丹女真史学会会长，对现代辽金史学科的建设贡献卓著。陈述先生早年在中研院历史语言研究所工作,1941 年 11 月陈寅恪先生为陈述《辽史补注》作序,盛赞"《补注》之于《辽史》,亦将如裴注之附陈志(陈寿《三国志》),并重于学术之林"。

陈述先生《辽史补注》撰写起始于 1930 年代史语所时期,但到 1971 年接手《辽史》点校,《补注》尚在补充撰著之中。此前陈述先生还曾辑校各家所录辽文及其新获者(包括碑刻文献),编为《辽文汇》(后改为《全辽文》由中华书局出版)。《辽史补注》和《辽文汇》的长期积累,对《辽史》点校起到了学术支撑的作用,对冯家昇先生点校的初稿是一个有力的补充。《辽史》于 1974 年 10 月出版,当时陈述先生曾请担任"总其成"的顾颉刚先生为《辽史补注》作序,"幸随点校本二十四史以并行",顾先生序说:"我们这次校点工作,可能有一些缺点错误,但质量都有所提高,由于《补注》的出版,显然又是一个新的突破。"

元修宋、辽、金三史,《辽史》历来被评为"太简略"、"最简略",但因为辽代文献缺乏,《辽史》成为辽史研究的最基本典籍。点校本《辽史》,经过冯家昇、陈述两位辽史大家的整理,为近半个世纪以来的辽史研究提供了一个基本准确规范的通行文本。

中华读书报:您参与了修订工程的组织实施,请您谈谈《辽史》修订的有关情况,包括《辽史》修订的一些具体做法。

对于修订承担单位和主持人的遴选,我们主要遵循以下两条原则:一是从延续性考虑,尽量选择原点校单位;一是从学术力量考虑,尽量选择于本史有积累的学科点。北京大学刘浦江教授是当代辽金史学界杰出的年轻学者,在着手"二十四史"修订之初,我拜访蔡美彪先生,谈到辽金史修订,蔡先生就首先推荐了刘浦江。因此,在 2006

年我们做第一轮调研的时候，《辽史》修订就已经基本确定由北大承担、刘浦江主持。开始我曾想由北大同时承担辽金二史，后来因为张帆参与陈高华先生主持的《元史》修订，这个想法才作罢。

《辽史》修订前期规定动作和必备程序，极其顺利，各史无出其右。其中有史书差异、原点校本差异、修订组准备等各种因素，但主持人的学术积累和修订力量组织起了关键作用，而《辽史》修订组在这两个方面的优长都非常突出。

就整个“二十四史”修订来说，相对于其他各史和各史主持人，我们与《辽史》修订组的工作交流机会是相对少的。修订工作顺利，反复讨论就少；修订工作周折，相互探讨甚至开会就多。《辽史》从开始阶段的修订方案、修订样稿，到中间阶段的二次样稿，没有任何磕绊，意见一致，省去了很多功夫。而且《辽史》修订组一些行之有效的做法，在各史初期摸索阶段，还起到了样板示范的作用。

简单举个小例子。如何吸收前人成果，包括断代史研究成果、与本书密切相关的文献研究成果、针对点校本的校勘成果，等等，是修订最基本的准备工作。修订工作总则对此提出了明确的普查和吸收的要求，但怎么做并不明确。《辽史》修订组的做法非常有启发性。在2007年10月讨论修订方案时，修订组已组织人力对前人有关《辽史》的校勘、勘误论文进行了全面搜集，整理装订成《辽史勘误》一册（250页），收入1942年以来散见于报刊、文集的论文、札记，共62篇。做到这一点，似乎很平常，关键是下一步，他们把每一篇文章里面涉及的校勘点，都在文章的显要位置标出，然后再将各篇文章所涉及的《辽史》卷次，统编为《辽史各卷勘误索引》。这样《辽史》某卷有哪几篇文章、在什么位置，涉及哪些校勘问题，一目了然。每个参与修订的人，都可以由此几无遗漏地掌握前人对某一校勘点的意见。

另外，针对原点校本对新出考古材料和石刻资料用得较少，《辽史》修订组还编制了《辽代石刻新编》，以供修订采用。如何统一把握参与修订的人在资料获取上的均衡一致，一直是我们关注的问题，所以，当我听到刘浦江教授介绍这个做法，并把已经完成的《辽史各卷勘误索引》交给我们的时候，我是由衷地叹服他的工作成效。我们后来在各史都推广了这个做法。这看起来只是一个具体改进，但却是如何减少重复劳动而又消弭遗漏的非常有效的办法。

再如修订长编，按照修订要求，每史修订在校勘记撰写之前都要撰写修订长编，记录所有校勘点的文本差异、文献依据和考辨过程。当我第一次看到《辽史》修订长编的时候，也为长编的深入和细致深为叹服，长编不但对每一条校勘的文献引用、考证过程有清晰记录，引述今人论文，都一一注明篇名和页码，真正实现了我们提出的一切都可回溯的目标。

中华读书报：刘浦江教授将学生培养与《辽史》修订相结合，您怎样评价这种工作方式？

上个世纪的“二十四史”点校，与有关断代史学科建设之间的关系，是人所共知的，很多学术佳话流传至今。点校工作依赖断代史学科的发展，也一定程度上强化了学科的优势。因此在修订工程启动之初，我们除了将通过重点项目培育优秀古籍整理编辑作为我们自身的要求和目标外，也支持承担单位通过修订，培养学术新人，推动学科建设。修订本各史在学术团队的培育上各有建树，《辽史》修订组在这方面尤其突出。

在接受《辽史》修订之初，刘浦江就表示要采用读书班的形式，在版本对校、本校，并广泛查检已有成果的基础上，对《辽史》逐卷进行集体研读。读书课上对每一个校勘点进行查考研讨，撰写详实的修订长编，斟酌校改取舍，形成校勘记初稿。从 2007 年 5 月 19 日第一次读书课，到 2013 年 6 月完成全书会读，长达六年，每周六上午 9 点到下午 5 点，北大中古史中心的计算机室，雷打不动地成为《辽史》修订组读书课。事实说明，这是一个行之有效的方式，修订工作有系统、有深度，同时一批学术新人夯实了文献根基，培养了严谨扎实的学术品格，顺利进入专业研究并取得了可喜的成果。修订组成员结合修订工作，出版了专著《〈辽史·百官志〉考订》，撰写了二十多篇学术论文，不少是辽史研究中人们长期关注的问题。刘浦江生前常说自己太寂寞了，希望下一代研究辽金史的人不那么寂寞。这是事关一个学科承续的大关怀！

刘浦江去世后，我看到修订组同学发的帖子，2013 年 6 月，在《辽史》第一遍会读结束后，他写给同学们的信，充满热情的讲道："这是收获丰厚的青春，这是无怨无悔的青春！"每每重读至此，都让我非常感动。我想这对修订组的弟子们来说，将是他们学术生涯不断前行的永久的精神资粮。

中华读书报：刘浦江教授因病去世，给《辽史》修订定稿带来怎样的影响，我想这是大家关心的话题。

《辽史》修订组在 2013 年 6 月完成全书会读，此后刘浦江教授于 2014 年 4 月被确诊为淋巴癌晚期，7 月向中华提交了《辽史》全部 116 卷修订稿（每卷有校勘记和长编两个文件），11 月 18 日提交前言、凡例及参考文献。这个时候，离他去世只有一个多月的时间，他在病后两次化疗的间隙，顽强地坚持做完了统稿工作。可以说，刘浦江教授是用最后的生命冲刺般地完成了《辽史》修订，没有留下任何棘手的难题。根据他在病中的嘱咐，由自始至终参与修订的邱靖嘉负责统筹，年轻的修订团队与我们编辑组密切配合，圆满完成了最后的排校及定稿清样通读。

《辽史》修订稿交来后，我们陆续约请了蔡美彪、刘凤翥、王曾瑜、陈智超、宋德金、张帆、吴丽娱、王素等先生外审，其中蔡美彪、刘凤翥二位先生的审稿意见在刘浦江生前收到并已转他参酌。刘浦江教授在前言、凡例及最后一批稿子交来以后，曾经与我们的责任编辑通电话，特别关心外审专家的后续意见。他最后的电话就是问《辽史》修订的反馈意见，而且希望在春节前要开一次修订组内部会议，安排春节过后病情平稳期间的最后修改定稿工作。

《辽史》编辑审读加工和修订组完善修改工作，又经历了一年多时间，修订组不负嘱托，通力合作，保证了最终的修订质量。关于《辽史》修订本所取得的学术高度，需要学术界来检验和评价，不是我一个外行所能评说，但我觉得修订本《辽史》作为辽史研究和辽史文献整理的一个新的标杆，是不用置疑的。

薪尽火传，刘浦江教授在天之灵一定会感到欣慰的。

（原载《中华读书报》2016 年 5 月 4 日，有补充）

《魏书》及“北朝四史”的点校与修订

一 “北朝四史”点校概况

澎湃新闻：随着“二十四史”修订本陆续问世，当年各史的点校历程，成为大家所乐知的话题，如《史记》与“二十四史”点校的序幕、两《五代史》与“上海五史”点校的情况等。《魏书》是“北朝四史”之一，南北朝“八书二史”主要由王仲荦、唐长孺两位史学大家分别主持完成，受到学术界的推崇和读者的好评，其过程想必是读者感兴趣的。

南北朝诸史分别由王仲荦先生所在的山东大学历史系和唐长孺先生所在的武汉大学历史系承担，这是在“二十四史”点校开始之初就确定了的。在1958年拟定的《标点二十四史(普通本)约稿计划》中，就已经明确宋齐梁陈四书和《南史》(即所谓“南朝五史”)由王仲荦先生负责，《魏书》、《北齐书》、《周书》、《北史》(即所谓“北朝四史”)由唐长孺先生负责。《隋书》起初也希望武大承担，武大表示有困难后，又曾动员山大承担，最终没有达成，另作了安排。

“北朝四史”点校工作开始于1960年底，在1963年秋唐长孺先生借调进京之前，主要在武汉进行。武大历史系成立了“北朝四史”点

1970 年代王府井校史期间的唐长孺先生（左魏连科，右白寿彝）

校小组。点校小组共七人，唐先生担任组长，成员有陈仲安、石泉、赵婷、陈庆中、曹绍廉、谭两宜等，其中陈仲安先生后来作为唐先生助手，全程参加了“北朝四史”点校。

档案保存了石泉先生 1961 年 4 月 12 日给中华书局编辑部的信，提出改进工作的三点意见，同时也介绍了点校小组的情况：

> 从去年年底以来，在我系参加了由您局组织领导的校点北朝四史的工作，由于没有经验，我们走过弯路，进度很慢，我们也一直在摸索，希望找到些多快好省的办法，以求既提高新版本的质量，又能加快工作进度。
>
> 按我们目前的工作进度与工作状况（例如病号多，经常只有四五人进行工作，最近以来又不能全时间搞，工作质量不齐，办法也不多，副组长姚薇元先生因课忙，始终也未参加这一工作……），能在年底以前完成北齐、北周二书（约四十万字）就算

> 不错，……如果还要继续搞《魏书》、《北史》两部大书，照现在这样的进度，真不知道会拖到哪年？

当年5月，具体负责“二十四史”点校的赵守俨先生到武汉、济南出差，了解点校情况。“武汉大学校点的北朝四史，暑假前可完成《周书》、《北齐书》的本校和与《北史》的校勘。估计再有七个星期可以完成这项工作。”“明年只能完成《魏书》一种。不同意担任《隋书》的校点工作，唐长孺表示可以把资料提供给山东大学参考。”（中华书局总编室《业务情况》1961年第10号）

事实上由于各方面原因，包括“北朝四史”在内的各史都没能按计划推进。在此期间，“北朝四史”点校小组的工作主要集中在《周书》和《北齐书》，从档案保存的与武大方面的往返书信看，点校工作还处在摸索阶段。1963年秋到1966年“文革”开始，唐长孺、陈仲安先生借调进京集中校史，《周书》全部完成并付型，未及付印，《北齐书》基本完成。所以从大的时间段上说，“北朝四史”的出版都在1971年重新启动点校之后，《周书》1971年11月出版，《北齐书》1972年11月出版。《魏书》、《北史》的主要点校工作都在1971年以后进行，《魏书》1974年6月出版，《北史》1974年10月出版。

唐长孺先生曾经说：“回顾自六四年以来，校勘北（朝）四史先后六年，中经十年浩劫，我精力旺盛时期也就这样过去了。七四年后，我大部分时间在整理吐鲁番文书。我想这二十年来，如果说有什么微薄成果，恐怕是在古文献整理方面。”（1987年9月3日致张泽咸信，张泽咸《温故与怀念》，《魏晋南北朝隋唐史资料》第21辑）从1960年底算起，“北朝四史”点校历时近15年。其间1963年、1967年、1971年，唐长孺、陈仲安先生三次奉调进京，在中华书局工作近十个年头。

1975 年以后，唐先生又被借调到国家文物局古文献研究室，开始了长达十年的吐鲁番文书整理。

二　唐长孺先生等进京及翠微校史

澎湃新闻：在历时二十年的“二十四史”点校历程中，先后三次都在借调进京之列的，为数不多，唐长孺先生就是其中之一。唐长孺先生等一批学者借调进京，翠微校史成为学术界传诵的佳话，当时哪些因素促成了外地学者进京集中校史？

从 1958 年“九一三”会议落实毛泽东主席指示、部署“二十四史”点校起，到 1978 年初最后一种《宋史》出版，历时二十年，其间 1963—1966 年、1967—1968 年、1971—1977 年，参加点校的外地学者，先后三次进京集中校史，很多先生在中华书局工作了十年左右，唐长孺先生就是其中的一位。

促成进京集中校史的直接原因是进度的一再拖延。现在来看，当时对“二十四史”点校工作所需要的时间严重估计不足，或者说实际工作难度和所需时间与有关部门的要求之间的差距实在太大。1958 年 9 月确定的最早计划是向国庆十周年献礼，结果只完成《史记》一种。1960 年 10 月古籍小组制定《三年至八年（1960—1967）整理和出版古籍的重点规划》，在规划颁行前，齐燕铭致函教育部杨秀峰部长，要求“高等学校协作整理古籍”。据古籍小组代教育部拟文底稿，教育部也曾发文要求凡承担的学校都应采取具体的有效措施，切实抓紧对这一工作的领导和具体指导，争取在 1961 年底以前完成。

而实际情况是，到 1961 年 12 月初才落实辽金元三史“校点工作由翁独健、冯家昇、傅乐焕三位先生负全责”。其他已经开展但进行得不很顺利的，还有南北朝八书、南北史、两《唐书》和两《五代史》。赵守俨先生说："除新旧《唐书》须另作研究外，其余各史的人选都基本上适当，主要是因为时间没有保证，迟迟未能完成。"武大方面，唐长孺先生新接手了《中国通史参考资料》魏晋南北朝分册的编写任务，教学任务也比较重，《周书》、《北齐书》不得不暂停。

在5月份赵守俨先生出差山大的时候，王仲荦先生就曾建议在《南齐书》、《梁书》两史校点工作大致就绪后，最好能到北京工作一个时期，以便于统一双方意见、及时解决问题。王仲荦先生的这个建议，是今天我们能看到的关于借调进京集中工作的起始点。12月，赵守俨先生起草了《关于各史校点者借调问题的建议》，随后又代拟了金灿然致教育部刘皑风副部长的信，金灿然签发，并同时抄送了齐燕铭。

赵先生在《关于各史校点者借调问题的建议》中说："目前亟待解决者为南北朝八书。建议设法先调王仲荦、卢振华两先生来京，集中时间作好这两部书。"武大担任的《周书》差一点就可以完成，《北齐书》也已做完对校和初点。"就进展来说，借调唐长孺先生也是可以考虑的。惟鉴于他正在编写教材，在系里担负的教学任务较重……，拟作为第二步进行。"这一次的动议，只促成了启动山大方面的借调，1962年1月24日，教育部向山东大学发出题为"借调你校历史系王仲荦教授和卢振华副教授去中华书局工作半年"的"62教人师调字第30号"文，王仲荦先生1962年11月借调进京。

到1963年，"二十四史"点校已经开展四年多，进度迟缓，只出了三种，金灿然说："照这样下去，恐怕再过十年也不能毕功。"这年5月，金灿然向中宣部副部长周扬做了汇报，请求解决各校担任校点的教师集中时间精力进行点校的问题。周扬作了四点指示：(1)必须抓紧进行，要求在1964年内完成；(2)为了保证校点工作能够顺利进行，可以借调担任校点的有关教师来京，使他们集中时间精力，专心从事整理；（3）可以适当补充人手；（4）编写参考教材的工作如与“二十四史”的整理在时间、人力上发生矛盾，参考教材可以让路。因为有周扬1964年底完成的时限要求，所以借调工作迅速落实。

5月22日，曾任中宣部教育处处长，1961年后负责高等学校文科教材编审工作的吴寄寒召集包之静（中宣部新闻出版处）、金灿然（中华书局）等专门商量借调之事，会上胡沙代表教育部党组表示将大力支持这一工作，尽可能协助调集有关校点人员来京。会议确定了各史的人员和进度安排，其中武汉大学承担《魏书》、《北齐书》、《周书》、《北史》；借调人员：唐长孺；时间安排：1963年内完成《北齐书》、《周书》，1964年内完成《魏书》、《北史》。借调名单中还有：

> 山东大学王仲荦（总负责）、卢振华、张维华（三人可不必同时来京）；
>
> 中山大学刘节、董家遵（暂不调京）；
>
> 北京师范大学刘乃和（陈垣助手，请该校保证他们的工作时间）；
>
> 吉林大学罗继祖（新商定的校点者，尚未征得学校同意）；
>
> 南开大学郑天挺（现在北京主持历史教材的编写，请他多留半年完成《明史》）；
>
> 杭州大学任铭善（参加发稿前的复审工作，尚未征得学校同意）。

胡沙另外表示，担任项目较多的学校，可以加调一两位青年教师作为助手，一方面可以加速工作进度，同时也可以使他们通过实际工作得到锻炼，具体人选可由有关学校指定。所以最终陈仲安先生作为助手与唐长孺先生一同进京。

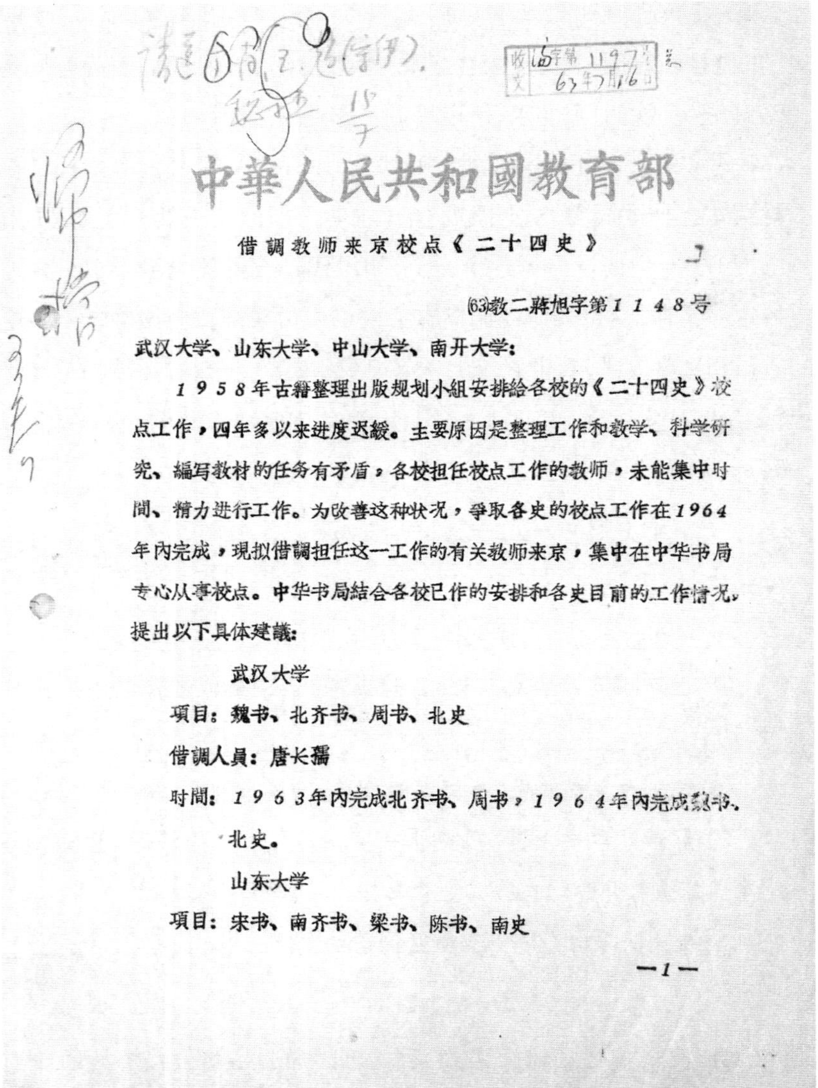

中華人民共和國教育部

借調教师来京校点《二十四史》

(63)教二蔣旭字第1148号

武汉大学、山东大学、中山大学、南开大学：

1958年古籍整理出版规划小組安排給各校的《二十四史》校点工作，四年多以来进度迟緩。主要原因是整理工作和教学、科学研究、編写教材的任务有矛盾，各校担任校点工作的教师，未能集中时間、精力进行工作。为改善这种状况，爭取各史的校点工作在1964年內完成，现拟借調担任这一工作的有关教师来京，集中在中华书局专心从事校点。中华书局結合各校已作的安排和各史目前的工作情况，提出以下具体建議：

武汉大学

項目：魏书、北齐书、周书、北史

借調人員：唐长孺

时間：1963年內完成北齐书、周书，1964年內完成魏书、北史。

山东大学

項目：宋书、南齐书、梁书、陈书、南史

—1—

教育部借调教师来京校点“二十四史”发文（1963年7月）

随后的7月，教育部向武汉大学、山东大学、中山大学、南开大学发出“借调教师来京校点二十四史”文（63教二蒋旭字第1148号），向吉林大学发出“借调历史系教师罗继祖来京参加二十四史校点工作”文（63教二蒋旭字第1150号）。8月，中宣部又发文给湖北、山东、广东、吉林、河北、浙江省委宣传部（1963年发文第383号）：“整理出版二十四史，是中央交待的任务。中华书局和北京的人力很不够，整理工作进度太慢。为了促使这一工作早日完成，必须借调外地的专家共同来进行。”“关于借调外地专家事，教育部已经通知有关学校或教育厅。有的学校曾来信提出困难，要求免调。但鉴于此项任务繁重，请你们同有关学校或教育厅会商，尽量克服困难，予以支持，务请于暑期内调来。（专家名单略）”

1963年秋冬间，名单中的大多数学者陆续来到北京，入住翠微路二号大院，加上来自民族所的傅乐焕先生、从山西教育学院借调的王永兴先生等，一直到1966年“文革”爆发工作暂停，这一时期就是被大家传为佳话的“翠微校史”。

1963—1966年为期约三年的集中校史，对“二十四史”点校在学术质量上的作用和意义至关重大。此前《史记》、《三国志》等各史由个人承担，分散点校，以标点为主，只做简单校勘。1963年后各史点校者集中工作，集体生活，相互讨论，很多共性的问题通过讨论形成了共识和处置办法。校勘方面则明确要求做好“本校”（本书有关部分互校）和“他校”（参校有关史籍），而且要求做得比较彻底，不能信手翻查，并强调尽可能吸收前人研究成果中的正确意见。重新拟定的校勘细则包括：（1）凡改字的地方，都要写出校勘记，说明根据和理由。（2）采用成说，要说明出处，错误的意见不取。（3）别本、别书的错误，两通的异文，无关重要的虚字的出入，一律不入校勘记。（4）用本校、他校发现的问题，除极有把握的以外，一般只写校勘记，不改本文。（5）校勘记尽可能作出判断。（6）属于史实出入的，不写校记。半个多世纪之后的今天来看，这六条可以说已经成为现代古籍校勘的基本原则，也直接影响和主导了后来的点校工作，即使1971年重新启动点校后又有一些新的要求，也基本没有偏离1963年确定的主旨。

三 《魏书》点校的两个阶段

澎湃新闻："北朝四史"的出版都在1971年重新启动点校工作之后，《魏书》1974年出版，主要点校工作是在1971年以后进行的，那"文革"前《魏书》点校是怎么样的情况？

简单说《魏书》点校可以分为前后两个阶段。"北朝四史"点校，从开始阶段在武汉到1963年后在北京，点校组的主要时间和精力都集中在《周书》、《北齐书》，1966年"文革"开始前，由唐长孺先生亲自承担并基本完成。1971年后，唐长孺先生负责《魏书》，陈仲安先生负责《北史》，分别承担完成。虽然1963—1966年由其他人承担过《魏书》点校前期工作，但"北朝四史"自始至终都由唐长孺先生主持。

从现有档案资料看，1963—1966年这一阶段《魏书》点校并未搁置，而主要由王永兴、汪绍楹先生承担。

在2002年中华书局成立90周年之际，王永兴先生写过一篇《我与中华书局》，他说：

> 1963年，我从山西太原借调到中华书局，参加点校"二十四史"工作，这是我与中华书局缔交长期友好关系的开始。但不到一年，太原有令来，命我立即回山西。在反右运动中，因株连，我被遣送到山西太原，控制使用，改造思想，我没有留在中华书局的

自由。在中华书局短短的十个月中，实际主持校点“二十四史”工作的是赵守俨先生，他待人真诚友好，在校点工作中帮助我。他知道我被遣送后的处境与生活，安慰我，因而我与他结下了一生相知相勉的友谊。

王先生在点校中所承担的具体工作，他本人和各种回忆文章很少被提及。在档案所存1964年“二十四史”小组工作汇报中，有几次比较集中地谈到了王永兴先生所承担的工作。7月8日的汇报中说：

《魏书》——王永兴先生《册府元龟》对校工作本周内可以结束，关于下一步工作如何进行问题，王先生曾和唐长孺先生商量过，大致打算这样进行：石刻方面的校《金石萃编》、《八琼室金石补正》、《汉魏南北朝墓志集释》等三种。《太平御览》、《北史》、《通鉴》，唐先生意见，《通鉴》不作通校，有问题时查一查。其余就是《十七史商榷》、《廿二史考异》等吸取前人成果的工作。王永兴要求和守俨同志谈一谈具体作法。（赵守俨眉批：已谈好，先校《御览》）

9月5日的汇报中说：

王永兴先生的《魏书》工作，由于家属来京过暑假，时间上有些影响，校《御览》的工作预计再有一周到十天的时间才可以完成。《御览》校完后，准备校石刻，先校赵万里的《汉魏南北朝墓志集释》和《八琼室金石补正》，这两部书现在都在唐先生手头用着，恐怕抽不出来，是否需要再各买一部。其次想吸取日本人对《魏书》的研究成果，根据《敦煌资料》里有些目录，北图和科学院图书馆的《东洋杂志》、《史学杂志》（日文），不知能不能联系借出来，如果不能借，还需要王先生自己去看。《魏延昌地形志》，已确

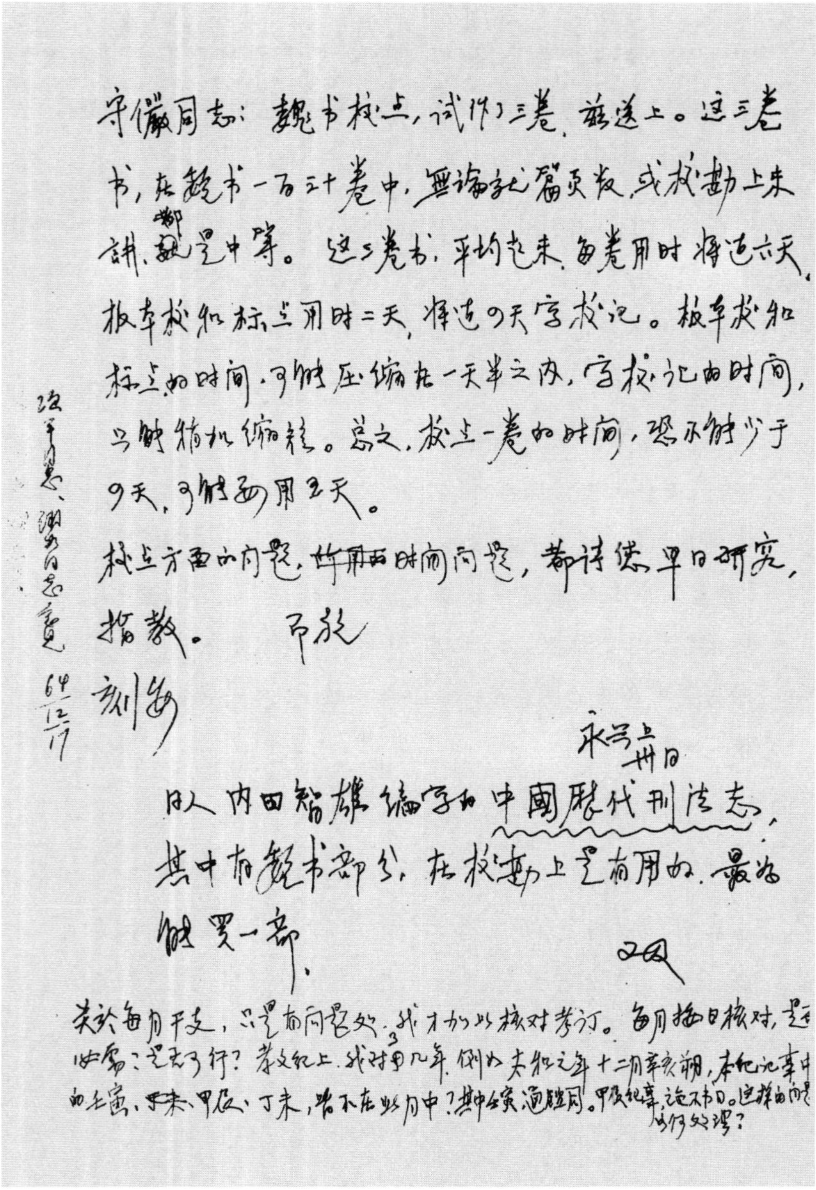

守俨同志：魏书校点，试作了三卷，兹送上。这三卷书，在魏书一百三十卷中，无论就篇页数，或校勘上来讲，都是中等。这三卷书，平均起来，每卷用时将近六天，版本对比标点用时二天，将近四天写校记。版本对比标点的时间，可能压缩在一天半之内，写校记的时间，只能稍加缩短。总之，校点一卷的时间，恐不能少于四天，可能要用五天。

校点方面的问题，~~以及用的~~时间问题，都请您早日研究，指教。　即致

敬礼

永兴上
卅日

日人内田智雄编写的中国历代刑法志，其中有魏书部分，在校勘上是有用的，最好能买一部。

又及

关于每月干支，只是有问题处，我才加以核对考订。每月按日核对，是否必需？是否可行？孝文纪上，我对了几年，例如太和元年十二月辛亥朔，本纪记事中的壬寅、丁未、甲辰、丁未，皆不在此月中？其中壬寅通鉴同。甲辰纪事，通鉴不书日。这样的问题如何处理？

请翠同志、刘××同志阅　64/12/17

王永兴先生关于《魏书》样稿致赵守俨信（1964 年 12 月）

知北大图书馆有，准备下星期去联系和了解一下情况，如果不能借、抄，还是照像或采用别的办法再作决定。王永兴先生打算校完了以上各书，再参考二张校勘记即开始写校记。

此后，按照赵守俨先生的布置，王永兴先生于11月底完成了三卷样稿，王先生在交稿信中说："这三卷书，在《魏书》一百三十卷中，无论就篇页数，或校勘上来讲，都是中等。""平均起来，每卷用时将近六天。版本校和标点用时二天，将近四天写校记。版本校和标点的时间，可能压缩在一天半之内，写校记的时间，只能稍加压缩。总之，校点一卷的时间，恐不能少于四天，可能要用五天。"还对干支校勘做了说明，最后附言："日人内田智雄编写的《中国历代刑法志》，其中有《魏书》部分，在校勘上是有用的，最好能买一部。"编辑部的两位先生审查了样稿，其中吴翊如先生审读了卷七上《高祖纪上》，撰写了19页审稿意见，指出标点校勘错误及不合规范之处，吴翊如先生说，"所贵乎专家者，希望能在骨节眼上解决问题"，而恰恰"不像是一位老师傅手里出的活"。吴先生的话比较苛刻，细究所提意见涉及的问题，一方面是校勘记的判断是否允当与内容是否充实，一方面是对标点规则的理解与实践，脱产一点看，其实都是点校者刚着手时常见的现象。

12月底，王永兴先生又提交了卷二《太祖纪》、卷一一一《刑罚志》共两卷，并对分段提了初步意见。赵守俨先生亲自审稿，对校勘记逐条提出了修改意见。从这段时间一再撰写、审读、修改样稿的情况看，与编辑部的计划是一致的，即计划由王永兴先生承担《魏书》点校，但仍由唐长孺先生定稿。

王永兴先生中止《魏书》的工作，是"太原有令来"，根据1965年1月18—23日"古代史工作周报"所记下周工作重点，有"与王永兴办

《魏书》校勘资料的交接”的工作预备，王永兴先生在1965年春节前后，应该就离开北京回山西了。据“二十四史”整理工作简报可知，王先生离开中华，相关资料移交给了借调在中华的另一位先生汪绍楹。

汪绍楹先生是一位古籍整理专家，程毅中先生曾以《怀念古籍整理专业户汪绍楹先生》为题，对他整理的《太平广记》、《艺文类聚》给予高度评价。汪先生除了曾经参与《魏书》的点校外，还是《隋书》的前期点校者。1965年初，汪先生接受继续点校《魏书》的任务后，起草了《魏书校点进行计划》5纸，对《魏书》版本校、本证与前人成果、北魏部族姓氏译音、西域地名人名、《魏书》地形志等方面谈了具体意见，最后表示校点时间估计约两年零四个月。

另外从汪先生的计划和赵守俨先生的批语，我们可以比较清楚地了解王永兴先生所做的工作和程度：（1）以殿本为底本，通校百衲本和《北史》，但没有做其他版本校，所以没有完整版本校记录；（2）完成了《册府》、《御览》等他书校，以卡片做了校勘记录，“基本上相当仔细”；（3）本校工作似未完整通校；（4）前人成果，拟随校随对。

汪先生这份计划最重要的一点，是在文末另列一项，从百衲本影宋本阙卷校语、殿本沿北监本多臆改、殿本讳字回改，以及增加南监本（多与宋本合且与王先谦校记所据本相近）等方面，根据校勘实际，提出将《魏书》底本改用百衲本。赵守俨先生4月5日批示：“改用百衲本作底本，须征求唐先生意见，北朝各史须保持一个体系。此书如决定汪校点，似应向他说明：多多依靠唐先生，仍请唐先生定稿。”

从1965年4月到1966年春，汪绍楹先生的《魏书》点校工作约一年时间，按他两年四个月的计划，全部工作约将过半。据赵守俨先生1971年2月19日起草的《整理二十四史工作情况简介》，截至“文革”开始，“《魏书》，汪绍楹点校，基本完成，待加工。《北史》，唐长孺、陈仲安点校,未完成,部分标点过。北朝史由唐长孺总负责”。并对工作安排的先后变动做了说明:《魏书》先交武汉大学点校,1963 年以前始终没有动手。“后来由王永兴担任,因工作质量不高,又换汪绍楹”。

归纳而言,《魏书》第一阶段的工作,由王永兴先生基本完成他书校勘,并试做样稿;由汪绍楹先生在已有资料的基础上点校并撰写校勘记,“基本完成,待加工”。

另外在 1967 年春“二十四史”点校曾经短暂上马,分为七个组进行工作,第一组就是北朝各史,前后历时一年,基本上按原来办法进行工作,新的点校原则始终未确定,进展不大。这一时期武大历史系除

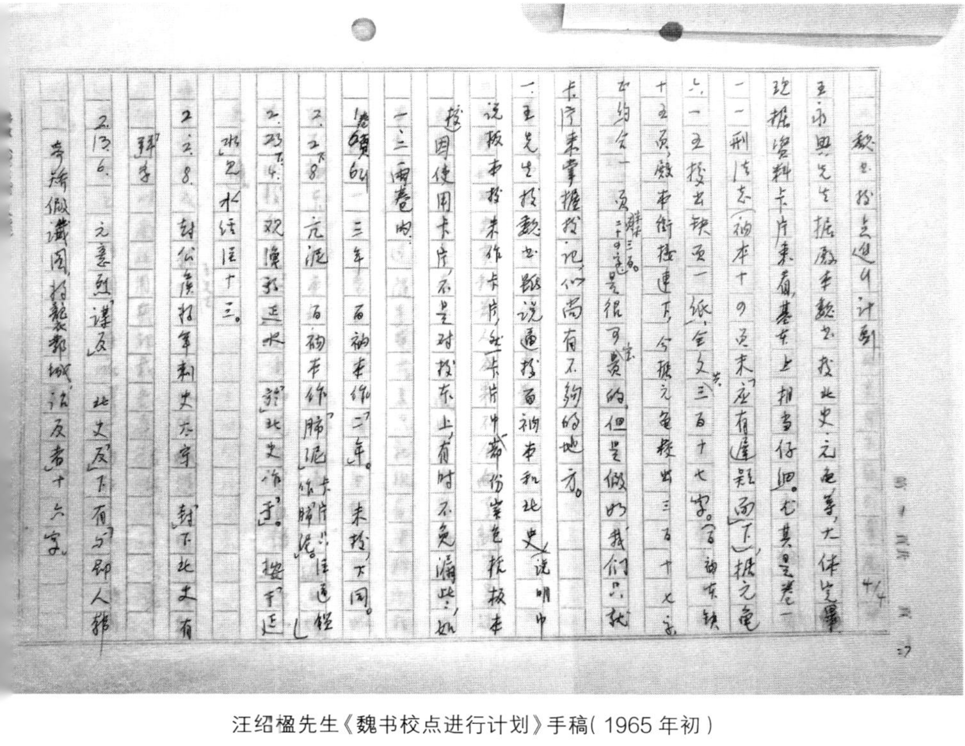

汪绍楹先生《魏书校点进行计划》手稿(1965 年初)

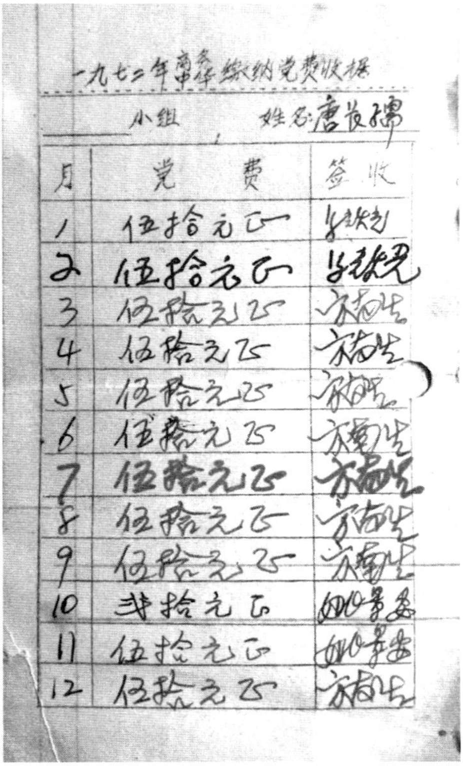
一九七二年度缴纳党费收据

小组　　姓名唐长孺

月	党费	签收
1	伍拾元正	[illegible]
2	伍拾元正	[illegible]
3	伍拾元正	[illegible]
4	伍拾元正	[illegible]
5	伍拾元正	[illegible]
6	伍拾元正	[illegible]
7	伍拾元正	[illegible]
8	伍拾元正	[illegible]
9	伍拾元正	[illegible]
10	[illegible]拾元正	[illegible]
11	伍拾元正	[illegible]
12	伍拾元正	[illegible]

在唐长孺先生书房所见 1972 年缴纳党费收据（摄于 2017 年 2 月 28 日）

了唐长孺、陈仲安先生外，增加了姚薇元先生。

《魏书》点校的后一阶段，也即最终成书阶段，在 1971 年之后，由唐先生在前一阶段工作基础上重新点校，撰写校勘记。通校了百衲本、南监本、殿本、金陵书局本，参校了北监本、汲古阁本。实际操作中，以百衲本为工作本，诸本相较，择善而从，形成了后来通行的《魏书》点校本。

这个阶段的工作地点在王府井大街 36 号，唐先生自己完成了《魏书》点校，负责陈仲安先生点校《北史》的定稿，参与了《晋书》载记部分的复审加工。唐先生跟中华员工一样，每天都拿着饭盆去食堂打饭。唐先生和陈仲安先生常在下班之后、上班之前，赶在清洁工之前，主动打扫楼道、擦拭楼梯扶手。唐先生每月交党费，与白寿彝先生都交120元（另有一说为60元，应是不同时期所交数额不一，或为传闻异辞），差不多是他一半的工资，相当于一个年轻人月工资的两倍多！书局当年参加点校责编的老编辑魏连科、张忱石先生等，都撰有专文深情回忆唐长孺先生校史生活，生动感人。

四　唐长孺先生"北朝四史"的校勘风格

澎湃新闻：唐长孺先生主持的"北朝四史"，在"二十四史"点校本中最受好评，尤其是他校勘与研究相结合的风格，受到史学界的推许，您对此怎么看？

唐长孺先生主持点校的"北朝四史"，在点校本"二十四史"中最得学术界盛誉，被称为古籍整理的范本。这当然与唐长孺先生精深的学术造诣有关。唐先生以深厚的学术积累和过人的见识判断，以他对南北朝史实和文献的熟知，充分利用前人成果和新出史料，发前人之所未发，形成了独特的校勘与研究结合的风格。放到点校本"二十四史"系列中看，"北朝四史"区别于早期出版的"前四史"，体例上不再是简单的版本对校，不限于仅仅剌取前人成说用于校勘；与其后"上海五史"等在反对繁琐校勘的思想主导下的集体成果，反差更大。因此1963年前后同时开展的、由"南王北唐"分别负责的南北朝诸史，标点校勘的整体质量，都堪称上乘，而唐先生所主持的"北朝四史"特点更为鲜明。

"北朝四史"最鲜明的特点，就是学术界常称道的校勘与研究的结合，用古籍整理的通常表述是校史与考史结合。魏晋南北朝史学者、已故唐门老弟子高敏先生对点校本《魏书》的特点有非常详细的概括，他一一列举了点校所用的近40种文献和前人著作，指出点校本不仅以现有能看到的各种不同版本进行了精心细致的校勘，还用《御览》、《册府》、《通鉴》等及清人赵翼、王鸣盛、钱大昕等人的著作，"对《魏书》史料或进行校勘，或予以补充，或给以考证"，"其引书之富、校勘之细、考证之精和标点之准，在整个"二十四史"点校本中是首屈一指的"（高敏《魏书说略》，《二十五史说略》）。

唐先生校史与考史结合的风格，当然首先与他的学术追求有关，对此我没有能力评说。但放到当时点校工作总体背景下，形成这样明显区别于其他诸史的风格，有哪些古籍整理层面的原因，或许是一个可以关注的角度。

首先是1963年重新拟定的校勘细则的作用，尤其是"他校"的引入，使点校工作更加完善和规范。按照新的校勘细则，明确要求做好"本校"的同时，要做好"他校"，而且要"做得比较彻底，不能信手翻查"，其中通校《册府》是南北朝诸史校勘中的亮点，王仲荦先生曾就此回忆说：

> 唐长孺教授和我在会上提议用《册府元龟》校南北十史，陈援庵先生在会外早已提到，所以很顺利地通过了。我们校了宋本、三朝递修本、南监本、北监本、殿本、局本，还采用了张森楷的校记、张元济的校记，又增加了用《册府元龟》来参校，尽管标点上还可能会发现一些小错误，校勘的质量却是较有保证的。（王仲荦《谈谈我的治学经过》，《文史哲》1984年第3期）

1963年新校勘细则还强调尽可能吸收前人研究成果中的正确意见，校勘记尽可能作出判断。南北朝诸史点校同时展开，在版本选择、他书校勘、前人校勘资料取用、校勘尺度方面，都大体相似。

其次，“北朝四史”中《魏书》、《周书》、《北齐书》都残缺严重，宋以来形成的补缺文本和文本讹误，在版本校勘不能解决的情况下，“他校”和“理校”成为不能回避的选择，我个人觉得这是形成唐先生所撰校勘记面貌的一个直接原因。“北朝四史”校勘记在理校和考证方面，明显多于“南朝五史”，论证表述也相对复杂，有的校勘记多至数百上千字。造成二者间的差别，也与南北朝诸史的残缺完好程度不同有关。

唐先生最先着手的是《北齐书》、《周书》，而《北齐书》、《周书》残缺尤甚，最早在宋代就已经散佚不全。传本《北齐书》原书仅存三分之一，用《北史》和唐人史抄所补的部分，还常有删节，因此所补缺文的讹误较多，与现存文献之间的差异也比较大。所以，点校本《北齐书》在校勘记之外，还特别在全书末增加了《点校后记》，这是《史记》之后仅有的一例。传本《魏书》也经过后人补缺，但正文注“阙”、“阙字”的还有 29 卷之多，文字窜简现象也不少，还有后人据他书补字但没有注明的。通常来说，“二十四史”各史不同版本系统之间都存在程度不同的异文，但像北朝诸史这样复杂的情况，是相对特殊的。换句话说，文本的复杂性，是校勘记不得不复杂的原因。

澎湃新闻：唐先生校勘记中，最被称道的是“他校”的成果，其中成效最大的莫过于通校《册府》。以《册府》补《魏书》，从陈垣到唐长孺，从百衲本到点校本，几乎是每言必及的佳谈。请您介绍一下《魏书》脱叶先后被发现和补缺的情况。

百衲本《魏书》于 1934 年出版，其中《乐志》第十二叶为阙叶。后来陈垣先生从《册府元龟》中找出《魏书·乐志》的脱文，所补文字正合宋版一叶，若合符节，学术界叹为奇获。1944 年百衲本“二十四史”再版，《魏书》据补了《乐志》缺叶。陈垣致信傅增湘说：“此叶自靖康以来沉霾千载，南宋元明清诸儒从未及见，今一旦复得之，其快慰为何如耶！稍暇拟付影印，以广流传，想凡有百衲本《魏书》者无不欲得此一叶也。”（1942 年 4 月 15 日信）“公试检之，必叹其吻合之神也。”（4 月 21 日信）很快傅增湘又转寄给张元济，张元济看到后“为之狂喜”，并推而论之，“《通典》、《通志》、《册府元龟》为古书一大渊薮，循此推之，旧史缺文必尚可收获不少也”（张元济致傅增湘 5 月 15 日信）。

张元济的推测在《魏书》点校中得到了验证。《魏书》中的另外两处脱叶，《礼志》和《刑罚志》的脱叶，因文字似乎衔接，向来无人注意，点校本据《册府》、《通典》补足。这个情况在点校本《魏书》出版说明中有交待，没有明确说由谁发现，后人因为点校由唐先生主持，逐渐归之于唐先生。这在魏连科、张忱石等老编审的回忆文章中，在我们出版的《唐长孺文集》前言中，都有类似表述。然而从现存档案看，至少《刑罚志》的缺叶是负责通校《册府》的王永兴先生发现的。在前引汪绍楹先生《魏书校点进行计划》的开篇，有这样一段文字：

> 王永兴先生据殿本《魏书》校《北史》、《元龟》等，大体完毕，现据资料卡片来看，基本上相当仔细。尤其是卷一一一《刑罚志》（衲本十四页末“应有迟疑而”下）据《元龟》六一五校出缺页一纸，全文共三百十七字。（百衲本缺十五页，殿本衔接连下，今据《元龟》校出三百十七字，正约合一页。宋本页三百二十四字。）是很可宝贵的。

这一点在赵守俨先生对王永兴先生所作《刑罚志》样稿的意见中也能得到印证，赵先生意见中详细论说了这段新补文字的断句和文意。

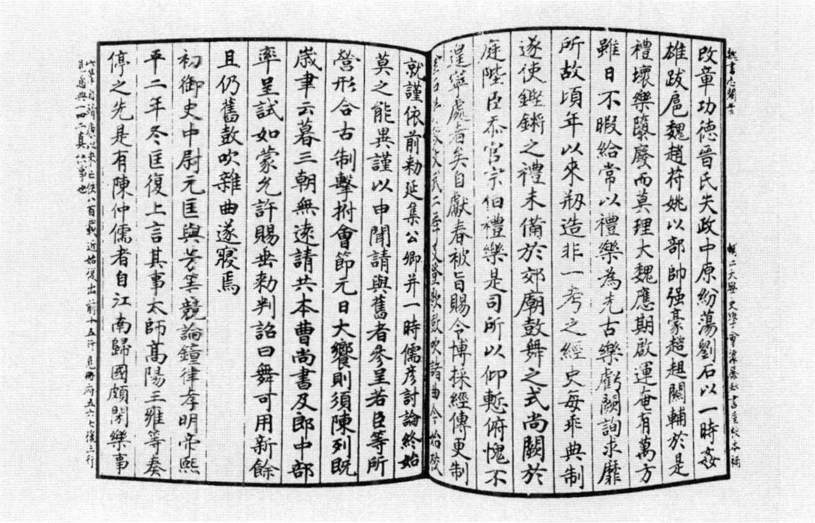

改章功德晉氏失政中原紛蕩劉石以一時姦
雄跋扈魏趙苻姚以部帥强豪趑趄關輔於是
禮壞樂隳廢而莫理大魏應期啟運奄有萬方
雖日不暇給常以禮樂為先古樂虧闕詢求靡
所故頃年以來剏造非一考之經史每乖典制
遂使鏗鏘之禮未備於郊廟鼓舞之式尚闕於
庭陛臣忝官宗伯禮樂是司所以仰慙俯愧不
遑寧處者矣自獻春被旨賜令博採經傳史制
就謹依前勑延集公卿并一時儒彥討論終始
莫之能異謹以申聞請與舊者參呈若臣等所
營形合古制擊拊會節元日大饗則須陳列既
歲聿云暮三朝無遠請共本曹尚書及郎中部
率呈試如蒙允許賜垂勑判詔曰舞可用新餘
且仍舊鼓吹雜曲遂寢焉
初御史中尉元匡與芳等競論鐘律孝明帝熙
平二年冬匡復上言其事太師高陽王雍等奏
停之先是有陳仲儒者自江南歸國頗閑樂事

辅仁大学史学会印制的《魏书·乐志》所补阙叶(启功手抄)

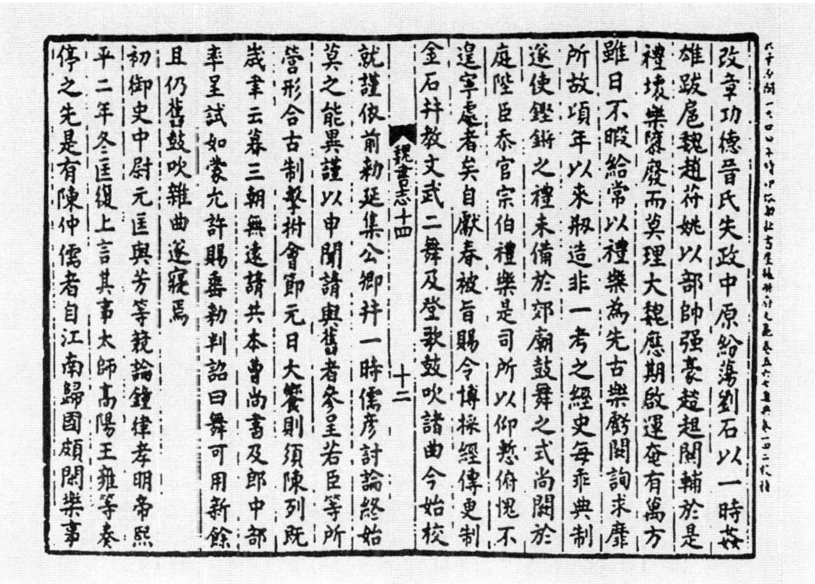

改章功德晉氏失政中原紛蕩劉石以一時姦
雄跋扈魏趙苻姚以部帥强豪趑趄關輔於是
禮壞樂隳廢而莫理大魏應期啟運奄有萬方
雖日不暇給常以禮樂為先古樂虧闕詢求靡
所故頃年以來剏造非一考之經史每乖典制
遂使鏗鏘之禮未備於郊廟鼓舞之式尚闕於
庭陛臣忝官宗伯禮樂是司所以仰慙俯愧不
遑寧處者矣自獻春被旨賜令博採經傳史制
金石并教文武二舞及登歌鼓吹諸曲今始校
魏書志十四　十二
就謹依前勑延集公卿并一時儒彥討論終始
莫之能異謹以申聞請與舊者參呈若臣等所
營形合古制擊拊會節元日大饗則須陳列既
歲聿云暮三朝無遠請共本曹尚書及郎中部
率呈試如蒙允許賜垂勑判詔曰舞可用新餘
且仍舊鼓吹雜曲遂寢焉
初御史中尉元匡與芳等競論鐘律孝明帝熙
平二年冬匡復上言其事太師高陽王雍等奏
停之先是有陳仲儒者自江南歸國頗閑樂事

百衲本《魏书·乐志》所补阙叶

还原档案所见的真实情况，并不是为了划定“发明权”，相反我更希望透过这样的校补特例，通过对校补过程的理解，看到唐长孺先生以及点校本《魏书》在史文补缺和文本校订上所显示的功力，所获得的全面成效。唐长孺先生据《册府》补《礼志》、《刑罚志》脱叶，跟陈援庵先生据《册府》补《乐志》脱叶一样，具有传奇色彩，但缺文校补，无论是价值之大小，还是发现之难易，与文字多少并不是一回事。仅就《魏书》而言，几字、十几字、几十字的史文补缺，翻开每一卷都不难看到，而唐先生校勘记中那些对史文的取舍判断和甄别考证，所作出的合理解释，才是真正卓见功力、沾溉后学，因而广受推崇的原因。可以说，校补史文缺佚，使之成为能够直接提供学术研究的可用之书，是唐先生所校《魏书》、《周书》、《北齐书》三史的共同特点。

《魏书》校勘记撰写于 1971 年以后，当时为了避免烦琐芜杂，要求校勘以版本互校为主，主要校正刻本文字的讹舛衍脱，对于史实异同和原书内部的矛盾不作校正。甚至原则上不作“本校”和“他校”。在这样的背景下，《魏书》校勘突破一般规定，取得这样精深的成果，是非常难能可贵的。另外，区别于其他诸史，唐长孺先生校勘记还有一个特点，是行文的语体化。这与这个时期校勘要求“一律用语体文，但并不排斥使用校勘术语”有直接关系。总之，唐先生早年就完成了《唐书兵志笺正》（1957 年出版），自然懂得一般校勘规则和惯例，以他的学养和追求，这样打破常规，一定是深思熟虑过的。

五 “北朝四史”修订及《魏书》修订本主要成绩

澎湃新闻：“二十四史”修订工程开始至今已近十年，各史修订团队的组建、修订方案的确定，以及漫长的修订过程，各有特点。请您介绍一下《魏书》修订的大致经过。

按照修订工程关于修订承担单位遴选的条件要求，武汉大学既是当年“北朝四史”的点校单位，又是国内魏晋南北朝史研究重镇，武汉大学三至九世纪研究所成为“北朝四史”修订单位的当然之选。“北朝四史”修订由三至九世纪研究所先后两任所长朱雷先生、冻国栋先生联袂主持，负责组建各史修订班子，制定各史修订方案，分工承担具体修订工作。《魏书》由何德章先生负责，何先生原先在武大工作，后调入天津师范大学。两校对《魏书》修订都给予了大力支持。

“北朝四史”与《三国志》、《晋书》修订方案专家评审会，于2007年11月底召开，专家组由田余庆、程毅中、周伟洲、王素、许逸民五位先生组成，田余庆先生担任专家组长并主持评审。此后，2009年6月、2010年11月，先后两次召开“北朝四史”样稿评审会，对各史样稿逐条讨论。具体到《魏书》，2009年5月，修订组提交《魏书》样稿。11月，修订组冻国栋、何德章先生到中华书局，就《魏书》样稿审读情况进行讨论，确定以百衲本为底本。次年3月何德章先生再次提交修订样稿，经过专家外审和编辑组审读，11月，《魏书》修订样稿评审会在武汉大学召开。“北朝四史”修订主持人冻国栋，修订组成员何德章、刘安志、魏斌、朱海、姜望来、黄楼，修订工程审定委员许逸民，修订工程修纂委员、《南史》修订主持人张金龙等参加了会议，对《魏书》修订样稿进行了逐条讨论，进一步明确了修订原则和校勘尺度，并对旧校的处理进行了集中讨论。

2014年2月，《魏书》修订组完成初稿，并提交编辑组进入审稿流程。在此期间双方多次就审稿情况进行沟通，讨论取校范围和征引文献、出校尺度、校记写法以及对于旧校的处理等问题，修订组进行了充分的考虑和吸收，陆续提供新的改定稿。2015年2月，编辑组完成初稿审读工作，并先后约请了近十位专家进行外审。同年5月，我和编辑组一起前往武汉大学，与“北朝四史”修订组交流，冻国栋、刘安志、魏斌等参加了座谈。双方就“北朝四史”的修订工作进度、整理者名录等问题做了沟通，并对下一步工作做了安排，整个过程得到了修订组的大力支持。

2015年7月24—25日，《魏书》修订稿定稿会议在北京建银饭店召开，“北朝四史”修订主持人冻国栋、《魏书》修订负责人何德章，外审专家梁满仓、张金龙、孟彦弘、陈爽，以及编辑组全体人员参加。会议在两天的时间里，对“北朝四史”的整体修订情况做了通报和沟通，集中讨论了《魏书》修订稿定稿前还未达成一致的各类问题，其中涉及相关各史的照应和一致性的问题，提出了解决方案。

进入排版阶段之后，编辑组除了完成对全书及校勘记的合拢加工，还重新核校了《魏书》底本和原点校本，解决审稿中发现的问题。在最后定稿阶段，《魏书》修订负责人何德章与编校组成员在中华书局会议室集中工作，就《魏书》校样中的有关问题做了逐条讨论和现场处理。

《魏书》修订从草拟方案算起，经历了近十年时间；从版本试校、样稿撰写，再进入实质性修订阶段，到2016年底最终完成，修订工作经历了八年时间，其中修订负责人何德章先生投入了全部精力，撰写修订长编，撰写校勘记，形成目前完整的修订本。

澎湃新闻：您前面讲到对旧校的处理，请问在如何对待旧校的成果和风格的问题上，大家是怎么看的？

这确实是大家一开始就遇到的问题。如何最大限度地保留点校本已经取得的成果，兼顾点校本特点与修订工作总体原则，是各史都会遇到的问题。但是由于“北朝四史”点校本的成就和影响，由于“北朝四史"校勘记的考史风格,使这个问题更加受到关注。另一方面,"北朝四史"的校勘成就得到学术界的高度认可,尤其是在史实考证、史料阐释方面,修订本要在已有成绩基础上再进一步,难度可想而知。因此,在方案讨论阶段,无论是修订组还是评审专家,都就此问题提出了意见,并多有讨论。有学者在评审意见中表示,修订要充分尊重并保留原点校本原貌,只对其中个别校勘疏漏和失误之处加以改正,只增补唐先生标点校勘之后新的研究成果与资料即可。修订组认真研究点校本与修订总则的要求,提出在五个方面的改进提高重点:一是文字校勘仍有拾遗补缺的余地;二是标点分段有不尽合理之处;三是点校本"不主一本,择善而从"的工作原则,改定文字未能一一出校;四是清人考订成果未能尽予参考;五是点校本印行后,相关考古资料陆续发现,应加以利用。应该说,修订组一开始的工作方向和重点是明确、准确的。对于《魏书》修订方案,田余庆先生给予了中肯的评价:"唐先生所定大局,正确精当,校点工作也细致严谨;所出校记对读者也多提示作用。修订方案萧规曹随,基本合适。"田先生说的"萧规曹随",就是我们最大限度地尊重和延续唐先生点校本已经取得的校勘成果和风格的形象说法。

澎湃新闻:《魏书》修订本大家期待已久,除了专业史学研究者外,一般读者可能更需要了解修订本与原点校本之间有哪些明显的不同,请您概括介绍一下修订本的主要成果。

《魏书》的点校、修订,与其他各史一样,是一个学术接力的过程。修订本的定位,是在原点校本基础上,基于新的学术条件,通过修订形成一个标点准确、校勘精审、阅读方便的升级本。

从文本的整体面貌来说,变化最大的是从原来的"不主一本",改为以百衲本为底本的“底本式”校勘。不主一本，择善而从，不出校勘记的方式，实际上等于另创新本，不符合古籍整理规范。在1971年后出版的“二十四史”点校本中，《晋书》、《隋书》、《宋书》、《梁书》、《魏书》、《北齐书》、《南史》、《北史》等都采用了“择善而从”的方式，学术界一直有质疑的声音。百衲本是原点校本的实际工作本，这次作为修订底本，比较方便与原点校成果衔接。采用“底本式”校勘，需要对原点校本的文字取舍一一复核，与底本不同但没有出校勘记的，要一一查考版本依据，判断取舍理由，对的要补充校勘记，存疑的仍从底本，增加异文校。修订本还增加了国家图书馆藏三朝本作为通校本，三朝本是与百衲本同一系统的祖本，可以说比点校本增加了一个重要的早期版本。

其次是文字校改和校勘记方面，在充分尊重和保存原点校本成果的前提下，全面复核了原点校本的文字校改和校勘记引证，根据“底本式”校勘的原则及修订总则，作体例上的处理。校勘记存有疑义的，慎重对待，斟酌处理；确有不当的则加以改写，确定失误的予以删除。《魏书》原点校本有校勘记约2000条，修订本校勘记约3300条。其中，删去旧校90余条，新增校记1400余条，改写旧校450余条，沿用旧校（含依体例改动）1450余条。新增校记相当于原有校记的七成。

再就是分段和标点，原点校本分段和标点做得很精到，但也不无误漏，包括专名线误标漏标。修订本纠正原本标点误漏约500处，比如原点校本卷五〇《慕容白曜传》有一段文字：“契长子升，字僧度。建兴太守，迁镇远将军、沃野镇将，进号征虏将军。甚得边民情。和第二子僧济，自奉朝请稍转至五校。”原点校本将“和”字属下作人名处理，即慕容契的次子。修订本经考查发现标点存在破句，“情和”二字是成词，指民心悦服，《后汉书》即有用例，《魏书》中也两次出现（卷四八“甚收颍川情和”、卷六一“得民情和”),上下文也没有提到“慕容和”这个人。这是一个久已有之的文字误解,北监本、殿本、金陵书局本为了读通这一句史文,干脆把“和第二子僧济”改成了“契第二子僧济”,而文从字顺了。另外根据新的体例要求,对分段做了技术调整,主要集中在本纪部分,原点校本按季分段又略有变通,与点校本“二十四史”按月分段的通例不一致,修订本作了统一。

从《魏书》修订样稿讨论开始,我们就特别强调对原点校本成果的整体性把握,充分理解原点校本的校勘标准和处置方式,把握原点校者的意图,系统做好校勘资料的搜集复核和补充论证,以客观科学的态度对待点校本成果。在校勘记表述方式上,力求兼顾原点校本风格,对文字润饰不强求一致,避免改动后失去原意。特别注意原校勘记的表述重点、尺度、逻辑关系。《魏书》修订本的全部新撰校勘记和原校勘记修改,都出自何德章先生一人之手,我觉得处置得当,甚至很难靠一般通读区分出新旧校来。

修订本还搜集采纳了学术界关于《魏书》的校勘、标点意见,参考利用了新见石刻史料和最新研究成果,本着谨慎合理的原则,对于必要的校点补充了校勘记。整体而言,《魏书》修订本实现了对原点校本的升级和超越,是可以肯定的。“北朝四史”本身以及点校、修订,互相之间有很大的关联性,现在《魏书》修订本率先出版,《周书》、《北齐书》、《北史》三史还在修订过程中,我们期待各史相互参照,进一步协调完善。

(采访人:舒萍,原载《澎湃新闻/上海书评》
2017年3月6日)

《南齐书》及“南朝五史”的点校与修订

澎湃新闻：继《魏书》之后，《南齐书》修订本在不久前结束的上海书展首发。南北朝“八书二史”修订本开始进入出版阶段，引起了学术界和广大读者的关注，请您介绍一下当年《南齐书》和“南朝五史”的点校情况。

所谓“南朝五史”包括《宋书》、《南齐书》、《梁书》、《陈书》和《南史》，由山东大学历史系王仲荦先生负责，王仲荦、卢振华、张维华三位先生承担点校整理，于1970年代先后出版。在1958年草拟的《标点二十四史（普通本）约稿计划》最初一份文稿中，“南朝五史”的标点整理者为“拟约上海史学会”，但同件文稿经赵守俨先生粘贴重写，改为山东大学历史系。因此“南朝五史”由山东大学承担、王仲荦先生负责，这是在“二十四史”点校开始之初就确定了的。

“南朝五史”的点校工作，在1963年秋王仲荦先生等借调进京之前，主要在济南进行。1961年5月赵守俨先生出差武汉、济南，了解南北朝诸史的点校情况，“山东大学校点的南朝各史，年内可完成《梁书》和《南齐书》。《陈书》明年上半年可完成。《宋书》、《南史》争取在

校书才搁笔，还对水仙花
王仲荦先生1970年代王府井校史期间留影并题诗。

1962年完成”，“人力安排上是一人专搞一史，不是集体搞。王仲荦担任《南齐书》、卢振华担任《梁书》。明年华山、韩连琪也可参加《宋书》、《南史》的校点工作。王仲荦、卢振华建议，两史校点工作大致就绪后，最好能到北京和我们共同工作一个时期，以便于统一双方意见、及时解决问题”（中华书局总编室《业务情况》1961年第10号）。

事实上各史都没能按计划推进，到1963年5月，《南齐书》、《梁书》已经着手初点，《南史》曾经由华山部分初点，《宋书》、《陈书》还未动。这个时候，上级有关部门要求在1964年内完成点校工作，王仲荦先生此前提出的到北京与编辑部共同工作一个时期的建议，直接促成了将分散各地的校史专家借调进京集中工作的开展。赵守俨先生在随后起草的《关于各史校点者借调问题的建议》中说："目前亟待解决者为南北朝八书。建议设法先调王仲荦、卢振华两先生来京，集中时间作好这两部书。"教育部曾先后两次给山大发文，借调王仲荦先生进京校史，一次是1962年1月的"62教人师调字第30号"文，"借调你校历史系王仲荦教授和卢振华副教授去中华书局工作半年"；一次是1963年7月的"63教二蒋旭字第1148号"文，借调王仲荦、卢振华、张维华三位先生来京校点"二十四史"，要求除王仲荦先生外，其他二人可不必同时来京。

1963年秋到1966年"文革"开始，王仲荦、卢振华、张维华三位先生先后借调进京，王仲荦先生承担《南齐书》、张维华先生承担《陈书》，全部完成并付型，但未及付印；卢振华先生承担《梁书》，基本完成，但未能定稿。1971年以后，王仲荦先生继续负责"南朝五史"，借调进京，完成了《宋书》的点校。卢振华先生因下肢瘫痪，不能来京，在病床上完成了《梁书》定稿和《南史》点校。所以从大的时间段上说，《南齐书》、《陈书》和《梁书》的主体完成于"文革"前"翠微校史"期间，《宋书》、《南史》完成于1971年以后王府井大街36号第三次集中校史期间。

王仲荦先生在1984年接受采访，曾经对三次集中校史有一个概括性的回顾（《谈谈我的治学经过》，《文史哲》1984年第3期），他说：

> 第一次点校工作，从1962年冬开始，到1966年结束。我点校的《南齐书》和张维华教授点校的《陈书》都已经定稿，《梁书》也快结束，6月，"文化大革命"开始，我们由学校电召回校了。
>
> 第二次点校工作，是在1967年，北京来电话并派人招我们，系里的临时负责人，说我和张维华都是"反革命分子"，罪行严重，不准前去，只准卢振华一人前往，不到几个月，卢振华也回来了。

第三次点校工作，从1971年7月开始，到我1976年回来。卢振华教授大腿骨折，卧床不能行动，张维华教授已退休，只有我一个人前去，我和中华书局编辑部商量，把《南史》点校工作委托卢振华教授在济南进行，由我在北京定稿。我点校的《宋书》工作，则在北京进行，到1975年，《宋书》点校工作基本完成，1976年，《南史》定稿工作也基本完成。3月末，我因病住进同仁医院（当时改名工农兵医院），……住院近两月，出院后，又住中华书局两月，我负责的工作基本结束了，我也就回济南了。

三次校点工作，王仲荦先生参与的时间超过十个年头，所以王先生的夫人郑宜秀老师2007年在为"王仲荦著作集"撰写的《前记》中说：

作为一个浸润于我们祖国传统文化的文人，王仲荦以他特有的倜傥与潇洒来面对他自己的生活：他平安度过五十年代末后，被借调入北京标点"二十四史"共十三年。十几年的时间里他独自生活在北京，对这段生活笔者也无从了解，而只有他自己的诗句"十年踏破六街尘，老至愁经客子春"能够说明他的情况，而这的确意味着他能避开"文革"冲击的喧嚣，让他在工作之余，在这份难得的平静里得以整理自己的旧著。作为近代的史学家，像王仲荦先生著作之丰硕是不多见的，这要得益于这段平静。

澎湃新闻：《南齐书》点校主要在1963年以后"翠微校史"期间，当时的具体工作安排、进展情况和工作状态如何？

《南齐书》在"南朝五史"中是最早开始整理的一部。王仲荦先生于1963年11月底到京，校史工作就从《南齐书》入手。《南齐书》在"南朝五史"中篇幅不大，但却是相对有难度的一部书，王仲荦先生后来解释各史分工时说，当时他的《魏晋南北朝隋初唐史》上册已出版，对于南北朝的典章制度、职官地理，比较熟悉，所以中华书局指定他点校《宋书》和《南齐书》，也就是说两部有“志”的书都由王先生承担点校。

根据档案资料，《南齐书》点校整理，采取的工作程序是：先全书初点，再校《南史》和《南齐书》有关版本，然后吸收张元济、张森楷校勘记等前人成果，按卷次撰写校勘记。工作过程中，南北朝各史又增加了校《册府》、墓志和有关文学总集等他书文献，王先生回忆说：

> 唐长孺教授和我在会上提议用《册府元龟》校南北十史，陈援庵先生在会外早已提到，所以很顺利地通过了。我们校了宋本、三朝递修本、南监本、北监本、殿本、局本，还采用了张森楷的校记、张元济的校记，又增加了用《册府元龟》来参校，尽管标点上还可能会发现一些小错误，校勘的质量却是较有保证的。

王先生后来还提出要求编辑部“到北京图书馆善本室去了解一下章钰对“二十四史”尤其是南北朝各史有没有校本及校勘记之类的材料，以及有没有孙星衍这些人在各史书上的眉批一类的材料等”（1964年6月12日《二十四史工作汇报》）。

《南齐书》的初点在济南已经初步完成，集中校史后的第一步工作是以《南史》校《南齐书》，据1963年12月25日《廿四史校点工作情况综合报道》，《南齐书》“这阶段正以百衲本《南齐书》与《南史》校勘，平均每天可以完成一卷”，同时“过录张元济、张森楷、周星贻校勘记，总的已经进行到31卷”，约一个月的工作时间，完成接近全书一半。

《南齐书》以及其后的《宋书》的版本校勘，都由编辑部安排书局老编辑张义鹏承担，到1964年5月，张义鹏完成了《南齐书》金陵书局本与百衲本的通校，提交校勘记录324条，并对殿本的异同也作了相应记录。从这时候起，王仲荦先生开始撰写校勘记（1964年5月14日《二十四史工作情况汇报》）。

因为各史前期准备情况不一样，篇幅大小差异也大，所以当时集中校史的各位先生进入工作状态和实际进展大不一样，就完成初稿进度而言，王仲荦先生承担的《南齐书》开展最顺利，也最早进入编辑流程。1964年上半年，编辑部为了统筹进度、统一标准，要求各史都要提交两卷样稿，在点校小组中进行讨论修改，形成一致意见。王先生于5月底完成了《南齐书》卷一、二两卷校勘记样稿，现在档案中还保留了这两卷样稿的油印件和大家讨论时的意见批注。

在各史样稿讨论期间，王先生又对《南齐书》重新进行全书标点。据每半月一次的《二十四史工作汇报》：

> 6月25日，"王仲荦先生已标点完三十七卷列传第十八，尚剩二十多卷，王先生说正常进行每天可标点三卷"。
>
> 7月8日，"王仲荦先生已标点完，他点完后即开始继续写校记，在他回济南之前交出两本"，"王仲荦先生等他女儿放假后来京住一时期，于8月8日一同回济南，接着就在山大教课。在临行之前拟和宋（云彬）先生谈一谈《南齐书》工作，他打算完一本交一本"。
>
> 9月5日，"王仲荦先生于7月31日回济南之前，交来《南齐书》三册，后又从济南寄来一册，共四册　卷。均已交宋云彬先生进行编辑加工"。

从1963年11月底到京，到第二年9月，王先生用约十个月的时间，完成了《南齐书》的点校初稿。王先生自己承担的《南齐书》在标点校勘

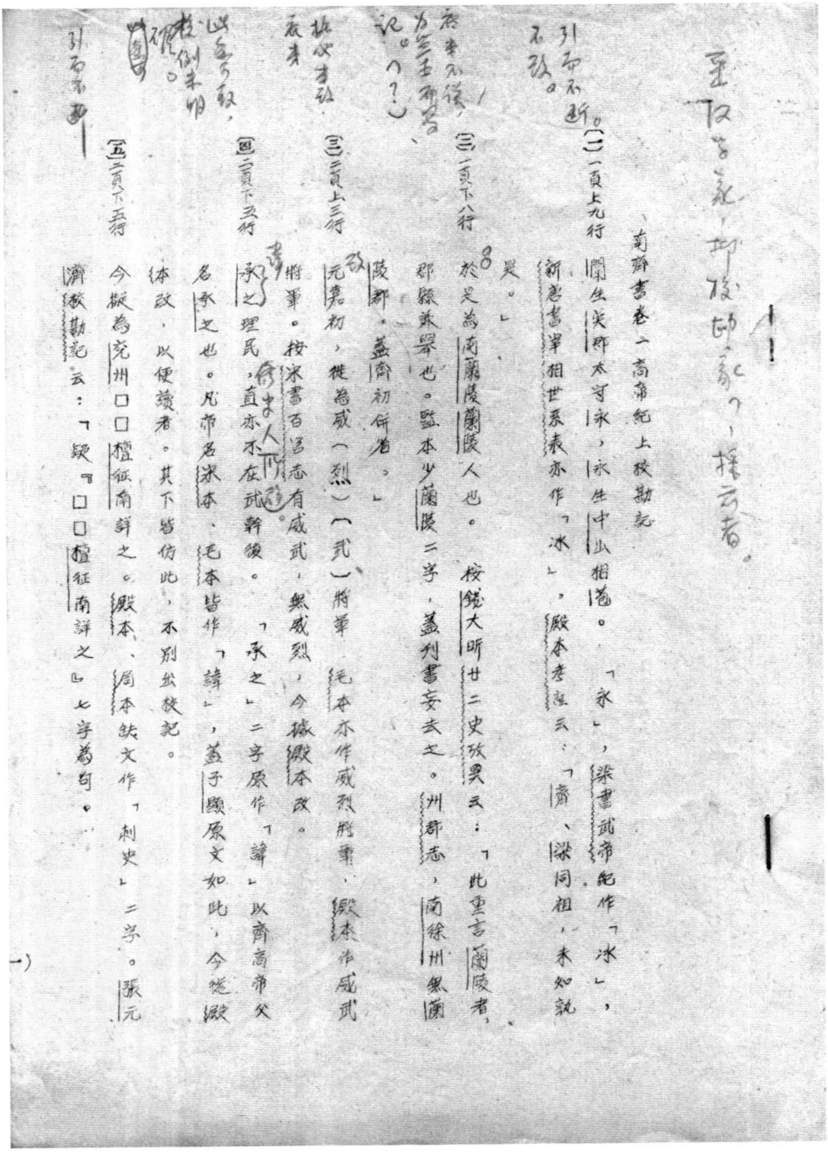
南齊書卷一高帝紀上校勘記

〔一〕一頁上九行 閔生淮陰太守永，永生中山相苞。「永」，梁書武帝紀作「冰」，新唐書宰相世系表亦作「冰」，殿本考證云：「齊、梁同祖，未知孰是。」

〔二〕一頁下八行 於是為南蘭陵蘭陵人也。 按錢大昕廿二史考異云：「此重言蘭陵者，郡縣兼舉也。監本少蘭陵二字，蓋刊書妄去之。州郡志，南徐州無蘭陵郡，蓋齊初所省。」

〔三〕二頁上三行 元嘉初，徙為威（烈）〔武〕將軍。 毛本亦作威烈將軍，殿本作威武將軍。按宋書百官志有威武，無威烈，今據殿本改。

〔四〕二頁下五行 承之理民，直亦不在武幹後。 「承之」二字原作「諱」，以齊高帝父名承之也。凡帝名，宋本、毛本皆作「諱」，蓋子顯原文如此，今從殿本改，以便讀者。其下皆仿此，不別出校記。

〔五〕二頁下五行 今擬為兗州□□檀征南詳之。殿本、局本缺文作「刺史」二字。張元濟校勘記云：「缺『□□檀征南詳之』七字為句。」

王仲荦先生撰写的《南齐书》校勘记样稿及讨论记录（1964年5月）

和校勘记撰写等方面都比较顺利，同时开展的《梁书》、《陈书》就相对滞后。在《南齐书》已经完成的时候，《梁书》、《陈书》的进度差不多要晚近一年的时间。9 月 5 日《二十四史工作汇报》：

> 卢振华先生于 8 月 20 日回济南，在回去之前《梁书》校《册府元龟》的工作基本结束，其间一大部分时间在写讲义，按他的计划，8 月 22 日开始授课，9 月底前把五周的授课任务完成，赶回来参加国庆。
>
> 张维华先生的《陈书》工作，暑假期间校完了《南史》和《梁书》，《通鉴》也快完了，他说《通鉴》完了已进行了七种书的校勘工作，差不多了，至于罗振玉的《五史校议》以北朝为主，不打算再校了。他计划明年来时再用一个月时间校《册府元龟》，校勘工作就算完了。写校记工作打算用三个月时间，最多明年九月前可以完成。至于标点工作他已通看了一遍，提行分段问题也搞好了，他建议寻买一部百衲本《陈书》准备作过录用。

其他一些大部头史书如刘节先生承担的《旧唐书》、罗继祖先生承担的《宋史》遇到的问题更多，进度更缓慢。

最近看到一份 1963 年 10 月中华书局致函文化部办公厅转北京市粮食局的公函，目的是为即将从外地借调来的专家申请增加一些大米供应，公函背面有工作人员随手写的专家情况，能比较直观地看出"二十四史"点校小组的构成：

原学校	姓名	年龄	职务	级别	要求
南开大学	郑天挺	65	副校长	2 级	
中山大学	刘节	64	教授	2 级	
杭州大学	任铭善	55	副教授	6 级	√

武汉大学	唐长孺	52	教授	2 级	
吉林大学	罗继祖	50	副教授	5 级	
山西教育学院	王永兴	49	教师编	6 级	
河南历史所	赵丰田	60	研究员	4 级	
山东大学	卢振华	60	教授	3 级	
山东大学	王仲荦	63	教授	2 级	

第一批入住翠微路的外地学者中,郑天挺、刘节两先生都已年过花甲,王仲荦、唐长孺、卢振华等先生都是五十多岁(表格中王仲荦、卢振华先生的年龄不准确),正当壮年。在京校史期间,他们一般都还兼顾学校的教学,王先生承担着山大研究生的教学任务,批改研究生论文,几位研究生也来京听王先生指导。唐长孺先生的两位研究生,甚至就是在翠微路完成的论文答辩。赵守俨先生 1965 年 3 月 3 日写的《关于二十四史的一些情况的汇报》中说:"王仲荦血压增高,思想上颇恐慌,拟回济南休息一个时期,本月三日离京。大约一个月左右即回来。"可以多少反映出一点王先生当时的身体和心情,我翻阅当年的校史档案,深深感到这些先生进京校史,不仅有学术的贡献,还有人生的奉献。

修订工作开始后,我曾几次到山大南院教工宿舍楼拜访郑宜秀老师,对王先生的校史生涯和学术生活增加了一些直接的感受。王仲荦先生的书斋"岵华山馆"就在这个建成于上世纪七八十年代的四层单元楼中,内外都已经显得破旧。我们来到之后,郑宜秀老师径直把我们引入左侧的书房。虽说是书房,其实也兼做卧室,沿墙是相对的两排书柜,窗下是对面而置的两张书桌,一张双人铁架床放在屋角。1986 年 6 月 4 日王先生去世,当时已经二十年过去了,其他房间都已经换了陈设,在郑老师的坚持下,这间书房还保持着原先的模样,甚至

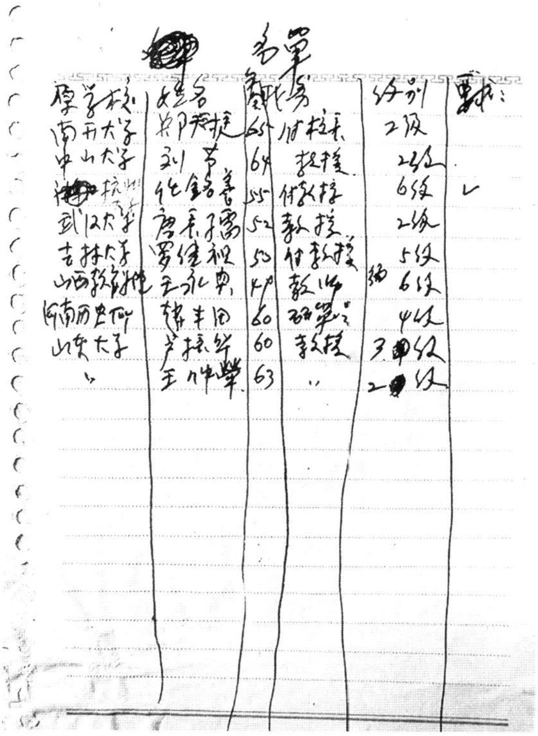

名单

学校	姓名	年龄	职务	级别	[illegible]
南开大学	郑天挺	65	副校长	2级	
中山大学	刘节	64	教授	2级	
[illegible] 杭州	[illegible]	55	副教授	6级	✓
武汉大学	唐长孺	52	教授	2级	
吉林大学	罗继祖	50	副教授	5级	
[illegible]	王永兴	40	教[illegible]	6级	
河南历史所	[illegible]	60	研究员	4级	
山东大学	卢振华	60	教授	3级	
〃	王仲荦	63	〃	2级	

工友所记翠微校史专家名单（1963年10月）

连书柜里的书刊和旧纸包裹的书稿都还放在原来的位置。电灯开关用一根长长的线，从天花板中央斜拉到屋角的床头，感觉一下子进入了过去的时光。

郑宜秀老师告诉我，王先生去世后，她把王先生书房锁起来，5年没进去过。书房里的书柜、书桌、抽屉以及里面的东西，都保持原样，不去触动。郑老师把学界友朋写的挽联挽诗，拿出来让我们看，郑重地告诉我们，这是王先生去世后第一次打开，其中有启功、周一良等先生写的挽联，缪钺先生写的挽诗。我们还看了王先生在京校史期间用

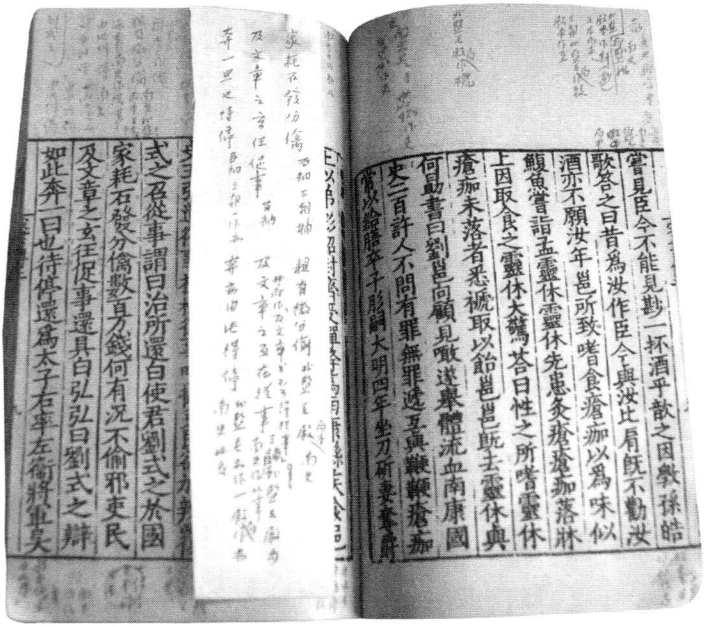

王仲荦先生书房所见《宋书》点校初稿（摄于 2008 年 6 月 13 日）

封面写着“出版工作”的笔记本写的诗稿，看到了王先生写满批注的《宋书》点校工作本。又把郑老师新找到的王先生《宋书校勘记长编》手稿，用原包袱裹着带回北京，就是后来影印出版的三大册。中华出版的“王仲荦著作集”共 13 册，其中 6 册是在王先生身后由郑老师整理的，前后 21 年时间，郑老师在“王仲荦著作集”《前记》中写道：“一九八六年，王仲荦先生溘然长逝在他自己的书房里。而我们能够做到的就是从这套著作集的字里行间，去寻找作者灵魂的痕迹，那些非常美丽的痕迹。”当时读到非常感动，印象深刻。

郑宜秀老师非常热情，她说：王先生在中华工作十几年，她好几年暑假都在中华度过。王先生一生工作的地方，时间最长的除了山大，就是中华。郑老师还回忆王仲荦介绍她认识同在中华校史的郑天挺先生,郑老师的老家在福建长乐井南村,与郑天挺先生同宗。郑宜秀老师说,郑天挺先生早年丧妻,在中华校史时,衣衫破了,她曾帮他缝补。她说:他的家曾经是中华的联络站,吴树平、张忱石都来过住过。我到北京去,中华也是给一间房子,让我们自己煮饭自己吃,跟中华是一家人。

多年没有机会去看望郑宜秀老师,非常感念她对中华的支持,祝她健康快乐!

澎湃新闻:您在谈到宋云彬先生的时候,曾经说宋云彬先生除了《史记》、《后汉书》外,还承担了齐、梁、陈三书的编辑工作,能介绍一下《南齐书》的编辑加工情况吗?

这时候宋云彬先生已近古稀之年,比点校组中最年长的郑天挺先生还大两岁。《南齐书》从1964年7月底王仲荦先生开始分批交稿,到1966年3月完成付型清样,宋云彬先生经手约一年半时间。《陈书》从1965年7月开始看稿,修改校勘记文字,到1966年6月完成复校付型,宋云彬先生经手约一年时间。《梁书》从1965年8月参与与卢振华先生商谈校勘记写法,1966年3月开始审改第一卷校勘记,到5月3—5日重新整理《梁书》第一卷第二卷校勘记,已经是轰轰烈烈的"文革"前奏了。

因为宋云彬先生日记缺失一册(1964年3月19日至1965年5月1日),我们只能看到1965年下半年以后一年时间的情况,除了记录上面说到的工作进度外,还有一些涉及具体问题以及与这些借调学者的交往。宋先生看完《南齐书》全部五十九卷之后,又用一周时间复看,做付排准备,"其中有数卷分段断句皆有问题,一时不能决定,俟与杨伯峻商之”（5 月 10 日），“下午应王伯祥之约赴陈乃乾家，与之晤谈，谈关于《南齐书·百官志》的校点问题”（5 月 17 日）。与王仲荦、张维华先生商讨《南齐书》、《陈书》的排样格式及校点方面诸问题，王仲荦先生交来《南齐书》、《陈书》出版说明，宋先生召集本组赵守俨、吴翊如、杨伯峻、汪绍楹讨论修改。到 1966 年初，看《南齐书》清样，还不断发现问题："上午看《南齐书》校样如干卷。王僧虔《诫子书》颇难句读，与汪绍楹、杨伯峻、赵守俨等商榷，未能全部解决也”（1 月 31 日）。有一段时间宋先生“腰痛甚剧，起坐行动皆不方便”，有些问题虽然小，如“《南齐书》空行及卷目问题”，赵守俨先生都是上门与宋先生商定。

当时宋云彬先生也住在翠微路 2 号院，互相之间也偶尔串门互访，晚上“看西北楼几位教授同志，他们都准备睡觉了”（1965 年 5 月 11 日），“晚上唐长孺、王仲荦来，跟唐下了一盘围棋，我大负”（1966 年 4 月 29 日）。

宋云彬先生 1966 年 7 月 9 日日记："下午，与谢方、宋茂华谈《后汉书》返工问题。”是我们今天能够看到的“文革”前关于“二十四史”点校的最后记录。

澎湃新闻："南朝五史”修订承担单位和主持人的确定，以及《南齐书》修订过程，请您介绍一下。

按照修订工程关于修订承担单位遴选的要求，首先要考虑原点校单位。山东大学是当年“南朝五史”的点校单位，虽然王仲荦先生已经离世多年，但在国内魏晋南北朝史研究方面仍然有相当的实力，自然是“南朝五史”修订的首选。为此，在修订工程筹备阶段，我带队走访了所有原点校单位，也拜访了山东大学历史文化学院领导和部分老师，得到了时任院长王育济教授的支持。

2006年10月20日，我们并在山大历史文化学院召开了"南朝五史"修订征求意见会。出席会议的有山大原党委书记陈之安教授、时任魏晋南北朝史学会副会长的郑佩欣教授、路遥教授、张金光教授，他们都曾亲炙王仲荦、张维华、卢振华先生，也同事多年。年轻一辈除了王育济院长外，还有胡新生、王大建、范学辉等老师，王仲荦先生夫人郑宜秀老师也全程参加了座谈会。会后我们曾经商请郑佩欣先生主持"南朝五史"的修订，因身体原因，郑先生后来没能承担。

后来经过进一步调研，决定分散承担，《宋书》由盐城师院文学院丁福林教授主持，齐梁陈三书由中山大学历史系景蜀慧教授主持，《南史》由山东大学历史文化学院张金龙教授主持，张金龙教授后调到首都师大工作，《南史》修订随之转到首都师大。景蜀慧教授博士毕业于四川大学缪钺先生门下，长期研究魏晋南北朝史，继承了师门文史兼治的传统，是齐梁陈三书非常合适的主持人人选。

在景蜀慧教授主持下，2008年7月底，齐梁陈三书修订组完成并提交修订方案初稿。经过专家书面评审，11月16日，"南朝五史"修订方案专家评审会在北京中苑宾馆召开，评审组由田余庆、张忱石、许逸民、胡宝国、陈国栋等先生组成，田余庆先生担任组长并主持了为期两天的评审。

"南朝五史"修订方案主要涉及的问题，包括底本问题，扩充校勘文献范围的问题，新旧校勘记风格问题，礼、乐、天文、历律、地理、州郡等专志的修订问题等。其中最受关注的是底本问题，尤其是在"中华再造善本"印行后，通过此前多史的底本试校，百衲本据晚期版本（主要是殿本）挖改、有失宋元本旧貌的问题，被进一步证实，百衲本被大家称之为"影印方式的整理本"。讨论中大家主张回到百衲本的前身，找到更早的版本作底本。原点校本《南齐书》就是以百衲本为底本的，百衲本的底本是宋大字本。修订本改以“中华再造善本”影印国家图书馆藏宋刻宋元明初递修本为底本，也即百衲本《南齐书》所据底本，既弥补了百衲本因修润描改有失古本原貌的不足，又较好地保持了与点校本的一致性。在扩展校勘资料方面，大家提出要尽可能搜罗存世宋元明三朝本，以使各本之间残缺得到互补。《南齐书》在后来的修订过程中，搜集并比较系统使用了台湾所藏两个三朝本，发现了同源诸本间明显的文字差异，充实了校勘记。

2009 年 10 月底至 11 月初，修订组陆续提交了齐梁陈三书修订样稿共七卷。11 月 28—30 日，《南齐书》、《梁书》、《陈书》修订样稿评审会议在广州召开。张忱石、许逸民、丁福林、张金龙、张文强先生，齐梁陈三书修订主持人景蜀慧教授及修订组成员参加会议，会议以三书共七卷样稿的校勘记初稿和标点改动为基础，对出校原则、标点改动、撰写规范等问题作了集中讨论。2010 年 5 月，在北京又召开了齐梁陈三书第二次修订样稿会，主要对两卷难度较大的专志专传（《南齐书 · 乐志》、《梁书 · 诸夷传》）进行讨论，并对三书带有普遍性的问题进行了沟通。在两次样稿会的基础上，2011 年 2 月，《南齐书》、《梁书》、《陈书》修订样稿印发，进一步在更大范围内征求意见。

经过几年的版本校勘、长编和校勘记撰写，2015 年 2—7 月间，《南齐书》修订稿分四批交稿，进入编辑审读流程。2016 年 8 月 25—26 日，《南齐书》修订稿定稿会在中山大学召开，中华书局老编审许逸民、冯宝志先生，天津师范大学何德章教授（《魏书》修订负责人），浙江大学真大成副教授，复旦大学仇鹿鸣副教授（《旧唐书》、两《五代史》修订组成员），以及修订主持人景蜀慧教授，修订组、编辑组全体参加会议，对《南齐书》修订稿中尚未达成共识的校勘记进行了为期两天的讨论。会议在如何对待底本、处理旧校尺度以及具体条目的处理等方面，都作了深入讨论。

今年7月10—17日，《南齐书》修订主持人景蜀慧教授率修订组成员周文俊、洪绵绵、吴南泽到北京，与编辑组一起集中工作，通读改定《南齐书》付型清样。8月，《南齐书》修订本正式出版，并在上海书展举行了读者见面会。

总体来说，修订本以原点校本为基础，遵循《点校本二十四史及清史稿修订工作总则》和工作程序，在充分尊重原点校本成果的前提下，清理复核了原点校本的全部校勘记，统一体例，纠正错讹，弥补遗漏，对原点校本作适当修订和完善。《南齐书》点校本原有校勘记1756条，修订本增加到2400余条（其中删去旧校340条，增加新校近1000条，另改写旧校360余条）。同时遵照《点校本二十四史及清史稿修订工程标点分段办法》，修改完善标点，对个别分段进行了适当调整。

修订过程繁复漫长，但修订成果欣慰喜人。景蜀慧教授在《南齐书》修订本后记中说"甘苦备尝，感慨良多"，是一个经历者、主事者的由衷之言，真情实感。除开准备阶段不算，全面铺开工作，修订组全力投入，用了近五年时间。编辑组又经过近两年的编辑加工，与修订组往返商讨。除了前面我提到的参加历次会议的学者专家，还有很多学者专家参与了书面审稿，包括对有关专志专传的意见、定稿后期对修订前言凡例的审查，作为参与其中的亲历者，我特别感佩修订组的长期付出，也特别感激学术界在专业上给予的巨大支持。

（采访人：舒萍，原载《澎湃新闻／上海书评》

2017年9月18日）

“二十四史”点校整理的回顾与现状

“二十四史”是中国历史最系统、最权威的记载，是中国历史典籍的主干，具有极高的历史价值和学术价值。历史上，史书的修撰刊刻向来是国家大事，中华人民共和国成立后，古籍整理工作取得了辉煌的成就，其中的代表成果就是整理点校“二十四史”。“二十四史”整理与研究，是古籍整理和学术史上的重要课题，“二十四史”整理点校的来龙去脉，也是传统文化传承传播的主流话题。

伟大的“正史”传统

自从司马迁开创了纪传体史书修撰传统，此后的历朝历代都将“易代修史”视为国家大事，这就是伟大的“正史”传统。这个传统包括三个方面：正史的修撰、刊刻，以及读史传统，使得中华文明文脉不辍。印刷术出现之后，宋代有所谓“十七史”，明代有所谓“二十一史”，到清代乾隆年间形成“二十四史”。中国是世界上唯一拥有4000年完整、连贯历史记载的国家，这样说的依据就是“二十四史”的存在。

本世纪以前，“二十四史”主要有五个代表性的版本。首先是清代乾隆武英殿本，乾隆四十九年(1784)武英殿版刻成，乾隆亲自命名"钦定二十四史"，这是通行了两百多年的官版。武英殿本之后是清代同治光绪年间的五局合刻本。再后来是二十世纪三十年代商务印书馆张元济先生主持影印的百衲本，是搜求历代善本而成，在点校本出现之前是最佳版本。差不多在同一时期，中华书局做了聚珍仿宋排印本"二十四史"，这是第一次用现代技术，活字排印的"二十四史"版本。中华人民共和国成立之后，最具标志性的便是由中华书局组织整理的中华人民共和国版点校本"二十四史"。

毛主席说："今天的中国是历史的中国的一个发展。"1949年以后，读史的传统在新中国第一代领导人身上表现得特别充分，这对新中国古籍整理工作具有直接的推动作用。最早提出"中华人民共和国版二十四史"概念和整理建议的，是新中国文教事业的领导者郑振铎先生。郑振铎先生1956年在《人民日报》发表的《谈印书》里首倡整理出版"面貌全新、校勘精良的中华人民共和国版二十四史"。他在1957年的《政协会刊》上又写了一篇提案叫《整理古书的提议》，他说："二十四史则更需要一番整理工作，且必须立即执行。""将是历史上最正确、最可靠、最有用的版本——不一定是最后的一个定本，却可信其为空前的一个定本。"郑振铎先生的这两段话，诠释了正史刊刻传统的当下意义，首先就体现在要有代表本朝本代的标准本和通行本。1949年以后，中国进入了新世界，领导者、学者、读者都有一个共同的心愿：我们不应该在新世界读已经通行了近二百年的清朝官版"二十四史"，我们要拥有属于自己的、属于共和国的"二十四史"。郑振铎先生是一位既有政治高度，又有学术高度的领导人，他明确提出了这个概念。不幸由于飞机失事，后来的古籍整理工作没有留下他的身影，但根据现有文献资料，我们知道，1958年成立的古籍整理出版规划小组的第一次筹备会，就是在郑振铎先生家里召开的。那次会上第一次将"二十四史"的整理列入规划，这与郑振铎先生的首倡有非常大的关系。

呼之欲出的"中华人民共和国版二十四史"

1949 年之后，与"二十四史"整理点校息息相关的是建国初期的古籍整理统筹工作。1949 年 7 月 1 日，新史学研究会筹备会召开；1951 年 7 月 28 日，中国史学会建立，会长为郭沫若，副会长为吴玉章、范文澜；1953 年，毛泽东指示范文澜组织标点《资治通鉴》，1956 年完成；1954 年，成立古籍出版社，后并入中华书局；1957 年底，酝酿组建古籍整理出版规划小组，1958 年 2 月正式成立；1958 年，毛主席指示标点"二十四史"。这是"二十四史"整理点校酝酿准备阶段的时间坐标，其中比较重要的是 1957 年与 1958 年这两个时间点。

从新中国的出版格局来说，首先是一批新的出版社应运而生，如人民文学出版社、人民美术出版社和人民音乐出版社等，都是在二十世纪五十年代成立的，包括 1954 年成立了古籍出版社。当时中华书局和商务印书馆还在上海，所以按新的出版分工承担古籍整理出版工作的是新成立的古籍出版社，《资治通鉴》就是由古籍出版社出版的。后来在《1956—1967 年科学技术发展远景规划》制定的大背景下，1958 年 2 月 9 日，隶属于国家科学规划委员会的古籍整理出版规划小组正式成立。中华书局经过社会主义工商业改造，1954 年从上海迁京，也在 1958 年正式成为古籍小组的办事机构，重新确定了出版方向。经过一轮调整，从上海迁到北京的中华书局和商务印书馆，重新确定各自的出版方向，商务印书馆以辞书和汉译世界名著为主，中华书局以古籍整理和文史哲著作为主，形成了一直保持到现在的出版格局。新中国的出版格局，是古籍整理出版的大背景。1958 年 2 月 9—11 日，国务院科学规划委员会在北京召开古籍整理出版规划小组成立大会，在古籍小组成立当天的签名页上，第一个签名的是康生。第一任组长齐燕铭等中国文、史、哲、语言和其他人文学科的顶尖学者都参加了这次会议。这是非常珍贵的历史档案。

这个时候，新的出版格局已经基本确定，古籍整理出版规划小组已经成立，“中华人民共和国版二十四史”的概念已经提出，万事俱备。那么呼之欲出的“二十四史”点校工作究竟是怎样启动的呢？从当年部分参与者的书信当中，大致可以还原出“毛泽东指示点校‘前四史’”这样一个开端。

1958 年 7 月，范文澜给刘大年的信中写道：“大年同志：刚才吴晗同志来谈，说最近见到主席，主席指示应标点‘前四史’，每史附杨守敬的地图，以一年为期，争取明年十一出版。初步商量：（一）请姜君辰同志、金灿然同志参加，绘杨图的在京同志，历史三个所的负责同志（三个所分担四史），在本星期内开一个会（除星期二，吴晗同志都可以）。发请帖请你办理，召集开会用吴晗、范文澜名义。地点可在我所。”从这封信中我们可以得知，在毛主席的指示下，范文澜先生等开始为组织点校“二十四史”做准备。

1958 年 9 月 13 日，标点“前四史”及改绘杨守敬地图工作会议如期召开。会议纪要中记录了“前四史”的点校方案：“《史记》已有顾颉刚用金陵书局本为底本的标点底稿。由中国科学院历史研究所第三所负责复校。《前汉书》用王先谦《补注》本，由中国科学院历史研究所第一、二所负责组织人力标点。《后汉书》用王先谦《集解》本，金兆梓现正进行此书的标点工作，由中华书局负责督促完成。《三国志》的标点由中华书局编辑部负责。”“其他廿史及《清史稿》的标点工作，亦即着手组织人力，由中华书局订出规划。”

1958 年 10 月 6 日，范文澜、吴晗致信毛主席：“关于标点‘前四史’工作，已遵示得同各方面有关同志讨论并布置，决定于明年十月前出书，作为国庆十周年献礼，其余二十一史及杨守敬历史地图改绘工作，也作了安排（标点本为便于阅读，拟出一种平装薄本）。”毛主席批复：“来信收到，计划很好，望照此实行。”

根据中华书局在 1958 年 10 月拟订的第一个“二十四史”整理计划，我们知道点校本“二十四史”被划分为两个系列：标点集注本和标点普通本。集注本供专门研究者使用，普通本供一般读者使用。所以我们现在常用的流通最广的通行本，实际上是 1958 年规划的标点普通本的“二十四史”。此外，我们还能看到点校“二十四史”最早的一份约稿计划。经过种种准备，至此，“二十四史”的点校工作从“前四史”开始正式启动了。

雨雨风风二十年——校史的三个阶段

“二十四史”完成点校出版之后，中华书局副总编辑赵守俨先生在二十世纪八十年代写过一篇长文《雨雨风风二十年》。他是亲历者，能够很清楚地知道每一个环节以及主要的工作成绩和缺憾。在这篇文章中赵先生根据工作的进程，将校史划分为三个阶段：1958—1963 年是以“前四史”为主的摸索阶段；1963—1966 年，外地学者到北京翠微路中华书局集中校史，虽然只有三年，但影响是最大的；1971—1978 年是王府井校史阶段。在第三阶段，就是 1971 年重新恢复工作之初，由周恩来总理批示，明确“二十四史”的点校工作由顾颉刚先生总其成。以“前四史”为主的摸索阶段，因为顾颉刚、宋云彬先生日记的记载及现存档案的爬梳，我们已经了解得比较详细。

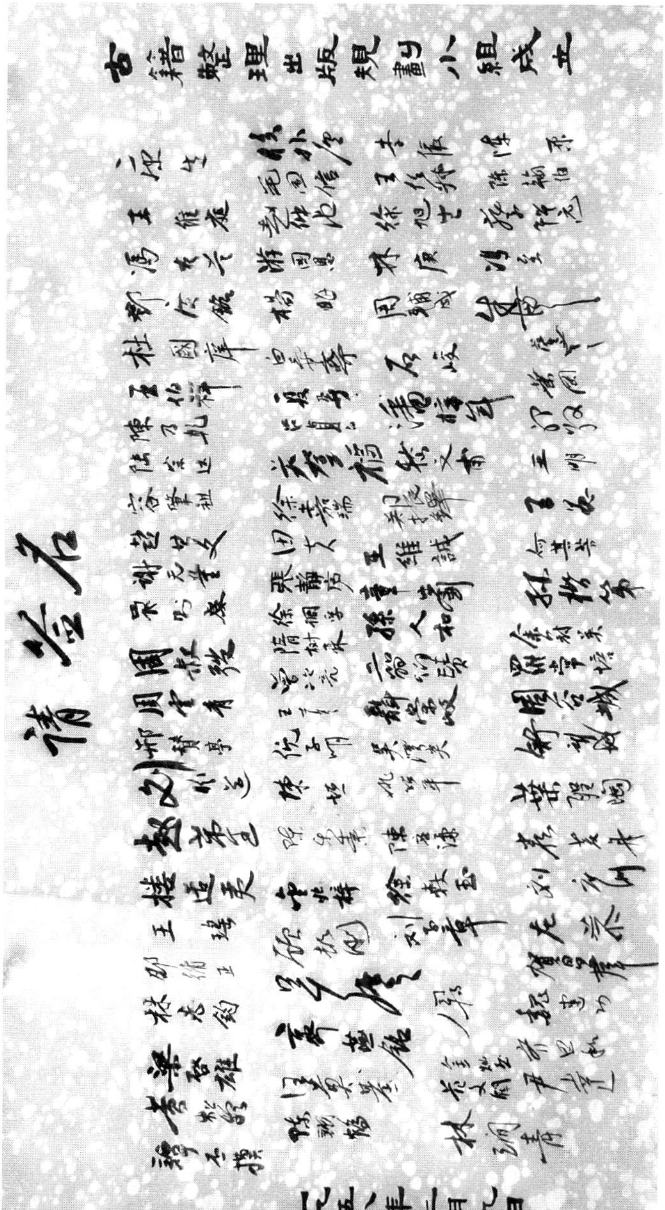

古籍整理出版规划小组成立大会签名页（1958年2月9日）

另外大家比较关注的就是各地学者奉调进京的三次集中校史，第一次是 1963 年到 1966 年在翠微路，我们常称之为翠微校史；第二次是 1967 年的短暂恢复；第三次是 1971 年到 1978 年的王府井校史。

关于翠微校史起因，第一份档案材料就是赵守俨先生《关于各史校点者借调问题的建议》，即把外地学者调进北京，这一份档案材料所讲的内容，与山东大学有很大的关系。此外还有中华书局给齐燕铭、周扬关于借调学者的报告。1963 年的暑期，中央宣传部正式发文给武汉大学、山东大学、中山大学、吉林大学、南开大学、杭州大学，召集当时承担点校工作的可以来京的学者。经过几次借调，在 1963 年的秋天，各地先生们陆续来到翠微路。第一批入住翠微路的有：郑天挺、刘节、唐长孺、王仲荦（以上教授，二级），罗继祖（副教授，五级），王永兴（教师，六级）。列名而后来没有到京的还有任铭善、赵丰田先生。目前能找到的在翠微校史期间老先生的合影，最全的一张，是陈垣先生年谱里面的图片，明确记载了 1964 年的 7 月 17 日，所有在翠微路参加校史的老先生到北师大去看望陈垣先生，留下了珍贵的合影。

翠微校史期间一件传为佳话的事情就是《魏书》缺叶的奇获，是文献学史上的经典案例。百衲本《魏书》1934 年出版，其中《乐志》第十二叶为缺叶。陈垣先生从《册府元龟》中找出《魏书·乐志》的脱文，所补文字正合宋版一页，若合符节，学术界叹为奇获。陈垣先生给傅增湘写信是这么说的："此叶自靖康以来沉霾千载，南宋元明清诸儒从未及见，今一旦复得之，其快慰为何如耶！稍暇拟付影印，以广流传，想凡有百衲本《魏书》者无不欲得此一叶也。"在后来的信里他又说："公试检之，必叹其吻合之神也。"傅增湘收到信后又转给了张元济，百衲本的主持人张元济先生看到之后"为之狂喜"，并推而论之："《通典》、《通志》、《册府元龟》为古书一大渊薮，循此推之，旧史缺文必尚可收获不少也。”这句话非常有前瞻性，后来在《魏书》的点校期间，又从《册府元龟》中发现了新的可补缺叶。翠微校史期间，新的《魏书》缺叶被发现有两叶，一叶是《礼志》，一叶是《刑罚志》。这两处因文字似乎衔接，向来无人注意，点校本据《册府》、《通典》补足。这个情况在点校本《魏书》出版说明中有交待，没有明确说由谁发现，因为点校由唐长孺先生主持，后人遂归之于唐先生。魏连科、张忱石等老编审的回忆文章以及我们出版的《唐长孺文集》前言中，都有类似表述。《魏书》点校，除了唐先生外，还有协助唐先生整理“北朝四史”的王永兴、汪绍楹先生等参与《魏书》的前期工作。接手王永兴先生工作的汪绍楹先生在《魏书校点进行计划》中提到："王永兴先生据殿本《魏书》校《北史》《元龟》等，大体完毕，现据资料卡片来看，基本上相当仔细。尤其是卷一一一《刑罚志》(衲本十四页末“应有迟疑而”下)据《元龟》六一五校出缺页一纸，全文共三百十七字。(百衲本缺十五页，殿本衔接连下，今据《元龟》校出三百十七字，正约合一页。宋本页三百二十四字。)”在这个报告里，汪先生明确说《刑罚志》的缺页是负责通校《册府》的王永兴先生发现的。陈垣先生发现《魏书》缺叶的故事流传特别广，奇迹再一次出现，《魏书》点校期间由王永兴先生发现，最终在唐先生负责整理的《魏书》里面呈现，这样的奇获，令人惊叹。

“文革”中的1967年，点校工作有一个短暂的恢复时期。根据当时上级的指示，既任用1963年到1966年的旧人，也任用一些新人，在北京恢复了大概不到一年的点校工作。由于受到当时政治的干扰和影响，1967年的点校成果基本没有在点校本里呈现。当时有人说“标点也要讲阶级斗争”，在点校当中曾经有这样的提法，王文遇帝王纪事提行分段，有老先生提出，遇到农民起义也应该提行分段，这就是“标点也要讲阶级斗争”的表现。但是实际上这些在我们的点校本里面没有任何的呈现，1971 年后王府井校史阶段是接续 1963—1966 年的成果和标准，没有再用 1967 年的任何东西。

第三阶段是 1971 年到 1978 年的王府井校史，始于全国出版工作会议，这次会议从 1971 年 3 月持续到 7 月。据档案所存抄件，在全国出版工作会议期间，4 月 2 日，姚文元在请示并获得毛主席批示同意后给周总理写了一封信，重提“二十四史”点校一事。周总理当天即批示“都请中华书局负责加以组织，请人标点，由顾颉刚先生总其成”。这个时候中华书局员工还在干校下放，在湖北咸宁向阳湖，正是因为这个批示得到了毛主席的同意，书局员工得以在 1971 年陆续回城。第一批回城的，就是参加“二十四史”点校的编辑。

这期间最重要的变化，是两《唐书》、两《五代史》、《宋史》改由上海承担。“上海五史”留下了比较完整的书稿档案，《宋史》有完整的原稿，《旧唐书》有完整的校点长编。《宋史》以百衲本为底本，原稿每一卷的封面都标注了点校人是谁，审读人是谁。校点长编有固定格式，包括卷次、页码、原文校点、校勘材料和最终校勘结论，要一条一条地按顺序写下来。过去对于“上海五史”大家议论比较多，说做得有问题，但是我们现在看，当时所做的工作，无论是版本校、他书校，还是校点长编的程度，都是非常扎实的。

校史的三个关键人物

二十年的校史历程，集结了中国最优秀的人才，其实每一位先生都很重要。但是贯穿始终的有三位先生，顾颉刚先生、宋云彬先生和赵守俨先生，我们需要着更多笔墨。

顾颉刚先生在 1971 年以后的工作中“总其成”。实际上在 1954

年，顾先生从上海进京，就开始了相关工作。1954 年，毛主席指定顾先生做《资治通鉴》的总校对，这时他已经同时开始做《史记三家注》的整理工作。1954 年 10 月 5 日晚上，顾先生冒雨送交姚绍华的《史记整理计划》，现在还保存在书局的档案中。当时的计划，是交中华书局做以黄善夫本为底本的《史记三家注》整理，交古籍出版社做以金陵书局本为底本的《史记三家注》整理，交科学出版社做《史记》和“三家注”单行本的整理。1957 年以后古籍出版社并入中华书局，开始点校“二十四史”，以金陵书局本为底本的《史记》就成了“二十四史”点校本的第一种。

当年十二位先生分工完成《资治通鉴》标点之后，时任北京市副市长的吴晗把北海的画舫斋德性轩拨出来，给顾颉刚、王崇武、聂崇岐三位先生做统稿工作，顾先生也是在这里开始标点《史记》的。《史记》经过贺次君初点、顾颉刚复核、宋云彬重校并编辑、聂崇岐外审，凝聚了四位先生的辛勤劳作和智慧学识。

1971 年以后，顾先生总其成，用一周的时间写就了题为《整理国史计划书》的万字长文，当时顾先生已经 70 岁了。全部“二十四史”点校出版以后，顾先生还写了一篇长文来总结，题为《努力作好古籍整理出版工作》。这就是顾先生关于“二十四史”有始有终的历程。

顾先生在自己的日记、来往信件中明确地说明了他本人有关《史记》的理想的整理方案：第一步出标点的金陵书局本；第二步出《史记》及三家注校证；第三步出《史记》三家注定本；第四步出《史记》新注。这是顾先生对《史记》的理想的整理目标，我们也希望“二十四史”以《史记》点校本为主成为通行本之后，能够有学者完成顾先生留下《史记》专书整理目标。

宋云彬先生是《史记》的责任编辑，即《史记》的过录重点者，是

《后汉书》的点校者，还是“文革”前《晋书》、《南齐书》、《梁书》、《陈书》四部史书的第一任责任编辑，在“二十四史”点校起步阶段做过巨大贡献。1958 年，在杭州被打成“右派”的宋先生，被调到中华书局来工作。他在 9 月 13 日当天到达北京，也正是在这一天“前四史”工作启动。10 月 16 日，宋先生写了《关于标点〈史记〉及其三家注的若干问题》，清楚地梳理了标点、专名线规范，以及专名线涉及的人名、地名、区域名、官名之间复杂的关系。之前各史都有《点校说明》，但绝大部分都没有《点校后记》，宋先生写成《〈史记〉点校说明》之后，改成了《点校说明》和《后记》。《后记》是关于“二十四史”第一部书《史记》的标点规范的详细解释，其实是一篇非常重要的有关现代古籍整理的发凡起例之作。当年的毛笔原稿俱在，非常珍贵。

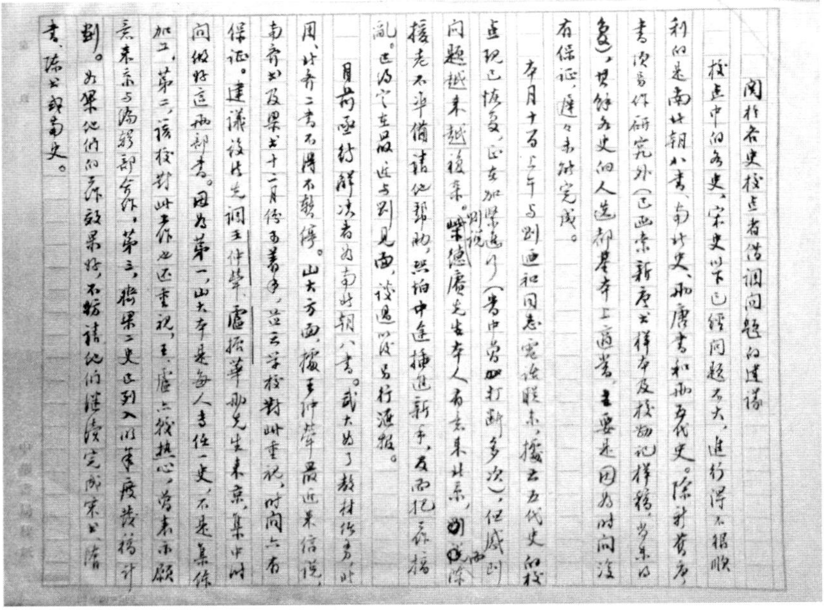

关于各史校点者借调问题的建议

校点中的各史，宋史以下已经问题不大，进行得不错顺利的是南北朝八书、南北史、和唐书和五代史。除新旧唐书须与作研究外（已正出新唐书样本及校勘记样稿，当系由进），其余各史的人选都基本上适当。主要是因为时间没有保证，遂久未能完成。

本月十日上午与刘迺和同志电话联系，据云五代史的校点现已恢复，正在加紧进行（书中常被打断多次），但感到问题越来越複杂。刘说，陈垣老先生本人看来北京，除援老不准备请他帮助，然怕中途插进新手，反而把工作搞乱。正为它在最近与刘见面，设过以后另行汇报。

目前亟待解决者为南北朝八书。武大为了教材，作者，此周、北齐二书不得不暂停。山大方面，据王仲荦最近来信说，南齐书如及早於十二月份结束，並云学校对此重视，时间亦有保证。建议设法先调王仲荦、卢振华两先生来京，集中时间做好这两部书。因为第一，山大本是每人专任一史，不是集体加工；第二，该校对此工作也还重视，王、卢亦极热心，曾表示愿意来京与编辑部合作；第三，将来二史达到入所草成发稿计划。如果他们的工作效果好，不妨请他们继续完成宋、齐、梁书、陈书或南史。

赵守俨先生《关于各史校点者借调问题的建议》手稿（1961 年 12 月）

宋云彬先生的哲孙宋京其先生前几年联系我们，将宋云彬先生收藏的书画全部拍卖，所得一千四百万元悉数捐出，在中华书局设立了宋云彬古籍整理出版基金，每两年评选一次，奖励全国范围内的古籍整理优秀作品和优秀专家，还特别设立了古籍整理编辑奖。宋家的义举得到了国内出版界和学术界的热烈响应，很多先生不辞劳苦承担基金和宋奖评审的各项事务。希望有更多的古籍整理佳作，能在两年一次的评奖中获得享有崇高荣誉的宋奖。

第三位贯穿始终的人物是"二十四史"点校工作的实际主持人赵守俨先生。赵先生的家世是与"二十四史"和《清史稿》有极大关系的学术世家，《清史稿》的总修撰赵尔巽就是赵先生的祖辈。赵先生1958年从商务印书馆调入中华书局，完整地参与了历时二十年的点校工作，同时也是中华书局历史学科古籍整理项目的直接规划者和实施者，包括1982年以后全国的古籍整理规划，他都是主要参与者。赵先生是贯穿"二十四史"点校工作的核心人物，在纷繁的"二十四史"档案里，各史遇到的各类问题，几乎没有哪一件没有赵先生的意见和批示。赵先生针对《晋书》点校归纳的校勘原则，无论是对点校者还是对编辑工作，都是古籍整理中最关键的条例，言简意赅，表达准确。档案里有大量赵先生的毛笔手书，案牍公文书法能达到赵先生的水平，后无来者了。

山东大学与"二十四史"点校的渊源

从前面介绍的校史阶段我们可以知道，山东大学与"二十四史"点校工作密切相关。1963年到1966年，翠微校史档案中的第一份材料，就是赵守俨先生《关于各史校点者借调问题的建议》，即把外地学者调到北京来。其中内容，与山东大学有很密切的关系。

点校工作自《三国志》、《汉书》、《后汉书》之后，进度非常慢，此时赵守俨先生去了武汉大学和山东大学出差。到山大以后，“王仲荦、卢振华建议，两史校点工作大致就绪后，最好能到北京和我们共同工作一个时期，以便于统一双方意见、及时解决问题”。所以学者们集中进京校史的提议人是王仲荦、卢振华先生。1963 年的暑期，中宣部、教育部正式给各相关大学发文调人。山东大学负责的是《宋书》、《南齐书》、《梁书》、《陈书》和《南史》，借调通知已经明确，南朝五史均由山东大学承担，借调人员中，王仲荦先生为总负责，还有卢振华、张维华先生，要求除王仲荦先生外，其他二人可不必同时来京。

第一批入住翠微路的先生中最年轻的是 49 岁的王仲荦先生，来京时间刚好在他 50 岁生日之前。10 月份，中华书局给文化部办公厅转北京市粮食局发了公函，公函的背面有我们工友写的一份名单，内容包括原学校、姓名、年龄、职务、级别和要求。这个是要干什么呢？这是要向北京市海淀区的粮食局申请，给第一批到翠微路校史的老先生们增加大米。在我们的档案里面还有很多类似内容，如给老先生增加床铺、席子，增加蚊帐，还有增加粮食供给、医疗配置等等，内容繁多，不一而足。

在翠微校史期间，流传最广的故事就是所谓的“南王北唐”。据说在校史组里，大家说“南王北唐”的时候，王仲荦先生表示不应该把自己放在前面，而且按照一般人理解，也觉得唐先生来自武大应该是“南”。但其实“南王北唐”是指“南朝是王，北朝是唐”，即“南朝五史”由王先生主持，“北朝四史”由唐先生主持。这是学界的一段佳话，南北朝史研究最顶级的两位先生，分别承担南北朝各史的点校。

对于王仲荦先生，山东大学的老师和学生一定比我更熟悉他。前面说到，1961 年，赵守俨先生去济南出差，了解南朝各史的点校情况。

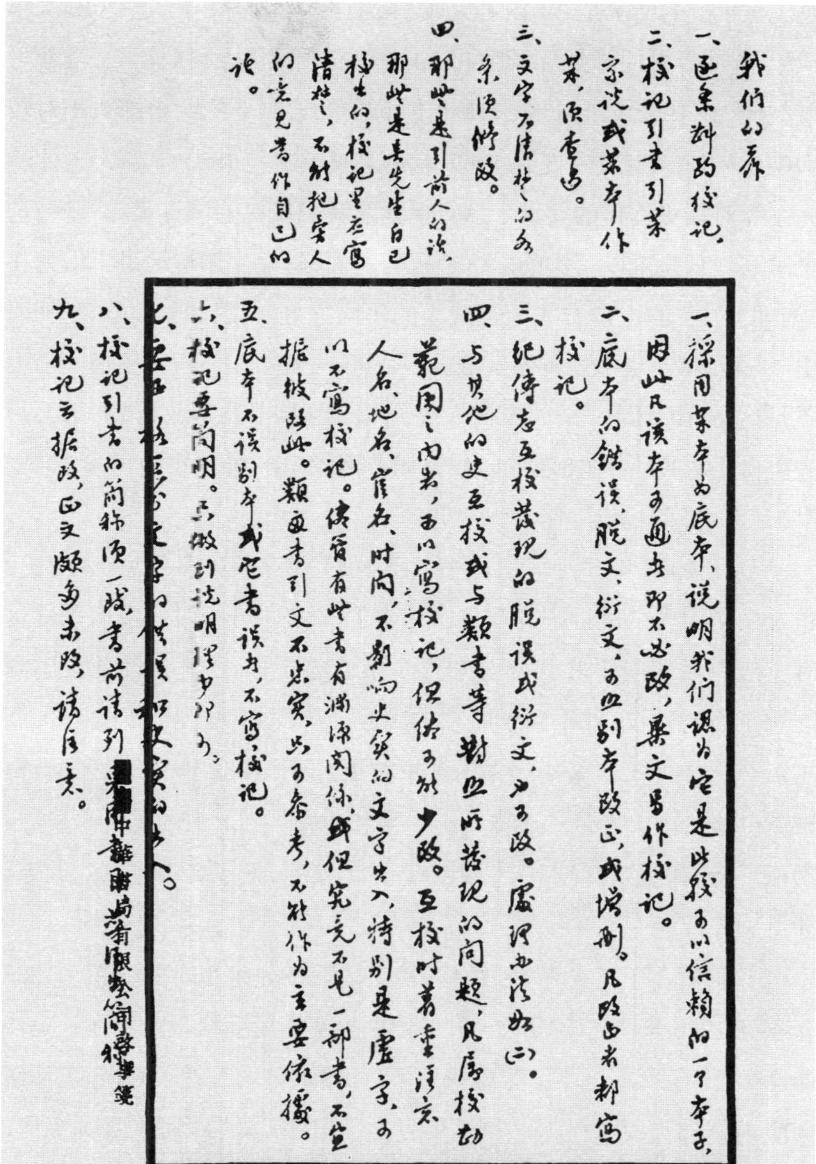
我们的看

一、还是斟酌的校记。

二、校记引书引某家说或某本作某，须查出。

三、文字不清楚的各条须修改。

四、那些是引前人的说，那些是吴先生自己校出的，校记里应写清楚，不能把旁人的意见当作自己的说。

一、采用某本为底本，说明我们认为它是比较可以信赖的一个本子，因此凡该本可通者即不必改，异文另作校记。

二、底本的错误、脱文、衍文，可以据别本改正，或增删。凡改正者都写校记。

三、纪传志互校发现的脱误或衍文，也可改。处理办法如（二）。

四、与其他的史互校或与类书等对照所发现的问题，凡属校勘范围之内者，可以写校记，但须可能少改。互校时若是[illegible]人名、地名、官名、时间，不影响史实的文字出入，特别是虚字，可以不写校记。续晋有些书有渊源关係，或但究竟不是一部书，不宜据彼改此。类书引文不忠实，只可参考，不能作为主要依据。

五、底本不误别本或它书误者，不写校记。

六、校记要简明。只做到说明理由即可。

七、要在校正文字的[illegible]

八、校记引书的简称须一致，书前请列[illegible]

九、校记云据改，正文颇多未改，请注意。

赵守俨先生关于《晋书》点校及审读的意见（1960 年代）

赵先生了解的情况是“年内可完成《梁书》和《南齐书》”，这是1961年5月，当时最早的计划和预估在1961年底，《梁书》和《南齐书》就可以完成，到1962年上半年，《陈书》可以完成，剩下的两个部头相对较大的《宋书》、《南史》要到1962年底完成。这是1961年春天王仲荦先生等对校史工作的安排。事实上就跟我们现在的修订工作一样，这个时间计划是难以落实的。这个报告里面，赵先生还特地讲了山大在“南朝五史”的点校方式上跟武大的不同之处。武大承担的“北朝四史”点校，每一史都由唐先生带队一个班子，几个人一起来整理。山大不是这样，山大是一个人专搞一史，不集体搞，王先生做《南齐书》，卢先生做《梁书》。1961年的时候，他说明年华山、韩连琪也可参加《宋书》、《南史》的校点工作。

到了1963年5月，《南齐书》、《梁书》初点差不多结束。《南史》曾经由华山先生进行部分初点，《宋书》和《陈书》当时还没有动。这时上级有关部门要求1964年就要完成点校工作，王先生此前提出到北京工作的建议，就得到了北京的回应。从我们现存的档案来看，调王仲荦、张维华、卢振华三先生进京校史，早于1963年。1962年教育部就已经给山大发过一次借调王先生和卢先生到北京的函，但是这一次似乎没有能够成行。一直到1963年的7月，发了集中进京的调令，才终于成行。

我们看一下王仲荦、张维华、卢振华三位先生当时的分工。1963年秋到1966年“文革”开始前，三位先生都先后到翠微路工作。王仲荦先生负责的《南齐书》，张维华先生负责的《陈书》，在1966年工作结束之前全部完成了付型。卢振华先生承担的《梁书》属于基本完成，但是没来得及定稿，所以没有付型。1971年以后，王仲荦先生继续总负责“南朝五史”，卢振华先生因为下肢瘫痪没能来京，在病床上完成

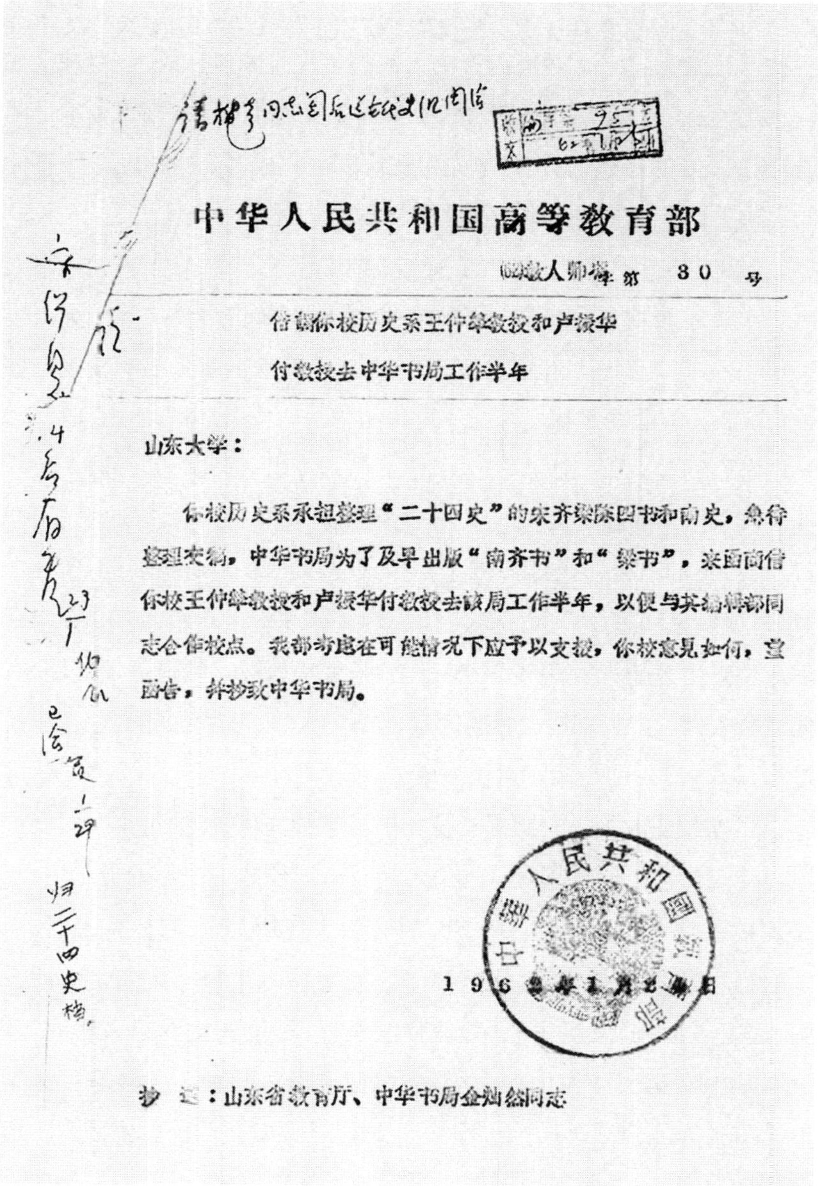
中华人民共和国高等教育部

(62)教人师字第 30 号

借调你校历史系王仲荦教授和卢振华付教授去中华书局工作半年

山东大学：

你校历史系承担整理“二十四史”的宋齐梁陈四书和南史，急待整理交稿，中华书局为了及早出版“南齐书”和“梁书”，来函商借你校王仲荦教授和卢振华付教授去该局工作半年，以便与其编辑部同志合作校点。我部考虑在可能情况下应予以支援，你校意见如何，望函告，并抄致中华书局。

1962年1月24日

抄送：山东省教育厅、中华书局金灿然同志

教育部致山东大学借调公函（1962 年 1 月 24 日）

了《梁书》和《南史》。从篇幅来看,《宋书》和《南史》最大,王仲荦先生独自完成了《宋书》和《南齐书》,卢振华先生独自完成了《梁书》和《南史》,应该说规模都比较大,张维华先生完成了《陈书》,点校本是两册。《南史》的定稿,由卢振华先生在病床上完成,但"南朝五史"整体的定稿工作是由王仲荦先生在北京完成的。

1984年,王仲荦先生在《文史哲》杂志作了一个口述,作为当事人对三次进京校史的经历做了简单的也是最准确的回顾。第一次点校工作1963年开始,1966年结束,他点校了《南齐书》,张维华教授点校了《陈书》,都已经定稿,《梁书》也快结束。6月"文革"开始,他们由学校电召回校。第二次点校工作是1967年,北京来电话,并派人来找他们。系里面的临时负责人说,王先生和张先生"都是反革命分子,罪行严重,不准前去",最后只准了卢振华先生一个人到北京,不到几个月,卢振华又回去了。第三次点校工作,从1971年开始,到1976年回来。卢先生大腿骨折,卧床不能行动,张维华教授已经退休,所以只有他一个人到了中华书局。最后商定,《南史》点校由卢振华先生在济南进行,《宋书》由他在北京点校完成。

翠微校史时期点校组里有位秘书马绪传先生,由他每半个月向局里提交一份"二十四史"工作汇报,涉及每一位校史先生的日常情况。在这半个月当中,他们主要的生活情况、工作情况、反映的问题、校点过程当中有什么需求等,他都要一一如实写入汇报。比如说生活方面,挂上了蚊帐,又买了凉席,伙食怎么样,哪位先生要出去看病等。记得其中有唐长孺先生因为怕热,由三楼南边搬到了一楼等生活细节。1964年6月25日的半月汇报记载,"王仲荦先生已标点完三十七卷列传第十八,尚剩二十多卷",这应该是完成五分之三了。"王先生说,正常进行,每天可标点三卷",我们可以看到当时王先生的标点速

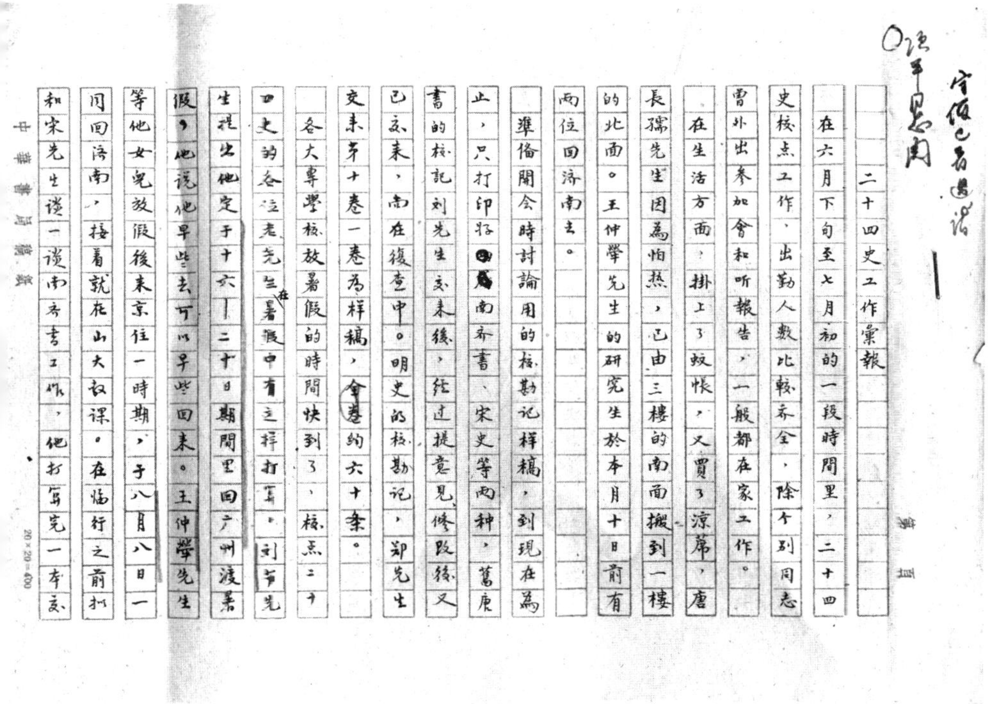

二十四史工作彙報

在六月下旬至七月初的一段時間里，二十四史校点工作，出勤人數比較齐全，除个别同志曾外出参加會和听報告，一般都在家工作。

在生活方面，掛上了蚊帳，又買了涼席，唐長孺先生因為怕熱，已由三樓的南面搬到一樓的北面。王仲犖先生的研究生於本月十日前有兩位回济南去。

準備開会時討論用的校勘记样稿，到現在為止，只打印好[illegible]南齐書、宋史等兩种，舊唐書的校記刘先生交来後，经过提意見，修改後又已交来，尚在復查中。明史的校勘记，鄭先生交来第十卷一卷為样稿，全卷約六十条。

各大專學校放暑假的時間快到了，校点二十四史的各位老先生在暑假中有这样打算：刘节先生提出他定于十六——二十日期間里回广州渡暑假，他说他早些去可以早些回来。王仲犖先生等他女儿放假後来京住一時期，于八月八日一同回济南，接着就在山大叙课。在临行之前抓和宋先生谈一谈南齐書工作，他打算完一本交

中華書局稿紙　20×20=400

第　頁

二十四史工作汇报（1964年）

度。我们后来也看过其他参与者的日记，比如陈乃乾先生日记，里边记录他标点《旧唐书》的过程和每天完成的卷数；启功先生日记里面也有每天标点《清史稿》的卷数。像王先生这样一天标点三卷，算比较快的。到 7 月 8 日，王先生已经标点完工，“他点完后即开始继续写校记”，他说“在他回济南之前交出两本”，这两本是指百衲本的底本。王仲荦先生说，等他女儿放假后，会到北京来住一段时间，到 8 月 8 日这一天，一起回济南，接着就在山大教课，临行之前他会和宋云彬先生谈一谈《南齐书》的工作，打算完一本交一本。从 1963 年的 11 月，王仲荦先生到北京翠微路，到第二年的 9 月，王先生总共用 10 个月的时间，就完成了《南齐书》的点校初稿，这是我们从档案里能看到的王先生的情况。

再来看 1964 年的卢振华先生。他 8 月 20 日要回济南，在回去之前，《梁书》校《册府元龟》的工作基本结束了，期间他有一大部分时间都在写讲义，备课，因为从 8 月 22 日开始要在济南上课了，9 月底之前要把 5 周的课全部讲完，然后回来参加国庆。

关于张维华先生《陈书》的工作，半月汇报记载：“暑假期间校完了《南史》和《梁书》，《通鉴》也快完了。他说《通鉴》完了已进行了七种书的校勘工作，差不多了，至于罗振玉的《五史校议》以北朝为主，不打算再校了。他计划明年来时再用一个月时间校《册府元龟》，校勘工作就算完了”。“写校记工作打算用三个月时间，最多明年九月前可以完成。至于标点工作他已通看了一遍，提行分段问题也搞好了，他建议再买一部百衲本《陈书》准备作过录用”。因为此前他自己用这个书不断地加工修改，可能不适合于排版，希望有一个过录本。这样整个《陈书》的校勘工作就结束了。

从档案和当时的情况看，老先生们的校勘工作是非常充分的，体

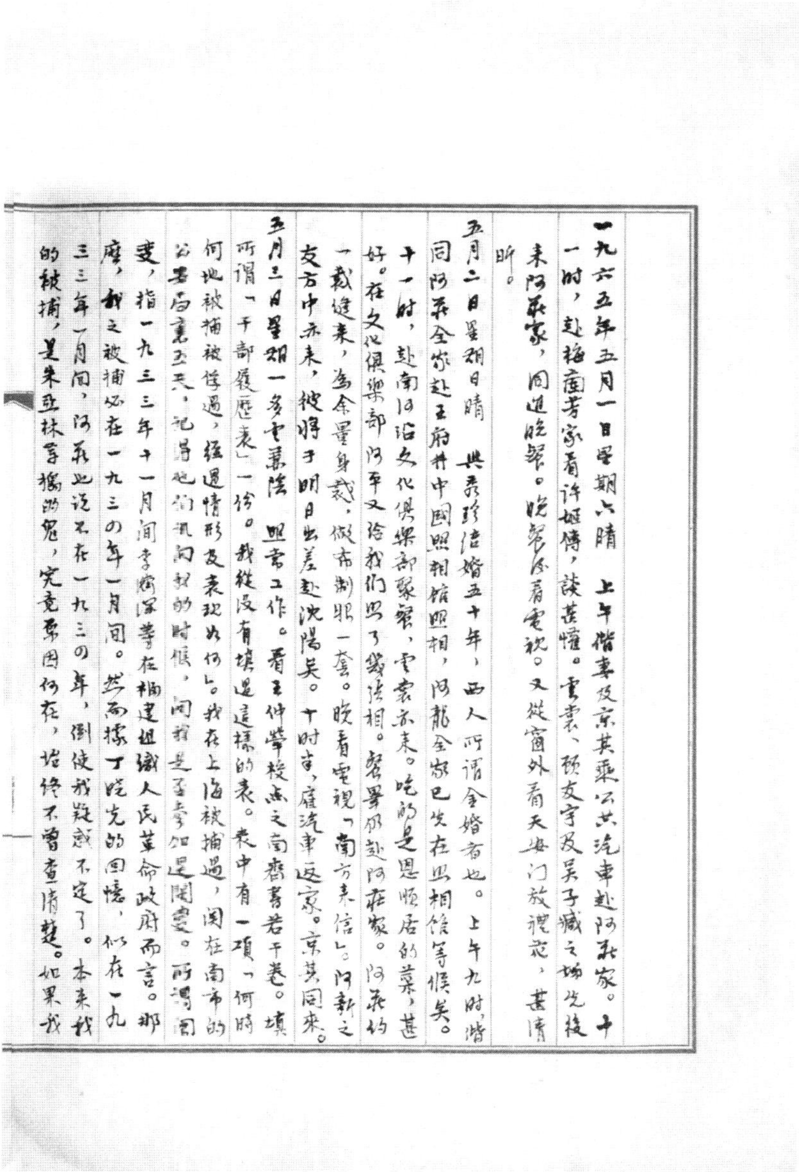
一九六五年五月一日星期六晴　上午偕事及京其乘公共汽车赴阿苏家。十一时，赴梅兰芳家看许姬传，谈甚惬。丁震、顾文宇及吴子臧之妇先后来阿苏家，同进晚餐。晚餐后看电视。又从窗外看天安门放礼花，甚清晰。

五月二日星期日晴　与京其结婚五十年，西人所谓金婚者也。上午九时，偕同阿苏全家赴王府井中国照相馆照相，阿龙全家已先在照相馆等候矣。十一时，赴南河沿文化俱乐部聚餐，丁震亦来。吃的是恩承居的菜，甚好。在文化俱乐部阿年文给我们照了几张相。餐毕即赴阿苏家。阿苏的一裁缝来，为余量身裁，做布制服一套。晚看电视「南方来信」。阿新之友方中亦来，彼将于明日出差赴沈阳矣。十时半，雇汽车返家。京其同来。

五月三日星期一　多云兼阴　照常工作。看王仲荦校点之南齐书若干卷。填所谓「干部履历表」一份。我从没有填过这样的表。表中有一项「何时何地被捕被俘过，经过情形及表现如何」。我在上海被捕过，关在南市的公安局里五天。记得他们讯问我的时候，问我是否参加过闽变。所谓闽变，指一九三三年十一月间李济深等在福建组织人民革命政府而言。那么，我之被捕必在一九三四年一月间。然而据丁晓先的回忆，似在一九三三年一月间。阿苏也说不在一九三四年，倒使我疑惑不定了。本来我的被捕，是朱亚林等捣的鬼，究竟原因何在，始终不曾查清楚。如果我

宋云彬先生日记记录了每天审读《南齐书》的进度（1965 年 5 月）

现了“后台充分”和“前台简明”这样一个特点。这就是我们档案里面能看到的王先生、卢先生和张先生在翠微路期间做的工作概貌和一些点滴的情况。

根据罗继祖先生的回忆，当时老先生们周末的时候还会结伴去附近的玉渊潭、陶然亭游览。有一次出游的时候，王仲荦先生提出：“罗先生你会画画，你应该把我们这些人画一幅图，叫《翠微校史图》。”虽然这幅画没有画成，但从一个侧面说明，当时这些老先生们在一起，除了工作，也有悠游，也有唱和雅集等。所以“翠微校史”不是我们后来人追述，最初的提法，是王仲荦先生向罗继祖先生提出来的。

翠微校史之后，就是 1967 年短期恢复的校史，与山东大学有关的还有高亨先生。我们的档案里面有 4 本练习册，在其中一册上，大家可以看到“点校宋史笔记”，还有高亨先生的签名。我看过练习册，里面没有特别多的内容，只有一些零星的查考笔记，不成文。像这种笔记本还有一些是罗继祖先生的。另外北师大的何兹全先生、南大的卞孝萱先生等都在这一时期参加过校史。

因为卢振华先生 1971 年以后没到书局来，在山大完成的《南史》点校，所以我们对卢振华先生的工作了解很少。说到这里，要特别对山大文学院的姜宝昌先生表示感谢。《梁书》修订本出版后，我们约请姜宝昌先生写了《卢振华先生治学二三事》，刊发在《澎湃新闻》的修订本《梁书》专题中。姜先生在卢先生卧床校史时作为助手主动承担了大量不为人知的工作，我们要表示特别的感谢。

除此之外，我非常希望借这个机会，对王仲荦先生的夫人郑宜秀老师表示最崇高的敬意。在 2006 年之后，我连续三次去山大南苑王先生的家——䗆华山馆拜访。郑老师对我们中华书局的人情感特别的深，给予了我们特别多的帮助。这是从我的旧硬盘里找出来的当时的照片，时间是2008年的6月13日，放在案子上的书就是《宋书》点校本的校勘长编，包得完完整整。郑老师说："这是王先生去世以后，我第一次打开它。"也就在2008年，我把它背回了北京，做了完整的扫描，最后用大16开影印了三册，把王仲荦先生的《宋书校勘记长编》公之于世。

从这张照片上可以看到，郑老师深情地望着王仲荦先生的手稿——《宋书校勘记长编》，这个长编是王先生在王府井大街36号写成的，连稿纸也是我们中华书局的8开大稿纸。也是在峼华山馆，我第一次见到了《宋书》的校勘底本，王仲荦先生写满了天头地脚。《宋书》校勘长编是到目前为止我们所见到的，点校本各史保留最完整的、一卷不缺的校勘长编。关于《宋书》，我们能够完整地看到由底本上的

郑宜秀老师深情地望着王仲荦先生的手稿——《宋书校勘记长编》（摄于2008年6月13日）

王正長。

四十三葉自謝人以來此秘未覩。文選五〇作自靈均以來，

多歷年代，雖文體稍精，而此秘未覩。

此稿費旬日之功，細加校核。寄望文章繁

富縟密，調宋世之文字也。

王仲荦時年六十

七三年九月十日

在北京中華

書局三樓三一

一室。

王仲荦先生《宋书校勘记长编》手稿谢灵运传末题记（1973 年 9 月 10 日）

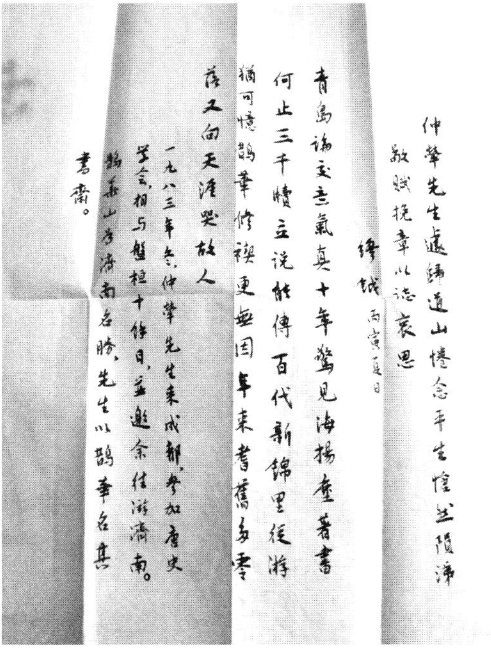

缪钺先生挽王仲荦先生诗

校勘记录，到校勘长编，再到点校本校勘记之间的过程。其他各史都没有这么完整，除此之外，只有复旦大学承担的《旧唐书》保存相对完整的长编。

第二张照片展示的内容，是王先生去世的时候，收到的挽联和挽诗，郑老师说这也是王先生去世以后第一次打开，原来是用塑料袋封存的。除了现场展开的周一良先生写的挽联之外，我还看到了缪钺先生的挽诗等，他们都是魏晋南北朝史的大家。周一良先生所撰并用隶书写成的挽联："章门高弟一生游心文与史；吾道先驱两部遗编晋到唐。"一个学者一生能得到同行这样既中肯又准确的高度评价，是非常难得的。

郑宜秀老师做的特别感人也特别值得表彰的一件事，就是整理王先生的著作集。我们出版的王仲荦先生的著作集，共有9种13册，其中的6种都是在王先生去世以后，由郑老师整理的，所以对王先生著作的整理工作，郑老师有巨功。郑老师在著作集的《前记》里面写了一段非常令人感动的话，除了对王先生的怀念和赞许之外，还讲到了他们在北京的生活，她说王先生去世了，“而我们能够做到的就是从这套著作集的字里行间，去寻找作者灵魂的痕迹，那些非常美丽的痕迹”。郑老师无论是对王先生的著作，还是对我们以前的“二十四史”的点校工作，乃至后来的修订工作，都是非常支持的，我们中华人都对王先生、对郑老师特别感激。

点校本“二十四史”的缺憾

点校本“二十四史”全部完成至今已超过40年，受当时条件所限，今天看来，难免存在一些缺憾，学者多有论及。主要的缺憾有以下几个方面。

首先是成书时间跨度大，整理标准和体例不统一。点校本“二十四史”的成书经历了20年，在不同时间段里，参与的人、整理的体例、标准和深度都不一样，这是由于在不同的时间段里，外部环境对点校本的要求不一样。起初阶段的定位是普通本、通行本，要求比较简单，所以《史记》就没有写校勘记。1971年以后要求反对繁琐哲学，所以校勘记就写得相对简单。不同阶段的整理标准不完全统一，最明显的是形式上的差异，就“前四史”而言，《史记》没有校勘记，以张文虎《札记》代之；《三国志》校勘记集中在全书之末，仅标注页码卷数；《汉书》、《后汉书》校勘记放在每卷之末，但校勘记用页行标示次第，正文中不出校码。文字校改方式先后不一，开始用方圆括号标示，后来用改字出校的方式。不同时间段标准的参差带来体例不一致的问题，这是时间跨度长带来的最明显的问题。

第二个缺憾是采用了“不主一本，择善而从”的校勘方法。点校本作为“普通本”的定位确定了它简明、通行的特点，但依据现在的古籍整理标准，“不主一本，择善而从”使得校勘记过于简略；不一一出校，导致实际上形成了一个新的本子，既不是百衲本，也不是其他版本。修订工作采用的底本式校勘是要以一本作为底本，将众本校到底本上，用一本而知众本，达到“求真”的理想目标。“不主一本，择善而从”实际上是定本式校勘，依据整理者的判断而改字，目的是“求善”，便于一般人阅读。按照“求善”的方法，底本不通，整理者可选择更通的字替换。但其实通与不通、更通，即“求善”，有很大的主观性。赵守俨先生后来总结说“不主一本，择善而从”、不一一出校的方式实际上形成了一个新的本子，既不是底本也不是其他的校本，这种方式是不符合现在的校勘规范的。所以这一部分是整个“二十四史”点校本受学术界争议最多的地方，也是我们这一次修订的重点。

第三个缺憾是各史所用版本、善本情况不均衡。当时尽管有红头文件，可以从全国各地调书，但和改革开放之后相比，当时所能使用的文献的数量还是远远不够的。《史记》因为顾颉刚先生此前已经开始三家注汇校的工作，由贺次君先生遍校北京图书馆藏本，校勘基础相对充分。但校勘主要依赖张文虎《札记》，未新出校勘记。两《汉书》和《三国志》版本校不够，重点在标点，校勘主要采用清代以来成果。最初的考虑，就是直接拿殿本来点校，后来有些尽管版本更换了，但还留下了殿本的影子。如《汉书》虽然用王先谦《补注》作底本，但大量用字同殿本。对于宋元本，当时普遍依赖百衲本，因为百衲本依据宋元善本影印，是当时条件下使用宋元善本的最便捷途径。但是百衲本校改修补严重，参考最多的也是殿本，其实是用影印的办法整理出版的一个新的“二十四史”版本。所以从版本使用的情况来看，点校本“二十四史”也存在比较大的缺憾。

第四个缺憾是当时的文献检索途径十分单一。所有的单书的索引，都是在点校本出版之后才出现的，如人名索引、地名索引等。在点校时，王仲荦先生一天点三卷《南齐书》，依靠的是自身学养的积累。反过来说，他们取证的范围要比我们现在小很多。比如中古时的一个语词，到底是到了唐代才有，还是南北朝时候就有，当时只能靠古汉语的研究来确认。现在只要用数据库一查，在同时期的文献中有没有这个词的使用情况，就能帮助确定是不是版本错误。我个人体会最深的是地名。地名分大地名、小地名，有隶属关系、并列关系，有时候在这个时间段里是专名，在那个时间段里是泛指，非常复杂。靠单纯的读，没有同时期的更广泛的文献和相关知识作为印证，要做到标点的精确是非常难的。我找了一个最简单的例子，《明史·河渠志》中的一句：“筑海阳登云都云步村等决堤”，点校本是“筑海阳、登云、都云、步村等决堤”，看起来像“二二二二”的结构，连着的四个地名也很通顺，但我们现在知道地名是完全标错了。首先这不是“二二二二”并列的结构，而是“二三三”的结构；其次不是并列关系，而是隶属关系。“云步村”隶属于“登云都”，“登云都”隶属于海阳县，所以正确的理解应该是“筑海阳登云都云步村等决堤”。由此看出，标点需要进一步细化和印证。

第五个缺憾是当时的印刷技术的限制。当时是铅字排版印刷，生僻字需要刻字。《宋史》1978年出版，宗室世系表人名用字需要大量刻字，很多人在史书上没有任何事迹记载，名字只出现过一次，还都是怪字，把这些字刻出来也只能用一次，非常费事。所以《宋史》宗室表里比较靠后的人名都是用其他字代替，没有用原字。这是《宋史》点校组组长裴汝诚先生亲口跟我说的，也就是说，《宋史》中的这一部分文字是错误的，但在当时的确是无奈之举。

修订工作就弥补缺憾、实现升级本的目标而言，最重要的是全书体例规范。整理标准要基本统一，包括文献使用范围、前人成果的系统吸收，以及校勘方式、取舍标准、分段及标点规范，让整部“二十四史”的点校，在统一规范的体例下进行，总体方向是弥补缺憾。

关于“二十四史”修订工程

首先是修订工程的定位和目标。我们最早在局里讨论修订工作是在 2005 年，当时不具备做修订的条件。我当时是局里的副总编辑，因为我是文学专业，对历史学不太了解，对过去 20 年的点校工作也不了解，所以请教过很多人，也遇到过很多困惑。

经过思考，我们确定的修订本的定位，是点校本在新的历史时期的延续。修订工作必须在原点校本基础上展开，严格遵守在点校本基础上进行适度、适当修订和完善的原则，坚决反对重起炉灶新做。尽管后来各史情况不一样，有的变动比较大，但是我们要求的原则是一直延续、贯穿修订工程的。具体的工作是通过全面系统的版本复核、文本校订，解决原点校本存在的问题，弥补不足，在原有基础上，形成一个体例统一、标点准确、校勘精审、阅读方便的新的升级版本。在最初提出系统进行版本复核时，我们遇到了很多困难，也曾犹豫要不要做这项工作。但当我征求蔡美彪先生的意见时，他说了一句让我豁然开朗的话。他说版本复核必须要做，因为不知道从底本到点校本之间改动了多少。既然无法得知当时的底本是什么状况，那么就必须要校勘。“校出来哪怕结果是零，零也是成绩。”因为我们不知道点校本和底本之间的差距是大是小，那么这一次就必须要做好版本复核的工作。

我们做了三项基础工作。第一是在 2005—2007 年，全面清理了点校工作档案，了解当年的点校工作过程、体例形成过程，以及各史特点、点校本主要遗留问题。第二是系统搜集、梳理各史出版后有关点校本的意见。有很多学者写了关于标点疑误的文章，我们做了简要的梳理，了解在学术界使用过程当中，点校本的主要问题有哪些。第三是集中走访原点校本承担单位和在世的点校参与者及其弟子门生，了解情况，听取意见。通过这些工作，我们才大致知道修订工作会出现哪些问题。

关于承担单位及主持人遴选，我们秉持三个原则：一是尽可能地考虑原点校单位；二是如原点校单位不能承担的话，尽量考虑断代史或专题文献整理研究重镇；三是重点考虑学术带头人及学术人力配备等诸多因素。按照这三个标准选择。在这一过程中，我们确实得到了非常多的学者的响应。无论是上次点校，还是这次修订，都是一次全国学术力量的集聚，没有史学、文献学及图书馆界的大力支持和参与，不可能完成点校和修订工作。

我想简单地和大家汇报“南朝五史”修订主持人的遴选工作。“南朝五史”是山东大学王仲荦先生主持做的，所以修订工作首选的单位就是山大历史文化学院。2006 年 10 月 20 日，我们在山大历史文化学院召开了“南朝五史”修订征求意见会。会后我们曾经商请郑佩欣先生主持“南朝五史”的修订，郑先生当时也是魏晋南北朝史学会的副会长。但因身体原因，郑先生后来没能承担。最后，当时在山大历史文化学院任教的张金龙教授承担了《南史》的修订，《宋》、《齐》、《梁》、《陈》四史很可惜没有能够落户山大。值得欣慰的是，《南史》在今年暑期，第一轮的初稿工作已经完成，即将进入编辑工作。特别感谢山大历史文化学院和几位老先生的支持，后来在山大参加其他活动，还有机会再次见到过路遥教授和张金光教授，遗憾的是郑佩欣先生已经离世了。

“二十四史”修订的理念是以程序保证质量，以程序推动进度。“以程序保证质量”是我们最基本的理念，每一史必须按照最基本的规定动作去完成。第一步必须要确定底本并逐字进行底本校勘，要有明确的版本校勘记录。在这个基础上做样稿，形成修订方案，方案和样稿要经过专家评审，经过学术界征求意见。然后开始系统做版本校勘、他校，吸收前人成果，形成校勘长编，最终完成校勘记。总的工作流程大致是这样的。

我们也制订了工作总则和一系列工作制度和流程。第一就是“工作本”制度。从底本复校到通校本、参校本的校勘记录，都必须在统一印装的工作本上进行，清晰记录所有版本异文，保证每一环节的工作都可回溯。改了字，出了校勘记，要查到长编，长编要对后面所有的工作有足够的支撑。这就是可以回溯的“工作本”制度。第二是修订本长编制度。长编不是我们的发明，中国史学的传统就有长编制度。长编要完整记录每一个修订环节，在什么位置，原文是什么，通校本、参校本面貌，或前人成果提到的校勘点，准备怎么校勘，全部都要记录在长编中。最后是否出校，校码是多少，都要标在长编的栏后。长编制度非常有效，一方面，规范了修订组内部的工作流程，主持人通过校勘长编，有效地把握修订标准和范围深度的一致；另一方面，也满足了整个审稿、定稿过程的可回溯要求。第三是专家审稿制度。专家审稿贯穿方案设计、样稿确定、定稿全环节，专志、专传聘请专家纵向把关。最后就是我们局内的编辑组审读制度和编校部校对制度。在全稿合拢以后，编校部要全部重新通校本史所用的底本，通校点校本，明确地知道底本、点校本和修订本之间有什么差异，重要差异必要时由修订组进行重新确认，从程序上保证文本质量。

小　结

关于点校本“二十四史”的成就，我们可以有以下几点认识：

首先，点校本“二十四史”是毛泽东主席指示、周恩来总理亲自安排，由中华书局组织全国百余位文史专家历时20年（1958—1978）完成的新中国最伟大的古籍整理工程。因为图书是商品，反不正当竞争法要求不能用“最”字来形容，很多场合我们回避了“最”的提法，但是“二十四史”的整理出版的确是新中国最伟大的古籍整理工程。

第二，点校本“二十四史”被公认为当前最好的整理本，成为海内外学术界最权威、最通行的版本，是代表新中国古籍整理出版事业最高成就的标志性成果，享有“国史”标准本的美誉。

第三，点校本“二十四史”的成书过程，真实反映出1950—1970年代中国社会和学术、出版的生态环境，反映了新中国古籍整理事业起始阶段的状态。

第四，点校本“二十四史”作为继标点本《资治通鉴》后又一个大型史籍的现代整理本，在古籍整理方式方法及体例规范的确立上，进行了大量有益的探索。有《资治通鉴》和“二十四史”的点校，才有我们现在的古籍整理学和古籍整理出版行业。

最后，点校本“二十四史”是国家意志与全国学术界、出版界三方面力量协同完成的成果，是一座集体智慧的丰碑。其中，特别是点校者的付出，值得我们永远追怀和学习。

（本文根据2020年7月25日在山东大学文学院
“新杏坛”线上学术讲座的录音及课件整理，
郁秀青、郝梦雪、费诗贤整理，杜泽逊教授审校）

三人行　三十年

——追念吴泓老弟

一

吴泓离开我们，转瞬期月。无论白天、黑夜，还是工作、闲暇，8 月 20 日晚与吴泓的最后一面，总是会不时地在眼前闪过。每当此时，我都会不由自主地陷入当时的情境。回到当时的情境，我才会相信吴泓真的已经离去。鲜活的生命已化为尘迹，三十年的情谊只在我们的心里。

三十年前，入学之初，同学们分住不同的宿舍楼，我和吴泓不在一个寝室，现在已记不得最初的交往。到大家集中搬入五舍，我们住在隔壁，吴泓跟姜恩宇同屋。我和吴泓同有书法金石之好，老姜擅长摄影，又颇有兄长之风，三个人志趣相投，很快就成为最为相得的同窗好友。那时课余时间的很多活动，都是我们三人同行，我们自己戏称为“三人行”。三人行，三十年，从未间断。

诗书画是那个时代校园里最普遍的艺术活动，我们三个中，老姜爱诗，尤好古诗词。我和吴泓爱好书法，吴泓功底好，临摹功夫深。我

校园留影（1983 年 5 月，左起吴泓、徐俊、姜恩宇）

只是中学临过《雷锋日记》大字帖，与吴泓不是一个级别。除了颜体大楷，吴泓临习时间最长的是米芾的《苕溪诗蜀素帖》和唐寅的《落花诗册》，尤其是《落花诗》写得真可谓惟妙惟肖，至今我还能想见他写开篇一段文字时的情形："刹那断送十分春，富贵园林一洗贫。"圆转妍美，工稳雅致。吴泓后来离开字帖进行书法创作，虽然很少看得出唐寅的影子，但他书法浓重的书卷气却得益于唐寅，一波三折的跌宕则来自于米芾。那时候，我们俩持之以恒做的一件事就是看展览，最常去的是长江路的江苏省美术馆和中山门的南京博物院，有展必看。每次我们都是步行前往，看完展览还在参观券上写上日期和展览名称，整齐收存。当时南京最受推崇的书家是林散之、萧娴、武中奇、费新我，又以武中奇、费新我在民间的影响最大。吴泓长于临摹，写武像武，写费似费，但他并不欣赏武字，而对他的苏州同乡费氏的左笔书法情有独钟。费新我书法的抑扬顿挫、章法奇崛，给了吴泓很大的影响，尤其是他书法结体的张力，与费氏左笔确是神脉可寻。

我们差不多同时开始学习篆刻，用邓散木的《篆刻学》边读边学，石头磨了刻，刻了再磨。当时老姜就有一方江苏篆刻名家李敦甫为他刻的名章，每次拿出来给我们观摩，我们都艳羡不已。等我们刻得稍稍成形，便开始给同学刻名章藏书章，参加校学生会举办的展览，有时候为了展览，会刻很大的印章，甚至用砖头做材料，我们一起完成。现在回过头看，到离校的时候，我们已经粗通铁笔之道，吴泓临习过小篆、石鼓，学过吴让之，篆刻于邓散木、吴昌硕最有心得。到北京后，我们还刻过一段时间，1984 年我因小恙住院，吴泓来探望，带来一方刚为我刻好的藏书章，当时的情形犹如昨日。

给吴泓书法影响最大最深，也是他汲取最多的，是胡小石先生和侯镜昶老师的书法。侯先生是他学位论文的指导老师，当时大家选择学位论文题目，大多在语言文学等主课范围，指导老师也都是我们的任课老师。只有吴泓选择了书学，研究他喜爱的唐人孙过庭《书谱》，没有担任过我们课程的书学大家侯先生被指定为他的指导老师。侯先生是胡小石先生的高足，著名书法家，不但以书法知名，更以书论享誉学界。每次去北京西路二号新村侯先生的住所，都是我们俩一同前往。至今我还记得侯先生书房的格局，所挂的字画。除了准备好要请教的问题外，看侯先生的藏书藏品，是我们最大的期望。离开学校后，侯先生几次到北京我们都会去看他，后来我工作的中华书局成了侯先生每次来北京的必经之地，直到那一年冬天，我送了侯先生新出的《清明上河图》挂历，把他送到灯市西口电车站，侯先生回到杭州，不久就突发疾病，孤独地离开了这个世界。侯先生给吴泓写的横幅，“小楼一

江苏省美术馆留影（1980 年代）

夜听春雨，深巷明朝卖杏花”，很长时间都挂在吴泓中粮广场早先的办公室和家里的书房。

当时南大有一个师生共同参加的书画研究会，侯先生担任会长，还每年举办“春天书画展”。记得我们就曾在图书馆老馆观摩过著名画家亚明的现场作画，有两次书画展给我印象最深，一次是八十周年校庆书画展，名家云集，我和吴泓都有作品入选，在展品目录中第一次看到自己的名字印成了铅字；一次是在马鞍山采石公园的展览，我和吴泓，还有宇文扬、朱野坪等研究会的同学都去了，一起在郭沫若题的“采石公园”大字前留影。在研究会，我们只是刚刚入门的爱好者、初学者，高年级学长中书画家成群，七八级的周同科、魏裕铭，还有后来从北大分配到南大图书馆工作的华人德，都是我们崇拜的对象。其中老魏跟我和吴泓来往较多，在我宿舍，老魏曾饱蘸水墨在整张宣纸上挥毫写下“起舞”两个大字。老魏用毛边纸写的张猛龙碑，当时在我们眼里近于神品。

中文系的前辈学者胡小石先生，在吴泓心中的位置最高，那时候还没有胡小石先生的书法专集，我们最早集中观赏胡小石先生的书法，是侯先生来北京给我们展示的收集到的胡先生的书法照片，好像当时正准备给胡小石先生编选书法集。后来吴泓去南京，特地去参观胡小石纪念馆，买来胡小石先生书法集，兴奋地向我展示，闲暇时则心摹手追。直到去年，吴泓终于收藏到一幅四尺整张的小石先生书刘禹锡诗，还有沈尹默、费新我的条幅，一年来我们几次聚叙，都曾对窗展观，欣喜赞叹，沉迷其中。吴泓对事物超出寻常的感知力，对中国古典元素的热爱，追求完美的个性，都与他的书法艺术积累和素质养成有着密切的关联。

二

出游是我们“三人行”课余生活最大的乐趣。六朝古都的旧迹和附近地区的名胜，采石矶、燕子矶，雨花台、菊花台，东郊、南郊，玄武湖、台城，都曾留下过我们的游踪。每次我们都会借或租一个相机，120 或者 135 的，买上一两卷胶卷，回来后先按原大冲印，再选择扩印，所以我们所存的相片中，有大量的 135 胶片大小的照片，不够清晰。

记得我们三人去滁县琅琊山游醉翁亭，半夜出发，坐慢车到滁县，进山才天亮。环滁皆山，有亭翼然，青石板的古道，晨雾笼罩的酿泉，徜徉其间，古意扑面。那次除了随身带着面包和水，还带了几瓶啤酒，我们用竹竿抬着上山，边走边玩，不小心竹竿落地，瓶碎酒洒，让我们好一阵惋惜。那个时候相机还是手动，照相基本上都是老姜掌镜，我们最多只是在老姜调好后按下快门，但临按快门难免变动了老姜的构图，常受到老姜的嗤笑，也因此我和吴泓的照片艺术性更高些，反倒老姜的照片满意的不多。老姜的摄影是家传手艺，读书时就发表过摄影美学的文章，后来他成为专职摄影记者，每次见面我们都会涉及摄影话题，过去的花絮也成了我们快乐的谈资。

毕业那年的春天，我跟吴泓一起去了他的家乡吴江平望古镇。平望位于美丽的莺脰湖畔，古运河贯穿其间，水织成网，宅桥相映，湖光树影，风景清幽。我们在莺湖畔、古桥边游赏留影，骑车去芦墟看望他的中学老师，去黎里游览汾湖，参观柳亚子故居。山川灵秀育英才，吴泓具有典型的江南才子气质，骨子里透着的睿智与儒雅，轻盈与平和，来自于美丽水乡的哺育，丰厚的人文底蕴的滋养。

毕业后，我们一起到了北京，但老姜很快去了青海，八年后又南下去了海南。各人忙于工作，见面少了，但还是不时互相串门，工作是大家交流的主要内容。《旅游报》从四开到对开，从“五花海”副刊到周末版，直到后来《时尚》创刊，一年年发展壮大，我们经常听着吴泓充满自信的畅想和一个个新的动作举措。

1993 年 8 月 8 日，是大学同学毕业进京 10 周年，大家齐聚裱褙胡同时尚小院，共同见证了《时尚》的诞生。那一天，我女儿手捧着《时尚》创刊号，大家一起在小院合影留念。从这个小院起步，到今天的时尚大厦时代，吴泓始终是乐观的，有条不紊的，我们从未从他那里听到抱怨和颓丧，总是那么充满着自信和期望，这是一个成就大事业的人必备的素质，也是我们最钦佩他的地方。

老姜每次来北京，“三人行”必有半日盘桓。2003 年，吴泓筹备出版《华夏人文地理》。由于工作的内容不同，我和老姜离吴泓驰骋的时尚圈很远，对他的工作帮不上忙。《华夏人文地理》关注的对象，却正好是我们所稍稍熟悉的领域。吴泓请我代为物色学术顾问，我便开列

大湾古城留影（2003年9月30日）

了一组不同学科的学者名单，并与一些熟悉的先生取得联系，获得了他们的支持。老姜则忙于提出和完善自己一直想做的选题。8月12日，我和老姜都参加了在颐和园举行的《时尚》10周年庆典，会后着手策划西部壮游。随后的国庆长假，由《华夏人文地理》与社科院文学所联合组织的“古丝绸之路”考察成行，我们三人都参与其中，从酒泉出发，开始了为期一周的甘肃、内蒙古、新疆访古之行。

这是一次令人难忘的旅行，从酒泉出发，越野车沿着古弱水一路向北，到达额济纳，沿途考察了金塔、东大湾城遗址、黑水城、居延海。那一年正逢我们毕业20周年，其他同学都回母校参加毕业20周年聚会，10月1日那天，我们站在黑水古城的城中央，在高大的残垣阻隔之下，信号断断续续，还勉强与远在南京的老同学们通了电话。离开额济纳，我们沿中蒙边境西行穿过黑戈壁，经马鬃山到星星峡、哈密，再过天山到松树塘、巴里坤、北庭遗址，吴泓跟我们在去马鬃山的路上分手，前往敦煌，最后在乌鲁木齐会合，大家齐聚木卡姆餐厅，庆祝考察圆满成功。这次考察，收获很大，西域探险史家杨镰教授发现了马鬃山黑喇嘛城堡，后来写成《黑戈壁》一书；杨镰、扬之水、王筱芸等学者都为《华夏人文地理》重走丝绸之路专号撰文，老姜的摄影作品成为此行最完整、珍贵的记录。老姜在大西北工作过多年，对那里的山川人文有特别深的理解。直到去年，吴泓的身体基本恢复，我们三个几次见面，都还在计划接下来的青海之行。

三

吴泓生病和手术，我们起先都不知道。2008 年春节后，第一次见到恢复中的他，尽管因为化疗明显消瘦，但精神和体力恢复得都不错。我经常把吴泓的情况电话告诉老姜，看他一天天好起来，开始上班，忙于工作，我们都为他欣幸。每次老姜来京，我们照例聚会畅叙。

知道他生病后，我很想多去陪他。多年不一起玩书法篆刻了，去年我们又一起去琉璃厂买纸墨，一起去刻名章闲章，一起写字，一起去看拍卖预展。琉璃厂东街的如皋韩林华先生擅刻汉印和铁线，我们都特别喜欢。去年 6 月，我们一起去刻印，每人刻了一方紫檀木两面印，一面名章，一面闲章。在拟闲章文字的时候，我建议吴泓刻一方书斋名号，但后来他还是决定刻“时尚人”三个字。我见过他好几方“时尚人”三个字的印章，这一次他还是选了这三个字，可见“时尚人”这个称号在他心中的位置。这一次吴泓还刻了一方石印、一方铜印，现在能刻铜印的人已经很少，铜印质感和印文俱佳，着实让吴泓高兴了好一阵。今年春节前，腊月二十二，我们通电话，吴泓说因胃病在家休息已经月余，又说实与胰腺有关。我马上上网查看，知道胃部不适是胰腺肿瘤的常见症状，一下子特别为他担心。腊月二十九，我去看他，状态不错，才稍稍放心。我们在一起玩了大半天，一起写字，写大红春联，临走我选了吴泓写的“金牛献瑞，惠风和畅”四字联，带回去贴到家里的餐厅。那天最有收获的是一起欣赏他新收藏的文徵明《乐志论》行书册页，一起辨识题跋文字。《乐志论》是文徵明晚年的作品，明末东传日本，有日本江户中期京都禅林领袖北禅竺常（1719—1801）题跋，后为日本著名学者北条冰斋收藏，是一件流传有绪的难得的法书精品。春节空闲在家，我把查到的资料缀补成文，写成《泓韵轩藏文衡山乐志论跋》，年初六吴泓收到我发去的电子版，为之大喜。今年4月19日，老姜来京，我们最后一次聚会，还拿出来一道观赏。年前的聚会很尽兴，吴泓禁不住告诉我，春节后要给我们一个大惊喜。这个惊喜就是小玚玚的出生，当时我和钱慧容都被电话里吴泓激动的声音深深打动，真为吴泓和王未高兴。新年正月十三，我们第一时间收到了吴泓发来的小玚玚的照片。

5月底，我知道吴泓的病情加重，一直想去看他，下班路过东三环，常给他发短信，吴泓每次都说等他好一点再来，始终没有见上面。6月初老任（利剑）来京，执意要去看吴泓，也没有见到。那段时间，我跟老姜经常通电话互通与吴泓联系的情况，转发吴泓的短信。后来从刘江兄、火生兄那里知道一些具体的情况，更是心急如焚，坐立不安。8月中旬，老姜去三江源采访，打听到一种据说效果很好的中药，怕打扰吴泓休息，赶忙跟我联系。老姜连夜赶到偏远的县城，找到了药。但路途迢远，药材刚刚托人带上火车，吴泓就已经入院抢救了。20日晚上，接到刘江兄电话，路上我向老姜、老任和王拥军通报了吴泓的病情，与钱慧容匆忙赶到病房。在吴泓弥留之际，大家喊着吴泓的名字，喊着“徐俊看你来了，姜恩宇一会儿也要来”，让吴泓不要放弃，想起这

中粮广场时尚杂志社留影(2006年秋)

样的场景,我心如刀绞一般的痛。

吴泓是一个非常热爱生活、非常细致的人,但我们之间手足般的感情,平常互相很少表达。吴泓生病之后,明显表现出念旧,感念过去。去年,老姜把我们大学时候的黑白照片都扫描制成了电子版,吴泓收到之后,把我们在京同学1984年劲松光明楼照相馆的合影打印了出来,一直放在家里书桌的玻璃台板下面。去年奥运会前,老姜来京参加采访,我们三个在时尚大厦聚会。我看到吴泓办公室沙发旁边,原先一直放着《时尚》历年庆典照片的地方,换成了四个相框,其中一个就是我们三人2006年秋在中粮的合影。那天的聚叙跟以往一样愉快,聊计划中的西北之行,聊计划中的书法展览,还邀请我们一起参加,但我当时和后来想起,都很伤感。吴泓去世的第二天,我代表全班同学到时尚大厦吊唁敬献花圈，在吴泓办公室，又看到这张照片，是我那几天最不能控制自己的一次。

逝者已矣，生者何堪！吴泓的离世，给我们同学巨大的震惊和悲痛。吴泓是一个追求完美的人，为了最后的完美，独自承受着病痛的折磨。我们一直分享着吴泓的成功和快乐，在吴泓最后的日子，却没有能够为他分担一点痛苦，给他一点安慰，这是我们最大的遗憾，永远的遗憾。

2009 年 9 月 18—22 日

家在扬子江中

一般人都有被问过“老家是哪里”的经验，回答的人大多以某省或某地应之，在我一般都回答江苏，或者扬中。这样回答，当然都是长大离乡以后的事。

家乡扬中是长江下游江中心的一个岛，长江又叫扬子江，扬中因此而得名。长江一路东流，经过镇江，到丹徒大港，绕过五峰、圌山，侧身向南，浩浩长江水，在此分成东西两路，中间积沙成洲，这就是扬中。据说沙洲在东晋就已经露出江面，隋唐时候小洲渐次相连。南宋时，韩世忠驻扎圌山寨，已经洲积成陆。明清以后，以新洲、太平洲相称，四府六县分治，分属于江对面的丹徒、丹阳、武进、江都、甘泉、泰兴。光绪三十年（1904），两江总督端方奏准设太平厅，隶属镇江府。1911年改太平县，后来为避免与安徽太平县同名，才改名扬中。因为是个移民县，我小时候，上洲下洲，东西江边，还有明显的方言差异，有的人n、l不分，有的人念“人”作“银”，都缘于此。

这些都是后来才慢慢知道的。我们小时候去过的地方，除了上海的外公家和松江的伯伯家，基本不出老家及乡间亲眷的范围。我家与

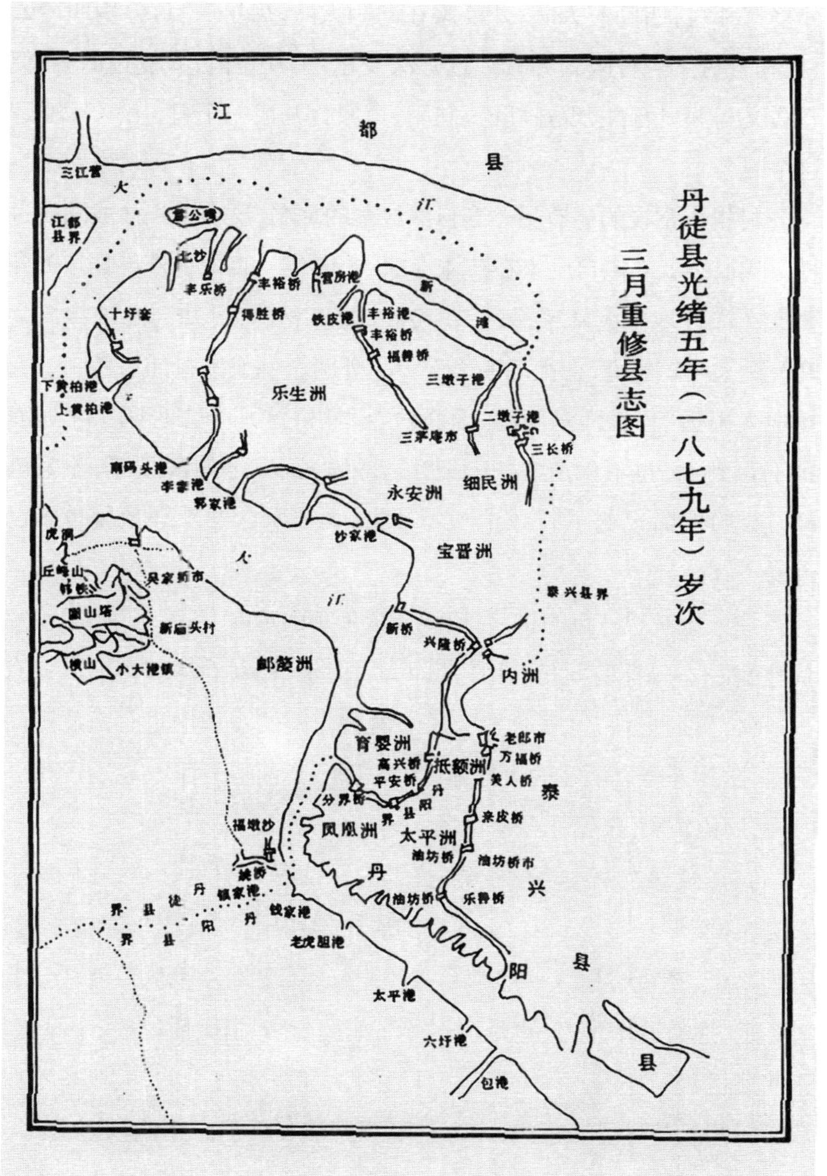

丹徒县光绪五年(1879)重修县志图所见扬中岛地理地形

外婆家邻村，叫朝霞大队，外婆家在向阳大队，更早一点，分别叫德云村、和合村。乡村区划名称经过几次变化，十几年前，恢复过旧名，但不久又与邻村合并，现在朝霞、向阳、燎原合并成一个村，用了“德云”这个旧名。

村里人常说的还有另一套自然村落的地名，反映出积沙成陆的过程。我很小就知道自己家在芦滩圩埭（小时候一直念作芦大圩埭），外婆家在大圩埭。大姑家最远，在夷沙（或作移沙，可知与陆地接壤之晚），后来叫轮船港，在主岛的最南。另外两个姑妈家在油坊桥、头桥。扬中人出远门，必经东新港、西新桥、栏杆桥这几个大小码头。还有我不曾到过，也不知所在，但清楚记得的名字，比如铁匠港、沙家港等，这些地名，已经从行政地图上消失，名字所含的地理地貌也多已改易不存。

埭大概是长一点的村落，芦滩圩埭是东西走向，各家祖场（祖传宅基地）左右并排，前面是园田（菜园），后面是竹窠（竹林），再前后各有一条河，贯通全埭，每家有坝头通向前后开阔的水田。也有南北走向的埭，比如外婆家所在的大圩埭，各家祖场则是前后相次，左右各是一条河，园田竹窠，杂错在各家祖场之间。

芦滩圩埭在两个乡的交界，南北和东头都连着永胜乡，我们属于兴隆镇（祖辈念青龙镇）。永胜乡的所在地叫玉皇庙，比兴隆镇小，但因为路近，逢集村里人一般都是去玉皇庙，不去兴隆镇。芦滩圩埭北边不远，还有几个地方，也带“庙”字，如德云庙、道士庙，在我小时候，这些庙已经只空有一个名称了。除了埭，还有叫墩子的，大概是不成埭的村落。芦滩圩埭东边，一河之隔就是李家墩子，东南是王家墩子。李家墩子和王家墩子与我们虽是不同乡镇，但因为地近，邻里过往最多，互相大多熟悉。现在跟我同在北京的明福老弟就是李家墩子的，至少三代世交。有一个老表(表兄弟)家在王家墩子,老表比我父亲还年长五岁,他奶奶是父亲的姑妈。

我们徐家在芦滩圩埭的东头,再东边只有方姓一大家。与我祖父同辈,方家分为兄弟两户,一个叫学文,一个叫学武。徐家是兄弟三户:恒德、恒诚、恒安,恒安是我的祖父。徐家落户芦滩圩埭,到我父辈,只有三代。曾祖讳品南,我第一次知道曾祖名讳,是小时候从家旦翻出来的毛章纸地契上看到的,祖父母那时也会念叨,哪块田、哪块地,是哪一年买的谁家的。

据老辈说,我们徐姓来自江对岸丹徒的小大港,老辈念作 xiǎodài jiǎng,是"小大港"的方音。小大港位于圌山南麓,横山之东,但在父亲的印象里,他小时候从没有去过对岸,不能说清楚具体地方。曾祖是个医生,大概在清末民初,带着曾祖母一起到扬中行医,落户于此。村头的方家,曾祖辈叫方裕林,开了个茶馆,是新四军的据点。我祖父兄弟三人,大姥姥(大爷爷)有文化,常去方家茶馆,因此跟着闹了革命。我还依稀记得,跟大姥姥一起坐在祖场上晒太阳,听他嘚老经(讲故事)的场景,那是我最年幼的记忆。祖父则学医不成,开作坊,做生意,往返于江对岸的小河、埤城、姚桥,甚至丹阳,对我来说,这些都是耳熟能详,但感觉很远的地方。

我的祖母姓王,邻居称安奶奶,老家在老郎街西头港南。老郎街从前是丹徒、丹阳、泰兴三县交界,是扬中最早的集镇之一,离外婆家不远,我小时候常去,沿港一溜老街,石板路,两边是商店,铺板门面,跟江南的古镇相似,只是规模略小。后来因为远离公路,集市移到乡镇政府所在地,老郎街逐渐衰落,只留下不远处的车站还叫老郎。另外,我读书的兴隆中学,以前也叫老郎中学。

我的外公十三岁到上海当学徒做裁缝,在上海滩为大户人家做旗袍裤褂。1949 年以后，没有参加公私合营，一直自己开裁缝铺，为老客户手工定制。我小时候每年跟外婆去上海暂住，吴淞路 407 弄（又叫猛将弄）81 号，包括周边的街区，海宁路、乍浦路、四川北路，还有外白渡桥、黄浦公园，旧时的模样，至今大多还依稀仿佛，如在眼前。十几年前我去过一趟吴淞路，弄堂仅剩半截，无复旧观。

外公姓王名钟明，外婆姓陈。外婆的娘家在另一个小岛上，现在叫西来桥镇，以前叫幸福公社，但通常大家都称中心沙。中心沙，在主岛最南端的江中，与主岛隔着一条夹江，与武进也隔着一条夹江，曾经隶属武进县，抗战期间划归扬中。往来扬中，要靠渡船，我小时候没有去过中心沙，后来有了趸船，再后来造了扬中二桥，才经常路过那里。扬中大桥通车，扬中人结束出门靠船渡江的历史，不过短短二十年。

外婆家的大圩埭，是我们兄弟和伯伯家的美姐小时候生活的地方，比芦滩圩埭还亲切。外公有一个兄长，也一直在上海，已经搬出大圩埭，到老郎车站附近，有特别大的竹园。与外婆家来往最多的是后面的大个姥姥（爷爷）、大个奶奶，大个姥姥姓张名恒松，年轻时跟外公一起在上海，亲如兄弟。当时已经回到乡下，传说扬中的日本鬼子是他带进来的（当然不是），是四类分子，开大会常被叫去搭台。外公晚年在上海，还一直得到大个姥姥的儿子（我们叫他高舅舅）的照顾。高舅舅的孩子，小时候在乡下与我们一起长大，现在还兄妹相称。隔壁张家有一个瞎姥姥（爷爷），很会讲经（讲故事），夏天在竹窠乘凉，围着瞎姥姥听他讲经，印象至深。

大圩埭与芦滩圩埭隔着五六个埭，埭头由一条大港相连，一直通到我上学的兴隆中学，港岸是我们每天上学走的路。芦滩圩埭的西头，是陆家墩子，陆家墩子紧挨着港边。在陆家墩子和戴家埭埭头的港上，有一座石桥通向施家长岸，叫太平桥。太平桥没有栏杆，远

芦滩圩埭头的太平桥(摄于 2021 年 5 月 4 日)

远高于水面，只是两块巨大石板架起的石桥，普通得不能再普通，但却是至今没有移易的芦滩圩埭周边唯一一件旧物。我出生的时候，老人相信迷信，要过继一座桥，以保佑平安，让我过继的就是芦滩圩埭港头的这座太平桥，因此我们兄弟都有一个带“乔”字的小名。从小时候上学，到现在回乡，每次都会路过太平桥，只是港比早先窄小了很多，曾经潮涨潮落的水也几近干涸了。

离开扬中三十六年，父母搬到城里也二十多年了。尽管年年回乡，但回到芦大圩埭住在乡下却很少。今年腊八，母亲离开了我们，兄弟一起在乡下住了一周。临回京的前一天，在城里的酒店，站在朝北的窗前，父亲辨认着远处的路，他说：一直往北到江边，二墩港，就是你妈最早上班的地方，那时候你刚出生。我知道县城往东才是父亲所说的地方，但我没有纠正他，父亲中风后，一直有语言障碍，指东说西是常有的事。

母子重欢，此生已毕。十几天来，幼时乡间的种种场景，时时盘旋脑际，杂乱如麻。故乡思千里，霜鬓又一年。勉力记下这些渐行渐远的过往，聊解思亲思乡之痛。

2015年2月8日，甲午腊月二十晚

后　记

本书以中华书局1954年迁京后的书人书事为主，抄撮旧档及散见资料，敷衍成篇。虽多陈年旧事，却是我看得很重、十几年来时时不能忘怀的一项工作。

对中华旧档的关注，始于我入职之初在文学编辑室的经历，文学室的两件旧档，给我留下了深刻印象：一是周振甫先生关于钱锺书《管锥编》的审读笔记，两位先生就“小叩辄发大鸣，实归不负虚往”一句的相互谦让，就在其中；一是王仲闻先生的《全宋词》审稿笔记，以及《全宋词》合同上唐圭璋先生亲笔补写的“王仲闻订补”五字。“小叩辄发大鸣，实归不负虚往”，见于《管锥编》序，我第一次读到《管锥编》就记住了这句话；王仲闻先生因政治身份未能在《全宋词》署名，则是我入职后最早听到的前辈往事。读过这两份旧档，可以知道，真实的历史远比我们最终看到的结果要丰富得多，即使书上留下了“王仲闻订补”的署名，就像《管锥编》序中保留了“小叩辄发大鸣，实归不负虚往”的赞誉，也代替不了他们所留下的教科书级的编辑工作示范。正是出于这样的考量，在通读本书校样时，我才决定将我整理的长达三万言的周振甫先生《管锥编》、《谈艺录》审读意见完整收入本书，以存这宗珍贵文献的完本。就一本书而言，其自身就是一个生命体，借助这些旧档书事，我们能够看到一本书的生命历程、一本书所经历的内外作用力，反过来也折射出一本书所在时代的学术、文化及社会生态，是中国现当代学术文化史的一部分。

书中的大多数篇章写于2003年我第二次入职中华之后，与其间我承担的工作相关，因此内容错杂，缺乏系统性。现按类编排为若干单元，每个单元内按写作和发表时间排序，基本保持了发表时的文字原貌，未作修改润饰（档案录文中的异称简写亦多予保留）。感谢十余年中刊发这些文章的《书品》杂志、光明日报、中华读书报、文汇报《文汇学人》周刊、东方早报《上海书评》周刊，以及澎湃新闻思想频道等媒体，特别是书中的诸篇访谈和讲座整理稿，得到了访谈者和整理者的大力帮助，才最终成稿。

成书过程中，得到了很多新老同事的热情帮助。学术出版中心张伟君、杨延哲君两位年轻的编辑同事，担任责任编辑，查核了大量引述资料，包括据档案原件对《管锥编》审读意见进行了一次认真校读。美编同事刘丽女史为包括本书在内的我的三本书承担装帧设计，同事兼书法同好刘德辉君为本书题签。老同事赵明兄，二十多年前曾负责《敦煌诗集残卷辑考》初版的校对工作，匡我不逮，助我实多。得知本书出版计划后，赵明兄主动承担了全稿通读任务，进一步完善了书稿内容。我尊敬的老领导，九秩高龄的程毅中先生，作为1950年代以来中华书局出版事业的亲历者，欣然赐序，让我们又一次感受到中华编辑传统的传承力量。同事齐浣心女史应程先生要求，协助查核了与序文内容相关的档案。谨此一并致以真诚的谢意！

这次读校和选配插图时，重温往事，我还是会不时被感动，私心以为这些看似琐碎的往事都是不该被忘却的。李白诗云：“却顾所来径，苍苍横翠微。”谨借以作书名，回望历史，致敬前辈，纪念中华书局创建110周年。

徐俊

2021年10月6日辛丑九月朔校竟记